U1047239

# 梨树县偏脸城清代至民国时期墓地考古发掘报告

吉林省文物考古研究所
吉林大学边疆考古研究中心
四平市文化遗产保护中心
梨树县文物管理所

编著

科学出版社
北京

## 内 容 简 介

梨树县偏脸城清代至民国时期墓地位于吉林省四平市梨树县城北6千米的白山乡岫岩村西偏脸城古城西侧。2017年，该墓地的部分墓葬被雨水冲刷暴露于地表，同年吉林省文物考古研究所、吉林大学边疆考古研究中心等对该处墓地进行了抢救性发掘，清理清代至民国时期的墓葬39座，出土各类遗物500余件。通过对墓地内墓葬的排列规律、墓内出土遗物和人骨考古学的分析，同时结合国内外相关文献史料，推定梨树县偏脸城清代至民国时期墓地为一处天主教教民的墓地。该墓地的考古工作是吉林省首次对这一时期墓葬的大规模发掘与综合研究，对于研究该时期基督教在东北地区的发展、宗教对当地葬俗的影响，以及东北地区当时农村人口的健康状态等具有重要意义。

本书适合从事东北考古、清代至民国时期考古与历史、体质人类学等专业研究人员，以及大专院校相关专业师生参考阅读。

**图书在版编目（CIP）数据**

梨树县偏脸城清代至民国时期墓地考古发掘报告 / 吉林省文物考古研究所等编著.—北京：科学出版社，2021.9

ISBN 978-7-03-069595-6

Ⅰ.①梨…　Ⅱ.①吉…　Ⅲ.①墓葬（考古）-发掘报告-梨树县-清代-民国　Ⅳ.①K878.85

中国版本图书馆CIP数据核字（2021）第167379号

责任编辑：赵　越 / 责任校对：邹慧卿

责任印制：肖　兴 / 封面设计：美光设计

科学出版社 出版

北京东黄城根北街 16 号

邮政编码：100717

http://www.sciencep.com

北京汇瑞嘉合文化发展有限公司 印刷

科学出版社发行　各地新华书店经销

*

2021年9月第　一　版　开本：889 × 1194　1/16

2021年9月第一次印刷　印张：14 1/4　插页：16

字数：460 000

**定价：288.00元**

（如有印装质量问题，我社负责调换）

# Archaeological Excavation Report on the Late Qing to the Period of the Republic of China Cemetery of Pianliancheng in Lishu District

*by*

Jilin Province Archaeological Research Institute
Research Centre on Chinese Frontier Archaeology, Jilin University
Cultural Heritage Protection Centre of Siping Municipality
Cultural Management Institute of Lishu District

本报告系教育部人文社会科学重点研究基地重大项目
“东辽河流域汉以前考古学文化的综合研究”
（批准号16JJD780007）阶段性研究成果

主　　编：Pauline Sebillaud（史宝琳）井中伟

副 主 编：侯　侃

编写人员：魏佳明　Elizabeth Berger

Gwendal Gueguen　陈晓菲

李鹏辉　Xavier Peixoto

# 凡　　例

**1. 编号**

（1）器物编号构成为：年度+遗址名缩写+单位号+堆积单位号+序列号。如“17LPM002①：2”表示2017年梨树县偏脸城遗址第2号墓第1层堆积的第2件器物。器物标号中出现“S”字母为南发掘区，如“17LPSM003①：3”表示2017年梨树县偏脸城遗址南发掘区第3号墓第1层堆积的第3件器物。为简约文字，遗迹、遗物的编号中均省略“17LP”。

（2）器物编号中出现“采”字样的，为地表采集文物。

（3）附录各项报告中个体编号方法同墓葬编号。

**2. 遗迹测绘**

（1）本报告所测方向均为真北（GPS）方向。

（2）墓葬方向以墓坑纵横方向为准。

（3）测绘记录方法：①给每个遗迹加4个显眼的控制点（彩色的图钉加钎子），固定不动。用全站仪只测每个遗迹的4个控制点。平、剖面图上画控制点、墓坑平剖面图的线、木棺、小件的位置，不画人骨。拍三维建模照片时注意拍好控制点。②对每个遗迹进行三维建模时，用4个控制点的坐标来校正三维建模，这样才可以获得真水平1：1、正北方向的正投影照片。③用Illustrator矢量图软件制作平剖面图时，先描米格纸的图（包括小件、控制点等），再加入三维建模正投影照片描人骨。④从Illustrator文件导出一个.dwg格式的文件，在AutoCAD软件中用每个遗迹的4个控制点把遗迹的Illustrator线图放在原位。⑤在AutoCAD软件中用三维建模正投影照片的四个控制点把遗迹照片放在原位。

本报告按单位发表全部发掘材料，以往公布的成果若与本报告有出入，皆以本报告为准。

# 前　言

偏脸城位于吉林省西南部四平市梨树县城北6千米的白山乡岫岩村西，北依白山丘陵，南临招苏台河，所在地势西北高而东南低。地理坐标为东经124°20′45.29″，北纬43°21′26.31″，海拔152～183米。因城垣方位偏斜，民间俗称“偏脸城”。偏脸城的夯土城墙残存6～7米高，为平行四边形（北偏东23°），边长1千米多，每边开一个带瓮城的城门，四角各有一座角楼，城外有一条护城壕，宽约20米。该城址经过多次调查，并在2006年被国务院批准公布为全国重点文物保护单位。

2017年7月17日，因遭大雨冲刷，偏脸城西城门外暴露出一批墓葬。7月19日，受吉林省文物局和吉林省文物考古研究所委托，正在梨树县长山遗址进行考古发掘的考古队随即组织小分队对该处墓地进行了实地调查，在西城门停车场与西南角，护城河与水泥路之间，长约400米、宽约30米的范围内发现已暴露的墓葬28座，根据采集遗物判断，这些墓葬的年代主要为晚清至民国时期。2017年8月12日～9月22日，长山考古队对这片墓地进行了抢救性清理。

北发掘区位于护城河外西侧西门瓮门南侧的长条形的农田，现代水泥路东侧，地势为坡状，北高南低。发掘区面积为1010平方米。

## 一、田野工作

在抢救清理时间有限、墓地受雨水冲刷严重的情况下，考古队的主要工作流程如下。

（1）在发掘现场：发掘前航拍，清理表土层之后刮面，然后再进行航拍和观察。在确定墓葬位置后，给每一座墓编号，用一个钎子把塑料标签钉在墓圹边，给每个墓圹的四角安插四个用钎子固定的彩色图钉作为测绘和三维建模的控制点。发掘者清理墓葬时，按顺序清理墓内堆积，如果有棺盖，清理棺盖之后拍正投影照片和三维建模照片，绘制棺盖剖面图，取棺盖并采集木料样本，开始填写记录表。清理棺内堆积时，所有的人骨和小件留在原位，拍正投影照片与三维建模照片，继续填写记录表并绘制平面图（包括墓圹、墓棺的边和厚度、小件的位置）。然后进行体质人类学初步观察和鉴定，填写人骨保存状态记录表，提取人骨，打包人骨。清理完毕后，绘制平面图，填完记录表，再用全站仪测量控制点，进行阶段性航拍。待全部发掘结束进行最后一次航拍。

（2）在驻地：整理照片，进行三维建模，导入全站仪测点到电脑里，绘制总平面图，用矢量图软件描绘平剖面图，小件清理，各类记录输入到数据库，绘制小件线图。

（3）在吉林大学体质人类学实验室进行体质人类学、古病理学等观察与分析。

发掘工作具体程序和参与人员如下：

本次抢救性清理工作是在吉林省文物局的领导下，由吉林大学梨树长山考古队具体完成的。参加此次发掘的工作人员有吉林大学考古学院边疆考古研究中心与法国国立科学研究院东亚文明研究所（CNRS，CRCAO，UMR8155）Pauline Sebillaud（史宝琳），四平市文化遗产保护中心魏佳明，梨树县文物管理所侯闯、刘伟和逯军，山西大学历史文化学院讲师侯侃、黑龙江大学历史文化旅游学院讲师杨琳、吉林大学考古学院博士研究生潘静、Pauline Duval（杜宝琳）、李鹏辉和硕士毕业生陈晓菲。参与报告编写的还有Xavier Peixoto（INRAP，法国预防性考古研究所）。人骨由侯侃在现场鉴定，古病理学分析由加州大学河滨分校（University of California, Riverside）助理教授Elizabeth Berger（贝丽姿）承担，埋葬学分析由卢瓦尔大西洋省考古研究所（Service de recherches archéologique de Loire-Atlantique）与法国国立科学研究院科学考古实验室（CNRS, CReAAH, UMR6566）Gwendal Gueguen完成，铜钱由比利时马里蒙特皇家博物院（Musée royal de Mariemont, Belgique）副馆长Lyce Jankowsky鉴定，DNA分析由吉林大学生命科学学院崔艳秋和王抚州进行，有机样本由牛津大学艺术史与考古实验室（Oxford University, Research Laboratory for Archaeology and History of Art）Thibaut Devièse和Jennifer Keute鉴定。本报告遗迹线图由史宝琳绘制，器物图由陈晓菲和李鹏辉绘制，拓片由潘静制作，照片由史宝琳拍摄。

## 二、研究思路

目前，考古学的研究课题在很多情况下只能受限于发掘报告提供的资料。而考古发掘报告的内容往往依靠田野和整理过程中全面记录信息的质量。所以为了获得进行研究的好材料，田野技术和现场记录的质量非常关键。

考古学研究古代人的生活和活动的各个方面，所以人类骨骸是很宝贵的资料。与世界其他地方一致，中国考古学工作和出版物中墓葬属于占比最高的遗迹。以往学者首先关注能够用来进行类型学分析和断代的器物，其次关注墓葬结构与墓地布局。19世纪至1949年，人骨的研究主要为形态测量学（morphometrics）、人口历史与古人类学。1949年至20世纪80年代体质人类学（physical anthropology）逐渐发展。20世纪80年代后伴随体质人类学的发展，考古记录逐渐开始包括生物考古学（bioarchaeology）的信息[①]。除了年龄、性别和人种的鉴定之外，包括古

① Berger, Elizabeth, and Kate Pechenkina. “Bioarchaeology of China: Bridging Biological and Archaeological Inquiries”. In *Archaeological Human Remains: Legacies of Imperialism, Communism and Colonialism*, Barra O’Donnabhain and Maria Cecilia Lozada (ed.), 25–43. Cham: Springer International Publishing, 2018. https://doi.org/10.1007/978-3-319-89984-8_3.

代疾病、创伤、健康状态、食谱分析等各个方面的真正的“人类骨骼考古学”正在发展[①]。

不过，虽然国外学者逐渐把有关人骨的信息从附录拿出来并融合到其他考古学信息中来形成真正的多学科分析[②]，但中国发掘报告目前仍经常把有关人骨的观察和鉴定放在附录中。因为考古发掘报告主要记录器物的信息，因此大部分有关墓葬的研究也集中于器物。而笔者认为一座墓葬并不主要是作为容纳器物的箱子而存在的，对古代人来说，墓葬的主要意义是保护死者的尸体。因此墓葬考古学应以墓主人和古代人对墓主人进行的活动为核心。人类骨骼考古学与墓葬考古学能够提供有关葬俗、尸体的处理、社会结构、墓主人的身份、健康状态、疾病史、治疗水平等多方面的资料。通过田野工作过程中的详细记录和整理过程中多学科的信息可以为发掘报告提供新的材料。这些材料可以用来研究新的问题，例如暴力考古学、医学考古学、治疗考古学[③]或残疾现象考古学等。法国考古学者Valérie Delattre认为：“在认识古代人群方面，现在需要超越单独基于物质文化研究的层次，发展到同时也注意到弱势人群的情况，并对弱势人群在社会中受到的待遇和其他人对他们的接纳及对待的方式和态度进行研究。”[④]所以，除了墓葬结构和随葬品的描述与研究之外，本报告拟将系统地利用多学科分析从墓主人的骨骸提出尽可能多的信息。

以墓主人为主的墓葬考古学研究包括古代疾病分析。“古病理学”（英文：paleopathology，法文：paléopathologie）于1913年被细菌学家Armand Ruffer定义为古代人和动物骨骸上可以观察到的病理的研究，它现在是医学、人类学和考古学相结合的一个跨学科研究[⑤]。

通过整合民族学、人类学、历史与考古学材料，可以对葬俗提供新的认识。譬如，Eric Crubézy的多学科研究表明“看见、隐藏、使其神明化”（Voir, cacher, sacraliser）为世界上所有葬俗的主要步骤[⑥]。操作链的概念也可以对葬俗的分析提供很有效的理论框架[⑦]。为了复原葬俗的所有步骤，需要利用很仔细的观察记录方法。

因此，本报告对于墓葬的描述中包含对出土人骨的详细记录，不仅包括对其性别、年龄的鉴定结果，头向和简单的葬式描述，还包括较为细致的考古死亡学（Archaeothanology）的观

---

① 侯侃：《试论人类骨骼考古学的理论问题》，《边疆考古研究》（第22辑），科学出版社，2017年，第337~355页。

② Buikstra, Jane E. “Out of the appendix and into the dirt: comments on thirteen years of bioarchaeological research”. In *What Mean These Bones? Studies in Southeastern Bioarchaeology*, Mary L. Powell, Patricia S. Bridges, and Ann M. Wagner (ed.), University of Alabama Press, 172-188. Tuscaloosa, 1991. https://ci.nii.ac.jp/naid/10010733297/.

③ Froment, Alain, and Hervé Guy. *Archéologie de la santé, anthropologie du soin*. La Découverte. Paris, 2019.

④ «Il importe désormais de dépasser la connaissance des groupes humains du passé par leur seule culture matérielle en documentant notamment la notion de vulnérabilité et de son acceptation par les communautés». Delattre, Valérie. *Handicap : quand l'archéologie nous éclaire*. Le Pommier. Paris, 2018, p. 217.

⑤ Delattre, Valérie. *Handicap : quand l'archéologie nous éclaire*. Le Pommier. Paris, 2018, p. 15-16.

⑥ Crubézy, Éric. *Aux origines des rites funéraires : Voir, cacher, sacraliser*. Paris, Odile Jacob, 2019.

⑦ Valentin, Frédérique, Isabelle Rivoal, Corinne Thevenet, and Pascal Sellier. *La chaîne opératoire funéraire-Ethnologie et archéologie de la mort*. Editions de Boccard. Paris, 2014.

察结果。这是国内其他考古报告所不具备的。

考古死亡学是一门以考古出土的人类骨骼的保存情况、各块骨骼的位置和姿势以及当前的埋藏环境为依据，推测死者的埋葬方式和姿势、尸体的腐烂过程和下葬时埋藏环境的学问，它由法国考古学家Henri Duday（亨利·达迪）提出①。这种研究要求我们非常详细地记录考古出土人骨的每块骨骼之间及骨骼与周边环境（如棺、墓壁、坑壁等）的相对位置，这些内容是我们对每个墓葬中出土人骨记录的重点。

在记录中，我们对一次葬尸体埋藏的环境进行了初步判断，即判断其原始埋藏环境是在空白空间内的还是被全部填充而无空间的②。尸体在空白空间中腐烂，指的是尸体不完全直接接触沉积物，其周围仍存在空间。例如将尸体放置于棺中下葬，则其周围将长期存在一定空间，而不是一开始就被沉积物所包裹。当棺木腐烂后，腐烂的棺木以及周围的沉积物（主要是墓葬填土）才开始突然地或缓慢地接触到尸骨。这种环境下腐烂的尸体的各块骨骼位置将与原先放置于棺中的尸体姿势有所不同，身体软组织的腐烂，尤其是肌腱、韧带、关节囊和胸腔、腹腔中内脏的腐烂会使得全身各关节脱节、关节间隙增大、椎骨和四肢长骨沿轴向旋转，由于胸腔的塌陷，肋骨也难以维持胸廓而下陷。在空白空间中的尸体四周同样也会接触到其他物体，不可能完全悬空，最典型的接触到的物体就是棺，棺往往会对尸体造成“约束效应”，即限制尸体的姿态以及腐烂后骨骼的位移，比如尸体下葬时左侧躯体如果是紧靠着左侧棺壁的，那么待其化作骸骨时其左侧身体，尤其是左臂的骨骼就会紧靠着左侧棺壁所在的位置，骨骼的位移不至于会移出棺的范围之外，而尸体下方棺木的腐烂则会造成整具骨架的下陷。

尸体如果不在空白空间中腐烂，就被称为在“填充空间”中腐烂。在下葬时墓葬填土紧密地包裹着尸体，但这并不意味着尸体腐烂后的骨骼一定能完全保持原有的姿态和位置，这分为两种情况：一种被称为“延迟填充”，另一种情况是“迅速填充”，前者是指尸体的软组织被沉积物填充的过程是比较缓慢的，胸腹内器官的腐烂会形成能够维持一段时间的空间，骨骼会因为重力位移，而沉积物会慢慢侵入腐烂形成的间隙当中，也会造成骨骼的一些位移，例如由肋骨构成的胸廓发生塌陷、相邻椎骨之间的隙增大，还有一种典型的改变是关节夹角的缩小，肘关节和膝关节处尤其明显。后者是指沉积物迅速占据尸体腐烂过程中产生的空间，在这种情况下，尸体腐烂过程中各块骨骼的姿态和位置基本不变。

本报告参照上述认识对尸体的埋藏状态进行了描述，具体包括每具尸骨各块骨骼出土时的位置和姿势，并对其是否在埋藏过程中出现过位移进行了判断，由此可以推测各墓主人下葬时的埋藏环境。

---

① Duday, Henri. *The Archaeology of the Dead-Lectures in Archaeolothanatology*, Oxbow Books. Oxford, 2009; Duday, Henri. “Archéologie funéraire et taphonomie du cadavre”, Groupement de recherches 3591 “Taphonomie, Environnement et Archéologie” CNRS-INEE, Jean-Philippe Brugal. *Taphonomies*. Éditions des archives contemporaines. Paris, 2017, p. 198-253; Duday, Henri, Françoise Le Mort, and Anne-Marie Tillier. “Archaeothanatology and funeral archaeology. Application to the study of primary single burials”. *Anthropologie*, 52, 3 (2014): 235-246.

② Duday, Henri, and Mark Guillon. “Understanding the circumstances of decomposition when the body is skeletonized”. *Forensic anthropology and medicine*. Humana Press, 2006, p.117-157.

# 目　录

# 插图目录

# 彩图目录

# 第一章 概　述

## 第一节 地理环境

### 一、梨　树　县

梨树县地处吉林省西南部，地理坐标介于东经123°45′～124°53′、北纬43°02′～43°46′之间，面积4209平方千米，隶属于四平市，南部环抱四平市区，并与辽宁省康平、昌图、开原、西丰等县为邻，东南与伊通县接壤，东、北以东辽河为界与公主岭市、双辽市相望。

梨树县有14个镇，6个乡，1个省级经济开发区和1个工业集中区、295个村，户籍总人口69.7万人，其中农业人口61万。据1984年的《梨树县文物志》记载："耕地面积约288万亩，大部为旱田，水田占8%，人口77.3万，多数为汉族，其余为朝鲜、满、回、蒙古族。""梨树镇是县人民政府所在地，是全县政治、经济、文化中心。梨树县地处大黑山脉西麓、东辽河左岸的辽河平原，为东辽河所环绕。地势东南高、西北低，大部地区海拔在200米以下。东南部为丘陵，最高的大砬子，海拔537米。中部为波状平原，东、西部为平原，北部为冲积平原。"①

"梨树县境内有两条较大的河流，一是发源于大黑山北麓的昭苏太河，它流经梨树县中西部地区，最后注入西辽河。其次是发源于大黑山西麓的寇河，它横贯梨树县东南的叶赫满族乡境内的寇河谷地，最后注入西辽河。这两条河与东辽河，都有不少支流，构成了梨树县的三大水系。这三大水系罗织的水网，滋润着每一寸土地，从古至今，哺育着这里的人民。东辽河上游的二龙湖、寇河上游的转山湖，是两大人工湖，可利用其蓄水养鱼、灌溉发电，又可用以防洪抗涝。"②

梨树古城原名昭苏城，因在昭苏太河右岸而得名。传说有一位蒙古太子名叫昭苏，死于此地，为纪念他，将此河命名为昭苏太子河。昭苏为蒙语，意为"有很多钱"。昭苏太子河后简

---

① 吉林省文物志编委会：《梨树县文物志》，1984年，内部资料，第1页。

② 吉林省文物志编委会：《梨树县文物志》，1984年，内部资料，第2页。

称昭苏太河，1987年确定标准名称为昭苏太河，是梨树县境内仅次于东辽河的第二大河。明代时昭苏太河叫作“大创忽儿河”①。

梨树县属北温带半湿润大陆季风性气候，四季分明，雨热同季，作物生长期日照、降水较充足。春季干燥多风，夏季高温多雨，秋季天朗气爽，冬季寒冷多雪，间有暖冬。气候特点是雨热同步，能充分满足一年一熟作物生长。年均日照时数2644.2小时，其中作物生长季节4～9月，日照时数1435.5小时，占全年日照总时数59%，平均每天日照8小时。日照充足，光能源较丰富。

## 二、偏　脸　城

梨树县境内辽金时期遗存不少，其中最重要的是偏脸城。偏脸城遗址位于梨树县城北6千米的白山乡岫岩村白山咀子山岗南坡，地理坐标为北纬43°21′26.31″，东经124°20′45.29″，海拔152～183米（图1）。该城址于1961年被确定为省级重点文物保护单位，2006年被国务院公布为第六批全国重点文物保护单位。

偏脸城遗址南临昭苏太河，北依白山丘陵，城垣依山势修筑，因地势不平，西北高而东南低，方位偏斜，大致南偏西23°，形成“偏脸”状，故民间又称“偏脸城”。

城垣系由黄黏土和黑土分层夯筑而成，夯层厚10～15厘米，周长4318米，其中东墙长1078米，南墙长1071米，西墙长1077米，北墙长1092米。城垣基宽12米，现存最高处达7.4米，顶宽1米。城垣四角筑有角楼，高出城墙2米。四面各开一座城门，城门外有马蹄形瓮城，城垣外有护城河。

“靠近南、北两门一带为村落。地表依稀可见古建筑遗迹。遗物俯拾皆是，靠近西大沟北端和东大沟中段侧约168平方米的地面上，有街衢建筑遗迹。遗物有大方砖、布纹瓦、首面瓦当、勾滴、琉璃瓦、花岗岩础石等建筑材料，还有大量的陶片、瓷片、红褐色烧土、黑色或红褐色炼渣及铜佛像、棋子、骰子、印章等。”②

“西大沟北段和东大沟东端两侧，为横贯古城漫岗的最高处。在这400米见方的高地上，不仅错落有致地分布着当年建筑物的基础，还散落着大量的建筑构件、陶瓷器皿残片、铜铁制品和劳动工具残部等遗物。那形制方大的青砖，怒目张口的鸱吻，造型生动的首面瓦当，图案多变的沟滴折沿，溢光流彩的琉璃瓦片，规整厚重的花岗岩础石向人们表明，当年城内既建有飞檐凌空，鸱吻卧脊的殿堂式建筑群落，也建有一排排布局严谨，错落有致的街市、作坊。那些陶瓷器皿残片、红烧土块、炼渣反映了当时城内居民的生活和手工业的发展状况。而那些精美的，刻有汉字的象棋子、印章、骰子等物，则是当时南北经济文化交往的频繁和中原文化对

① 谭其骧：《中国历史地图集》，中国地图出版社，1987年，第七册，“辽东都司”，第52～53页。

② 吉林省地方志编纂委员会：《吉林省志·卷四十三·文物志》，吉林人民出版社，1991年，第74页。

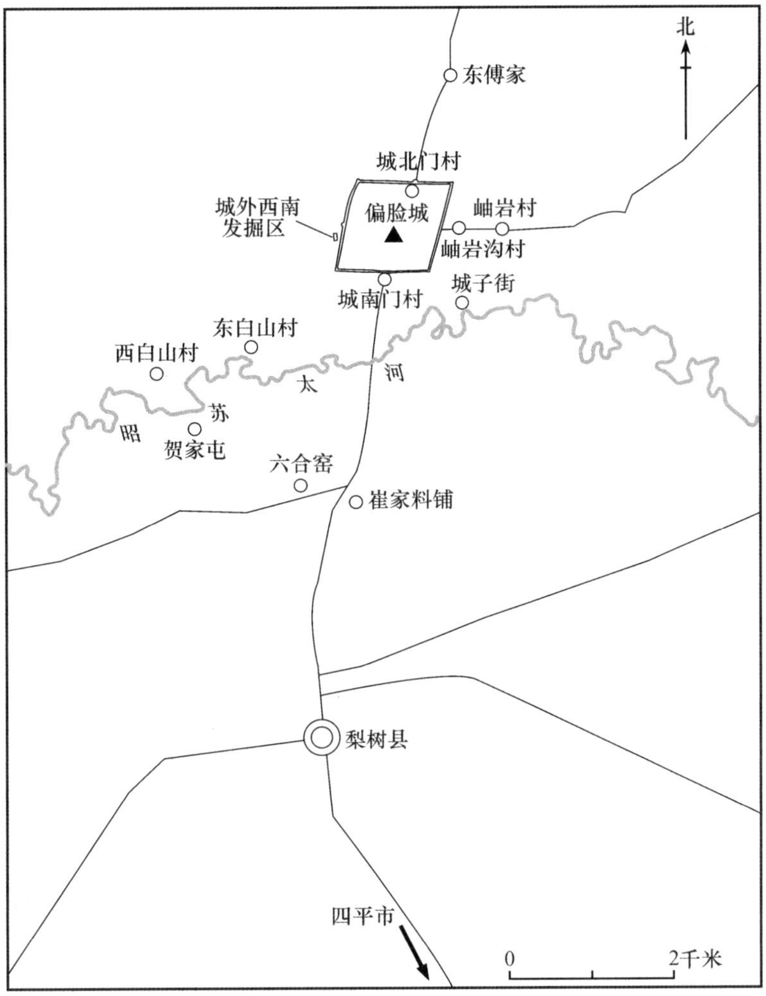

图1　偏脸城遗址位置图

东北边疆地区有明显影响的有力见证。

东大沟北段50米一段，当地居民俗称之‘金场’，曾出土有金叶、金蜻蜓、金丝花等许多造型细腻、工艺精湛的金制品及散金碎银。当年这里很可能是一处像金上京城内‘翟家记’‘邢家记’那样的金银匠铺作坊。”①

“城内有南北向的道路两条，基本上是利用二沟作为通道，有时因沟太深则依沟旁行走，东沟的道路贯通南北二门，可行马车。西沟的道路较窄，只能行人，到沟北端则转向城西北角之豁口处。”②

“金场以东，漫岗上除了堆集着大量的黄釉和绿釉琉璃瓦外，还出土有许多铜造像、铜鱼、铜人、铜风铃等。看来这里似为当年城内一座佛教寺院遗址。佛教早在北宋、辽时期就已在东北盛行，金代更盛。当时金上京城内名刹大寺就有六处……就连金熙宗也曾因太子济安生

① 吉林省文物志编委会：《梨树县文物志》，1984年，内部资料，第77～89页。

② 赵宾福、杜战伟、郝军军、张博：《吉林省地下文化遗产的考古发现与研究（下）》，科学出版社，2017年，第427页。

病而‘幸佛寺焚香，流涕哀祷’……这样，由于金统治者的推崇，当时佛教寺院已遍布一般州县了。

在西大沟东侧，高地北缘，也有一处堆积着琉璃瓦、青砖碎块和花岗岩础石的建筑址。这里曾出土一块残断的雕花石板，青灰色花岗岩质，长方形。石板正面浮雕一幅外绕卷云纹的太极图案。‘太极’为道教标志……这里似为一处道观遗址。”①

“城外有三处遗址，城北是一处居住址，遗物有灰砖瓦片、灰陶片和白瓷片。城东墙外约100米处的山坡上是一处金代墓群，城西约300米处的岫岩村砖厂西南角的山坡上，也是一处金代墓群。”“城北门及其两侧约100米一段墙基，在厚达30厘米的夯土层中，夹杂着灰砖瓦块、辽白瓷片、仿定瓷片及人骨等，这表明，北门处一带是处辽代遗址。”②

## 第二节　历史概况

### 一、梨树县辽金简史

辽代时梨树属于东京道，四平为通州③。金代为韩州，临临津④。

“辽末，东北部的女真兴起，举兵伐辽，到1117年，今吉林境内的州城，完全为金攻陷，归入金的版图。金仍设韩州于辽旧地，隶咸平路。《金史·地理志》韩州条载‘本渤海鄚颉府。户一万五千四百一十二。旧有营。县二：临津，未详何年置。柳河本渤海粤喜县地，辽以河为名。有狗河、柳河。’金代王寂《辽东行部志》载：‘癸亥，次柳河县，旧韩州地。先徒于奚营，州后改为县，又以其城近柳河，故名之。’‘乙丑，次韩州，……而改（故）城在辽水之侧。常苦风沙，移于白塔寨；后为辽水所侵，移于今柳河县；又以州非冲涂，即徙于旧九百奚营，即今所治也。’据考证，金代韩州治所最后迁至今梨树县的偏脸城。所以，金代梨树应属韩州是无疑的了。其西为临潢路，北为信州，南为咸平府。这时的梨树县境可能为韩州的临津县管辖。金代末期，蒙古兴起。1234年灭金。元统一后，在辽阳设辽阳行中书省，统辖今东北全境，下设七路一府。有大宁路、广宁路、辽阳路、沈阳路、开原路、东宁路、合兰府水达达路和咸平散府。开原路设于1286年，领有咸平府，后剖咸平为散府，隶辽东宣慰司。今梨树约当元代咸平府之辖境。”⑤

---

① 吉林省文物志编委会：《梨树县文物志》，1984年，内部资料，第77～89页。

② 吉林省地方志编纂委员会：《吉林省志·卷四十三·文物志》，吉林人民出版社，1991年，第74页。

③ 谭其骧：《中国历史地图集》，中国地图出版社，1987年，第六册，“临潢府附近”，第7～9页。

④ 王雅轩、王鸿宾、苏德祥：《中国古代历史地图集》，辽宁教育出版社，1990年，第117～118页。

⑤ 吉林省文物志编委会：《梨树县文物志》，1984年，内部资料，第4～5页。

“明王朝建立后，在东北设置都司、卫、所进行管理。当时的梨树大部分归东辽都司，大致属三万卫、辽海卫管辖；其东部和东南部大致归奴儿干都司的亦马忽山卫、塔卫、鲁卫管辖。”①

## 二、偏脸城考古简史

偏脸城古城原为辽代九百奚营故地，金初韩州柳河县迁徙于此。金人王寂就辽东路刑狱任时曾路过此地，在他的《辽东行部志》中叙述了韩州迁徙的始末：“韩州，辽圣宗时并三河，榆河二州为韩州。……故城在辽水之侧，常苦风沙，移迁白塔寨，后为辽水所侵。移迁今柳河县。又以州非冲涂（途），即徒于旧九百奚营，即今所治也。”②文中提到的“故城”，即今科左后旗城五家子古城，白塔寨在今双辽市双城子一带，柳河县即今昌图县八面城古城③。

那么现存的偏脸城古城是否是辽代九百奚营的城垣呢？从旧韩州的几座故城来看，八面城古城垣周长2600米，城五家子古城城垣周长2785米，而偏脸城古城城垣周长则达4318米。辽九百奚营当时作为一个普通营寨，竟有大于州城数倍的城址，这根本是不可能的。

值得注意的是，在偏脸城古城北门及其西侧100余米的一段城墙基部，现可清楚地看到一层厚达30厘米的砖砾瓦块、仿定窑瓷片、粗白瓷片及锯断的人骨等物。北门附近地表也有同样的建筑构件、陶瓷器皿残片堆积。此外，在西大沟东侧50米，距北墙150米处漫岗边缘有一辽代石棺墓群，墓中出土有人骨、铁匕首、铁剪及带有“祥符”年号的北宋铜钱等物。

从上述建筑址暴露迹象和石棺墓群的地理位置来看，其年代要早于古城城垣，因为城垣内是不可能有同时期的墓地的，这只能是辽代九百奚营及其墓地，其范围大体在古城内的西大沟以东的漫岗上。

辽末，大庆四年，金太祖阿骨打起兵反辽。至秋，女真军连克宾、祥、咸等州。次年，阿骨打称帝，年号“大金”，并攻拔黄龙府。此间，辽九百奚营已为女真军所攻占。

金初，九百奚营并没放弃，称“合叔勃董”④从古城附近出土的一面刻有“咸平府秞（？）黑千户”边款的双龙铜镜来看，这里设置有“猛安谋克”。

“猛安谋克”最初是女真战时的军事组织单位，平时称“勃董”。“猛安者，千夫长也，谋克，百夫长也”⑤，亦称“猛安”为“千户”，“谋克”为“百户”。随着国家政权的建立，阿骨打“命三百户为谋克，十谋克为猛安，一如郡县使之法”⑥。“居止处，皆不在州

① 谭其骧：《中国历史地图集》，中国地图出版社，1987年，第七册，“辽东都司”，第52～53页，“奴儿干都司”，第82～83页。

② （金）王寂：《辽东行部志》，《丛书集成续编·二二六》，新文丰出版公司，1988年，第603～618页。

③ 段一平：《韩州四治三迁考》，《社会科学战线》1980年第2期，第189～193页。

④ （南宋）赵彦卫：《御寨行程》，《奉使辽金行程录》，商务印书馆，2017年，第358～359页。

⑤ （元）脱脱等：《金史·卷四十四·兵制》，中华书局，1975年，第992页。

⑥ （元）脱脱等：《金史·卷一百二十八·循吏传·序》，中华书局，1975年，第2757页。

县，筑寨村落间，千户、百户虽设官府亦在其内。”①可见，“猛安谋克”这时已发展成为军事与行政结合的地方统治机构，且独立于州县之外，并有自己的城寨。

九百奚营故地其时扼宋金来往之要道，是金咸平府（近开原县城）经信州（今怀德县泰家屯古城）、济州黄龙府（今农安县城）到上京会宁府（今哈尔滨市阿城区）的必经之路。宋人许亢宗的《奉使行程录》，洪皓的《松漠纪闻》，张隶的《金虏图经》中都曾提到路过九百奚营。金朝于天会五年将囚禁在韩州（昌图八面城古城）达两年之久的北宋徽、钦二帝徙居五国城时就是经此北行的，可见其地理位置的重要。当时韩州州治位于这条南北交通要道的西侧，并非“冲涂（途）”难以适应政治、经济形势发展的需要。天德二年，金朝将咸平路升为咸平府，后为总管府，同时把韩州治所从柳河县迁到了九百奚营故地，并增设了临津县②。

从偏脸城古城城垣形制结构来看，它并不具旧韩州的几座故城那种典型辽金时期军事城堡的特点，城墙上已不见敌棚、马面之类的防御性设施，城外也没有巨大的附属建筑群落。这说明，迁徙后的韩州已为金朝腹地，城郭建筑主要是便于经济交通的发展，军事则居次。难怪金正隆九年契丹人括里领导的仅两千人的起义军几天之内就很容易地接连攻克了柳河县城和韩州城③。

另从偏脸城古城内出土的遗物来看，其绝大多数属于金代。如陶瓷器皿中的黑釉、赭釉的敛口、圆唇、鼓腹、平底的缸胎大瓮，黑釉双系缸胎小壶及齿白釉铁花大瓷碗等，均有施釉不到底的特征。这些陶瓷器皿和城内出土的铁制农具如铁铧、马镫及脚踏莲花底座的铜造像等，都与肇东八里城所出器物形制和制法相同。古城内出土的猫首埙虽与肇东八里城的猪首埙不同，但二者造型风格一致，而那面双鱼铜镜则与永吉县出土的金代同类遗物相似。

古城西300米处岫岩村砖厂附近的漫岗上，以及遗迹城东100米处各有一处金代砖室墓群。其墓室皆为砖砌四壁，起券封顶。墓底或铺底砖或垫黄土④。其葬式有火葬、瓮棺葬及二式合一葬三种。葬具多为陶质大罐。城东四号墓的葬具为一帐幕式细泥灰陶器，器腹有透雕窗棂四个，并前后对称刻划出二门，器尖似塔。造型古朴别致，较为罕见。两处墓群出土了一些完整的陶瓷器皿和北宋钱，大大丰富了研究古城历史面貌的资料。

从上述情况来看，偏脸城古城城垣极有可能是在韩州州治迁来之际，在原“猛安谋克”城寨基础上扩建而成的。

迁徙后的韩州城同其他辽金城镇一样，是多民族聚居的地方，城内出土一些具有渤海文化特征的遗物，如饰有带状莲花纹饰的黄褐色陶罐、刻划莲花纹的白瓷片、青灰色泥质螭头，遗迹出土的刻有汉人姓氏的铜、铅质小印章、象棋子、骨牌、骰子等都说明当时城里不仅居住女真人、契丹人、汉人，还有渤海人等其他民族。

辽、金统治者在对宋战争中，曾将大批汉人迁往东北，置州县以居之，谓之“实内地”。

---

① （南宋）张棣：《金图经》，《金史辑佚》，吉林文史出版社，1990年，第75～107页。

② 段一平：《韩州四治三迁考》，《社会科学战线》1980年第2期，第189～193页。

③ （元）脱脱等：《金史·卷一百三十三·移剌窝斡传》，中华书局，1975年，第2843～2863页。

④ 吉林省文物管理委员会：《吉林梨树县偏脸城址调查记》，《考古通讯》1958年第3期，第26～31页。

在宋金交往中，宋朝使臣也常把宫廷匠人带去传艺，金天会二年许亢宗使金时就带去了“后苑作匠”，特别是金兵伐末取汴，掠徽、钦二帝文武百官及大批图书典册载回本土之后，宋朝文人也多来归附，成为金的臣民，被安置在京城及各州县中。

古城内出土有北宋“政和三年五月少府监制”，“京东东路保甲司勾当公事官朱记”铜印一方。保甲制度是北宋政治家王安石创立的，其目的是减轻当时募兵制给国家带来的财政压力并加强统治，维护地方治安。这方铜印是北宋负责京东路保甲事务官员的印鉴，可能为金兵抢掠之物，亦可能因其主人被俘后安置在韩州而散失于此的。

至于渤海文化的影响更不足为奇。辽金时期的咸平府，韩州一代，本渤海国扶余府故地。辽灭渤海后，其遗民绝大部分散居在辽金境内。他们的文化传统也自然地成为各民族文化传统的一部分。

待到金明昌元年王寂途径韩州时，金朝的封建化已经完成，达到了它的鼎盛时期，出现了相对稳定的“太平盛世”局面。这时的韩州已发展成为一座商贾云集的都市了。王寂就投宿于城内大明寺，并在他的《辽东行部志》中记下了韩州四治三迁的历史和自己的感受。

金末，蒙古贵族挥兵攻金伐宋。大军所到之处往往是杀掠焚烧一空。这样，东北许多渤海、辽金时期筑起的屯寨城邑在这场浩劫中被摧毁为废墟，韩州城当然也未能幸免。1958年在九台县（今九台市）布海乡出土的那方金“大定二年闰二月”“少府监造”的“韩州刺史之印”很有可能就在此间散失的。

“元代，金韩州故地属辽阳行省咸平散府所辖。韩州城虽已毁于兵燹，但因其地处咸平散府通往开元路千户所（今农安县城）的驿道上，元朝在此设有韩州站赤，承担着转运贡品，迎送官差和押送流放人犯、粮草的重任。与此同时由于蒙古贵族对新占领区采取的‘悉空其人，以为牧场’的政策，韩州治下辽金两代开垦的万顷良田也同韩州城一样，逐渐荒芜，沦为蒙古贵族的游牧之地了。”①

段一平在两篇文章中采用文献记载、出土文物与实地考察等方式有力论证了四处韩州的地理位置和年代②。根据他的研究，第一为今科左后旗浩坦公社城五家子古城遗址（983—1030年），第二为今昌图县小塔子遗址（1030年之后至辽代结束之前，即1125年），第三为昌图县八面城遗址（1128—1130年），第四为梨树县偏脸城遗址。田丽梅在研究“韩州刺史之印”一文中，采用器物形制分析、文字考证、文献记载考证等方法证明囚禁宋徽、钦二帝之地为八面城（第三个韩州）③。

---

① 吉林省文物志编委会：《梨树县文物志》，1984年，内部资料，第90～95页。

② 段一平：《韩州四治三迁考》，《社会科学战线》1980年第2期，第189～193页；段一平：《〈韩州四治三迁考〉补证——初迁白塔寨考》，《社会科学战线》1985年第4期，第211～212页。

③ 田丽梅：《“韩州刺史之印”的收藏与研究》，《北方文物》2013年第4期，第40～42页。

# 三、梨树县清代至民国历史沿革

明末，女真各部开始南迁，并迅速发展。建州女真和海西女真发展最快。这时扈伦四部之一的叶赫部曾以今天梨树东南的叶赫为中心活动于今梨树、伊通、辽源一带。努尔哈赤灭叶赫部，统一女真各部后开始大举攻明。不久击溃明在东北的全部势力，梨树始归大清版图。清入关后，在东北设置统治机构。梨树东部和东南部归吉林将军辖下的吉林副部统管辖，西半部归内蒙古哲里木盟科尔沁左翼后旗管辖①。

嘉庆八年（1803年），蒙王招垦，始有山东、河北等地汉民徙入。道光元年（1821年），昌图厅于辖区北部设梨树城分防照磨，始定区划。辖守善、瑞祥、新恩、惠远、永隆、太定、允顺、恩化、贞顺9个社，472个自然屯。道光元年（1821年），奉旨向蒙王纳租税，在梨树城设分防照磨，管辖此地百姓。后设梨树城，为昌图分防。光绪四年（1878年）升治为奉化县，隶昌图府，由于地处边北扼要之地，“盗寇出没”“顽民盗风不息”，统治者为了教化当地“顽民”，故大肆宣传要“遵奉王化”，因此起名为奉化县。

梨树城分防照磨衙署在古城的城垣中并没有驻多久，便移至城南的奉化屯。奉化屯周围早年曾是一片沼泽地，清嘉庆年间形成屯落。分防照磨衙署迁至奉化屯后，最初那里并无城垣，四周都是开阔地，无险可依。后来衙署为防“匪患”，便在聚落四周挖壕蓄水，垒土为墙，作为防御工事。还在壕上建桥以便出入，街口处连接民房立了东、西、南、北4个门，在门旁设了炮台。城墙高4.5米，墙上筑垛口，高1米，城内设马道，状似土围子。清同治四年（1865年），马国良（号称“马傻子”）起义军曾攻破奉化土墙，四门倒塌，起义军冲进城内，杀官逐吏，开狱分仓。

由于奉化附近开发面积不断扩大，清光绪三年十月二十七日（1877年12月1日），盛京将军奏请清廷，在奉化地方添设新县。十一月七日（12月21日）旨准，定名为奉化县，县城设在奉化，“一切章程均照怀德县一律办理”，为“疲难沿边题调要缺，蒙民兼理”，隶属于奉天省昌图府。建县时“奉化”为梨树分防照磨衙署驻地的社名，建县后取社名为县名。设县后原驻奉化的梨树分防照磨移驻八面城。初设县时，奉化早年修筑的土围子已夷为平地。

光绪八年（1882年）县境南部隶属伊通州。民国时期，废府、厅、州制，实行省、道、县制。

清光绪二十六年（1900年），为防义和团和土匪，知县王顺存召集绅商募捐，修筑城墙。知县鲜俊英继任后，继续修筑，才最后完工。城墙周长9000米，城外护城河上宽5、深5、底宽3米。该城墙到1949年前已倒塌殆尽。

民国二年（1913年），县境南部隶属伊通县。民国三年（1914年），奉化县更名梨树县，

---

① 谭其骧：《中国历史地图集》，中国地图出版社，1987年，第八册，“奉天”，第10～11页。

隶属奉天省洮昌道。

民国元年（1912年），改县衙为县公署。民国三年（1914年），因与浙江省奉化县重名，遂借用梨树古城名，更名为梨树县。早在梨树分防照磨驻奉化时，有人亦称奉化为梨树城，也有人说是因奉化屯内梨树繁茂，故将奉化称梨树城。县名更为梨树后，便正式将奉化更名为梨树城，此后便很少有人使用奉化这个名字了。

## 第三节　偏脸城考古工作概况

### 一、以往调查与发掘工作

1956年考古人员对偏脸城做过调查，清理了6座墓葬，并采集和征集了200余件文物。"在古城中央的南北顺道西侧掏金处开了一条长24、宽1、深2.5米的探沟。出土遗物有宋代青白釉细瓷片、辽金粗白瓷片、细腻硬灰陶、黑亮釉的残缸片、绿釉光泽瓷片、首头残瓦当、灰和红色的筒瓦块（较多）、骨簪、截断的动物骨骼、炭灰、铜钱21枚（年号有开元、熙宁、元祐、祥符、天圣、明道、天禧、景祐、太平、皇宋等）和2件银器等。"[①]清理的6座墓葬位于城东、西两处。"墓形有椭圆形和方形两种。椭圆形墓以城东一号墓为例，两壁成弧形，断面观之如八字形。方形墓可分为有墓门的和无墓门的。例如城西二号墓的券门，券法与汉墓相似，但比起汉墓则差得多，其右壁中间用六块砖立砌成窗子式样；其左壁则用二块砖相接竖立，两侧各用二块砖作斜支柱。有的墓门不起券，以城东三号墓为例，墓门宽60厘米，无封门砖，门外堆砌数块残砖，可能已被盗掘了。无墓门的以城西岫岩沟北第四号墓为例，四面平行砌之，可能是先砌四壁，将死者放入，而后券顶。墓底有铺地砖的和无铺地砖的。例如城西一号墓和城东岫岩沟后沟沿一号墓即无铺地砖，墓底只铺上1厘米厚的坚硬黄沙土，壁砖即砌于黄土之上。城东四号墓墓底则有人字形铺砖。另外，城西二号墓和城东五号墓都以黄土铺地，并有一砖台。城东二号墓墓底的铺砖情况是这样的：门在西边，近门顺铺砖两列，再在右边以立砖侧排之，旁填以侧砖等高的黄土，这时，在填高的黄土上又铺砖二列使成砖台。砖墓四壁皆用顺砖压裂缝砌，一般砌至高约1米时，即开始起券。尽管我们这次发掘的墓顶都已坍塌，但其砌法依然可知是先从墓的四角逐层往上收缩至顶封死的（呈圆丘状）。葬法有非火葬、火葬和两者合一三种。非火葬的以城东一号墓为代表，该墓虽遭破坏，但底部尚未翻动。墓中出有人骨一具，脊椎放于骨盆上，下压有腿骨、脚趾骨等，头骨斜放，牙齿尚在。火葬的以城东四号墓为代表，葬具是一个蒙古包式的细泥灰陶器。此器腹部有透雕窗棂四个，前后并有对称的阴画门（高14、宽13.5厘米）。此器通高45厘米，形制似蒙古包，盖尖酷似辽塔。在此器盖下部发

① 吉林省文物管理委员会：《吉林梨树县偏脸城址调查记》，《考古通讯》1958年第3期，第27页。

现有黑釉兔毫斑的小口美人肩梅瓶1件，釉色晶莹，形制独特，是辽金时期瓷器的代表作品。另外，在西壁下有细泥灰陶片数块。城西一号墓破坏较严重。出土遗物有细泥灰色大瓦罐14件（皆残破）。排列情况是：西壁下顺排6件，南壁排3件，北壁排5件，但东壁已破坏，不知其原状。瓦罐形制皆大腹卷缘轮制，腹下部有凸弦纹二道。罐内有的盛人骨，有的盛骨灰。排列西壁下的6件瓦罐中有2件各盛1个完整的人头骨，6件瓦罐上都堆着人骨。14号瓦罐内盛骨灰，并在灰中发现铜钱20枚（有宋真宗的咸平元宝和祥符元宝；宋仁宗的景祐元宝和皇祐通宝、嘉祐通宝；宋英宗的治平元宝；宋神宗的熙宁通宝和元丰通宝；宋哲宗的元祐通宝和昭圣元宝；唐代的开元通宝等）。在南、北壁下的8件瓦罐内皆盛骨灰。从瓦罐排列情况推测，可能南壁也有与北壁等量的瓦罐。东壁亦然。有木葬具的只有城西二号墓。在墓西壁下长方形砖台上（宽60厘米）曾发现木炭和木棺腐朽的痕迹及棺钉。木棺可能不很大。另外，现砖台上边放有人骨骼四段和骨灰二堆。砖台下有随葬品：细泥灰陶罐1件（高16厘米）、粗白瓷小碗1件（高4厘米）、灰陶灯碗1件（高2.5厘米）。”①

1961年，吉林省人民政府公布此城为吉林省重点文物保护单位。

1962年陈相伟先生进行了复查并采集了一些遗物，对偏脸城首次做了比较详细的描述②。

20世纪80年代此地曾发掘过一座石棺墓。该墓葬位于偏脸城内北屯耕地中，距北城墙约150米，距西城墙约400米，南距城内制高点约300米。1983年4月，农民春耕时发现此墓。墓的方向为北偏西30°，系用青石板修砌而成，墓室长194厘米，大头宽60厘米，小头宽50厘米，深50厘米。棺底为原生黄黏土，上盖为较大的平整青石板。棺内葬尸骨一具，经鉴别为女性骸骨。头向西北，仰身直肢。在头骨右侧放置2件铁器，一为安柄铁刀残部，一为环柄双股铁剪刀；头骨左侧有1件枝叶状红铜质绾头簪，已残；口含1枚北宋真宗时铸的“祥符通宝”铜钱；骨盆与右手之间有一把带鞘木柄短刀，仅存刀身；骨盆与左手指尖处亦有“祥符通宝”1枚，已严重腐蚀。从葬式和随葬品物推断，此为辽或金初石棺墓③。

2006年，偏脸城被国务院公布为第六批全国重点文物保护单位。

2013年，编制了《吉林省梨树县偏脸城遗址保护规（2014—2030）》。

2014年，国家文物局做出了《关于偏脸城城址抢险加固工程立项的批复》函。

2015年8月，为了配合保护工程和编制规划，吉林省文物考古研究所对偏脸城金沟北侧进行考古试掘工作（顾聆博为领队），目的是确定城址的时代和文化堆积情况。共布5米×5米探方13个，发掘面积325平方米。该发掘区堆积情况如下：

第1层：耕土层，灰褐色，土质疏松，包含大量陶、瓷及铁器残片，厚10～15厘米。

第2层：黑色淤土层，多存于第1层地势低洼处，土质细腻，包含大量陶、瓷及大量瓦片、棺钉等，该层最厚处30厘米。

---

① 吉林省文物管理委员会：《吉林梨树县偏脸城址调查记》，《考古通讯》1958年第3期，第26～31页。

② 吉林省文物管理委员会：《吉林梨树县偏脸古城复查记》，《考古》1963年第11期，第612～615页。

③ 吉林省文物志编委会：《梨树县文物志》，1984年，内部资料，第138～140页。

第3层：黄褐色土层，发掘区内普遍存在，厚处可达30厘米，大部分遗迹出现于该层，其中3座房址及部分灰坑包含在该层中，同时出土大量陶器、瓷器、建筑构件、铁器、玉器、铜器、琉璃器、银器、骨器、铜钱等。出土的几座房址中包括火坑和灶址。

在发掘过程中出土大量遗物，主要包括陶器、瓷器、骨器、铁器、建筑构件、铜钱等。陶器主要分两类，即生活用具和建筑构件，其中建筑构件以素面布纹板瓦为主，鲜见瓦当、当条、筒瓦、滴水等器物。在所发现瓷器中以定窑白瓷为大宗，另包含有钧、磁、耀、景德镇、龙泉、江官屯、高丽青瓷等。铁器中以棺钉为大宗，并存铁甲片、铁镞、铁刀及少量生产工具，如铁锤、铁斧等。骨器种类较多，骨簪、骨刷、骨勺、骨梳、色子等，除此之外还清理出大量骨器残料，多为制作骨器的剩余料。出土大量铜钱，主要以宋钱为主，其中包括景德元宝、熙宁元宝、天圣元宝、圣宋元宝、元丰通宝、祥符元宝、大观通宝、宣和通宝、政和通宝、至道元宝、元祐通宝、天禧通宝、元符通宝、崇宁重宝、绍圣元宝、太平通宝、明道元宝、治平元宝、嘉祐通宝、咸平元宝等。另出土有金代钱币正隆元宝。

通过本次试掘，共发现两期文化堆积，首先即第2层下的作坊遗址及其同层出土的大量金代遗物，将该层文化堆积基本定格到金代；其次在F3房址下叠压的磉堆确定了该处存在早于上层文化堆积的建筑遗址。从发掘情况来看这个城址的年代应该属于金代，与以往考证其属于金代韩州城的研究相符。因出土大量骨料、钱模、生产工具等遗物，判断F1、F2、F3为作坊址，同时在周边调查时也采集到大量铁渣等遗物，可能存在炼铁遗迹，因此判断发掘区最晚期文化堆积为偏脸城的作坊区；以磉堆所属夯土台基建筑，可以确定该区域存有高等级建筑，瓦当、滴水等建筑构件可能来源于该建筑。因此在晚期堆积形成之前，该区域不是作坊区而是大型建筑址。田野工作到10月份结束，在遇到大型建筑址后暂停发掘，进行了保护性回填[①]。

## 二、2017年的发掘情况

2017年7月17日，城址西门外有一批墓葬受雨水冲刷暴露于外，7月19日，受吉林省文物局委托，梨树县长山考古队对该处墓地进行了实地调查，在城址西门停车场与西南角，护城河与水泥路之间，长约400米、宽约30米的范围内发现已暴露的墓葬28座，根据采集遗物判断，大部分暴露墓葬的年代为晚清至民国时期。此外，8月初城内农民种地发现一座石棺墓。

本次抢救性发掘包含对城内发掘区和城外墓地发掘区的发掘。考虑到墓地的规模较大，我们将城外发掘区分为两个部分：一个是北发掘区，该区域内近代墓葬较多，且墓葬的具体位置较明显；另一个是南发掘区，之所以将南边这片区域单独划分出来，是因为在调查时发现这片区域有露出地表的疑似墓室砖的砖块，这些砖块的形制使我们怀疑这里存在一座辽金时期的砖室墓。

---

① 有关2015年发掘情况的信息为吉林省文物考古研究所顾聆博所提供，在此表示感谢。

北发掘区位于护城河外西侧西门南侧的长条形农田，现代水泥路东侧，地势为坡状，北高南低。发掘区面积为1010平方米（图2；彩图1）。

南发掘区位于护城河外西侧靠近城西南角的长条形农田，现代水泥路东侧，地势为坡状，北高南低。因南发掘区的地表可见大量砖块与疑似盗洞，梨树县文物管理所向吉林省文物局汇报，省文物局委派吉林大学边疆考古研究中心、东北中法联合考古队与梨树县文物管理所组成联合考古队，于2017年8月12日至2017年9月22日对南区进行抢救性发掘，根据发掘区地形情况布设长方形探方1个（编号17LPS），含清理墓道等扩方部分，共揭露面积近85平方米，清理路1条、沟3条、灰坑1个、清末土坑竖穴墓1座（编号为17LPSM003，以下简称SM003），砖室墓1座。此次发掘出土有少量辽金时期遗物，按质地分有陶器、瓷器、铁器、铜钱等，获取标本20余件①。

城内发掘区位于城内距北门西300米、距北墙南80米处。发掘面积为25平方米（详见附录）。

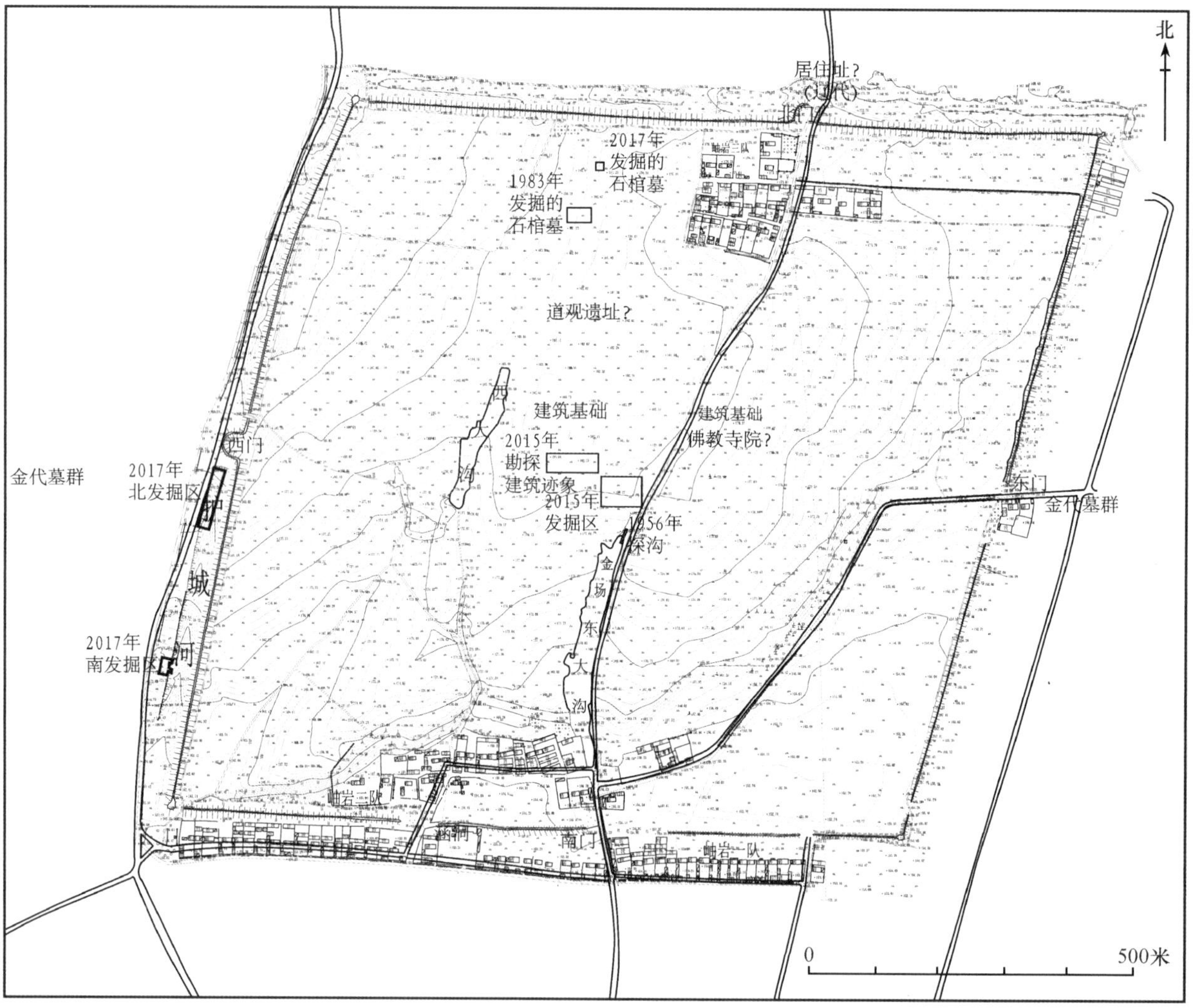


图2　偏脸城地形图与发掘区的位置

① 有关南区的辽金遗迹在此不进行赘述，详细内容可参见吉林大学边疆考古研究中心、吉林省文物考古研究所、四平市文物管理委员会办公室、梨树县文物管理所：《吉林省梨树县偏脸城西侧金代遗存2017年发掘简报》，《边疆考古研究》（第27辑），科学出版社，2020年，第204～205页。

# 第二章　2017年偏脸城西侧外北区墓地发掘报告

## 第一节　发 掘 情 况

2017年6—7月，偏脸城西门外修建了停车场，并封堵了护城河与现代水泥路路边的排水沟。

7月17日大雨过后，偏脸城外西门南侧地表冲刷出木棺、人骨、铜钱等。梨树县文物管理所立即向吉林省文物局做了汇报。

7月19日，长山考古队中的两位队员在梨树县文物管理所人员的指引下在此调查，发现有28座墓葬已露出地表，既有带木棺的土坑竖穴墓，也有砖室墓，分布于偏脸城西门停车场南侧至临近城墙西南角的耕地中，介于护城河与乡村水泥路之间长约400米、宽约30米的范围内（图3、图4）。

经吉林省文物局批准，在吉林省文物考古研究所的指导下，长山考古队临时抽调部分队员具体实施抢救性发掘，于8月12日—9月22日历时40天，完成发掘面积1010平方米，清理遗迹包括38座墓、2个灰坑、1条沟。另在西侧布设6条探沟进行发掘，但未见其他遗迹（图5）。

图3　清理前发掘现场

图4 调查时墓葬情况

# 第二节 地层堆积

北部发掘区层位关系很简单，所有遗迹均开口于耕土层（编为第1层）下，彼此之间很少有打破关系。墓葬打破很坚硬的黏土层（编为第2层），该层下未见开口遗迹。黏土层下即为生土。

# 第三节 遗 迹

## 一、灰坑与沟

### （一）H001

#### 1. 形制与结构

H001开口于第1层下，距地表深15～20厘米，打破生土。坑口平面近圆角长方形，斜弧壁，平底（图6）。坑口长度为1.1米、宽度为0.6～0.73米，坑底长度为0.75米、宽度为0.41米，深0.43～0.49米。坑内堆积分两层：第1层厚度为8～30厘米，为很疏松的灰黑色砂质亚黏土包含红褐色黏土块、黄褐色亚黏土块和小石块，出土铜钱1枚；第2层厚度为15～39厘米，为很疏松的黄褐色砂质亚黏土包含红褐色亚黏土块、灰白色小斑点和小石块，出土少量碎青砖。

**2. 出土遗物**

铜钱 1枚。H001①：1，圆形方孔钱，直径2.9厘米，面文顺读，残存“熙宁”，另两字可能为“通宝”或“元宝”（图7）。

## （二）H002

**1. 形制与结构**

H002开口于第1层下，距地表深15～20厘米，打破M027与生土。坑口平面近半圆形，弧壁，圜底。坑口长2.33米、最宽1.2米，深0.16米（图8）。坑内堆积分两层：第1层厚度为2～4厘米，为较致密的灰色黏土，包含小石块，出土瓷碗1件。第2层厚度为16厘米，为较致密的斑点灰色黏土，出土瓷片3件。

**2. 出土遗物**

瓷碗 1件。H002①：2，残，胎呈灰白色，较细腻，釉色青灰，侈口圆唇，青花颜色灰暗，外壁绘有花卉纹。残高4.6厘米，口径13厘米，壁厚0.3～0.8厘米（图9）。

## （三）G001

**1. 形制与结构**

G001开口于第1层下，距地表深15～20厘米，打破生土（图10）。沟口为长条形，圜底。东北—西南向。在发掘区内清理长10余米、宽1.8米、深0.24米。沟内堆积为较致密的黑色淤泥，包含小石块，为自然形成层淤土层，出土数件瓷片和陶片，其中有器底1件。

**2. 出土遗物**

瓷盅 1件。G001①：1，残，胎呈黄褐色，含细砂，釉色黄褐，圈足，底部无釉，内底有支钉的痕迹。残高1厘米，底径2厘米，壁厚0.25厘米，底厚0.28～0.35厘米，圈足厚0.25厘米（图11）。

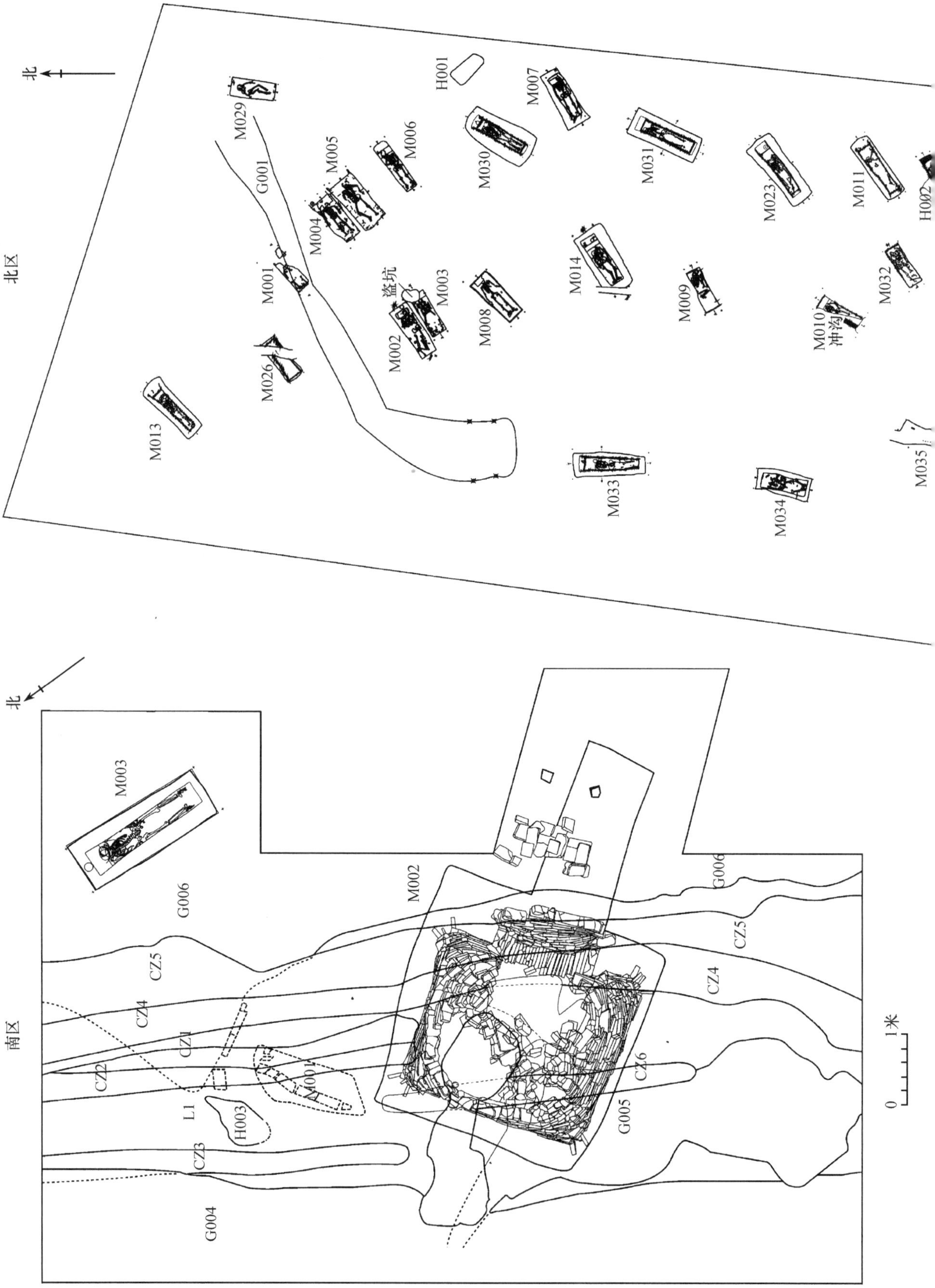
北区
北
M029
H001
M007
M005
M006
M030
M031
M023
M011
H002
G001
M004
M001
盗坑
M003
M014
M009
M032
M008
M002
M010
冲沟
M026
M013
M033
M034
M035
南区
北
M003
G006
M002
CZ5
CZ4
CZ1
CZ2
M001
L1
H003
CZ3
G004
G005
CZ6
0
1米

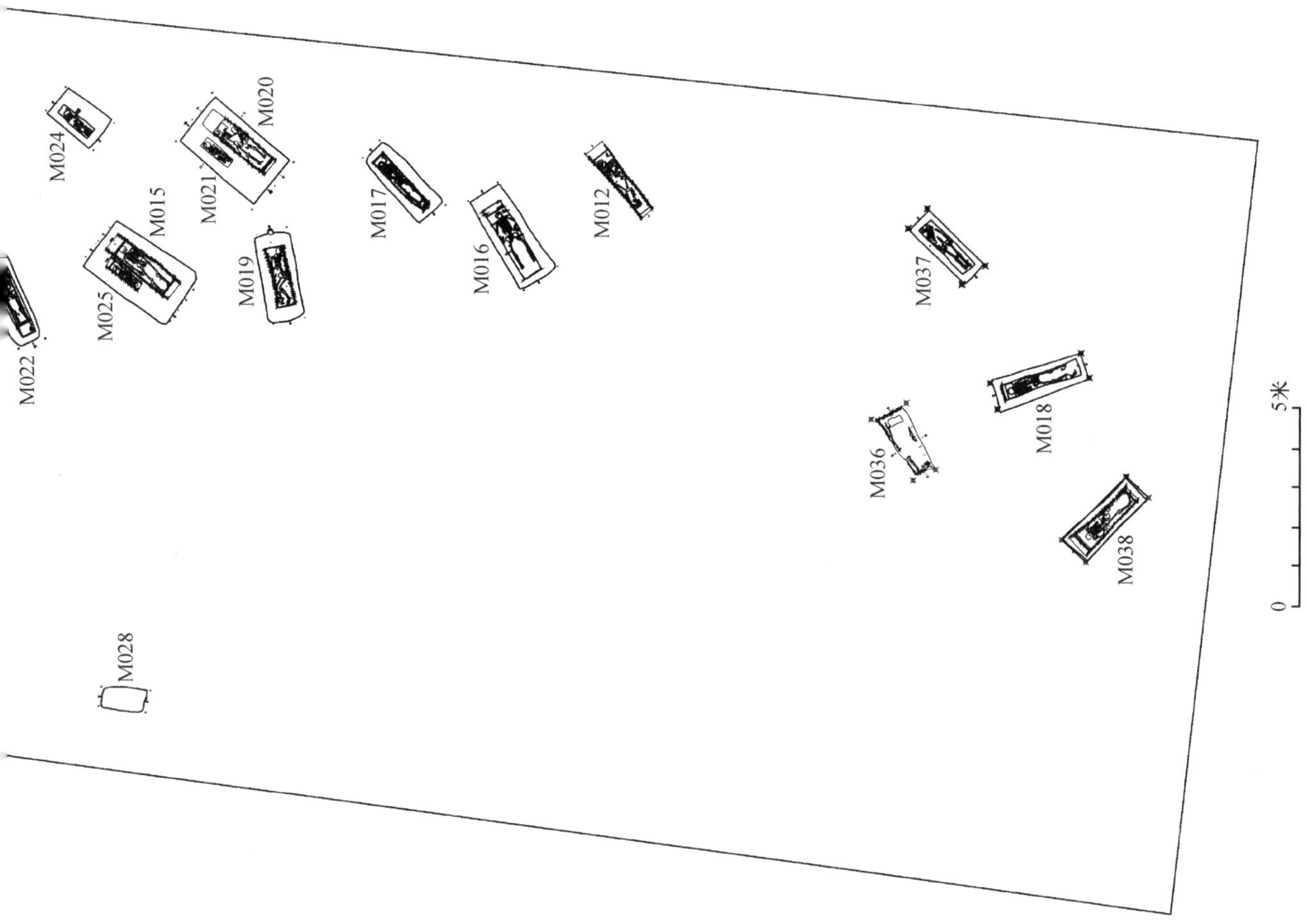


图5　偏脸城西侧墓地2017年发掘区总平面图

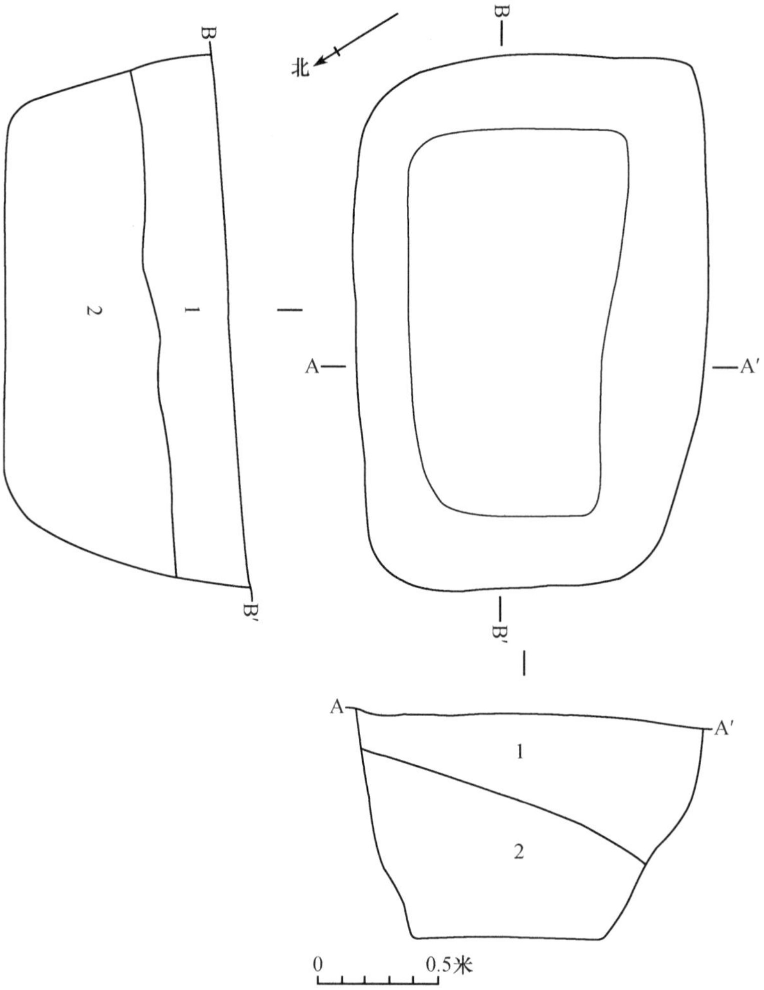


图6　H001平、剖面图

图7　H001出土遗物
铜钱（H001①：1）

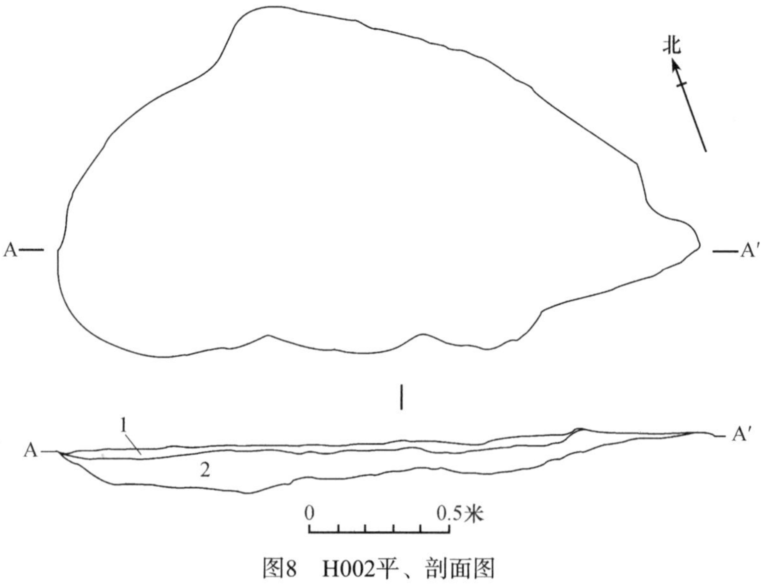


图8　H002平、剖面图

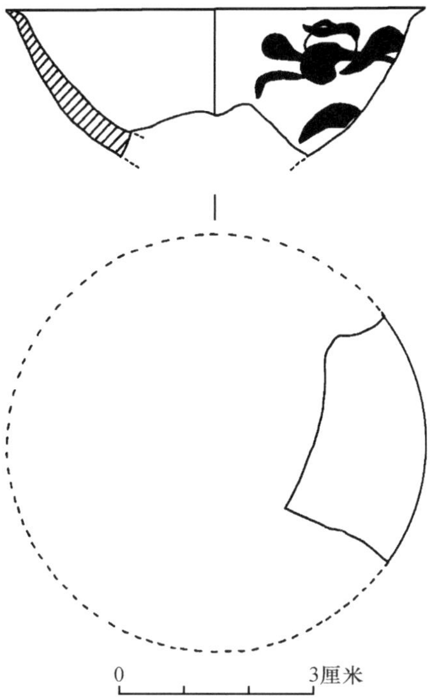


图9　H002出土遗物

瓷碗（H002①：2）

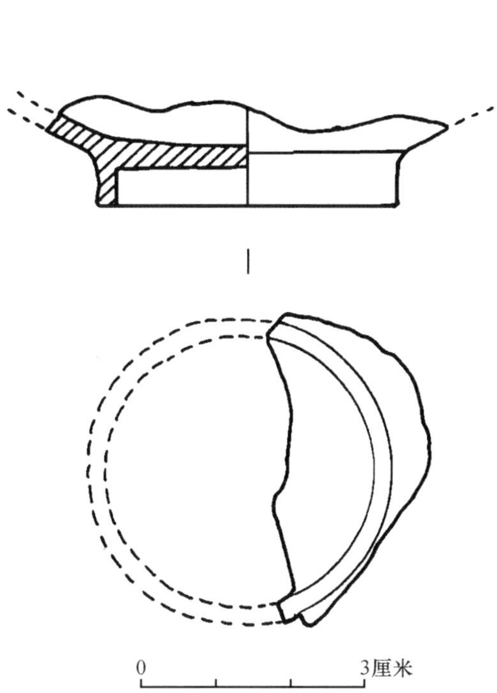


图11　G001出土遗物

瓷盅（G001①：1）

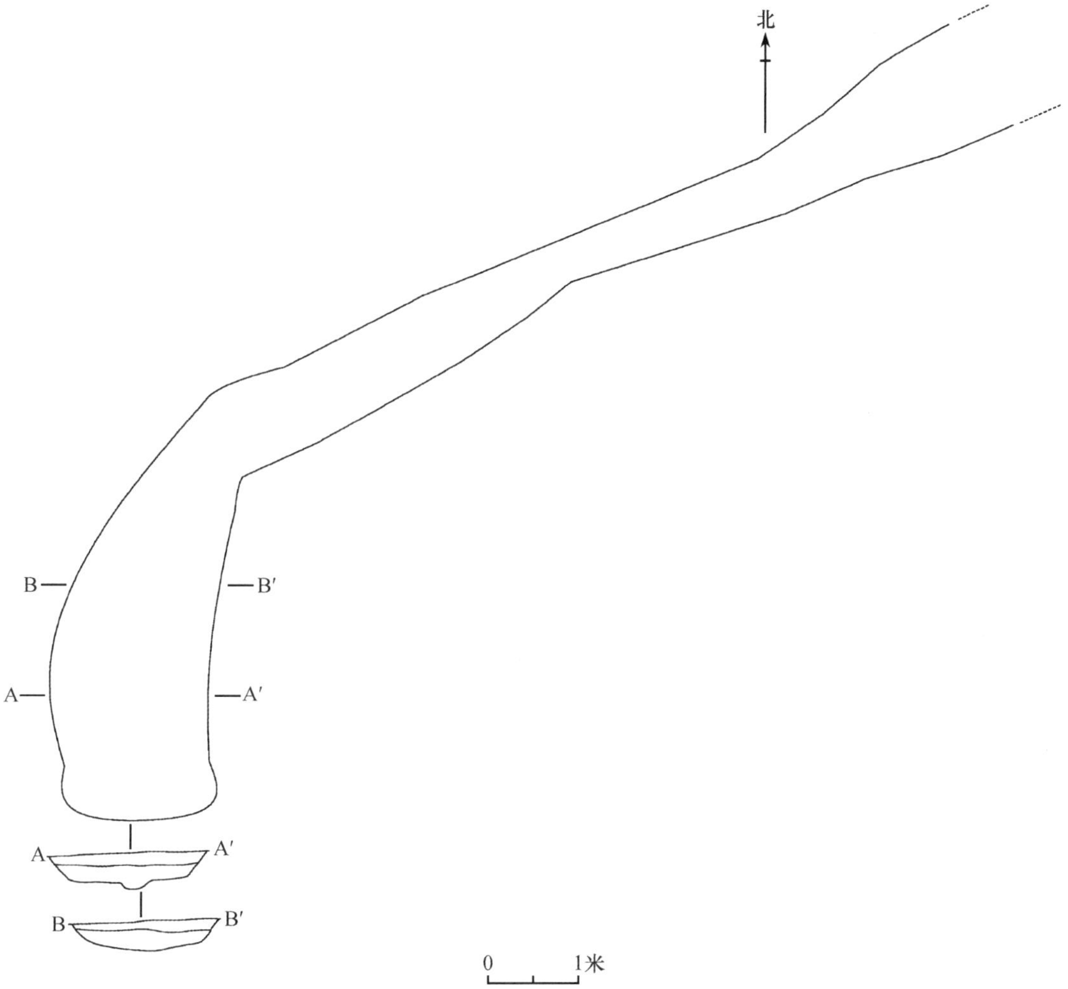


图10　G001平、剖面图

# 二、墓　　葬

此次共清理晚清至民国时期墓葬39座（北区38座、南区1座）（图5）。大部分分布于发掘区东半部，顺着护城河方向，大体上成两排。全部为长方形土坑竖穴墓，有长方形的木棺。大部分墓葬为单人一次葬，墓向基本为东北向。

为了保持每座墓的信息的完整性，按照如下顺序描述：

（1）墓葬形制与结构

所有的墓葬在第1层下开口，打破第2层。对每座墓描述墓葬结构、尺寸和遗物分布状态，附墓葬线图。墓葬彩色照片见彩图。

（2）人骨分析

由侯侃、Gwendal Gueguen、Elizabeth Berger三位专家分别进行现场观察、埋葬学分析和古病理学分析，并附特殊病例照片。对没保存棺木的墓葬，根据埋葬学分析，墓葬平剖面图上用虚线表示棺的位置[①]。

墓主人骨骼的性别、年龄鉴定的参考依据是邵象清[②]、Tim D. White和Pieter A. Folkens[③]著作中的标准。在鉴定时常常存在因骨骼保存情况不佳、有效鉴定部位未予良好保存而无法可靠观察的情况，这种案例的性别鉴定结果依具体情况而定，有的确实无法鉴定，即性别不明，有的可以看出性别的大体倾向，但不能明确，则表示为“男？”或“女？”。在年龄鉴定方面，未成年人的骨骼和牙齿的发育进程主要受基因调控，受环境因素影响很小，所以能够依据现有的标准做相对较可靠的鉴定，年龄鉴定的有效范围（可信区间）一般较小，但在骨骼和牙齿（不包括M3）发育完成以后，即成年后，年龄鉴定依据的是各种退行性改变[④]。影响退行性改变的环境因素非常多，造成其存在较明显的个体差异，因此也造成成人骨骼年龄鉴定时的困难[⑤]，在相关骨骼特征（例如耻骨联合、髂骨耳状关节面等）保存良好且其上体现出的与年龄相关的退行性改变较典型时，我们就可做出相对较准确的鉴定，使年龄的置信区间较小，传统上一般将这种年龄段划定为5岁左右，例如25～30岁或30岁左右（表示以30岁为中位数的一个跨度为约5岁的年龄段），而上述条件不能良好满足时，鉴定结果作为一个年龄区间就只能增

---

① Thevenet, Corinne. “Les pratiques pré-sépulcrales: la mise en bière”, in *La chaîne opératoire funéraire-Ethnologie et archéologie de la mort*. Editions de Boccard, Paris, 2014, p.32-33.

② 邵象清：《人体测量手册》，上海辞书出版社，1985年，第34～56页。

③ White, T. D., and Pieter A. Folkens. *The Human Bone Manual*. Academic Press, 2005, p.363-398.

④ Crews, Douglas E. “Biological Anthropology and Human Aging: Some Current Directions in Aging Research.” *Annual Review of Anthropology*, vol. 22, no. 1, 1993, p.395-423.

⑤ Couoh, Lourdes R. “Differences between Biological and Chronological Age-at-Death in Human Skeletal Remains: A Change of Perspective.” *American Journal of Physical Anthropology*, vol. 163, no. 4, 2017, p.671-695.

加区间宽度，这种年龄区间的宽度没有上限，甚至可以是一个开区间，比如对于老年个体，常被鉴定为50或60岁以上。

（3）出土遗物和随葬品

按材质和种类描述，附器物线图。

## （一）M001

### 1. 墓葬形制与结构

M001位于发掘区北部中部，为单人葬土坑竖穴墓，由于距地表比较浅，上部均遭破坏，中部被水冲沟冲毁，颅骨散落在棺外，上肢保存很差，平面呈长方形，斜壁，平底，墓长1.56米、宽0.51米、深5厘米，方向47°（图12；彩图2）。有木棺1具（带棺钉3件），壁厚约7厘米，底厚约1厘米。墓内堆积分两层：第1层分布于整个棺内，为较致密黑褐色黏土，厚4厘米，包含少量小石头，出土棺钉1件、瓷器器底1件；第2层分布于整个棺内，为较致密黄色黏土，厚1厘米，出土棺钉3件。随葬品有1件瓷器器底（M001①：2）出土于头部被破坏的位置附近。

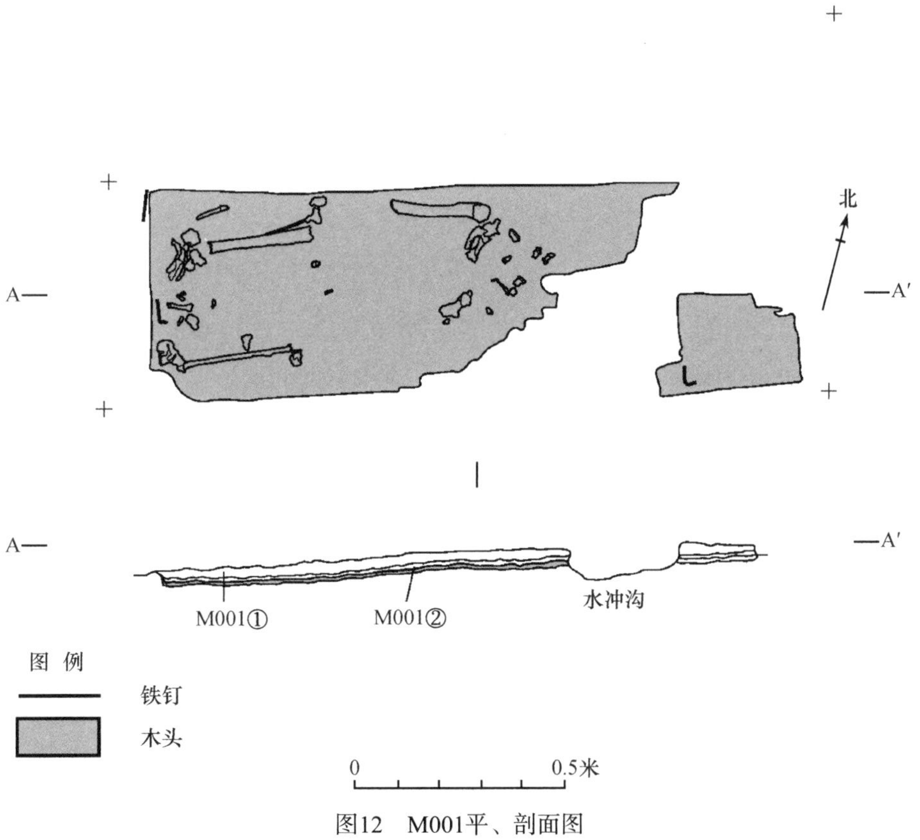


图12　M001平、剖面图

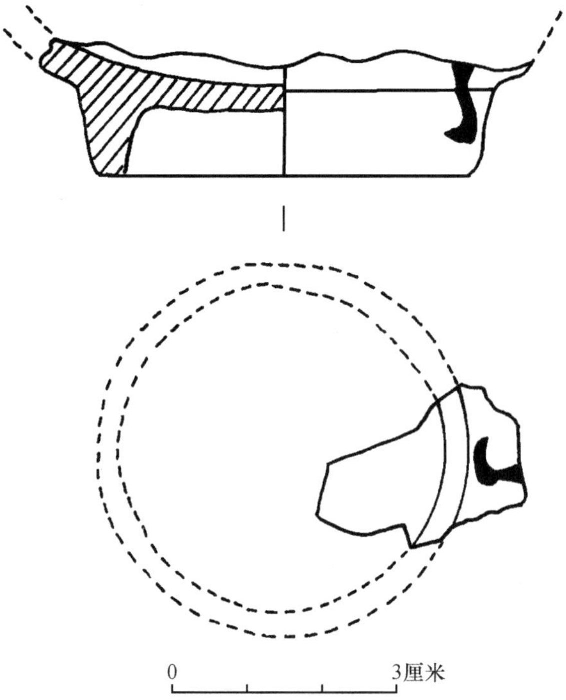


图13　M001出土遗物
瓷器器底（M001①：2）

**2. 人骨分析**

一次葬，仰身直肢，有木棺，在空白空间中腐烂。墓主人的胸部和上半身被一个盗坑破坏，中部被水冲沟冲毁，颅骨散落在棺外，上肢保存很差。椎骨基本不存，仅保存了若干腰椎椎弓的小残片。骨盆破损严重，保存下来的很少。由于保存状况较差，尤其是骨盆破碎严重，因此无法判断性别。依据耻骨联合面判断年龄为15岁左右。

**3. 出土遗物和随葬品**

瓷器器底　1件。M001①：2，残，胎呈灰白色，较细腻，釉色青灰，青花颜色较蓝。底径5厘米，残高1.8厘米，壁厚0.4～0.5厘米，圈足厚0.4～0.9厘米（图13）。

## （二）M002

**1. 墓葬形制与结构**

M002位于发掘区北部中部偏西，挨着M003，M002-M003为双人葬土坑竖穴墓，由于距地表比较浅，上部均遭破坏，平面呈长方形略梯形，直壁，平底，墓长1.86米、宽0.56～0.66米、深19厘米，方向76°（图14；彩图3）。有木棺一具，保存状况很差。墓内颅骨下有一长方形黄色黏土（M002②）制成的枕具，长38厘米、宽21厘米、厚4厘米。墓内堆积分三层：第1层分布于整个墓坑内，厚16厘米，为较致密灰色黏土包含大量花灰色土黏土块、碎石，出土棺钉9件、铜耳坠2件、瓷碗1件；第2层分布于颅骨下形成长方形枕具，为较致密黄色黏土，长38厘米、宽21厘米、厚4厘米；第3层分布于整个墓坑底部，为较致密黄红色黏土，厚1～2厘米。随葬品有1件"福"字瓷碗（M002①：1）出土于墓葬东北端，2件铜耳坠（M002①：2）分别出土于胸部和腿部。

**2. 人骨分析**

一次葬，仰身直肢，有枕具。有较宽的木棺，在空白空间腐烂：墓底部北高南低，墓主人身体左侧骨骼往左移动。胸廓和肩关节（肱骨-肩胛骨）间隙较大，表明空白环境腐烂，上半身未被束缚。身体右侧扰乱严重，骶骨向右膝方向移动，部分腰椎移动到个体右侧距原位置

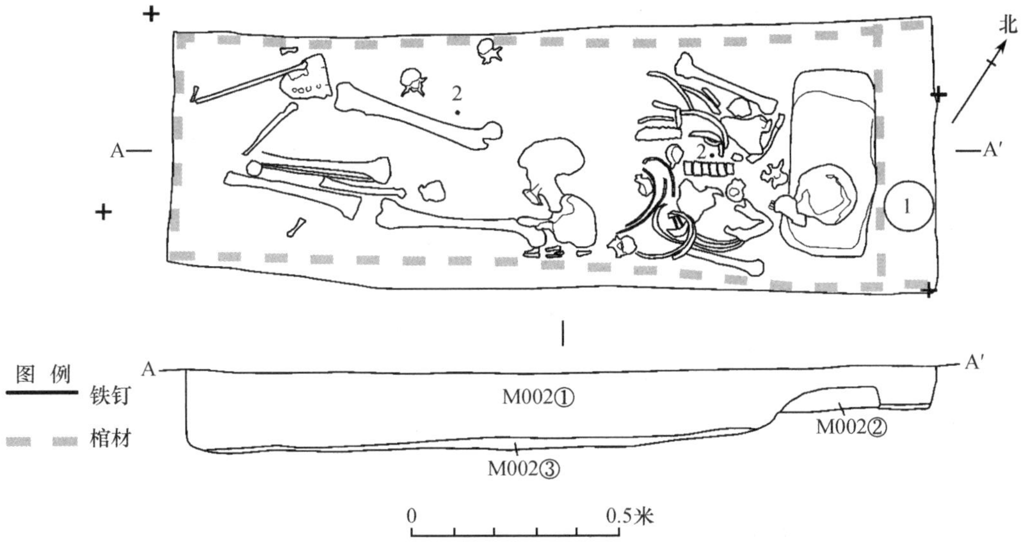


图14　M002平、剖面图
1. 瓷碗（M002①：1）　2. 铜耳坠（M002①：2）

约50厘米，另一部分向左移动了，一节腰椎移动到了两腿之间。扰乱原因为中型哺乳动物（如貉、狐狸等）的活动。

颅骨被面朝东南地放置在一个土枕上，部分颅骨在发掘该墓之前就已暴露在地表之上。下颌骨与上颌骨失去连接，掉落在土枕下面，半翻转地位于颈前。可能是由于头被放置在枕具上的缘故，其颈椎散落在头与胸椎之间各处，位置混乱。胸椎仍在原位。腰椎散落在墓内各处，L1在棺东南边缘中部，L3在该个体下肢的北侧（棺西北沿）L4在骨盆的西南方向，与下肢骨放在一起。肋骨虽分布散落，但仍保持在胸椎两侧，处于胸腔内的位置。右侧肩关节仍保持正常状态，左肩则已失去了原有的连接，各骨骼散落开。上肢只有肱骨还基本在原位，尺骨和桡骨都与下肢骨混杂在一起，手骨散落在馆内西南侧各处。髋骨仍基本在应有的位置，但右侧髋骨部分叠压在左侧髋骨之上，骶骨则在右股骨远端处。左股骨仍与髋臼相连，但背侧面朝上，其余的下肢骨均混乱地位于棺的西南部，可认为是在埋葬时该个体下肢是残断的或彻底腐烂的状态。性别判断为女性，依据是骨盆形态、耻骨下角，骶骨弯曲程度、颅骨眶上缘薄锐、顶结节显著。所有骨骺均已愈合，包括M3在内所有恒牙均已萌出，牙齿磨耗较轻，根据肋骨末端和耳状关节面形态估计年龄为28～36岁。该个体存留的跖骨均存在明显的纤弱化趋势，跖骨体变为扁且细的形状，近端关节面也有变形，其中一节跖骨的中间，还出现了骨折后错位愈合的现象，骨痂明显，并且使该跖骨体成了折线状。该个体是一个典型的缠足个体。

该个体犬齿和右下侧门齿牙釉质发育不全（LEH）。足骨存在缠足现象（图15），跖骨形态异常。股骨、胫骨和可能是右腓骨的一节长骨残段上有愈合过程中的条纹状骨膜反应。右腓骨中段粗大且表面粗糙（rugose），但无层状骨或骨皮质穿孔；骨干最粗部分的外层为改建完毕的新骨（图16）。第2胸椎（T2）和第1腰椎（L1）略呈楔形，从第7胸椎（T7）至第5腰椎（L5）存在轻微唇缘，无许莫氏结节（Schmorl’s nodes）。颅骨未发现多孔性状（porosity），

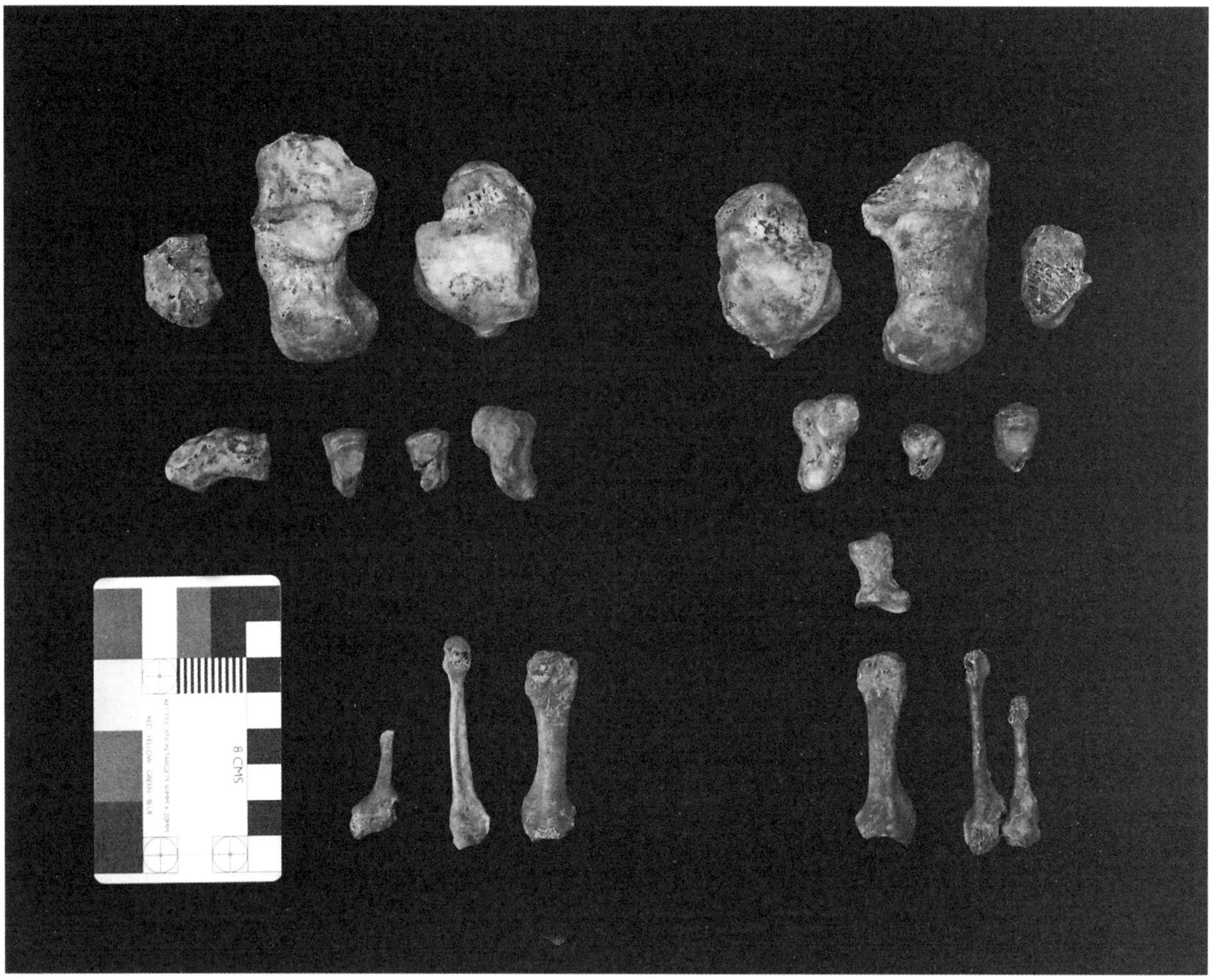


图15　M002缠足造成的跗骨和跖骨改变

图16　M002板层骨外层有骨改建的右侧腓骨（局部）

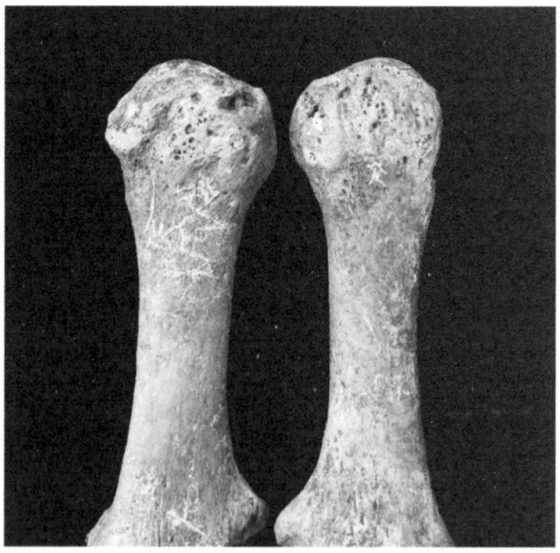

图17　M002跖骨上的多孔性状

但额骨死后破坏严重。除髋关节有轻微唇缘状骨赘外，其余四肢关节不存在骨赘。第一跖骨头上有多孔性状，但孔较小，达不到痛风的关节表现。第一跖骨上的多孔性状和远端关节面变形无法准确地判断是感染还是其他具体的疾病造成的（图17）。

总之，该个体幼年存在生存压力，死亡时有较严重的下肢感染，后者可能为死亡原因。腓骨、胫骨和跖骨关节面的异常状态可能与某种疾病有关。

### 3. 出土遗物和随葬品

（1）瓷器

瓷碗　1件。M002①：1，完整，胎呈灰白色，较细腻，釉色青灰，青花颜色发蓝，敞口圆唇，斜弧腹，圈足，外壁绘有“福”字纹（共四个），“福”字外围有一圈花叶纹，靠近口沿处有一圈窄青花线纹，圈足外有一圈宽青花线纹。口径12.6厘米，底径厘米，底径5.6厘米，高6.2厘米，壁厚0.4～0.5厘米，底厚0.5厘米，圈足厚0.4～1厘米（图18，1；彩图4）。

（2）铜器

铜耳坠　2件，形制相同，编为一个器物号。M002①：2，由弯钩和圆形坠组成。通高1.5厘米。圆形坠由耳坠托和其上的圆形双凸面塑料装饰构成。直径1厘米，厚0.9厘米（图18，2）。

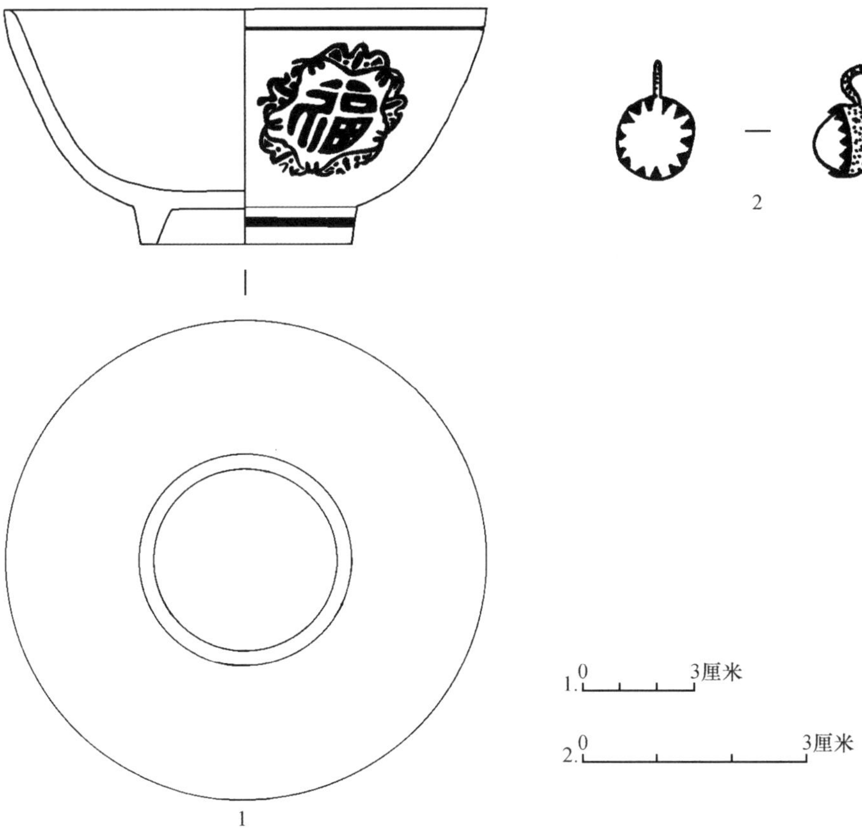


图18　M002出土遗物

1. 瓷碗（M002①：1）　2. 铜耳坠（M002①：2）

## （三）M003

### 1. 墓葬形制与结构

M002-M003为双人葬土坑竖穴墓，M003位于发掘区北部中部偏西，挨着M002，由于距地表比较浅，上部均遭破坏，而头部被一个盗坑破坏，平面呈长方形，直壁，平底，墓长1.55米、宽0.53米、深5～8厘米，跟M002平行，方向76°（图19；彩图5）。有木棺1具（带棺钉2件），保存状况很差。墓内颅骨下有一长方形黄色黏土制成的枕具（M003②），长53厘米、宽22厘米、厚1.5～2厘米。墓内堆积分两层：第1层分布于整个墓坑内，厚5～8厘米，为较致密黄灰色黏土包含少量黄色黏土块，出土棺钉1件、青砖1块；第2层分布于颅骨下形成长方形枕具，为较致密黄色黏土，长53厘米、宽22厘米、厚1.5～2厘米，出土棺钉1件。未见其他遗物或随葬品。

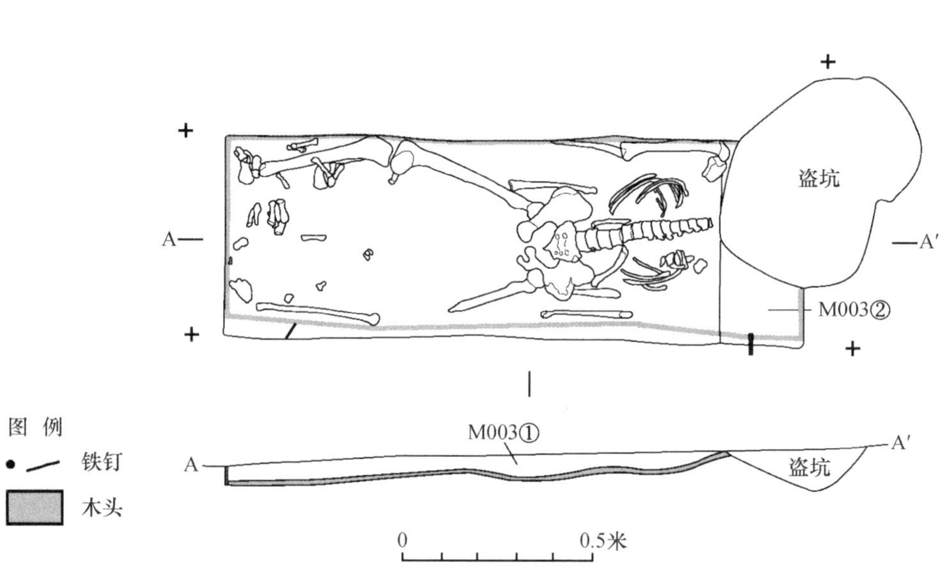


图19　M003平、剖面图

### 2. 人骨分析

一次葬，仰身直肢，有枕具。头部被盗坑破坏。有较宽的木棺，空白空间腐烂，个体右侧可以观察到很清楚的棺壁的约束效应，右侧肘部和肩部依靠棺壁，右膝和脚也贴在棺壁。髋关节外旋，两腿分开。

椎骨的风化比较严重，虽保存了大部分椎骨，但基本上都严重破碎。肩关节已无原本的连接状态，锁骨更是偏离原位很远。性别鉴定为女性。所有骨骺均已愈合，根据骨盆和锁骨骨化中心的愈合情况以及M3部分萌出的状况，推测年龄为17～19岁。

该个体下颌犬齿和前臼齿存在线形釉质发育不全。颅骨上人字缝右侧变平而顶骨凸起，可能是因婴幼儿时期头枕硬物造成的颅骨枕部变形，但该个体的颅骨变形不对称。颅骨上还有愈合良好的眶顶板筛孔样变和顶骨、枕骨后方的多孔性状，应为愈合了的多孔性骨肥厚症状。椎体（包括骶椎）和胸骨柄后面上有花边样（lacelike appearance）的新骨。T12有腰椎化趋势。存在颞下颌关节病，尤其在左侧下颌髁突上表现明显。胫骨上未见明显的骨膜新骨，但股骨上有愈合了的条纹状骨膜新骨。关节面周缘基本未见唇缘，仅肘关节有非常轻微的唇缘。

## （四）M004

### 1. 墓葬形制与结构

M004位于发掘区北部中部偏东，挨着M005，M004-M005为双人葬土坑竖穴墓，由于距地表比较浅，上部均遭破坏，颅骨在地表上露头，发掘之前被取走，平面呈略不规则的长方形，北边弯曲，斜壁，平底，墓长1.62米、宽0.58～0.73米、深3～6厘米，跟M005平行，方向70°（图20；彩图6）。有木棺1具，棺盖板残存部分长90厘米、宽20～27厘米、厚1～2厘米，中部有一条宽1～2.5厘米、长80厘米的灰色材料，可能为封棺盖板的浆料，左右棺板往内塌。墓内颅骨下有一近长方形黄色黏土（M004②）制成的枕具，长49厘米、宽21～30厘米、厚3～6厘米。墓内堆积分两层：第1层分布于整个墓坑内，厚3～6厘米，为较致密黑褐色黏土，包含少量小石子与啮齿类动物骨骼，出土瓷碗1件、银簪1件、蚌扣3件、塑料珠子1件、穿钉2件、棺钉45件、青砖3块；第2层分布于颅骨下形成近长方形枕具，为较致密黄色黏土，包含少量小石子，长49厘米、宽21～30厘米、厚3～6厘米。随葬品有1件银簪（M004①：2）出土于枕具上头部的位置跟棺西侧平行；蚌扣2件，其中1件（M004①：3）出土于胸部，被扰乱（未在原位发现），1件（M004①：4）为过筛出土；塑料珠子（M004①：5）1件，出土于头部位置西南侧颈椎西南侧；1件瓷碗（M004①：6）出土于头部右上方；2件穿钉（M004①：7）中的1件出土于骨盆上，另1件出土于左侧膝盖外侧（M004①：8）。

### 2. 人骨分析

M004和M005埋葬间隔时间不长，但无法准确地判断同时性。M004和M005两个个体姿势非常相似，只是腿的姿势有差异：M005的腿在膝关节处稍微曲折，而M004的腿是直的。

M004为一次葬，仰身直肢，有枕具。

下颌骨与颅骨原本的位置离得很远（约30厘米），在颅骨北侧，其颏部向南，髁突向北。椎骨位置正常，其棘突向下。肋骨中有一节左侧肋骨远离原本的位置，位于颅骨南侧，可能是扰乱造成的。左肩被叠压在左胸之上，肩关节近乎与上段胸椎相接。左上肢为屈曲状（外旋），右上肢基本保持直伸状态，两侧上肢均远离躯身。左侧髋骨受到挤压，左耻骨挤压到了盆腔中、右耻骨后方。左侧足部趾骨与跗骨之间的位置有异常，可能是死后软组织腐烂造成的移位；左侧足与胫骨之间距离很远（距离约15厘米），左足所有骨骼均位置混乱，散落在西南端坑壁附近。性别判断为女性，依据是骨盆的整体形态、耻骨下角及坐骨耻骨支、坐骨大切

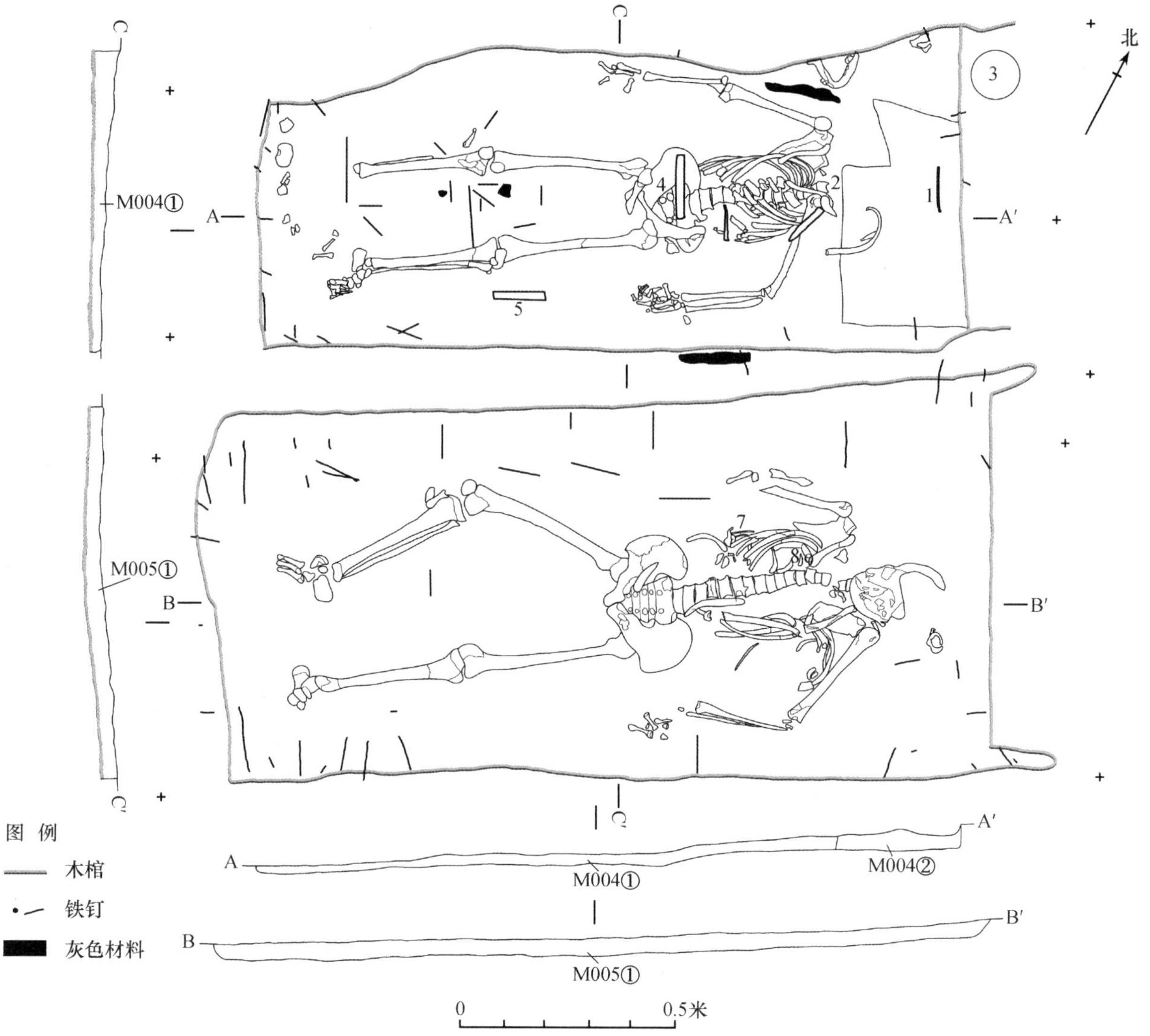


图20　M004与M005平、剖面图

1. 银簪（M004①：2）　2. 蚌扣（M004①：3）　3. 瓷碗（M004①：6）　4、5. 穿钉（M004①：7、M004①：8）
7～9. 塑料扣（M005①：1、M005①：2、M005①：3）
过筛出土：6. 蚌扣（M004①：4）

迹。根据耳状面、牙齿磨耗和椎体边缘骨赘形态估计年龄为30～35岁。左侧髂骨耳状面有部分多孔状侵蚀，可能是骶髂关节炎。所有椎骨均有不同程度的椎体边缘骨赘，有一些是前纵韧带骨化。下颌骨上牙齿生前脱落较多，磨耗较重。

大部分肋骨平放，肩胛骨向外侧移动。部分椎体脱离原位，使脊柱呈“S”形。肩胛骨向内侧移动，但两臂距躯干较远。右臂直伸，几乎完全外展，右手存在扰乱，左臂肘关节屈曲45°。两臂靠近棺壁。骶骨向下移动，髋关节略微外旋。股骨略有位移，这与棺底木板的厚度和臀部肌肉腐烂有关。右髌骨向外侧移动。膝关节间隙较大。左腓骨有位移。左足关节间隙较小，右足扰乱严重。扰乱原因为水冲、犁地和动物活动。

**3. 出土遗物和随葬品**

（1）瓷器

瓷碗　1件。M004①：6，完整，胎呈白色，较细腻，釉色白，青花颜色鲜蓝，侈口圆唇，斜弧腹，圈足，外壁绘有一幅山水纹。口径12.2厘米，底径5厘米，高5.4厘米，壁厚0.3～0.5厘米，底厚0.7厘米，圈足厚0.4～0.5厘米（图21，1；彩图8）。

（2）铁器

穿钉　2件。M004①：7，完整，锈蚀严重，表面沾有较多棺木，横截面呈长方形。1件通长14.9厘米，宽0.8～1.6厘米，厚0.4～1.1厘米；另1件通长10.2厘米，宽1.1～1.4厘米，厚0.2～1.1厘米（图21，6）。

（3）银器

银簪　1件。M004①：2，残，上端顶部氧化变黑，背面有铭文“广源金店纹银”，分别在三个框内，每个框内两字。通长8.8厘米，宽0.3～0.7厘米，厚0.1～0.2厘米（图21，5；彩图7）。

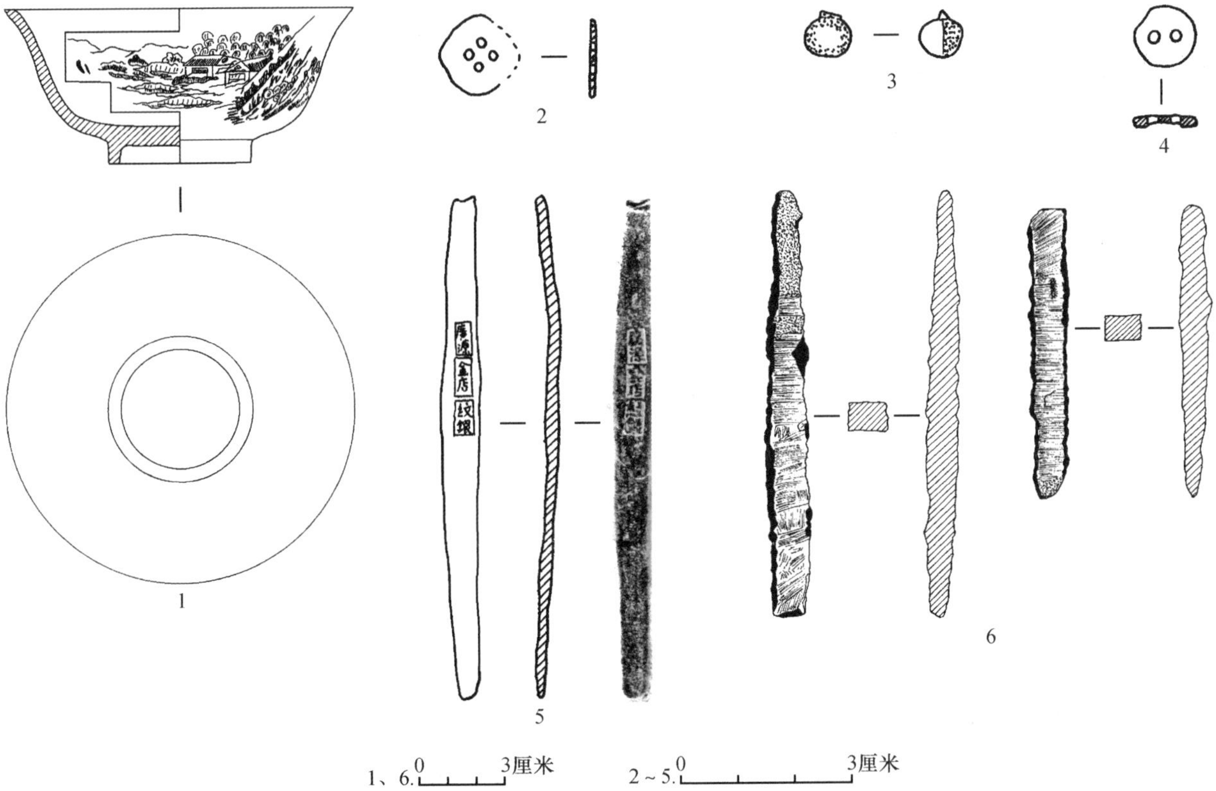


图21　M004出土遗物

1. 瓷碗（M004①：6）　2、4. 蚌扣（M004①：4、M004①：3）　3. 塑料珠子（M004①：5）　5. 银簪（M004①：2）　6. 铁穿钉（M004①：7）

（4）蚌器

蚌扣　2件。

M004①：4，残，风化严重，颜色洁白，共有四孔。直径1.4厘米，孔径0.18厘米，厚0.08厘米（图21，2）。

M004①：3，残，略有风化，颜色灰白，共有两孔。直径1.1厘米，孔径0.2厘米，厚0.1～0.2厘米（图21，4）。

（5）塑料器

珠子　1件。M004①：5，残，表面较光滑，颜色黑，椭球形。长轴0.8厘米，短轴0.7厘米，通高0.8厘米（图21，3）。

## （五）M005

### 1. 墓葬形制与结构

M005位于发掘区北部中部偏东，挨着M004，M004-M005为双人葬土坑竖穴墓，由于距地表比较浅，上部均遭破坏，颅骨破坏较严重，平面呈长方形，斜壁，平底，墓口长1.74～1.83米、宽0.85～0.93米、深5～6厘米，墓底部长1.73米、宽0.87米，比M004长，跟M004几乎平行，方向62°（图20；彩图6）。有木棺1具，左右棺板往内塌。墓内堆积不分层，布于整个墓坑内，厚5～6厘米，为较致密黑褐色黏土包含少量小石子与啮齿类动物骨骼，出土塑料扣3件、棺钉55件。随葬品有3件塑料扣，其中1件（M005①：1）出土于骨架右侧中段肋骨处，2件（M005①：2、M005①：3）取骨架时发现，位置不精确，大致位于上半身部分。

### 2. 人骨分析

一次葬，仰身直肢，有枕具。

墓主人颅骨破损严重，面部骨骼仅存碎片，左侧脑颅不存，颅骨因软组织的腐烂而向右侧移动。肩关节间隙较大。椎间关节间隙较大，颈椎之间较大的间隙可能与枕具的存在有关。肩胛骨呈垂直位，可能与木棺形制有关，肩胛骨向上移动，上部依靠着枕具，左肩位置靠上，位于下颌角处。锁骨向内侧移动。两侧手臂肘部弯曲，手掌骨骼散乱严重，可能是死后随着软组织的腐烂而在棺中出现位移所致。骨盆位置正常。与M004一样，左腿直伸而右膝弯曲（外旋），两侧髌骨向外侧略微移动。该个体鉴定为男性，依据是其全身的骨骼粗壮度、骨盆整体形态、耻骨下角、坐骨大切迹和骶骨的形态。所有骨骺均已愈合，耳状关节面表面致密化，初步鉴定为40岁左右。腰椎存在压缩性骨折，可能与骨质疏松和上半身负重有关，所有腰椎都有比较明显的椎体周缘骨赘。

整体骨骼保存状态较差，虽各处骨骼基本都留存下来了，但是破碎程度高，质地较软且潮湿。左侧上颌骨破坏严重，上颌右侧第一臼齿存在根尖脓肿和龋病，其后方的所有牙齿都在生

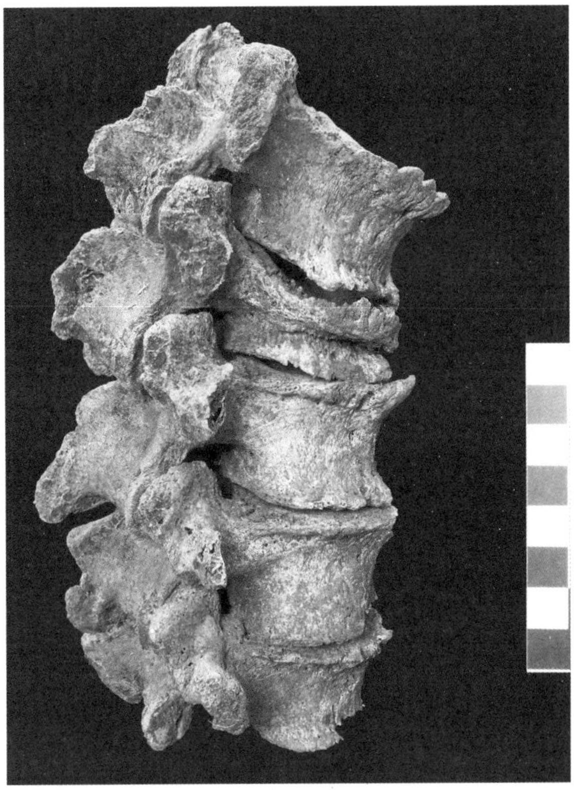

图22　M005 脊椎压缩性骨折

前脱落了。下颌骨大部分臼齿生前脱落，前牙的牙槽骨已破坏，有脱落的牙齿，但牙槽骨破坏程度太严重，无法把牙齿放回牙槽原位。有几颗牙齿存在牙结石和牙颈部龋损。发现有一块骨化的甲状软骨。椎骨的保存情况：胸椎残碎，呈楔形，保存有T5（缺T6）、T7、T8、T11、T12，腰椎有L1、L2（有严重的压缩性骨折）（图22）和L4的左半部。椎骨的病理现象：骨赘——T9至S1（中度至严重）；许莫氏结节——T5椎体下表面、T7椎体上表面和下表面、T8椎体上表面和下表面、T10椎体下表面、T11椎体下表面、T12椎体上表面；骨关节炎——C3至C4右侧小关节面，C7至T1左侧小关节面；退行性椎间盘病——C5椎体下部和C6椎体上部。很多关节面破坏严重，大部分无法观察，右桡骨远端和右股骨远端关节面有轻微唇缘，髋臼窝有广泛分布的多孔性状。存在跟腱骨化。两侧股骨和胫骨都有正在愈合的条纹状骨膜新骨，但骨皮质表面保存较差。颅骨上未见多孔性状。

**3. 出土遗物和随葬品**

塑料扣　3件。

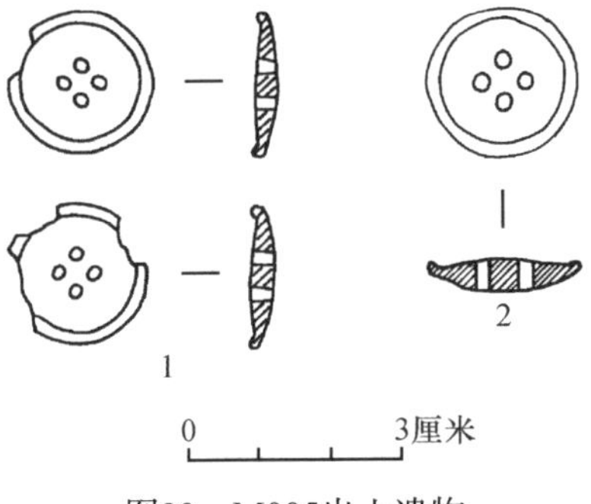


图23　M005出土遗物

1、2. 塑料扣（M005①：2、M005①：3）

标本M005①：2（M005①：1与此件器物相同），残，中心厚，向周围渐薄，正面略凸，背面凸起较明显，边缘有一圈向正面卷起，共四孔。直径2厘米，孔径0.2厘米，最厚处0.3厘米（图23，1）。

标本M005①：3，残，中心厚，向周围渐薄，正面略凸，背面凸起较明显，边缘有一圈向正面卷起，共四孔。直径2.1厘米，孔径0.22厘米，最厚处0.45厘米（图23，2）。

## （六）M006

### 1. 墓葬形制与结构

M006位于发掘区北部东侧，M005东南侧，跟M004、M005呈西北东南一排，为单人葬土坑竖穴墓，由于距地表比较浅，上部均遭破坏，颅骨破坏严重，平面呈长方形，直壁，平底，墓口长1.91米、宽0.42～0.5米、深8～12厘米，墓底部长1.8米，宽0.4～0.5米，方向66°（图24；彩图9）。有木棺1具，腐烂严重。墓内颅骨下有一近长方形黄色黏土（M006②）制成的枕具，长50厘米、宽20厘米、厚6.5～10厘米。墓内堆积分两层：第1层分布于整个墓坑内，厚5～10厘米，为较疏松灰褐色砂质亚黏土，包含红褐色黏土块、少量小石子，出土琉璃瓶1件、铁盘1件、铜扣8件、铜钱98枚；第2层分布于颅骨下形成近长方形枕具，为较致密黄色黏土，长50厘米、宽20厘米、厚6.5～10厘米。随葬品有铜钱114枚，其中1枚（M006①：1）出土于腰椎的左侧，1枚（M006①：8）出土于左脚踝右侧，1枚（M006①：14）出土于左膝关节下方，另有111枚（M006①：11）集中出土于左脚下方（图135；彩图11）；1件琉璃瓶（M006①：9）出土于左脚掌右侧；1件铁盘（M006①：10）出土于头顶右侧；8件铜扣，其中1件船纹铜扣（M006①：6）出土于颈椎中部（上部），1件带环铜扣（M006①：2）出土于肋骨中部右侧，1件带环铜扣（M006①：3）出土于腰椎右侧25厘米处，1件带环铜扣（M006①：4）出土于胸椎中部，1件带环铜扣（M006①：7）出土于颈椎的左侧，1件带环

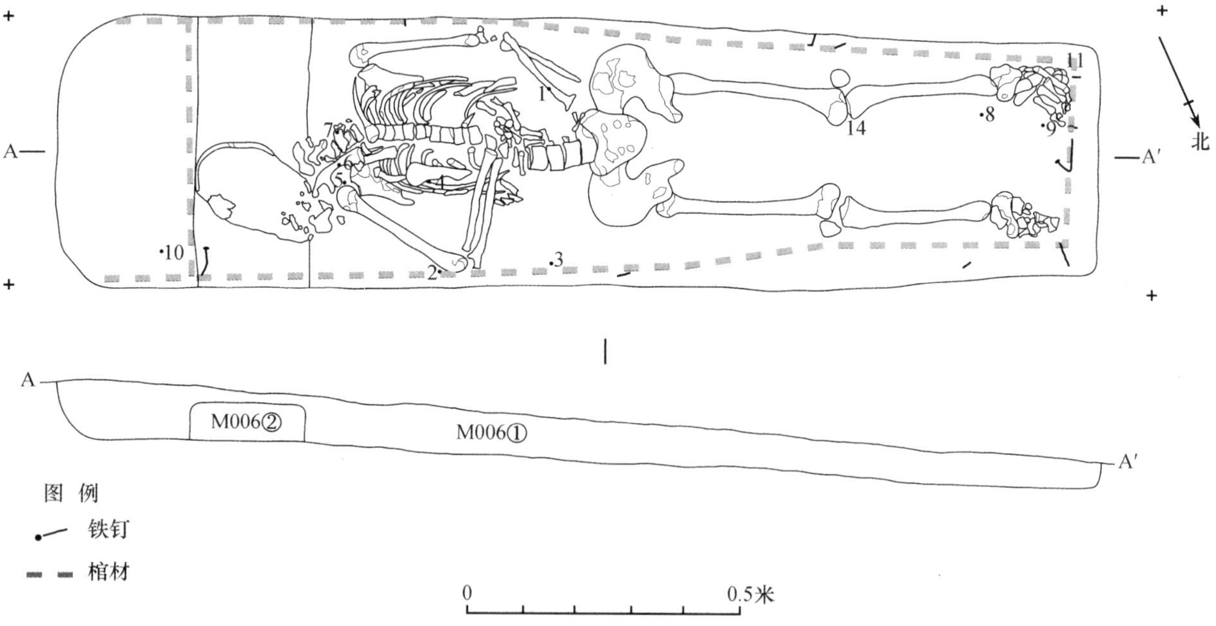


图24　M006平、剖面图

1、8、14. 铜钱（M006①：1、M006①：8、M006①：14）　2～7. 铜扣（M006①：2、M006①：3、M006①：4、M006①：5、M006①：6、M006①：7）　9. 琉璃瓶（M006①：9）　10. 铁盘（M006①：10）　11. 铜钱（111枚）（M006①：11）
过筛出土：12、13. 铜扣（M006①：12、M006①：13）

铜扣（M006①：12）为过筛出土，1件铜扣（M006①：5）出土于颈椎右侧，1件雕花铜扣（M006①：13）为过筛出土。

**2. 人骨分析**

一次葬，仰身直肢，有木棺和枕具。

颅骨保存不佳，有部分暴露于地表，下颌骨从枕具上向右下方滚落到了颈部。同样，因为枕具的存在，肩肱关节间隙较大，两侧肱骨略向外侧移动。除第一腰椎脱离脊柱上的原位外，其余椎骨的位置正常，连接紧密。肋骨的位置正常。肘关节间隙较大，尤其是右侧肘关节间隙较大。左上肢略外旋，手背向上覆于骨盆处，右上肢肘关节明显屈曲（外旋），手位于上腹部。下肢直伸，姿势自然。股骨内旋，但胫骨没有移动，髌骨向外侧移动。足部关节间隙较大，右足的情况比左足显著。右肘依靠棺壁。性别鉴定为女性，判断依据是坐骨大切迹、耳状面和髋臼的形态。所有骨骺均已愈合，门齿有线状齿质暴露，前臼齿磨耗较轻，咬合面磨平，耳状面为致密化结构，有小孔，判断为40岁上下。

骨骼保存状态不好，虽长骨皮质表面保存完好，但脊椎、肋骨、骨盆和颅骨都残碎，骨骺破坏严重。在胫骨和股骨上观察到正在愈合过程中的条纹状骨膜新骨，左胫骨上的骨膜炎在墓主人死前还处于活跃期。

**3. 出土遗物和随葬品**

（1）铜器

铜扣　8件。

M006①：5，扣身呈球形。通高1.25厘米，直径0.96厘米，环状纽外径0.5厘米、内径0.3厘米（图25，2）。

M006①：4，扣身呈球形，环状纽尚与小铜环相连接。通高1.35厘米，扣身直径1厘米，环状纽外径0.5厘米、内径0.3厘米，小铜环外径0.7厘米、内径0.5厘米（图25，3）。

M006①：3，扣身呈球形，环状纽尚与小铜环相连接。通高1.35厘米，扣身直径0.94厘米，环状纽外径0.5厘米、内径0.3厘米，小铜环外径0.7厘米、内径0.5厘米（图25，4）。

M006①：2，扣身呈球形，环状纽尚与小铜环相连接。通高1.2厘米，扣身直径0.9厘米，环状纽外径0.5厘米、径0.3厘米，小铜环外径0.75厘米、内径0.5厘米（图25，5）。

M006①：7，扣身呈球形，环状纽尚与小铜环相连接。通高1厘米，扣身直径0.82厘米，环状纽外径0.45厘米、径0.28厘米，小铜环呈椭圆形，长轴外0.7厘米、内0.5厘米，短轴外0.6厘米、内0.4厘米（图25，6）。

M006①：12，扣身呈球形，环状纽尚与小铜环相连接。通高1.4厘米，扣身直径0.9厘米，环状纽外高0.4厘米、外宽0.3厘米，内高0.36厘米、内宽0.26厘米，小铜环外径0.75厘米，内径0.6厘米（图25，7）。

M006①：13，扣身呈花骨朵形，花蒂的部位与环状纽相接。通高1.4厘米，扣身近椭圆形，长轴1厘米、短轴0.8厘米，环状纽外径0.42厘米、内径0.3厘米（图25，8）。

M006①：6，扣身呈圆形，正面有火轮船纹，背面中央有一环状纽与铭文“TREBLE SILVERED W B”，为洋行机制币式铜扣。扣身直径2.2厘米、厚0.1～0.15厘米，环状纽外径0.5厘米，内环呈水滴形，长0.35厘米、宽0.2厘米（图25，9）。

铜钱　1枚。M006①：8，光绪通宝，圆形方孔钱，直径1.86厘米（图25，15）。

铜钱　1枚。M006①：1，圆形方孔钱，直径2厘米。

铜钱　1枚。M006①：14，圆形方孔钱，直径1.9厘米。

铜钱　111枚。M006①：11（彩图11），均为圆形方孔钱。其中光绪通宝共12枚，直径1.7厘米1枚（图25，14）、直径1.85厘米2枚（图25，11）、直径1.9厘米4枚、直径1.97厘米4枚、直径1.8厘米1枚；咸丰通宝1枚，直径1.9厘米（图25，12）；同治通宝1枚，直径1.95厘米（图25，13）；乾隆通宝12枚，直径2厘米1枚（图25，16）、直径1.82厘米3枚、直径1.8厘米4枚、直径1.7厘米4枚；道光通宝8枚，直径1.5厘米1枚、直径1.58厘米2枚、直径1.63厘米1枚、直径1.76厘米 1枚、直径1.82厘米2枚、直径2厘米1枚；宽永通宝4枚，直径1.8厘米2枚、直径2厘米2枚；因锈蚀严重文字不明的铜钱12枚，直径1.6厘米2枚、直径1.82厘米2枚、直径1.8厘米3枚、

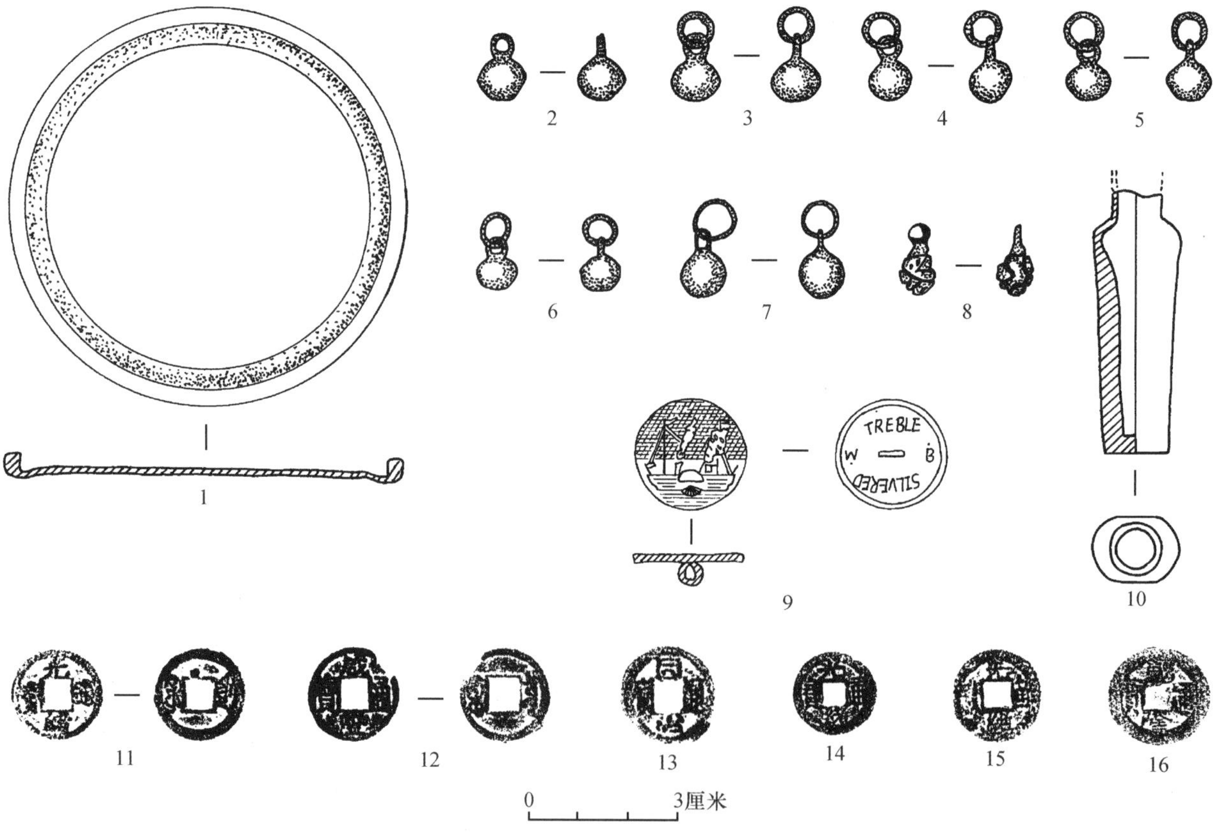


图25　M006出土遗物及拓片

1. 铁盘（M006①：10）　2～9. 铜扣（M006①：5、M006①：4、M006①：3、M006①：2、M006①：7、M006①：12、M006①：13、M006①：6）　10. 琉璃瓶（M006①：9）　11、14. 光绪通宝（M006①：11）　12. 咸丰通宝（M006①：11）　13. 同治通宝（M006①：11）　15. 光绪通宝（M006①：8）　16. 乾隆通宝（M006①：11）

直径1.35厘米1枚、直径1.7厘米1枚、直径1.9厘米2枚、直径2厘米1枚；无字明钱47枚，直径2厘米3枚、直径1.9厘米7枚、直径1.86厘米7枚、直径1.7厘米3枚、直径1.72厘米7枚、直径1.56厘米4枚、直径1.42厘米3枚、直径1.35厘米10枚、直径1.45厘米1枚、直径1.2厘米2枚；另有14枚与布料粘在一起的铜钱。

（2）铁器

铁盘　1件。M006①：10，残，圆形，边缘向背面倾斜厚向正面卷起。直径8厘米，主体厚0.11厘米，边缘厚0.5厘米（图25，1）。

（3）琉璃

琉璃瓶　1件。M006①：9，口部残，为红彩深蓝色。残高5.2厘米，口部呈圆形，口径1厘米，肩部最粗，直径1.7厘米。底部呈椭圆形。长轴1.7厘米、短轴1.3厘米，壁厚0.1～0.4厘米，由口向底壁逐渐变厚，底厚0.35厘米（图25，10；彩图10）。

## （七）M007

### 1. 墓葬形制与结构

M007位于发掘区北部东侧，跟M004、M005呈西北东南一排，为单人葬土坑竖穴墓，墓棺四周墓坑较明显，由于距地表比较浅，颅骨被压碎，平面呈长方形，直壁，平底，墓坑长2.04米、宽0.65～0.8米、深12～20厘米，方向67°（图26；彩图12）。有木棺1具，南侧长边的墓板往里塌，棺材腐烂严重，只残留木板的痕迹（在两个长边和底部），长1.6米、上部宽0.4～0.52米，底部宽0.4～0.45米。墓内颅骨下有一近长方形黄色黏土（M007②）制成的枕具，长32厘米、宽18.5厘米、厚7～8厘米。墓内堆积分三层：第1层分布于整个木棺内，厚10～20厘米，为较致密紫色花土，包含大量的白色黏土块和少量黄色、青色、绿色等致密度不均匀的黏土块、少量小石子，出土瓷片1件、棺钉21件、砖块3个；第2层分布于颅骨下形成近长方形枕具，为较致密黄色黏土，长32厘米、宽18.5厘米、厚7～8厘米；第3层分布于墓坑内棺四周，呈回字形，为很致密紫色花土，厚12～20厘米，包含大量白色和青色很致密的黏土块。遗物有瓷器口沿1件（M007①：1），出土于墓主人肩部位置（墓南侧、枕头西侧）的填土中。

### 2. 人骨分析

一次葬，仰身直肢，有枕具。

颅骨破碎严重，仅存残片。椎骨的保存情况非常差，只见到胸椎和腰椎的椎体。椎体上的骺板脱落，已朽烂。肋骨保存较差，仅存残片。肩带骨保存很差，仅有两侧肩胛骨的肩臼窝部分和左侧锁骨。未见左侧手骨。骨盆位置正常，骶骨已不存。枕具造成颅骨左转且移位，颈椎屈曲且各节间距较大。肩胛骨向上移动了。右臂贴在棺壁边，身体左右两侧倚靠棺壁，肩部抵

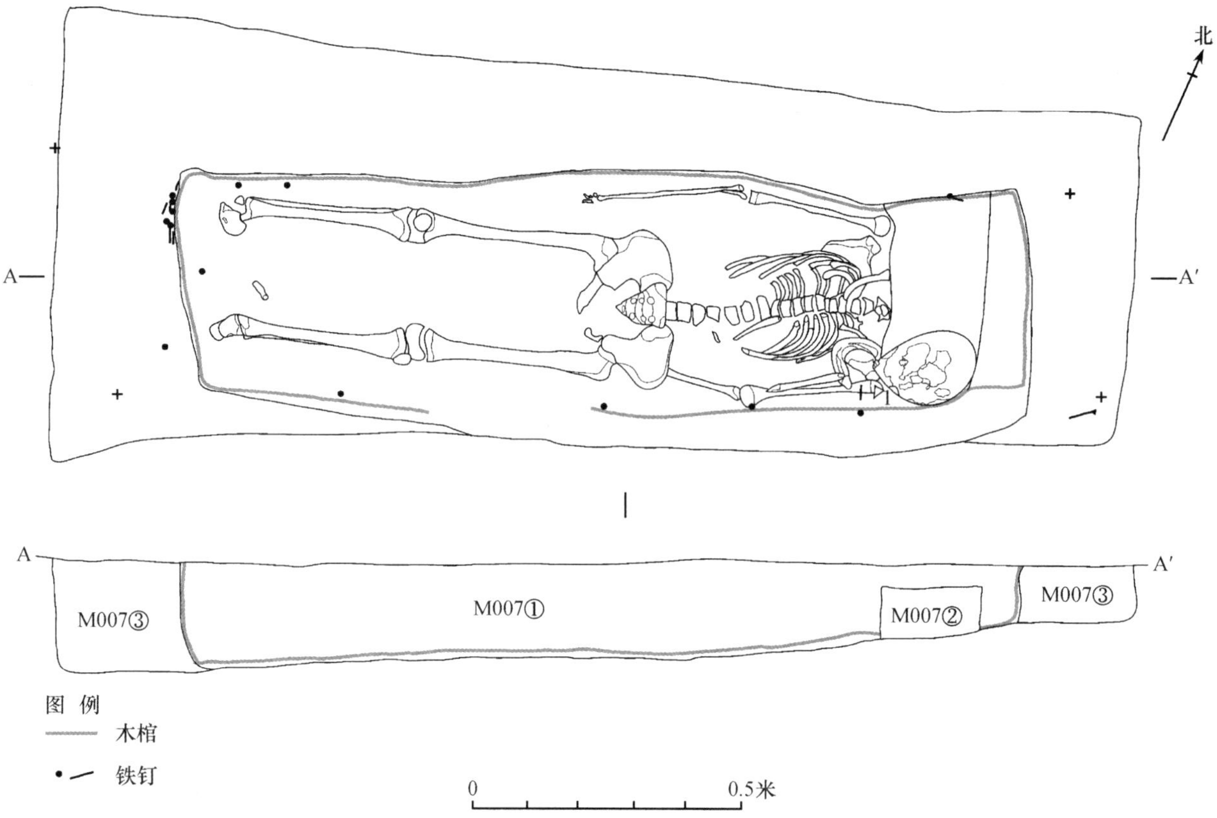


图26　M007平、剖面图
1. 瓷器口沿（M007①：1）

住棺壁，受棺壁的约束。左臂也靠棺壁，左手在髋骨下，因此左肘关节间距较窄。右手摆放在身体侧面，肱骨外侧向上。肋骨完全平放。脊椎呈“S”形弯曲，第1腰椎和第12胸椎向外侧位移，骶骨向下位移，这与棺底木板较厚和臀部肌肉腐烂有关。右膝倚靠棺壁、没有位移，右足过度伸展，左足未保存。右髌骨在原位，左髌骨向外侧位移。空白环境腐烂。该个体未成年且骨骼保存很差，但依据其坐骨大切迹、髂骨联合弧和乳突、额骨形态来看，女性倾向较明显，因此可能为女性。骨骺愈合情况如下：未愈合的有股骨头、股骨小转子、肱骨头、股骨下端、胫骨上下端、跟骨结节、椎体骨性终板、髂嵴；愈合的有肱骨下端。除M3外其余恒齿已萌出，基本无磨耗。据上述情况判断其年龄为15～17岁。

骨骼保存很差，未见病理现象。

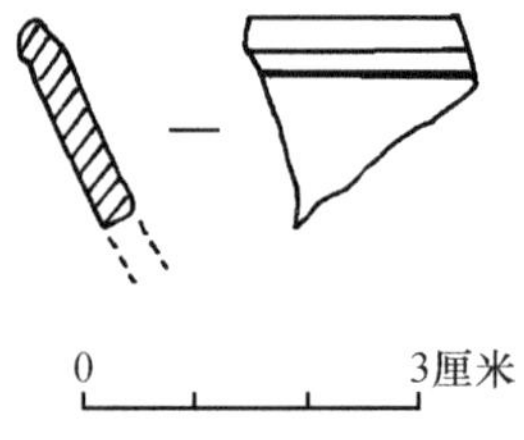


图27　M007出土遗物
瓷器口沿（M007①：1）

### 3. 出土遗物和随葬品

瓷器口沿　1件。M007①：1，残，胎呈黄褐色，含细砂，釉色酱黄。残高1.9厘米，壁厚0.3厘米（图27）。

## （八）M008

### 1. 墓葬形制与结构

M008位于发掘区北部中部，跟M002、M003呈西北东南一排，为单人葬土坑竖穴墓，由于距地表比较浅，上部均遭破坏，颅骨有一部分已经暴露在地表，在墓葬发掘之前就被取出，墓葬平面呈近长方形（略呈梯形），直壁，平底，墓长1.8米、宽0.6～0.71米、深4～8厘米，方向58°（图28；彩图13）。有木棺1具，保留脚部的部分棺盖，两侧因塌陷挤压向墓内凸出，棺底部保存完整，随着墓坑边残留棺板，2～3厘米厚。墓内颅骨下部因冲沟呈不规则长方形，原先应为较规则长方形的红褐色黏土（M008②）制成的枕具，长31～33厘米、宽15～18厘米、厚3～7厘米。墓内堆积分两层：第1层分布于整个木棺内，厚3～7厘米，为较致密灰黄色黏土，出土铜钱4枚、琉璃扣1件、鞋垫2件、棺钉16件；第2层分布于颅骨下，形成不规则形近长方形枕具，为较致密红褐色黏土，长31～33厘米、宽15～18厘米、厚3～7厘米。随葬品有铜钱4枚，其中1枚（M008①：1）出土于墓葬底部左胫骨与右胫骨之间，1枚（M008①：2）出土于墓葬底部右胫骨右侧，1枚（M008①：3）出土于墓葬底部右肋骨下，最后1枚（M008①：7）为过筛出土；琉璃扣1件（M008①：4）出土于墓葬底部左股骨左侧；2件鞋垫，其中1件（M008①：5）出土于右脚附近，另1件（M008①：6）出土于左脚附近。

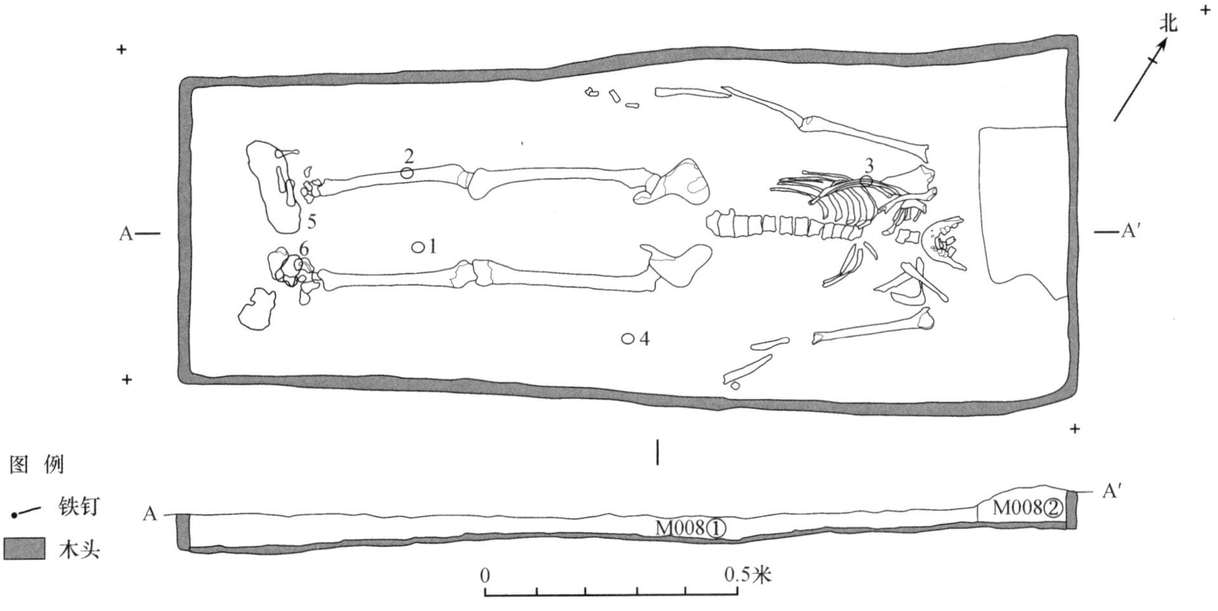


图28　M008平、剖面图

1～3. 铜钱（M008①：1、M008①：2、M008①：3）　4. 琉璃扣（M008①：4）　5、6. 鞋垫（M008①：5、M008①：6）

过筛出土：7. 铜钱（M008①：7）

### 2. 人骨分析

一次葬，仰身直肢，有枕具。

头部被盗坑破坏。颅骨破碎，下颌骨基本完整。两侧肩胛骨外张。锁骨的位置异常，斜着位于胸前，胸骨端过于靠下。两臂距离躯干很远，是故意摆放的姿势。右肘关节间隙较大，桡骨近端距离肘关节所在位置较远。两侧手骨由于残缺严重，难以获知其位置的正常与否。肋骨平放。所有椎间关节间距较大，最宽处在第1腰椎和第12胸椎之间，这与棺底木板厚度和枕具造成的影响有关。两侧髋骨外展，接近地表的耻骨部分不存。右腿有朝外侧旋转的状况。膝关节间隙和踝关节间隙较大。性别鉴定为女性，依据是骨盆形态、坐骨大切迹和髋臼形态。根据耳状面、牙齿磨耗推测其年龄为30±岁。

骨骼保存很差，未见病理现象。

### 3. 出土遗物和随葬品

（1）铜器

铜钱　4枚。

M008①：1，嘉庆通宝，圆形方孔钱。直径2.4厘米（图29，3）。

M008①：3，光绪通宝，圆形方孔钱。直径2.25厘米（图29，4）。

M008①：2，圆形方孔钱，因锈蚀严重文字不明。直径2.3厘米。

M008①：7，圆形方孔钱，因锈蚀严重文字不明。直径2.4厘米。

（2）琉璃

琉璃扣　1件。M008①：4，圆形，颜色洁白，共四孔，孔与边缘之间有一圈凸起。直径1.6厘米，凸起处直径1厘米，孔径0.2厘米，厚0.2～0.4厘米（图29，5）。

（3）其他

鞋垫　2件。

M008①：5，残，由鞋垫主体和后跟垫两部分构成，两部分之前应为缝制在一起的，其上各有一圈缝制痕迹，鞋垫主体后跟处中央另有一片三角形的缝制痕迹。鞋垫主体残长18.2厘米、残宽4.1～5.6厘米、厚0.2～0.45厘米，后跟垫残长6.2厘米、宽5.7厘米、厚0.2～0.5厘米（图29，1；彩图14）。

M008①：6，残，由鞋垫主体和后跟垫两部分构成，两部分之前应为缝制在一起的，其上各有一圈缝制痕迹，鞋垫主体后跟处中央另有一片三角形的缝制痕迹。鞋垫主体残长6.7厘米、残宽2.1～4厘米、厚0.32～0.5厘米，后跟垫残长6厘米、宽4.6～5.3厘米、厚0.4厘米（图29，2）。

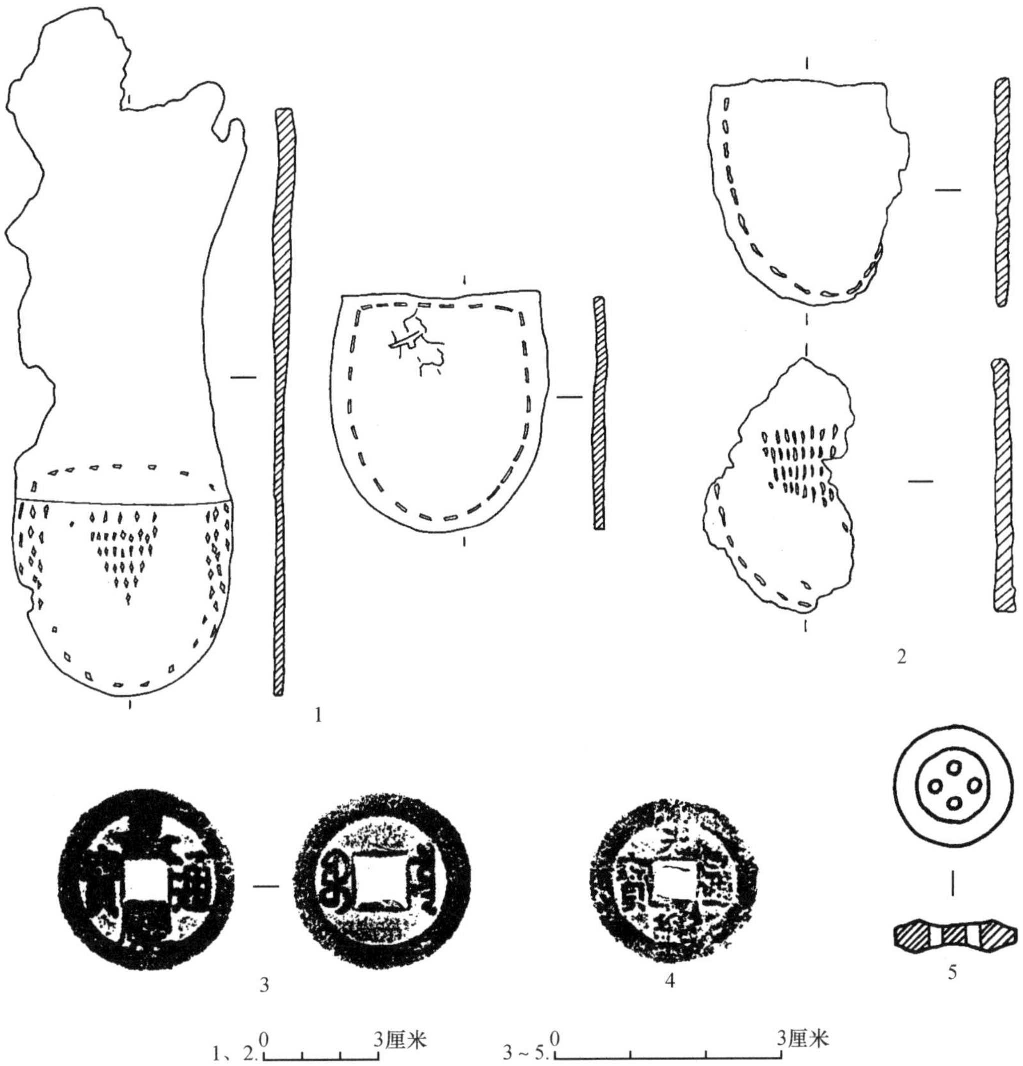


图29　M008出土遗物及拓片

1、2. 鞋垫（M008①：5、M008①：6）　3. 嘉庆通宝（M008①：1）　4. 光绪通宝（M008①：3）　5. 琉璃扣（M008①：4）

## （九）M009

### 1. 墓葬形制与结构

位于发掘区中部偏北，为二次葬单人葬土坑竖穴墓，由于距地表比较浅，上部均遭破坏，平面呈近长方形略为梯形，直壁，平底，墓口长1.53米、宽0.42～0.53米、深8～16厘米，方向62°（图30；彩图15）。有木棺1具，两边长木板稍微往里塌了，木棺残留在两个短边和底部，残留棺板2～4厘米厚。颅骨下未见土制造的枕具。墓内堆积不分层，分布于整个墓内，厚6～14厘米，为较致密灰褐色黏土，出土棺钉2件。随葬品有蚌扣1件（M009①：2），为过筛出土。

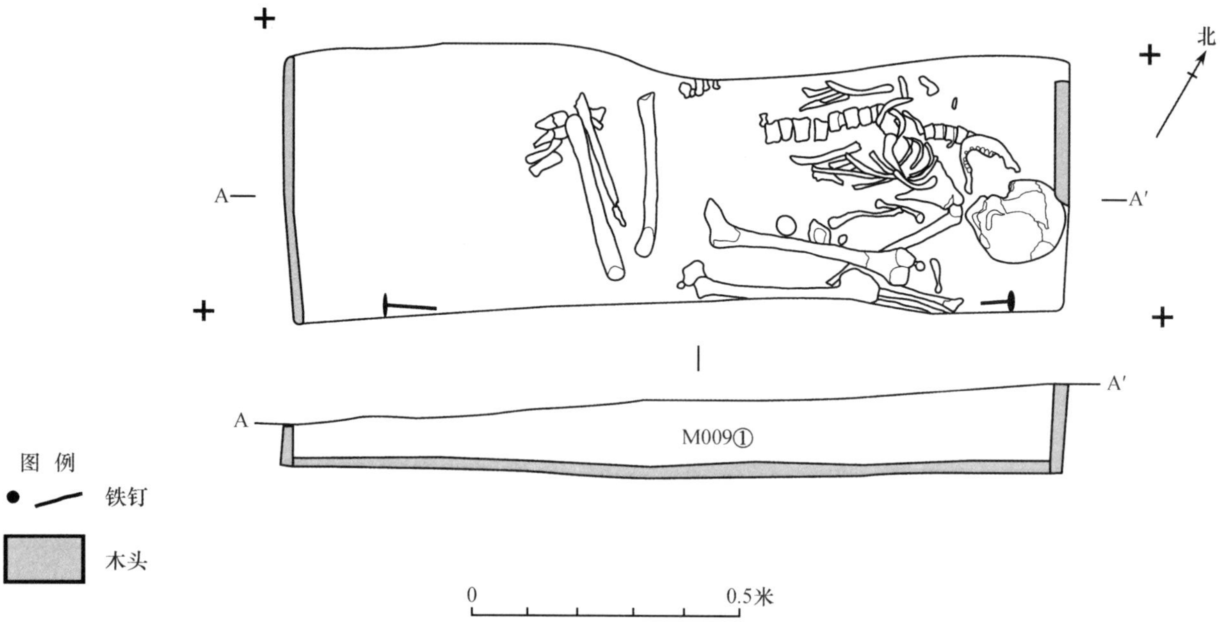


图30　M009平、剖面图

**2. 人骨分析**

一次葬，仰身屈肢，有枕具和木棺。

面颅部分破碎严重，颅骨与下颌骨相距较远，可能是死后软组织腐烂后下颌骨从垫高头部的枕具上滚落到了下面，使得其面部左侧朝下、眼眶开口朝向下肢方向。椎骨的位置基本正常，但整个脊柱出现了明显扭曲，这可能是下葬时空间不足所致。肋骨的分布比较混乱，但仍基本位于胸腔内。左肩仍比较完整，右肩已不存。左上肢仍与肩部相连，但右上肢位于头的后上方，与棺的东侧边缘平行并紧贴，且近、远端倒置。骨盆保存很差，但仍与胸腹部的中轴骨相连，位置正常。两根股骨一个腹侧面朝上、另一个背侧面朝上地位于躯体左侧；两根胫骨前面朝上地并置在骨盆下方，近端在棺的南壁之上，远端抵在棺的北壁之下。足骨连接在两胫骨远端，分布散乱。颅骨骨壁较薄，乳突较小，眶上缘薄锐，枕外隆突不发育，下颌角较大，髁突较小，下颌颏突较圆，齿弓较小，性别判断为女性。上颌M3有齿槽，应已萌出；下颌M3未萌出，其余恒齿均已萌出。所有牙齿磨耗都很轻微，骨骺均已愈合，根据骨骺愈合情况推测年龄为15～16岁。

该个体姿势特殊，木棺大而宽，未发现葬后处理现象，为一次葬，之所以造成骨骼不自然的姿态（尤其是下肢），可能跟该个体存在残疾或埋葬前后的气候条件有关系。下肢姿势不典型，其右膝关节曲折，类似于胎位，右股骨、胫骨和腓骨的外侧面朝上，胫骨-腓骨关节松弛，右足骨扰乱严重。最引人瞩目的是左腿，股骨的背侧面向上，并往颅骨的方向移动了，左髌骨掉落到髋骨的位置，股骨-胫骨关节完全脱节，左踝关节间隙较窄。按照现有的骨骼位置推测，原来左膝关节应位于左肘处。其左肘曲折，关节间隙比较窄，手心向上。左肩胛骨移动了。肋骨大部分平放，胸部右侧倚靠木棺壁，受棺壁的约束效应。右臂在躯干旁，手在腹部上。颈部受到严重的约束效应，处理尸体的方式不明。虽有枕具的存在，但其下颌骨差不多仍在原位，颅骨则向左位移。

骨架整体很纤细。股骨和胫骨有正在愈合过程中的骨膜炎产生的条纹状新骨。牙釉质表面有较少的牙结石。

**3. 出土遗物和随葬品**

（1）铁器

棺钉　2件。M009①：1，1件为圆钉，周身锈蚀严重。长5.2厘米，钉头直径0.6厘米，钉身直径0.3厘米；1件为方钉，周身锈蚀严重且有弯曲，截面长方形。长8.9厘米，钉身宽0.6厘米，厚0.5厘米，钉头长1.2厘米，宽0.6～0.7厘米（图31，1）。

（2）蚌器

蚌扣　1件。M009①：2，中间薄，边缘厚，略有风化，主体洁白，但表面沾有较多黄褐色物质，共有两孔。直径1.1厘米，厚0.1～0.15厘米（图31，2）。

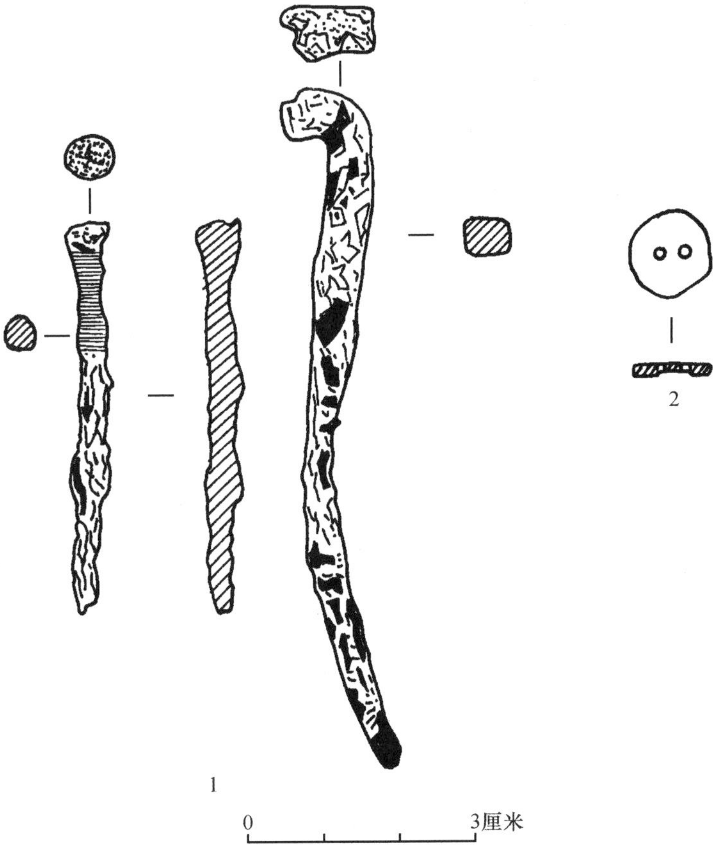


图31　M009出土遗物

1. 棺钉（M009①：1）　2. 蚌扣（M009①：2）

## （十）M010

### 1. 墓葬形制与结构

M010位于发掘区中部、M009的南侧，为单人葬土坑竖穴墓，由于距地表比较浅，上部均遭破坏，墓葬西部将近一半被冲沟破坏，颅骨已被冲走，平面呈近长方形，斜壁，平底，墓长1.56米、宽0.45～0.53米、深6～10厘米，方向60°（图32；彩图16）。有木棺1具，保存状况比较差，只残留东北短边和东南长边，墓坑边残留棺板厚约2厘米。墓内颅骨下有长方形的黄色黏土（M010②）制成的枕具，长52厘米、宽23厘米、厚5厘米，颈部有长方形黄色黏土条状堆积长44厘米，宽11厘米，厚4厘米（M010④）。墓内堆积分四层：第1层分布于整个木棺内，厚1～3.5厘米，为较致密灰褐色黏土，包含少量黄色淤泥块，出土棺钉3件；第2层分布于颅骨下形成长方形枕具，为较致密黄色黏土，长52厘米、宽23厘米、厚5厘米；第3层为底部骨架上半身下方，呈长方形，长66厘米、宽0.45～0.53厘米、厚约2厘米；第四层分布于颈部下方，呈长条形，长44厘米、宽11厘米、厚4厘米。随葬品有铜钱3枚，其中1枚（M010①：2）出土于右侧肋骨前方靠近头骨的位置，1枚（M010①：3）出土于左侧股骨远端左下角，最后1枚（M010①：4）出土于木棺头部左侧附近。

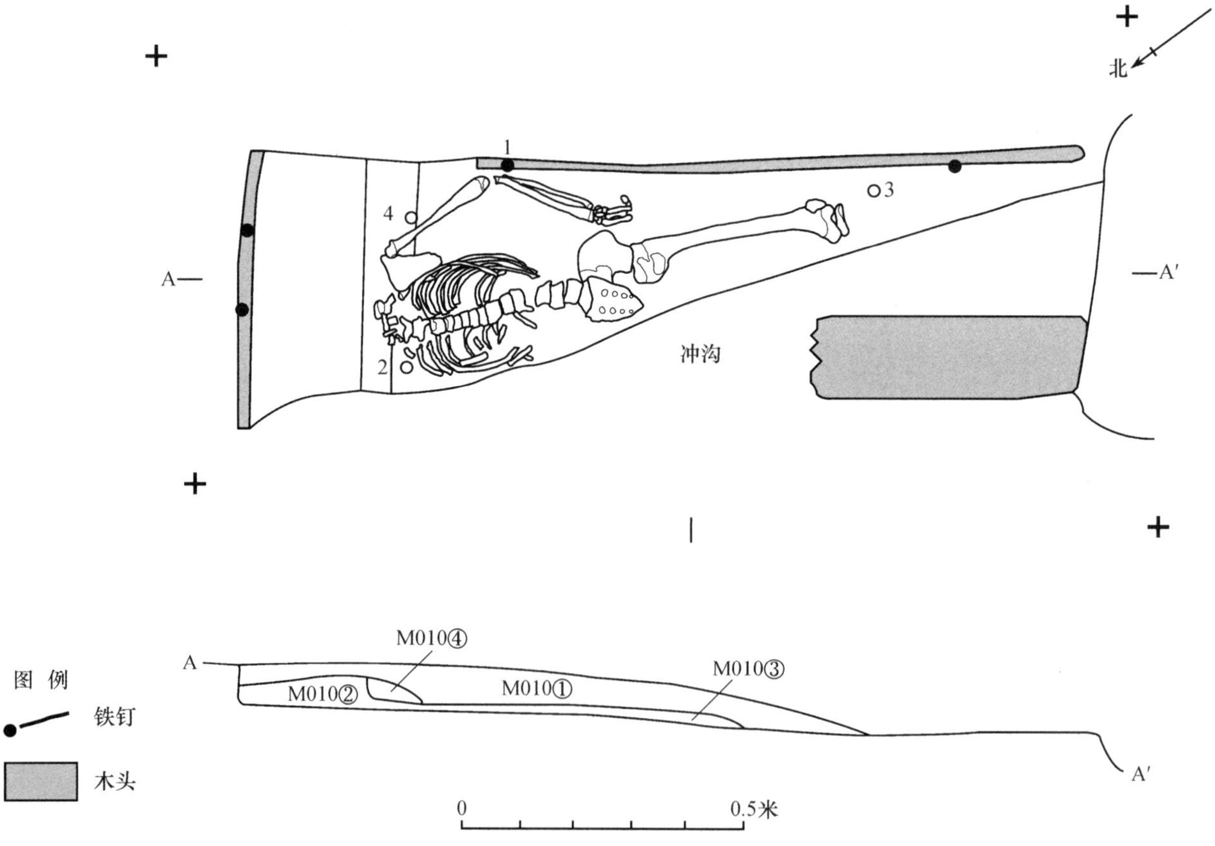


图32　M010平、剖面图

1. 棺钉（M010①：1）　2～4. 铜钱（M010①：2、M010①：3、M010①：4）

### 2. 人骨分析

一次葬，仰身直肢，有枕具。

被水冲沟打破，头骨不存，右肩不存，右臂不存，左臂屈曲（外旋）。构成髋骨的三块骨骼尚未愈合在一起，右侧髋骨不存。右下肢不存。左侧胫骨除近端骨骺与左股骨成关节外，其余部分位置与原本应在的位置相距较远，与腓骨一起，出现在身体右侧。骨骼保存较差，且为未成年人，无法判断性别。下肢长骨骨骺均未愈合，胫骨近端骨骺完全脱落，没有愈合迹象。髂骨、耻骨、坐骨未愈合，是完全分离的状态，可见其为一未成年个体，年龄为13～15岁。

左臂依靠棺壁，肋骨完全平放，受木棺的约束。枕具造成左侧肩胛骨向上移动，肋骨向下移动。第12胸椎和第1腰椎之间的间隙很大，第10和第9胸椎之间的间隙也较大。左肩关节间隙较大，左臂在躯干旁，左肘关节间隙较大，前臂向下身方向移动了，手腕关节仍在原位。右髋骨、右股骨、左胫骨和左腓骨完全被冲沟破坏消失。左髌骨向外下侧位移。左侧骶髂关节脱节。尸体是在空白环境中腐烂的。

保存很差，在现存骨骼上未见病理现象。

### 3. 出土遗物和随葬品

铜钱　3枚。

M010①：2，景德元宝，圆形方孔钱。直径2.4厘米（图33，1）。

M010①：3，元丰通宝，圆形方孔钱。直径2.4厘米（图33，2）。

M010①：4，景德元宝，圆形方孔钱。直径2.5厘米（图33，3）。

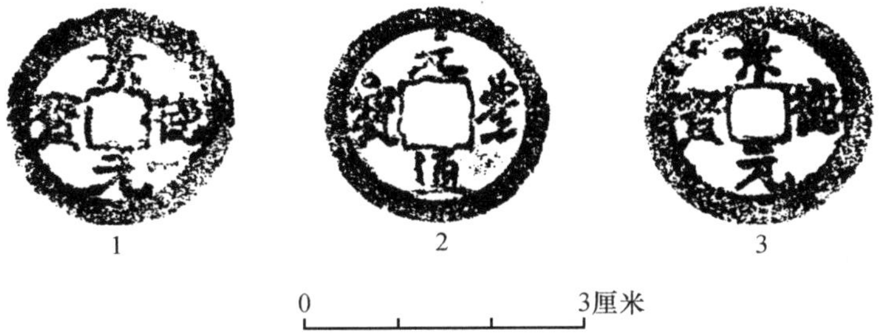

图33　M010出土遗物拓片

1、3. 景德元宝（M010①：2、M010①：4）　2. 元丰通宝（M010①：3）

## （十一）M011

### 1. 墓葬形制与结构

M011位于发掘区中部东侧，跟M023、M027呈南北一排，为葬式不明单人葬土坑竖穴墓，由于距地表比较浅，上部均遭破坏，墓坑较明显，平面呈近长方形，直壁，平底，墓长2.32

米、宽0.65～0.69米、深16～19厘米，方向60°（图34；彩图17）。有木棺1具，长方形，直壁平底，四角出头，长1.76米、宽30～44厘米，棺盖破坏严重，棺板2～4厘米厚。棺东北侧有长方形头龛，长45～47厘米、宽7厘米、深14厘米，棺西南侧有脚龛，长35～39厘米、宽8.5厘米、深15～16厘米。墓内堆积分两层：第1层分布于整个木棺内，长1.76米、宽30～44米、厚17厘米，为较致密灰褐色黏土，包含少量小石块，出土银戒指1件、棺钉4件；第2层分布于木棺四周，呈回字形，为较致密红褐色黏土，包含灰褐色淤泥块，长0.17～2.32米、宽9～69厘米、厚16～17厘米。随葬品有银戒指1件（M011①：1），出土于墓棺底部右侧，右手无名指上。

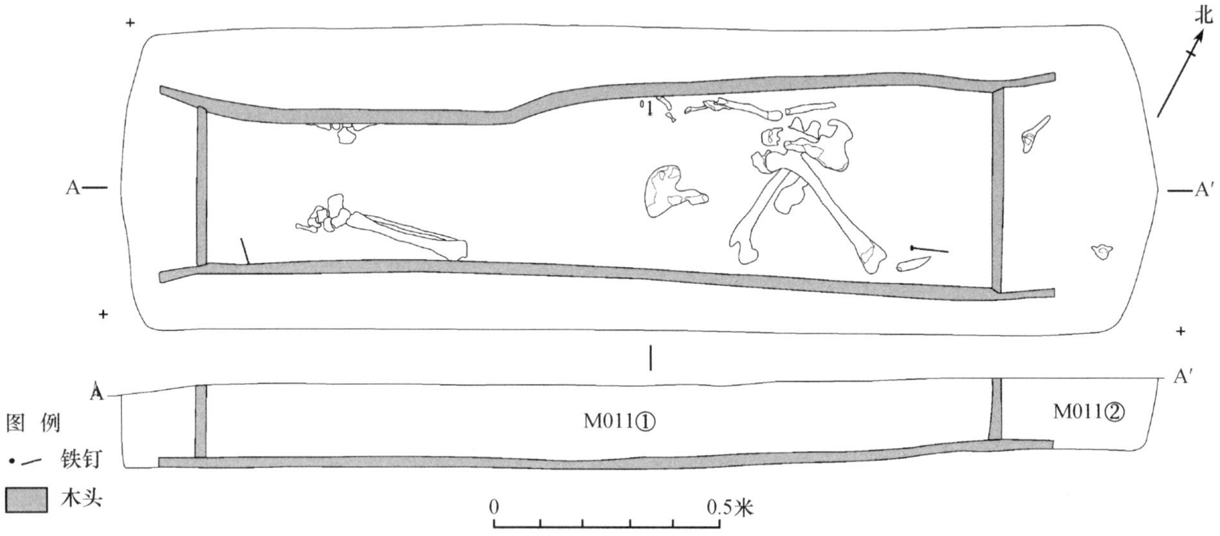


图34　M011平、剖面图
1. 银戒指（M011①：1）

## 2. 人骨分析

仅在墓的东北角发现一节颈椎，在腹部位置发现两节腰椎。未见胸腔的骨骼。仅见左侧肩胛骨的残片，背侧面朝上地位于棺的北侧角落里。仅存右侧前臂骨骼的残片，位于棺的北壁中部附近。两侧手部有部分骨骼残余，被压在骨盆和股骨所在土层的下方，仍在原位。两侧髋骨一西一东地位于腹部的位置。两侧股骨交叉着位于腹部位置，其交叉处恰好是左侧髋骨所处位置。两侧胫骨和足部位置正常并向外侧旋转，使内侧面朝上。该个体骨盆整体形态、坐骨大切迹、耳状面形态、髋臼均倾向于女性，因此将该个体鉴定为女性。腰椎及第一骶椎的骺板脱落，下肢长骨骨骺基本愈合，仅胫骨上端有残存的骺线。年龄推测为15～18岁。

该墓主人的葬式可能是在原位的二次葬。腐烂过程已经达到一定的程度时被扰乱，而骨骼被扔回木棺，遭到过盗墓的可能性很高。部分左腿保存在原位。大部分长骨堆成“X”形。上半身完全扰乱，一个胸椎在本应是头部的位置。部分右臂在原位。

未在残存的骨骼上发现疾病迹象。

### 3. 出土遗物和随葬品

银戒指　1件。M011①：1，戒指前面正面中间有凹陷，两边各一菱形纹饰，菱形底纹为平行线纹，一个菱形内为小花，另一个菱形两角内折，内为小菱形，背面有两个长方形框，框内各书“司義”“纹银”；戒指后面逐渐变窄，为活口。外径1.8厘米，内径1.5～1.7厘米，最宽处1厘米，最窄处0.3厘米（图35；彩图18）。

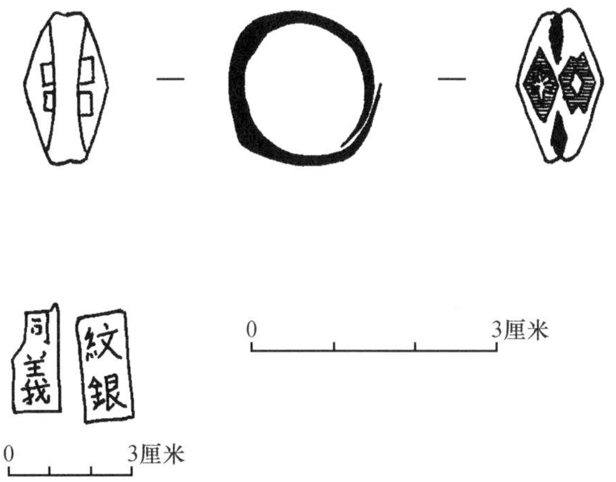

图35　M011出土遗物

银戒指（M011①：1）

## （十二）M012

### 1. 墓葬形制与结构

M012位于发掘区东南部偏北，与M016呈西北—东南向排列，为单人葬土坑竖穴墓，由于距地表比较浅，上部均遭破坏，平面略呈近长方形的梯形，直壁，平底，墓长2.06米、宽0.39～0.51米、深13～21厘米，方向62°（图36；彩图19）。有木棺1具，长方形，沿着墓坑边，直壁平底，四角出头，长1.96米、宽39～51厘米，部分棺盖塌陷，棺板1～5厘米厚。棺东

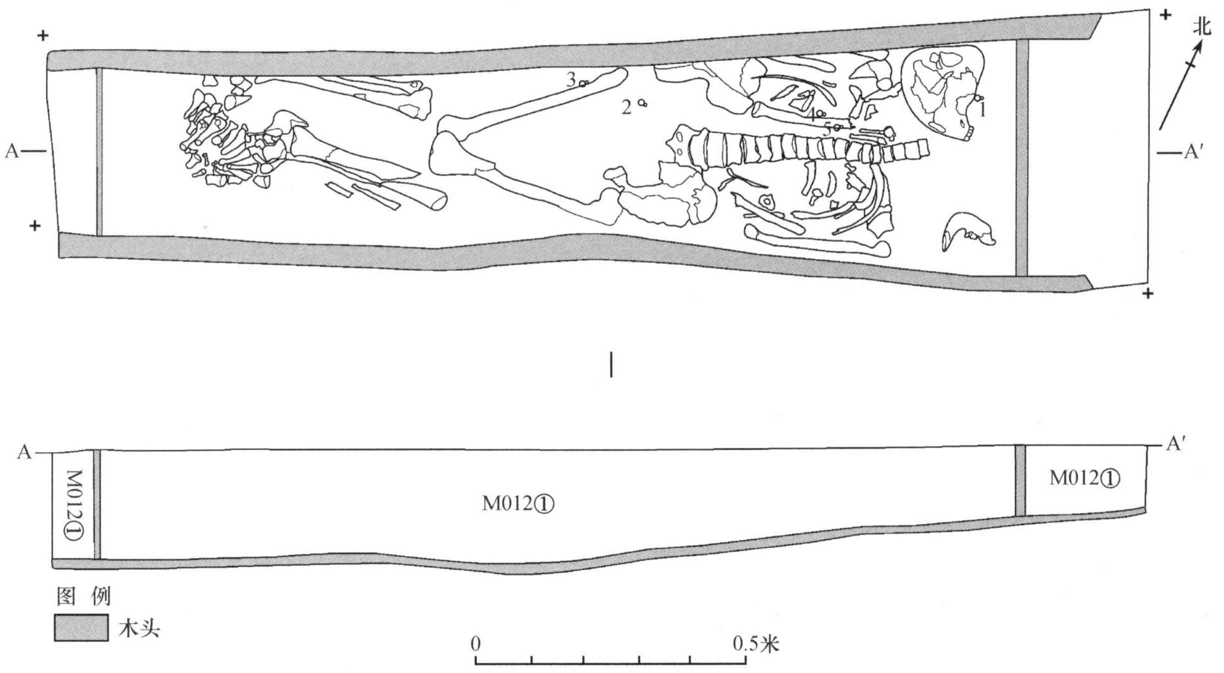

图36　M012平、剖面图

1～5. 铜扣（M012①：1、M012①：2、M012①：3、M012①：4、M012①：5）

过筛出土：6. 带环铜扣（M012①：6）

北侧有长方形头龛，长44厘米、宽14厘米、深13厘米，棺西南侧有脚龛，长31厘米、宽7～9厘米、深20厘米。墓内堆积不分层，分布于整个墓坑内，长2.06米、宽39～51米、厚13～21厘米，为较致密灰褐色黏土，出土铜扣6件。随葬品有铜扣6件，可分铜扣（4件）与带环铜扣（2件），铜扣当中1件（M012①：1）出土于左侧肩胛骨上，1件（M012①：2）出土于左侧髋骨下，1件（M012①：3）出土于右侧股骨近端右侧，1件（M012①：5）出土于右侧中段肋骨中部，带环铜扣当中，1件（M012①：4）出土于右侧中段肋骨之间，另1件（M012①：6）为过筛出土。

**2. 人骨分析**

一次葬，仰身直肢，有枕具和木棺。

木棺较窄，造成了对尸体的束缚。尸体腐烂后颅骨滚动了，使其颅底朝向东北，左侧面朝上，面部朝向右肩处，下颌骨距离颅骨较远，移动到了棺的东北角，且背侧面朝上。椎间关节间隙较大，第8、9节胸椎之间的关节脱节。肋骨完全平放。两臂倚靠棺壁，限制了其活动。右上肢明显屈曲，前臂内收折叠，使右手位于右肩处，左上肢关节已失去连接，未见左手。两侧髋骨左右相距较远，左髋骨倚靠棺壁，右侧髋骨往右上方移动，移位到了棺壁旁，而骶骨向下移动了。下肢原本可能是两膝并拢的姿势，两足的足尖朝向墓坑的南侧角落。右侧髋关节、右膝关节、右踝关节完全脱节，左髋关节、左踝关节间隙较大，左膝关节完全脱节。性别鉴定为男性，依据是骨盆整体形态、耻骨下角和全身骨骼粗壮度以及颧骨、眉弓、前额、乳突的形态。耳状面上全为较粗糙的颗粒，下颌左M1为3级磨耗，推测为35～40岁。

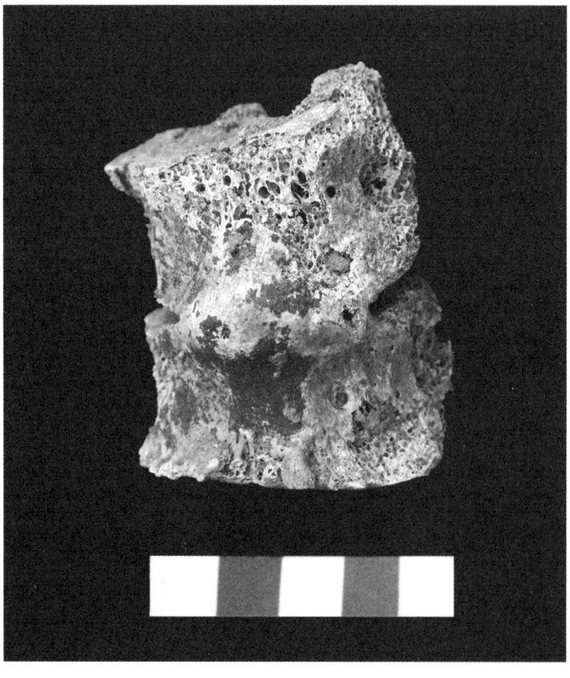

图37　M012因韧带骨化而相连的两节胸椎椎体

骨骼保存状态不太好，所有的骨骼破坏严重，特别是颅骨、椎体和骨盆，有较完整的长骨，但很多骨骺保存不佳，大部分足骨尚存。椎体整体保存状态不好，存在L2至L5，也有6个保存得不好的胸椎椎体。腰椎上有很明显的骨赘，而且两个下部的胸椎（可能为T11和T12）在椎体右前侧被骨化的前纵韧带连在一起（图37）。长骨表面保存不理想，而且存在颜色的改变，但胫骨上可以观察到愈合良好的骨膜炎。上颌骨不存在，下颌骨存在，但牙槽骨破坏严重，有几颗保存状态不佳的松动牙齿。右胫骨和腓骨可观察到少量骨膜新骨和骨表面的多孔性状，左侧的则没有。

### 3. 出土遗物和随葬品

铜扣　6件。

M012①：4，扣身呈球形，环状纽尚与小铜环相连接。通高1.5厘米，扣身直径1厘米，环状纽外径0.5厘米、内径0.2厘米，小铜环呈椭圆形，长轴外0.85厘米、内0.65厘米，短轴外0.55厘米、内0.35厘米（图38，1）。

M012①：6，扣身呈球形，环状纽尚与小铜环相连接。通高1.5厘米，扣身直径1厘米，环状纽外径0.5厘米、内径0.3厘米，小铜环外径0.6厘米，内径0.4厘米（图38，2）。

M012①：1（M012①：2、M012①：3、M012①：5与此件器物相同），扣身呈花骨朵形，花蒂的部位与环状纽相接。通高2厘米，扣身近圆形，直径1.3厘米，环状纽外径0.6厘米、内径0.36厘米（图38，3）。

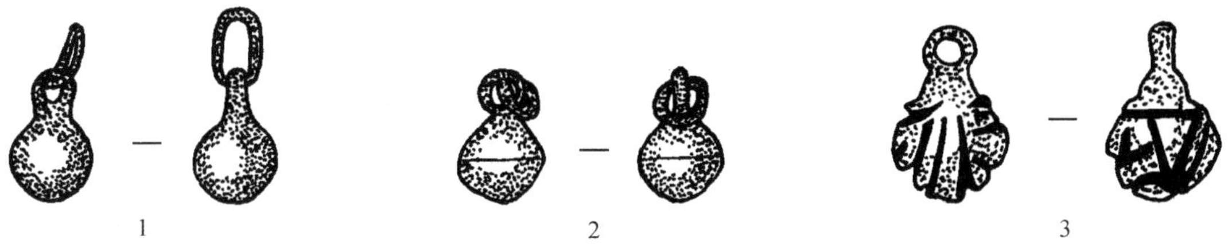

1　2　3

0　3厘米

图38　M012出土遗物

1～3. 铜扣（M012①：4、M012①：6、M012①：1）

## （十三）M013

### 1. 墓葬形制与结构

M013位于发掘区西北角，跟M001、M004、M005、M006呈西北—东南一排，为单人葬土坑竖穴墓，由于距地表比较浅，上部均遭破坏，墓坑较明显，平面呈近长方形，直壁，平底，墓长2.31米、宽0.68～0.83米、深8～18厘米，方向62°（图39；彩图20）。有木棺1具，长方形，直壁平底，东南侧棺向内挤压严重，棺盖基本不存，木棺头部出两角，长1.87米、宽32厘米，棺板厚2厘米。墓内颅骨下有一长方形黄色黏土（M013②）制成的枕具，长34～38厘米、宽19厘米、厚5～6厘米。棺东北侧有长方形头龛，长41～51厘米、宽17厘米、深6～11厘米。墓内堆积分三层：第1层分布于整个木棺内，长1.87米、宽32米、厚12～17厘米，为较致密灰褐色黏土，包含少量小石块，出土铜钱95枚、琉璃扣4件、布料1件、泥质灰陶陶片1件、夹砂灰白陶片1件；第2层分布于颅骨下，形成长方形枕具，为较致密黄色黏土，长34～38厘米、宽19厘米、厚5～16厘米；第3层分布于墓坑内棺四周，呈回字形，包括头龛内，为较致密灰褐色黏土，长2.31米、宽0.83米、厚15～20厘米，出土瓷片5件。随葬品有琉璃扣4件，其中3件

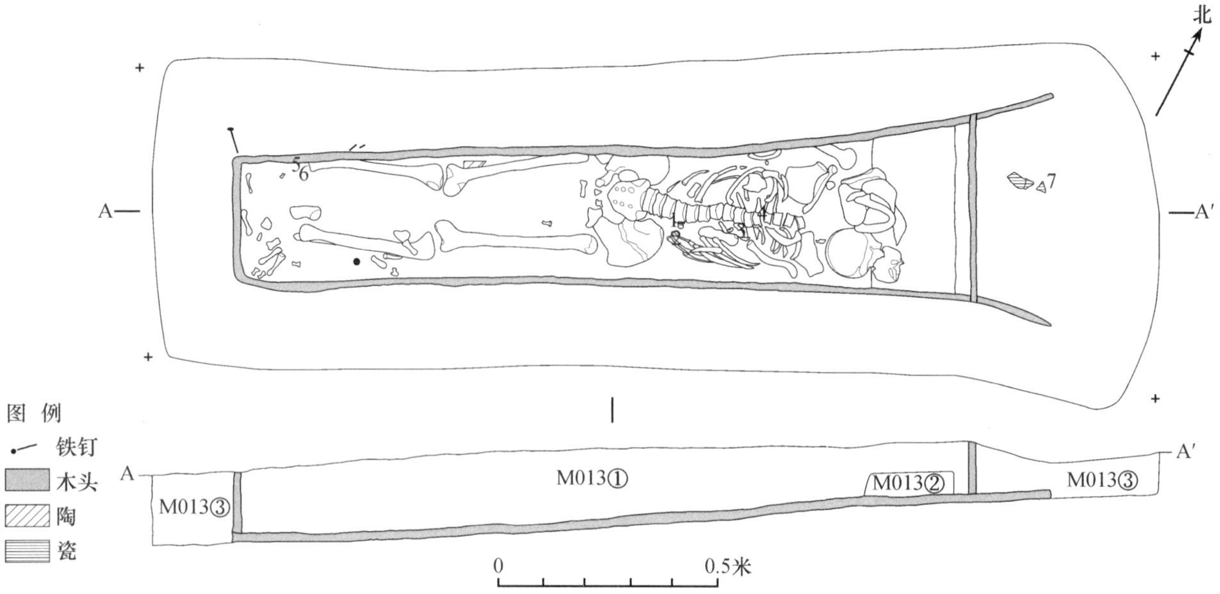


图39　M013平、剖面图

1～4. 琉璃扣（M013①：1、M013①：2、M013①：3、M013①：4）　5. 布袋（M013①：5）　6. 铜钱（94枚）（M013①：6）　7. 瓷器口沿（M013③：1）

（M013①：1、M013①：2、M013①：3）出土于胸椎左侧，最后1件（M013①：4）出土于胸部的位置；布袋1件（M013①：5，可能为钱袋）出土于木棺底部西南壁右半部；瓷器口沿1件（M013③：1）出土于头龛内；94枚铜钱（M013①：6）与脚下的布料一起出土于木棺底部西壁南侧（图136）。

**2. 人骨分析**

一次葬，仰身直肢，有枕具。

木棺很窄，有明显的约束效应。头骨有部分暴露于地表，因此其扰乱和破坏很严重，同时向左移动了，但仍位于土枕之上。颅骨和下颌骨相距甚远、不成关节。除颈椎外，其余椎骨位置正常，颈椎未保存，胸椎之间间隙较大。胸骨向左侧移动，骨盆向下移动。右肘关节略微向外侧屈曲，倚靠棺壁。左手在髋骨下，左臂在肋骨下。上半身明显受棺壁的约束效应。两下肢直伸，右侧股骨头倚靠棺壁，右侧胫骨向内侧移动，左侧胫骨略向外旋转，使其内侧面朝上。两侧脚踝处破坏严重，可能是动物扰乱所致。性别判断为男性，依据是骨盆整体形态、坐骨大切迹、骶骨的弯曲程度及第一骶椎上关节面形态。所有骨骺均已愈合，下右M2有4级磨耗，耳状面表面平坦，致密化，推测为40±岁。该墓中有一节疑似缠足女性趾骨的骨骼，该骨骼中部骨折，骨折处已愈合，使其呈折线状，可能是其他个体的骨骼扰乱进入此棺中的，但也不能排除此趾骨确属该个体，但因早年骨折造成其萎缩的可能。

### 3. 出土遗物和随葬品

（1）瓷器

瓷器口沿　1件。M013③：1，残，胎呈白色，含细砂，釉色白。残高3.5厘米，残宽6.4厘米，壁厚0.3厘米（图40，1）。

（2）铜器

铜钱　94枚，编为一个器物号，即M013①：6，均为圆形方孔钱（彩图22）。其中乾隆通宝19枚，直径1.6厘米1枚、直径1.72厘米2枚、直径1.8厘米2枚、直径1.88厘米1枚、直径2.2厘米3枚、直径2.4厘米5枚（图40，4、7）、直径2.5厘米5枚；因锈蚀严重文字不明铜钱10枚，直径1.6厘米2枚、直径1.7厘米1枚、直径1.8厘米3枚、直径1.88厘米1枚、直径2.2厘米2枚、直径2.5厘米1枚；光绪通宝39枚，直径1.75厘米2枚、直径1.85厘米14枚（图40，8）、直径1.88厘米22枚、直径2厘米1枚；嘉庆通宝11枚，直径2.1厘米1枚（图40，10）、直径2.3厘米1枚、直径2.4厘米6枚（图40，5、11）、直径2.45厘米3枚；道光通宝10枚，直径1.75厘米2枚（图40，9）、直径1.6厘米1枚、直径1.8厘米1枚、直径1.85厘米1枚、直径2.1厘米1枚、直径2.3厘米3枚（图40，6）、直径2.35厘米1枚；咸丰通宝4枚，直径1.6厘米1枚、直径1.8厘米1枚、直径2.1厘米1枚（图40，13）、直径2.2厘米1枚（图40，12）；宽永通宝1枚，直径1.9厘米。

（3）琉璃器

琉璃扣　4件。M013①：1（M013①：2、M013①：3、M013①：4与此器物相同），圆形，颜色洁白，共四孔，孔与边缘之间有一圈凸起。直径1.6厘米，凸起处直径1厘米，孔径0.15厘米，厚0.1～0.4厘米（图40，2；彩图21）。

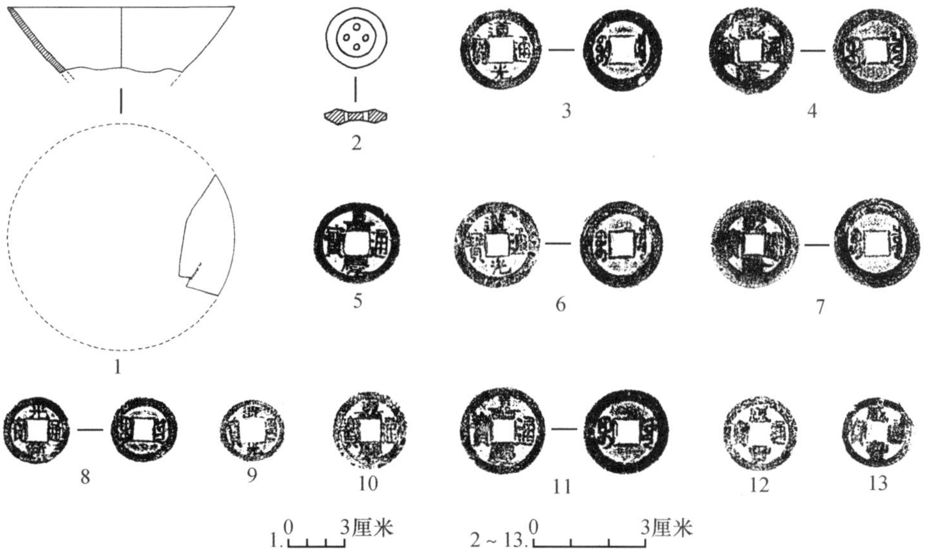


图40　M013出土遗物及拓片

1. 瓷器口沿（M013③：1）　2. 琉璃扣（M013①：1）　3、6、9. 道光通宝（M013①：6）　4、7. 乾隆通宝（M013①：6）　5、10、11. 嘉庆通宝（M013①：6）　8. 光绪通宝（M013①：6）　12、13. 咸丰通宝（M013①：6）

（4）其他

布料　1件。M013①：5，残，风化严重，呈土棕色。

## （十四）M014

### 1. 墓葬形制与结构

M014位于发掘区北半部中部，与M002、M003、M008一起呈西北—东南一排，为单人葬土坑竖穴墓，墓坑西北角被冲沟破坏，墓坑较明显，平面呈近长方形，直壁平底，墓坑长2.3米、宽1.04～1.09米、深32～36厘米，方向72°（图41；彩图23）。有木棺1具，长方形，直壁平底，腐烂严重，长1.8米、宽50厘米，棺板厚约1厘米。墓内颅骨下有一不规则形近长方形坚硬有机质土块，可能原为枕具（M014②），长50厘米、宽24厘米、厚约4厘米。棺东北侧有长方形头龛（M014④），长54～55厘米、宽13～16厘米、深34厘米。墓内堆积分四层：第1层分布于整个木棺内，长1.8米、宽50米、厚30厘米，为较致密褐色花土，包含大量白色黏土块、少量小石块，出土铜钱4枚、铜扣7件、圣母玛利亚圣牌1件及若干鸡蛋壳；第2层分布于颅骨下，形成不规则形近长方形的枕具，为较致密浅褐色黏土，长50厘米、宽24厘米、厚4厘米；

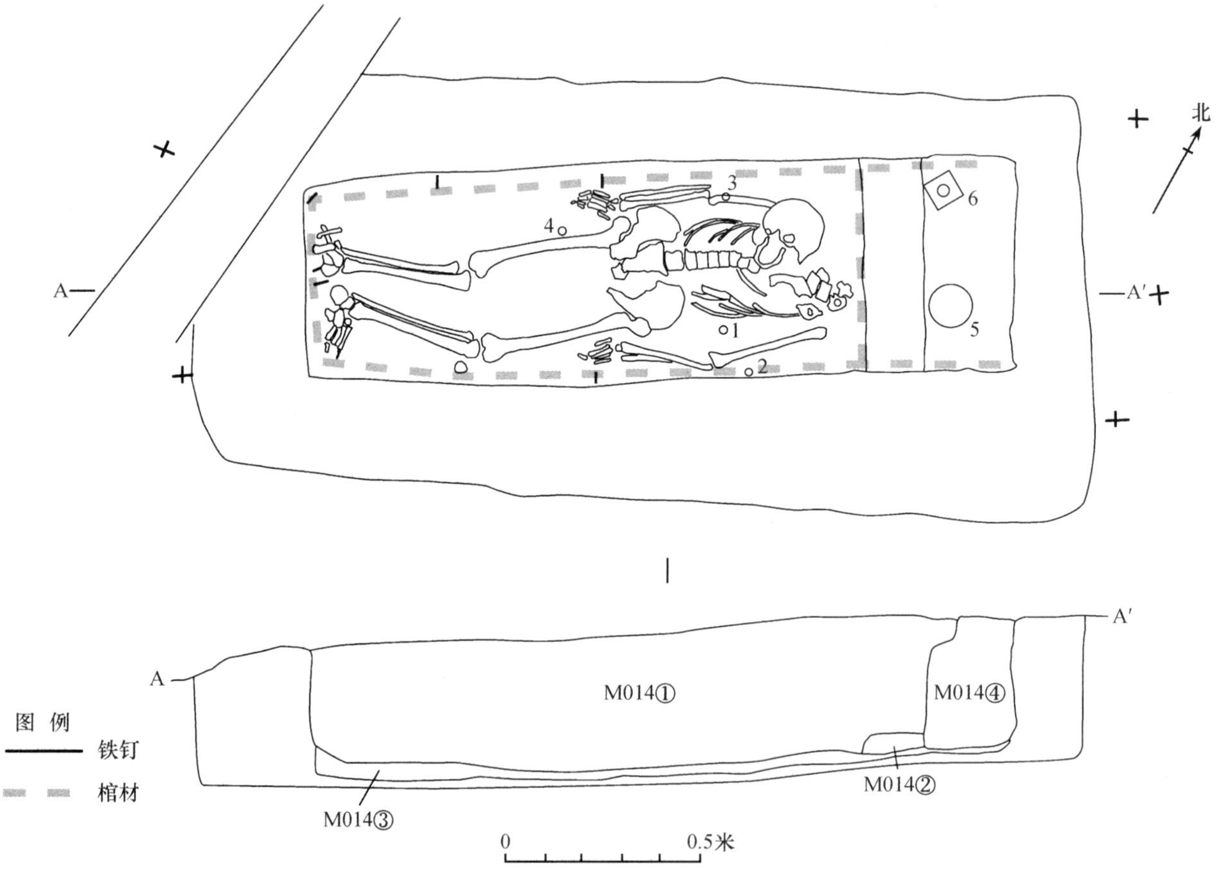


图41　M014平、剖面图

1. 铜扣（M014①：1）　2～4. 铜钱（M014①：4、M014①：5、M014①：6）　5. 瓷碗（M014④：1）　6. 琉璃瓶（M014④：2）

第3层分布于墓棺内底部，为较致密黄色黏土，长1.8米、宽0.5米、厚1～4厘米；第4层为墓坑内堆积，分布于棺四周与头龛内，呈回字形，为较致密灰褐色花黏土，出土瓷碗1件、琉璃瓶1件。随葬品有铜扣7件，其中1件（M014①：1）出土于左侧肋骨，3件铜扣（M014①：3）出土于胸椎附近，1件（M014①：7）出土于颅骨下颈椎上，1件（M014①：8）出土于右侧肱骨和肋骨之间，1件（M014①：10）为过筛出土；铜钱4枚，其中1枚（M014①：4）出土于左侧肱骨外侧，1枚（M014①：5）出土于右肱骨下端，1枚（M014①：6）出土于右股骨外侧，最后1枚（M014①：9）过筛出土。圣母玛利亚圣牌1件（M014①：2）出土于胸部；琉璃瓶1件（M014④：2）出土于头龛北部；瓷碗1件（M014④：1）出土于头龛南部，鸡蛋壳出土于左手南侧。

**2. 人骨分析**

一次葬，仰身直肢，有枕具。

颅骨下面朝上地位于颈部之上，下颌骨滚落在一旁，可能该个体下葬时头部上面朝上、背面靠住棺壁，当软组织腐烂后，头向前倾覆，头骨落于颈部。除颈椎因头部的滚动而散落在棺的东边角落外，其余椎骨均位置正常，且紧密地联结在一起。左肩关节间隙较大。左侧肱骨略微旋转，左手心向下。右前臂位于髋骨旁，紧挨着棺壁，右肘关节扰乱，右手心向下。髋关节完全脱节，两侧髋骨外张，骶骨下移。股骨可能因髋臼关节的腐烂而向外侧旋转，使股骨的背侧面朝上了，其余下肢骨位置正常。右足倚靠棺壁。根据骨盆整体形态、全身骨骼的粗壮度、颅骨整体形态、眶上缘、眉弓、眶形、乳突、枕外隆突，性别鉴定为男性。该个体牙齿磨耗较重，上下颌M1、M2均为第4级磨耗，耳状面上疏松多孔，估计为50岁以上的老年个体。

额骨上有孔较小的、愈合了的多孔性状。上颌窦有上颌窦炎。脊椎：T3至T9、L3和L4都有骨赘（其他椎骨保存情况较差），T11、T12和L1至L4的椎体都呈楔形，其中T11楔形较严重，特别是其左侧，T12则只有左侧是楔形；T11和T12的椎体前部有较大的营养孔。未发现许莫氏结节。L3椎体下终板有穿孔，可能为营养孔或其他无症状的发育缺陷。下颌骨只有右侧部分，两侧上颌骨都存在，无生前牙齿脱落，但牙齿磨耗较重，前牙大部分死后脱落，有牙结石。左侧髋臼窝有很严重的唇缘，且有很密集的小孔（图42），髋臼窝周围存在骨赘，右侧髋臼窝破坏程度较严重，无法观察。股骨头上有髋关节凸轮型撞击综合征（cam impingement）的迹象和周缘唇缘；左股骨头在股骨头凹上侧有成片的多孔性状和骨质象牙化（图43）。膝关节、肩关节、肘关节和踝关节上都未发现骨关节炎或唇缘，只有在桡骨远端关节面发现少量唇缘。股骨和胫骨上有正在愈合过程中的条纹状骨膜新骨。右腓骨略向后弯曲。

图42　M014有很密集的小孔的髋臼窝

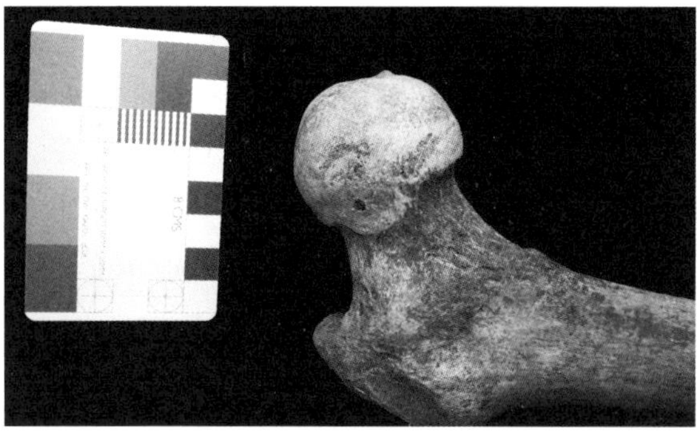

图43　M014左侧股骨（股骨头凹上侧有成片的小孔和骨质象牙化）

### 3. 出土遗物和随葬品

（1）瓷器

瓷碗　1件。M014④：1，完整，胎呈黄灰色，含细砂，釉色青灰，青花颜色很暗，敞口圆唇略向外翻卷，直腹，圈足，内部有涩圈，外壁饰花卉纹，内壁底部饰一花瓣纹，靠进口部和靠近底部各有一圈青花线纹。口径13.8厘米，底径7厘米，高6厘米，壁厚0.4～1厘米，底厚0.8～1.4厘米，圈足厚0.4～1.5厘米（图44，1；彩图26）。

（2）铜器

铜扣　7件。

M014①：3，扣身呈花骨朵形，花蒂的部位与环状纽相接，第1件完整，通高1.6厘米，扣身近圆形，直径0.9厘米，环状纽外径0.5厘米、内径0.3厘米（图44，2）；第2件残，残高1.1厘米，扣身近椭圆形，长轴0.8厘米、短轴0.7厘米，环状纽外径0.5厘米、内径0.3厘米（图44，3）；第3件完整，通高1.2厘米，扣身近圆形，直径0.8厘米，环状纽外径0.4厘米、内径0.2厘米（图44，4）。

M014①：1，完整，扣身呈花骨朵形，花蒂的部位与环状纽相接，通高1.4厘米，扣身近圆形，直径0.8厘米，环状纽外径0.5厘米、内径0.35厘米（图44，5）。

M014①：7，完整，扣身呈花骨朵形，花蒂的部位与环状纽相接。通高1.2厘米，扣身近圆形，直径0.8厘米，环状纽外径0.4厘米、内径0.25厘米（图44，8）。

M014①：8，扣身呈球形。通高1.25厘米，扣身直径0.81厘米，环状纽外径0.45厘米、内径0.3厘米（图44，6）。

M014①：10，扣身呈球形。通高1.25厘米，扣身直径0.8厘米，环状纽外径0.5厘米、内径0.35厘米（图44，7）。

铜钱　4枚。

M014①：9，乾隆通宝。圆形方孔钱。直径2.5厘米（图44，10）。

M014①：4，宽永通宝，圆形方孔钱。直径2.45厘米（图44，11）。

M014①：5，宽永通宝，圆形方孔钱。直径2.45厘米（图44，12）。

M014①：6，乾隆通宝，圆形方孔钱。直径2.58厘米（图44，13）。

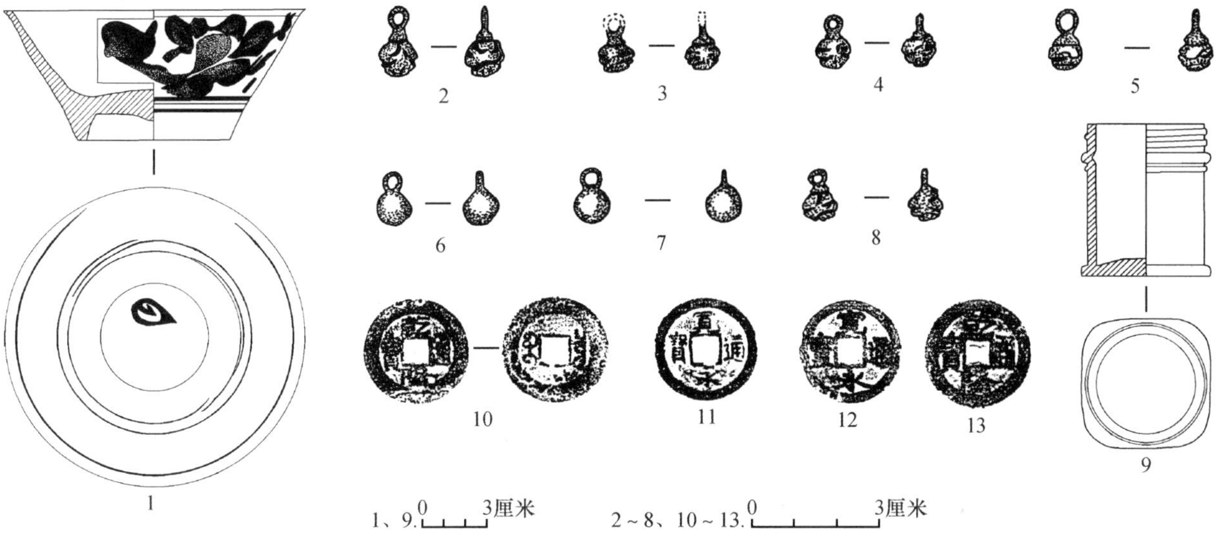


图44　M014出土遗物及拓片

1. 瓷碗（M014④：1）　2～4. 铜扣（3件）（M014①：3）　5～8. 铜扣（M014①：1、M014①：8、M014①：10、M014①：7）　9. 琉璃瓶（M014④：2）　10、13. 乾隆通宝（M014①：9、M014①：6）　11、12. 宽永通宝（M014①：4、M014①：5）

（3）铝器

圣母显灵圣牌　1件。M014①：2，主体呈圆形，上方与环状纽相接，正面边缘向上凸起，中心有直径为1.4厘米的圆形凸起，两者之间为一圆环状凹槽，中心圆形凸起上的图案为直立的玛利亚，其手臂下垂，手略向外张。手向地上延伸代表开放性和恩德，手向地上散发光芒，代表在对圣玛利亚祈祷时所得到的恩典。她的脚下踩一条蛇，《旧约》创世纪（3：15）中，蛇威胁亚当“我会把仇恨放在你和女性之间”，该图案象征在善与恶的斗争中圣玛利亚会给予帮助。左右环绕圣玛利亚有法文铭文“Ô MARIE CONCUE SANS PECHE PRIEZ POUR NOUS”及“QUI AVONS RECOURS A VOUS”，意为“吁，玛利亚无原罪之始胎，我等奔尔台前望尔为我等祈”。背面边缘向上凸起，有一圈直径为1.45厘米的线纹，一圈直径为1厘米的珍珠纹，珍珠纹中央有“M”代表玛利亚，横穿“M”有一横杠支撑其上的十字架，代表玛利亚与耶稣的生命相连，“M”下面有两个心形纹饰，左边的心中间有荆棘之冠，代表耶稣圣心；右边的心被一把箭刺穿，代表玛利亚无原罪之心，与耶稣圣心始终相随。珍珠纹圆环与线纹圆环中间有12颗星，代表以色列十二支派和耶稣十二使徒，玛利亚始终位于以色列人民和基督教教徒的核心。直径1.95厘米，厚0.05～0.1厘米，环状纽外长1厘米、宽0.8厘米，内长0.4厘米、宽0.3厘米（图45；彩图24）。

（4）琉璃器

琉璃瓶　1件。M014④：2，完整，白色，口呈圆形。直径5.4厘米，肩和底均为圆角长方形，边长约6厘米，高7厘米，壁厚0.4厘米，底厚0.5～0.8厘米（图44，9；彩图25）。

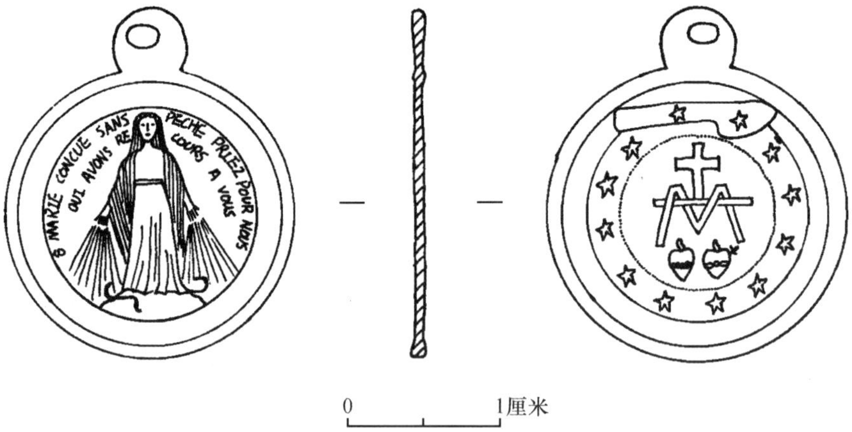


图45　圣母显灵圣牌（M014①：2）

## （十五）M015

### 1. 墓葬形制与结构

M015位于发掘区中部偏东南，挨着M025，M015和M025为双人葬土坑竖穴墓，两个棺埋在同一个较明显的土坑内，平面呈长方形，直壁，平底，墓坑长2.5米、宽1.48米、深58～70厘米，与M025平行，方向44°（图46；彩图27）。有木棺2具（M015与M025），M015的木棺棺盖自东北向西南呈凹镜状坍塌，棺壁向内挤压，棺底南侧上有一层灰，木棺盖板厚5～6.5厘米，棺四角出头，上部长1.97米、宽52～60厘米、深55～57厘米，底部长1.9米、宽45厘米，内部长1.52米、宽46厘米。墓内颅骨下有一近长方形黄灰色黏土（M015④）制成的枕具，长45厘米、宽22厘米、厚12厘米。棺东北侧有长方形头龛，长44厘米、宽23厘米、深22～28厘米，棺西南侧有长方形脚龛，长46厘米、宽16厘米、深10～15厘米。墓内堆积分5层：第1层分布于整个M015-M025墓坑内，长2.46～2.5米、宽1.44～1.53米、厚60厘米，为较致密浅黄色黏土，夹杂灰褐色、红褐色黏土块和黄色淤泥块，包含少量小石子；第2层分布于棺盖上，呈长方形，为较致密浅灰色黏土，夹杂少量花黏土，长1.97米、宽52～60厘米、厚2～15厘米，出土棺钉3件；第3层分布于木棺内棺盖下，呈长方形，为较致密灰褐色黏土，夹杂少量白灰黏土块，长1.52米、宽52～60厘米、厚8～21厘米，出土铜钱6枚、铜扣5件；第4层分布于颅骨下形成近长方形枕具，为较致密黄灰色黏土，长45厘米、宽22厘米、厚12厘米；第5层为脚龛和头龛内堆积，呈长方形，为较致密灰褐色黏土，包含少量小石块，出土棺钉2件。随葬品有铜钱6枚，其中1枚（M015③：1）出土于左胫骨远端内侧，1枚（M015③：2）也出土于左胫骨远端内侧，1枚（M015③：5）出土于右股骨外侧，1枚（M015③：7）出土于第四胸椎下，1枚（M015③：9）出土于左膝下棺底，最后1枚（M015③：11）为过筛出土；铜扣6件，可分不带环铜扣2件和带环铜扣3件，不带环铜扣之中1件（M015③：8）出土于第四肋骨下，另1件（M015③：4）为过筛出土，带环铜扣之中1件（M015③：3）出土于腰椎右侧，1件（M015③：10）出土于左侧肋骨与脊椎之间，1件（M015③：6）出土于左侧股骨下，最后1件（M015③：12）为过筛出土。

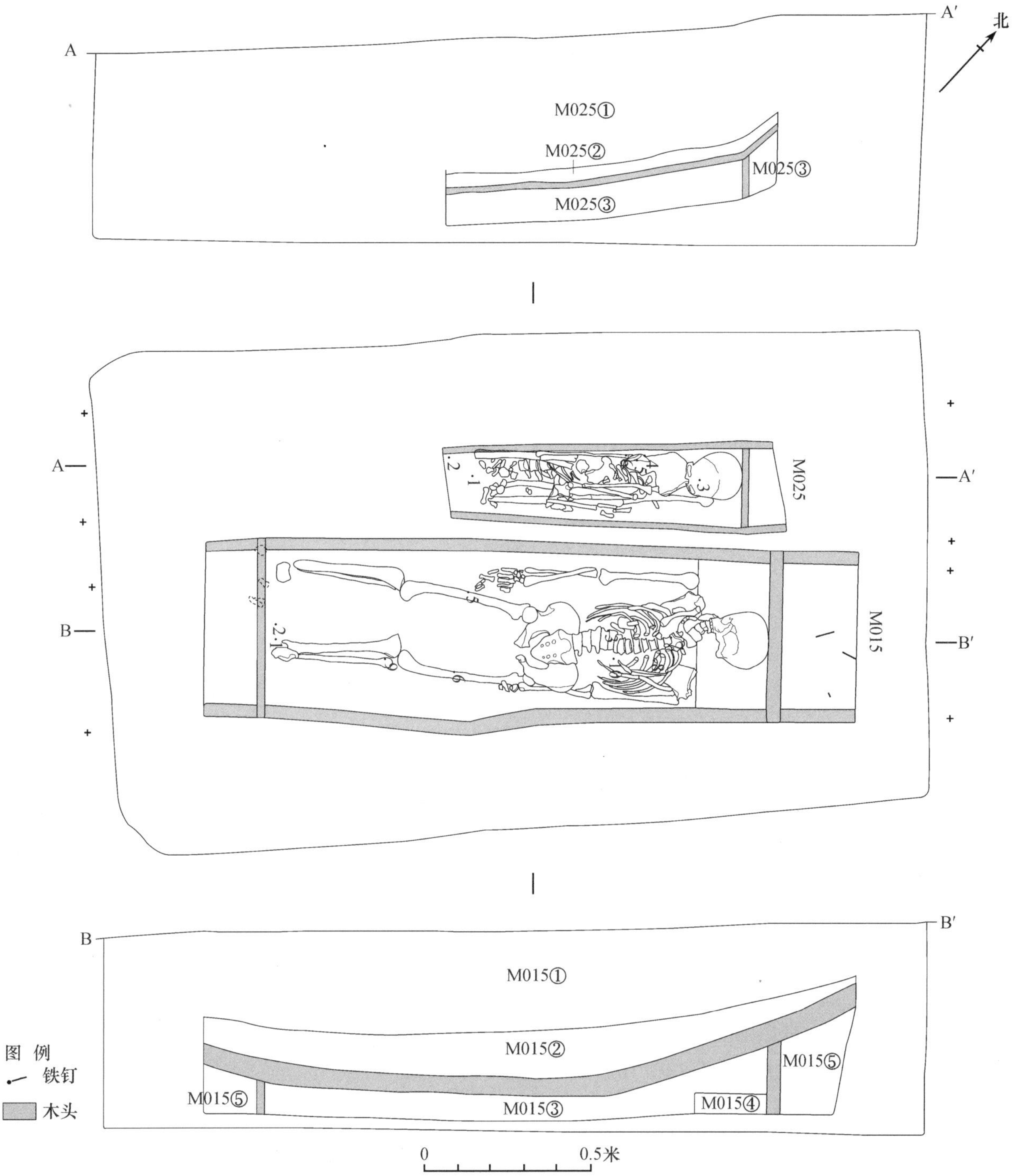


图46　M015与M025平、剖面图

M015：1、2、5、7、9. 铜钱（M015③：1、M015③：2、M015③：5、M015③：7、M015③：9）

3、6、8、10. 铜扣（M015③：3、M015③：6、M015③：8、M015③：10）

过筛出土：4、12. 铜扣（M015③：4、M015③：12）　11. 铜钱（M015③：11）

M025：1、3～6. 铜扣（M025③：1、M025③：3、M025③：4、M025③：5、M025③：6）　2. 铜钱（M025③：2）

过筛出土：7、9. 铜扣（M025③：7、M025③：9）

### 2. 人骨分析

一次葬，仰身直肢，有枕具。

尸骨受到了很明显的棺壁的约束效应，且身体整体向左移动了。颅骨在土枕上，出现在身体的前左侧，左侧面朝上，颅骨和下颌骨之间的关节明显脱节，下颌骨滚落到了胸部。脊柱位置正常，椎骨之间脱节，略呈“S”形扭曲，腰椎之间间隙比胸椎的窄，腰椎出现旋转，腰椎位于身体的左前外侧。胸部整体向下移动了，肩胛骨向上位移。肋骨全部平摊着，左侧肋骨略显凌乱，有一节肋骨出现在墓圹东北角填土中，位于棺外，可能是扰乱造成的。左侧锁骨被扰乱到了棺木东北壁的上方。两侧肩关节间隙较大，两侧上肢直伸，在身边，右臂距离身体稍远，左前臂在髋骨下方。右肱骨向外移动了。右肘和手腕关节间隙较大，右手心向下。左侧肩胛骨向外移动较远，左臂倚靠棺壁，左肘关节间隙较大，左手在身体侧面，倚靠左股骨。骶骨略向下位移，两髋骨之间间隙较大，左侧髋骨由于有棺壁的限制而无位移，右侧髋骨则向外张开。两股骨向外侧翻转，使内侧面朝上；左侧胫骨和腓骨略向内侧移动，使左膝关节没有很好地连接在一起；右侧胫骨腓骨与股骨一样出现了外翻。两侧膝关节和胫腓关节都存在脱节现象，左侧胫腓关节脱节较明显。两侧踝关节间隙较大。性别鉴定为男性，依据是其骨盆整体形态、耻骨下角、坐骨大切迹和骶骨曲度等均倾向男性特征，且其全身骨骼粗壮，下颌颏部较方，乳突较大，枕外隆凸较显著。该个体生前牙齿脱落很多，冠状缝部分愈合，矢状缝、人字缝均未愈合，耻骨联合面上退行性变化严重，有较多骨质缺损和小孔，耳状面上密布小孔，推测为50 ~ 70岁。腰椎椎体边缘骨赘和前纵韧带骨化很显著，已有连成骨桥的，下段胸椎有一定程度的椎体楔形变。

保存状态较好，但大多数骨骺保存较差，大部分皮质表面完整。大部分下颌后牙生前脱落（其他大部分死后脱落，牙槽骨被破坏），上颌牙齿缺失。可见额中缝。右顶骨矢状缝外侧有一个小孔，孔边缘死后被轻微破坏，从该孔有骨折线向两个方向延伸，可能为死亡前后的创伤痕迹，周缘还存在死后的轻微破坏（图47）。额骨和顶骨有隐约的多孔性状。除了C4和C5之外，所有的脊椎都保存了下来。左侧髋臼窝满是稀疏的针状新骨和一些凹坑样的大孔（图48），右髋臼窝也有疏松的新骨，但新骨呈斑块样且孔更小；左侧股骨头凹周缘环绕着新骨（图49），右侧股骨头凹已被破坏。椎体上存在一些损伤：T3的椎体下表面有小孔，T4椎体下表面也有，T5椎体上表面有较大的孔，这些可能并非退行性椎间盘病变，T6椎体的上下表面也有较大的孔，T7椎体上表面有若干较大的孔、下表面则疏松多孔并存在凹陷，类似许莫氏结节，T8下表面与T7一样，T9椎体有成空腔现象（cavitation），类似于较大的许莫氏结节，T10、T11和T12一样，L1椎体上表面有一些凹陷也类似于许莫氏结节。其他一些骨骼出现了可能为侵蚀性损伤的痕迹：两侧的手舟骨远端、左月骨背侧大、小多角骨两侧和左头状骨内侧均有较大的孔。肱骨头后侧也有较大的孔以及骨质吸收沟槽，是一种肌腱、韧带附着点的改变（图50）。尺骨远端有凹陷和圆形孔，类似于血管通道，关节面略微下凹（图51）。右外侧锁骨有多孔性状。右跟骨上侧有较大的孔（可能为血管通道），右距骨远端也有比正常情况下更多的小孔。左腓骨远端有一些愈合期的新骨，右腓骨的新骨是活跃期的。两侧的股骨和胫骨有正在愈合过程中的条纹状骨膜新骨。脊椎（图52）：以下椎骨的小关节存在骨性关节炎：C2至C3关节右侧，C3右下侧，C6右上侧，T4至T5关节的左侧和右侧，T5至T6关节的左侧和右侧，L5至S1关节的左侧；以下椎骨的椎体表面存在退行性椎间盘病变：C6上面和下面，C7上面，L4上面（位于边缘，跟上述存在破坏性多孔的胸椎不一样）；以下椎骨的椎体边缘存在骨赘：T2至L5，其中T12至L3的骨赘连在一起，应为骨化的韧带；以下椎体终板（vertebral endplates）存在造成关节强直的新骨：T4下表面，T5下表面，T7上表面和下表面，T8下表面，T9上表面，T10上表面，T11上表面和下表面，T12上表面。以下椎骨的椎体呈楔形：T6、T7、T8、T9、T10、T11、T12、L1、L2、L5。以下椎骨存在许莫氏结节：T7下表面、T8下表面、T9下表面、T10下表面、L1上表面。S1存在腰椎化趋势。尺骨远端和髌骨后侧存在关节周缘的唇缘，髋臼有严重的唇缘。跟腱存在骨化现象。

**3. 出土遗物和随葬品**

（1）铜器

铜扣　6件。

M015③：10，扣身呈球形。通高1.5厘米，扣身直径1厘米，环状纽外径0.45厘米、内径0.3厘米（图53，2）。

M015③：12，残，扣身呈球形。通高1厘米，扣身直径0.9厘米，环状纽仅存残高0.1厘米（图53，3）。M015③：6形制同此件。

M015③：4，扣身呈球形。通高1.6厘米，扣身直径1.2厘米，环状纽外径0.5厘米、内径0.32厘米（图53，4）。

M015③：3，扣身呈球形，环状纽尚与小铜环相连接。通高1.35厘米，扣身直径0.9厘米，环状纽呈椭圆形，外长轴0.45厘米、外短轴0.3厘米，内长轴0.3厘米、内短轴0.15厘米，小铜环外径0.8厘米，内径0.65厘米（图53，5）。

M015③：8，扣身呈球形，环状纽尚与小铜环相连接。通高1.4厘米，扣身直径0.9厘米，环状纽呈椭圆形，外长轴0.5厘米、外短轴0.4厘米，内长轴0.3厘米、内短轴0.25厘米，小铜环外径0.8厘米，内径0.6厘米（图53，6）。

铜钱　6枚。

M015③：1，嘉庆通宝，圆形方孔钱。直径2.4厘米（图53，7）。

M015③：2，乾隆通宝，圆形方孔钱。直径2.3厘米（图53，8）。

M015③：5，咸丰通宝，圆形方孔钱。直径2.3厘米（图53，9）。

M015③：9，嘉庆通宝，圆形方孔钱。直径2.4厘米（图53，10）。

M015③：7，嘉庆通宝，圆形方孔钱。直径2.4厘米。

M015③：11，道光通宝，圆形方孔钱。直径2.3厘米。

图47　M015右顶骨失状缝外侧的孔

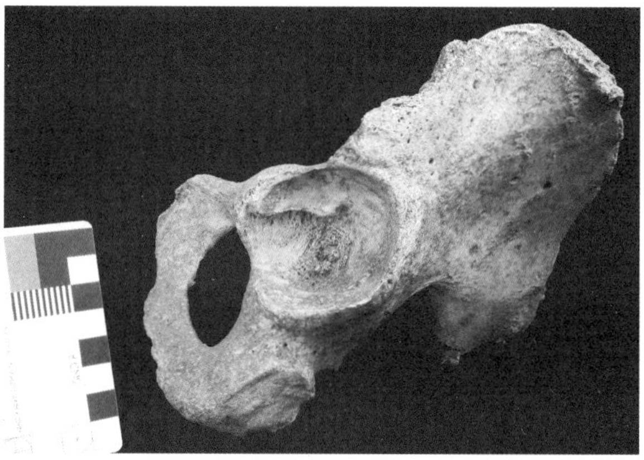
图48　M015左侧髋臼窝满是稀疏的针状新骨和一些凹坑样的大孔

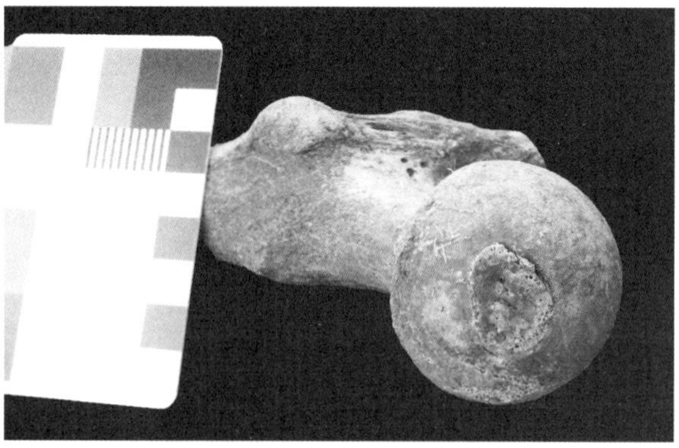
图49　M015左侧股骨头凹周缘环绕着新骨

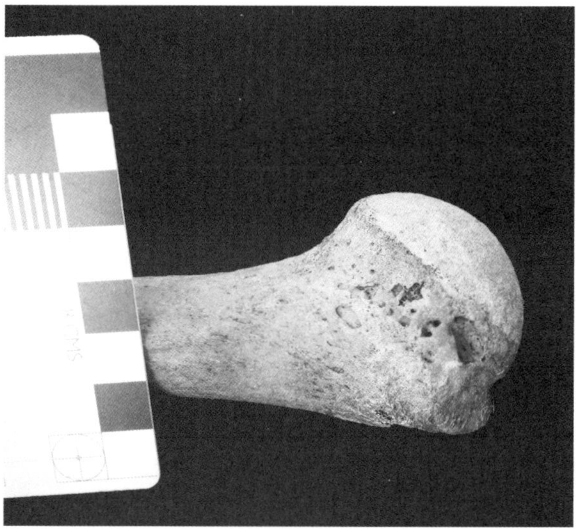
图50　M015肱骨头后侧的孔

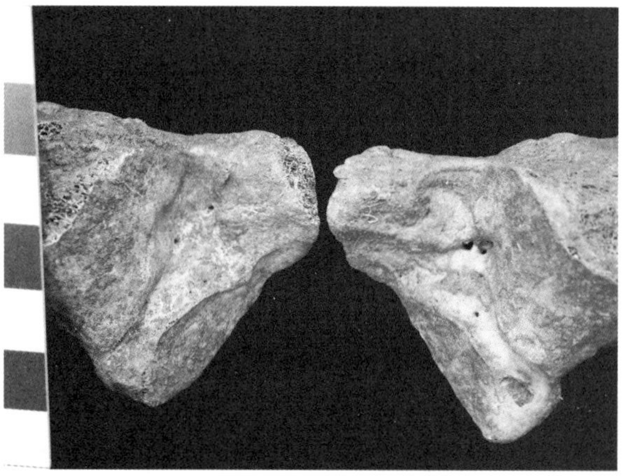
图51　M015尺骨远端有凹陷和圆形孔

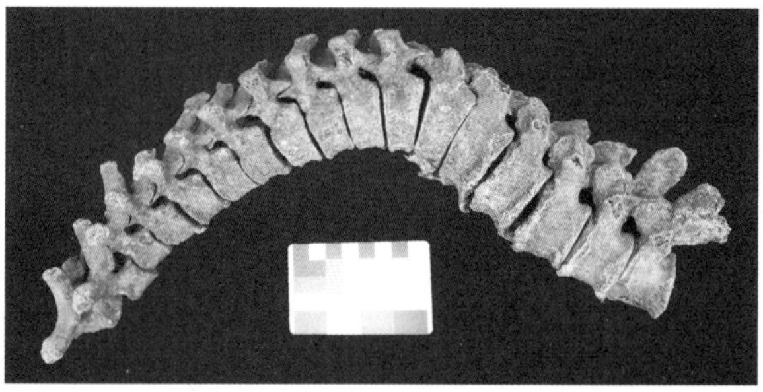
图52　M015脊柱

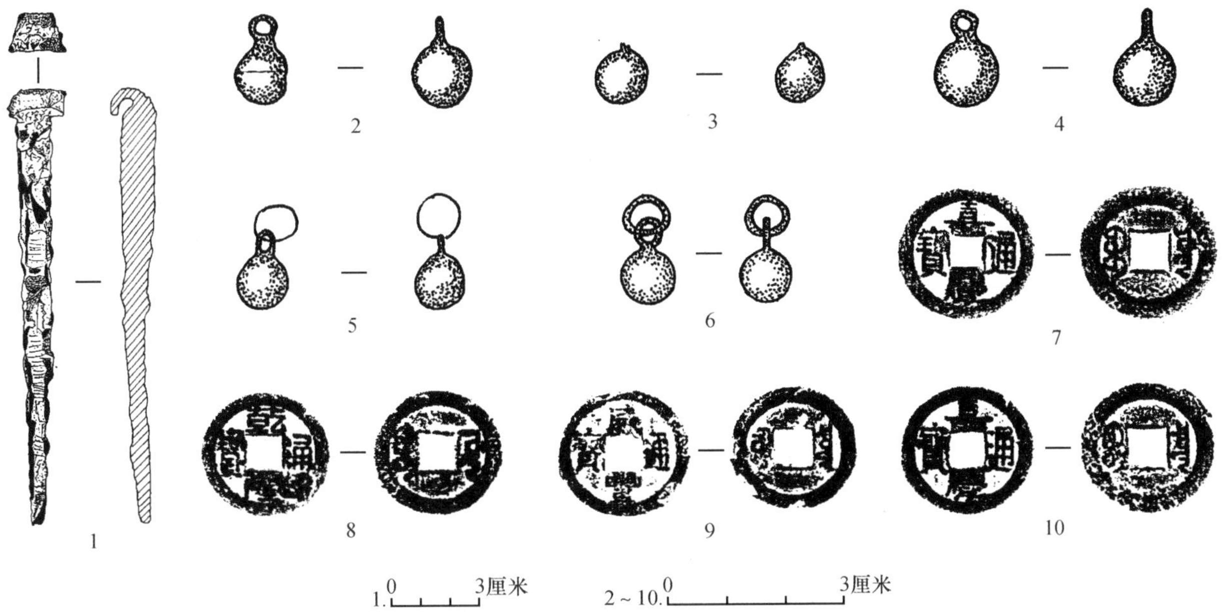

图53　M015出土遗物及拓片

1. 棺钉（M015②：1）　2～6. 铜扣（M015③：10、M015③：12、M015③：4、M015③：3、M015③：8）　7、10. 嘉庆通宝（M015③：1、M015③：9）　8. 乾隆通宝（M015③：2）　9. 咸丰通宝（M015③：5）

（2）铁器

棺钉　1件。M015②：1，完整，方钉，钉头向下翻卷，周身锈蚀严重，钉身截面长方形。通长14.85厘米，宽0.5～1.2厘米，厚0.4～1.2厘米，钉头呈梯形，上底1.15厘米，下底2厘米，高1.3厘米（图53，1）。

## （十六）M016

### 1. 墓葬形制与结构

M016位于发掘区东侧中部偏南，为单人葬土坑竖穴墓，墓坑明显，平面呈略梯形近长方形，直壁，平底，墓坑长2.55米、宽0.88～1.08米、深41～51厘米，方向71°（图54；彩图28）。有木棺1具，棺盖塌落严重并腐烂，两长边木板保存也不好，腐烂严重，棺板厚1～3厘米，棺上部长2米、宽49～54厘米、深43～56厘米，底部长1.91米、宽49～54厘米。墓内颅骨下有一近长方形黄灰色淤泥（M016③）制成的枕具，长52厘米、宽27厘米、厚7～10厘米。墓内堆积分三层：第1层分布于整个墓坑内，长2.55米、宽0.88～1.08米、厚43～56厘米，为较致密浅红色花黏土，夹杂大量白黏土点、黄色淤泥块、少量烧土块，包含少量小石子和木炭颗粒；第2层分布于木棺内，呈长方形，为较疏松灰褐色砂质亚黏土，夹杂少量黄色淤泥块和小型黑色黏土块，长2米、宽49～54厘米、厚38～52厘米，出土铜钱9枚、铁片2件、棺钉35件、泥质灰陶陶片2件、砖块2件、鸡蛋壳；第3层分布于颅骨下形成近长方形枕具，为较致密黄色

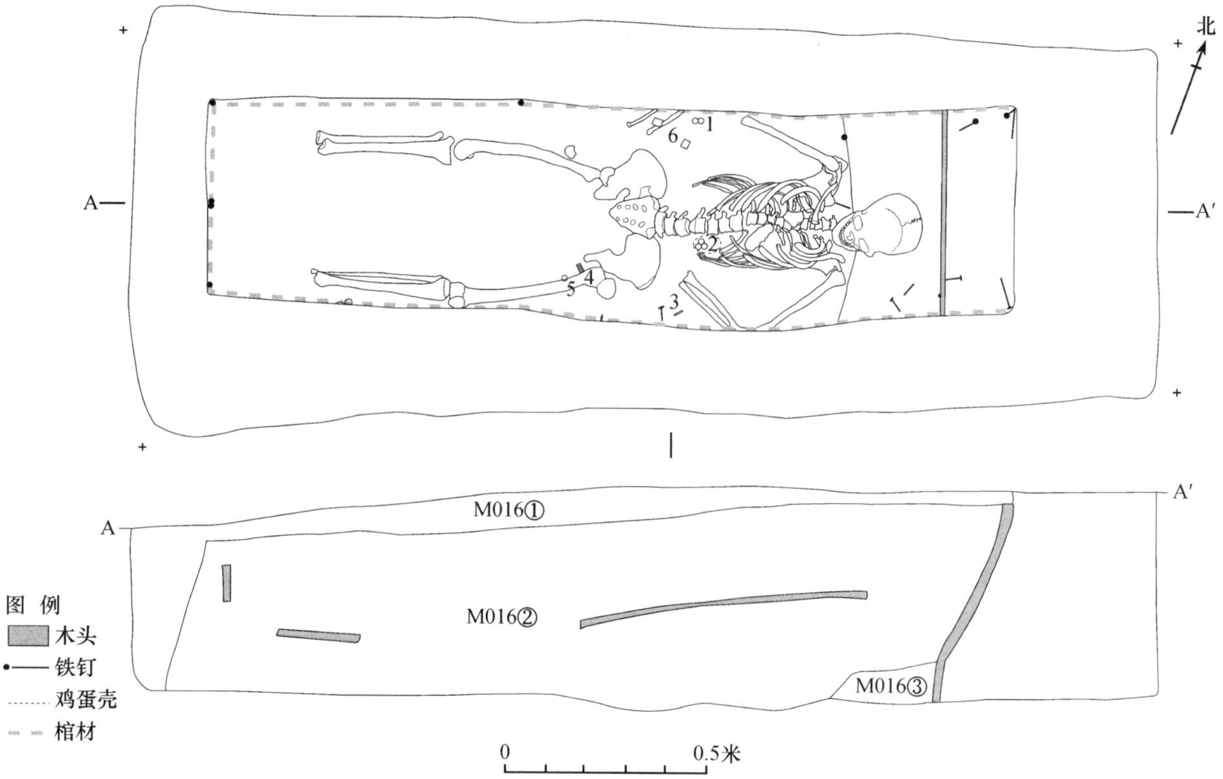


图54　M016平、剖面图

1～5. 铜钱［M016②：1（2枚）、M016②：2（3枚）、M016②：3、M016②：4（2枚）、M016②：5］
6. 带布料铁器［M016②：6（2件）］

淤泥，包含大量小白黏土点、少量小石子，长52厘米、宽27厘米、厚7～10厘米。随葬品有铜钱9枚，其中2枚（M016②：1）出土于右侧桡骨内侧，3枚（M016②：2）出土于第1和第2腰椎左侧，1枚（M016②：3）出土于左侧尺骨左侧，1枚（M016②：5）出土于左侧股骨骨干上段的左侧，2枚（M016②：4）出土于左侧股骨小转子上方，粘布料的铁片2件（M016②：6）出土于右手南侧。

**2. 人骨分析**

一次葬，仰身直肢，有枕具。

颅骨位置正常，下颌骨也与其连接紧密，面朝前上方。因为有枕具而使颈椎旋转。肩带骨位置基本正常，只是左锁骨的胸骨端位置过于靠下且肩胛骨略向上位移。肋骨平置，胸骨移动到胸部下半部偏左的位置，胸骨体和胸骨柄分离，胸骨柄略向右移。因为脊柱的旋转效应，第9胸椎和第10胸椎、第12胸椎和第1腰椎、第2腰椎和第3腰椎之间的关节脱节。右上肢肩关节外张，左上肢肩关节外张的同时肘关节屈曲，使前臂内收，且背侧面朝上。两侧肘关节倚靠棺壁，两前臂外张，右手在髋骨旁，左手靠近腹部，两只手姿势对称，手心向下。骶骨略向下位移，其与第5腰椎之间的关节间隙较大。两侧髋骨开放，左髋骨向下位移，两侧髋关节脱节。两下肢在髋关节处略外张，使两下肢左右分开，两侧下肢长骨向外侧旋转，使左侧股骨背侧面朝上。右股骨及其他下肢长骨内侧面朝上，两侧膝关节脱节（左侧比右侧明显），右侧胫骨与腓骨之间距离较大但左侧的较紧密，两侧踝关节间隙较大，足外旋使两足足尖分别朝向墓的左右两边。性别判断为女性，依据是骨盆整体形态、耻骨下角、坐骨耻骨支的形态和前额、颧骨、下颌颏部、下颌角和下颌支的形态。该个体全身骨骺已愈合，含M3在内的全部恒齿已萌出，但磨耗极少，颅基底缝基本愈合，耳状面上波浪状的横纹很明显。推测为20±岁。两足骨骼，尤其是内侧、中间、外侧楔骨和骰骨、跖骨均比较纤细，异于常态，因此可能是缠足个体，但缠裹得不太紧或缠足施行年龄较大。

该个体整体上保存状态和完整性很好，是另一个结核病的案例。L3和L4上有破坏性损伤，第9和第10肋骨的胸膜表面有新骨（图55）（除了第12肋骨之外，其他肋骨都存在，这些肋骨未观察到损伤）。胫骨和股骨上有愈合较好的骨膜新骨。右股骨头前侧边缘有一个小型破坏性损伤，股骨头也有唇缘。犬齿存在线性牙釉质发育不全。顶骨和枕骨后侧发现有少量愈合了的多孔性状。T11有骨赘。T8、T9、T10、T11、T12、L1、L2、L5椎体前侧有较大的孔（large pores）。T5、T6、T7小关节的右下侧关节面有凹坑或孔（可能为软骨下骨质缺损或血管的通道）。L3有骨赘，也有一个大的破坏性的损伤（large destructive lesion）（图56），该损伤侵蚀掉了椎体的右下部，这部分有虫蚀样外观，损伤的前侧边缘存在一些新骨生成的迹象。L4椎体上终板骨松质塌陷，并在椎体前表面（anterior surface of the body）有很明显的新骨和较大的孔洞，而在椎体后表面有虫蚀样外观。髋臼窝有多孔性状，特别是右侧髋臼，且右股骨头上有相应的扩大的股骨头凹。跟骨结节外侧有孔其中一些可能是生前形成的。

图55　M016肋骨胸膜面的新骨

**3. 出土遗物和随葬品**

（1）铜器

铜钱　9枚。

M016②：2，3枚，均为圆形方孔钱。乾隆通宝2枚，直径2.4厘米1枚（图57，2）、直径2.6厘米1枚（图57，4）；宽永通宝1枚，直径2.36厘米（图57，3）。

M016②：4，2枚，均为圆形方孔钱。乾隆通宝1枚，直径2.5厘米（图57，7）；嘉庆通宝1枚，直径2.4厘米（图57，5）。

M016②：3，1枚，宽永通宝，圆形方孔钱。直径2.35厘米（图57，6）。

M016②：5，1枚，乾隆通宝，圆形方孔钱。直径2.5厘米（图57，8）。

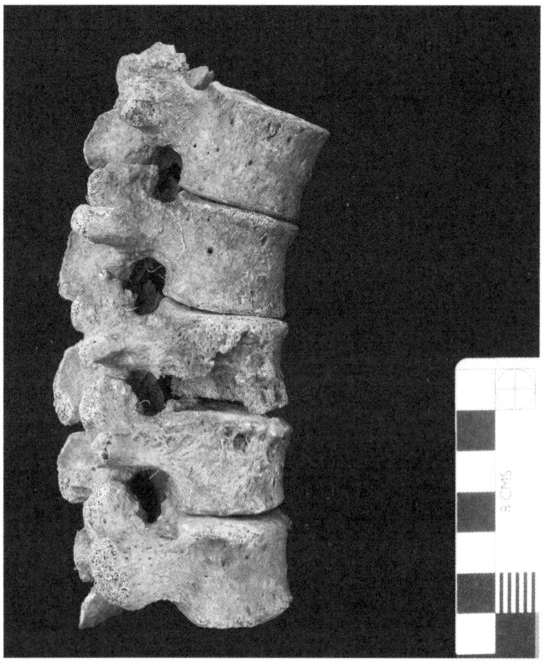

图56　M016 结核病：脊椎上的破坏性损伤

M016②：1，2枚，均为圆形方孔钱。乾隆通宝1枚，直径2.55厘米；宽永通宝1枚，直径2.48厘米。

（2）铁器

带布料铁器　M016②：6，2件，均残。第1件长3.4厘米，宽1.7～2厘米，厚0.8～1.4厘米，正面约一半的地方沾有布料，网格极小的布和网格略大的布两种；另1件长2.4厘米，宽2.4厘米，厚0.9～1.15厘米，正面大部分均沾有布料，分网格极小的布和网格略大的布两种（图57，1）。

（3）其他

带布料鸡蛋壳　1件。M016②：7，鸡蛋壳十分破碎，呈黄白色，布料风化也较严重（彩图29）。

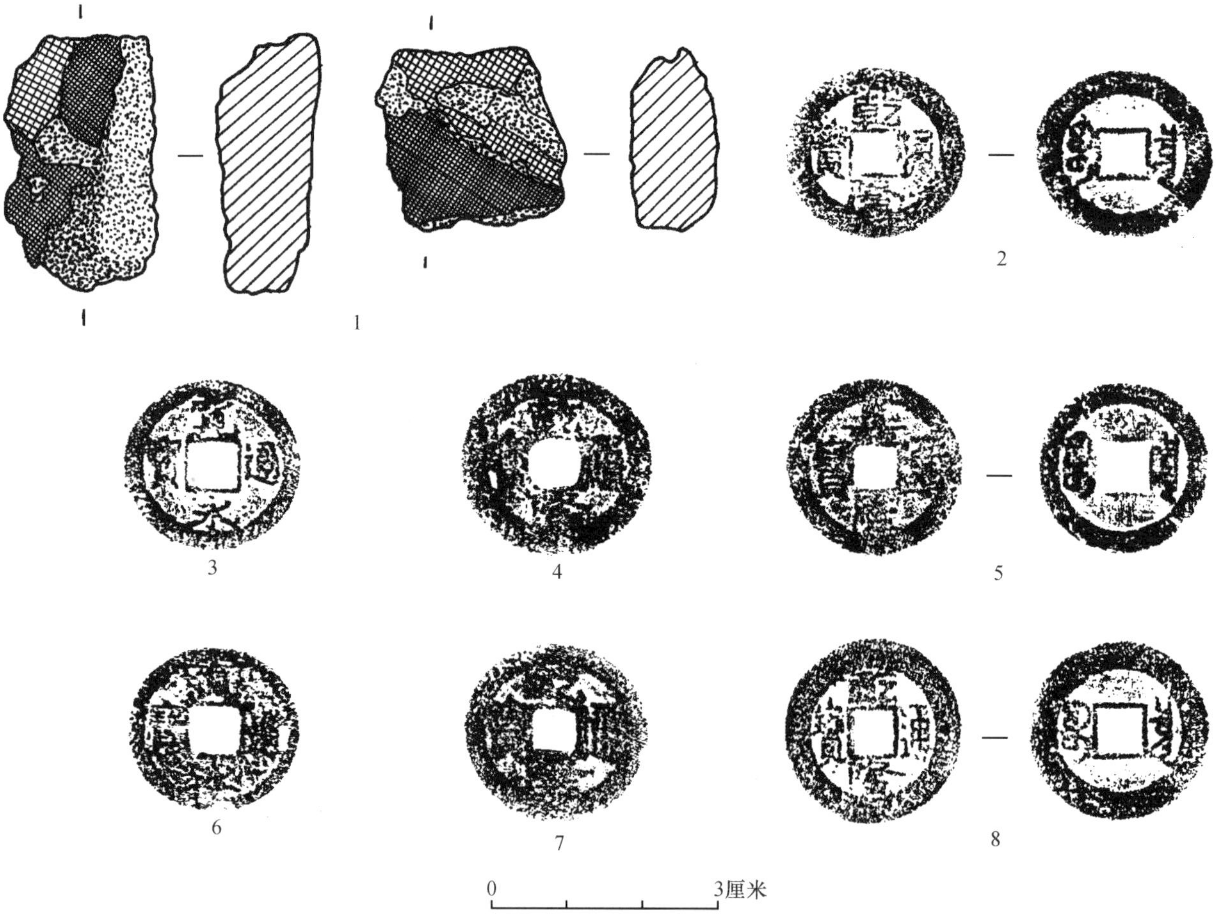

图57　M016出土遗物及拓片

1. 带布料铁器（M016②：6）　2、4、7、8. 乾隆通宝（M016②：2、M016②：2、M016②：4、M016②：5）　3、6. 宽永通宝（M016②：2、M016②：3）　5. 嘉庆通宝（M016②：4）

## （十七）M017

### 1. 墓葬形制与结构

M017位于发掘区东侧中部偏南，为单人葬土坑竖穴墓，墓坑明显，平面呈略梯形近长方形，直壁，平底，墓坑长2.16米、宽0.69～0.84米、深28～30厘米，方向54°（图58；彩图30）。有木棺1具，保存比较差，木板腐烂严重，盖塌了并腐烂严重，两个长边的木板往里塌了，残留棺板厚1～3厘米，棺长1.77米、宽24～32厘米、深16～23厘米。棺底部上半身骨骼上有1薄层黑有机质材料、下半身骨骼下棺底板上有1薄层绿色的材料，可能原为布料。墓内颅骨下有一近长方形浅灰色黏土包含砖块和泥质灰陶陶片2件（M017③）制成的枕具，长28厘米、宽20厘米、厚10～11厘米。墓内堆积分3层：第1层分布于整个墓坑内，棺四周与棺盖上，呈回字形，长2.16米、宽0.69～0.84米、厚28～30厘米，为很致密浅红色花黏土，夹杂大量灰色黏土点和黄色淤泥块，包含少量小石子；第2层分布于木棺内，呈长方形，为较疏松灰色砂质亚黏土，夹杂大量灰黑色黏土块，包含少量小石子，长1.77米、宽24～32厘米、厚12～23厘米，出土青砖块3件、泥质灰陶陶片2件、铜钱7枚、铜簪1件、铜扣7件、铜头饰1件、未鉴定材质的黄色半球形物体；第3层分布于颅骨下形成长方形枕具，为较致密浅灰色黏土，上有一层很

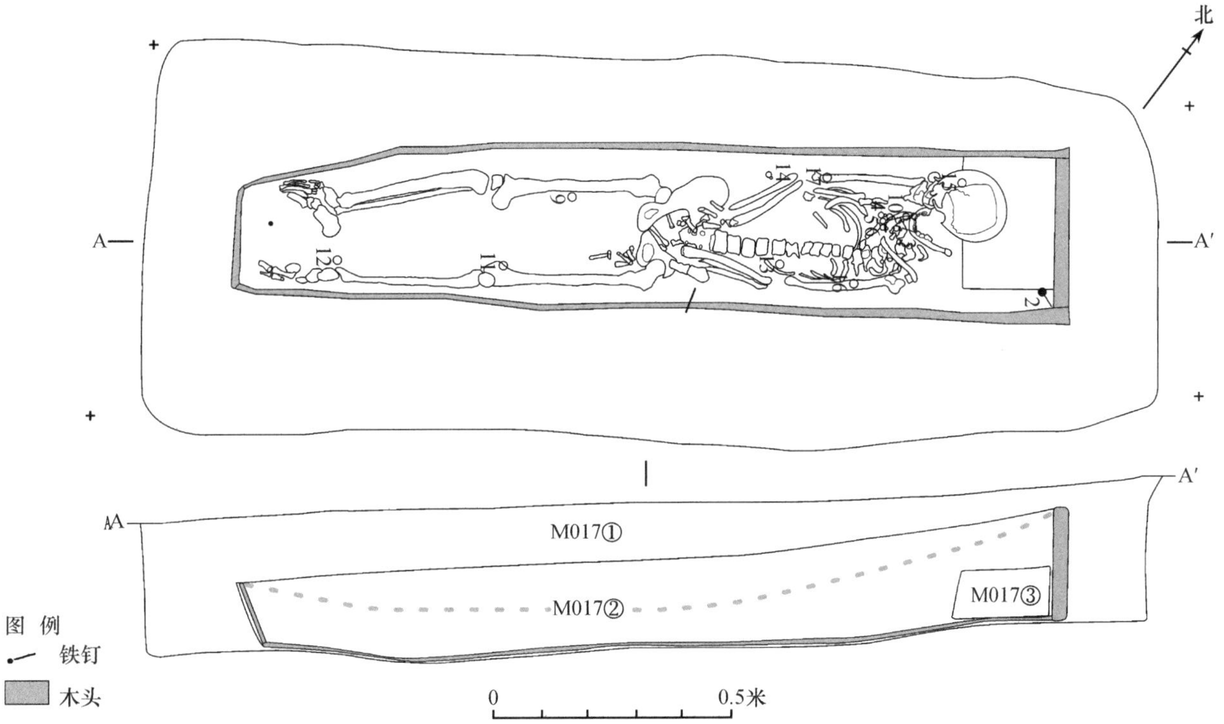


图58　M017平、剖面图

2. 铜簪（M017②：2）　3. 黄色半球（M017②：3）　4～8、10、14. 铜扣（M017②：4～8、M017②：10、M017②：14）
9、11～13、16、17. 铜钱（M017②：9、M017②：11～13、M017②：16、M017②：17）　15. 铜头饰（M017②：15）
过筛出土：1. 铜钱（M017②：1）

薄的黄土层，包含青砖块和泥质灰陶陶片，长28厘米、宽20厘米、厚10～11厘米。随葬品有铜簪1件（M017②：2），出土于枕具东南侧；铜头饰1件（M017②：15），出土于颅骨下方北侧，上面原来粘有布料；带环铜纽扣7件，其中1件（M017②：8）出土于下颌骨西侧锁骨上，4件（M017②：4、M017②：5、M017②：7、M017②：10）出土于下颌骨西侧锁骨上，1件（M017②：6）出土于右臂肱骨南侧，1件（M017②：14）出土于右手下方；铜钱7枚，其中1枚（M017②：1）为过筛出土，1枚（M017②：9）出土于右股骨中部下，1枚（M017②：16）出土于左前臂下方，1枚（M017②：12）出土于左脚踝下方，1枚（M017②：17）出土于右侧肱骨下，1枚（M017②：11）出土于左膝下方，最后1枚（M017②：13）出土于左侧髋骨下方；黄色半球1件（M017②：3），出土于下颌骨下锁骨上。

**2. 人骨分析**

一次葬，仰身直肢，有枕具。

颅骨左侧面朝上，位于土枕之上，下颌骨落到了下方，颅骨和下颌骨不相连，但两者之间的距离并不远。颈椎旋转。肋骨保存较差。肩关节脱节明显（左侧比右侧显著）。受棺的限制，有很明显的约束效应，肢骨均倚靠棺壁。前臂略内收，双手原应置于腹部，腐烂过程中下滑，使两手交于骨盆处。两侧肘关节脱节。两髋骨分开，分别倚靠棺壁两侧，骶骨下移。股骨旋转，右侧股骨的内侧面朝上，左侧股骨的外侧面朝上。两膝关节间隙较大，右侧髌骨出现位移，左侧髌骨基本仍在原位。右侧胫骨、腓骨向外侧旋转，使其内侧面朝上。两侧胫骨和腓骨的间距较大。性别判断为女性，依据是骨盆整体形态、耻骨下角，颅骨整体形态和下颌角、下颌支、颧弓、枕外隆突的形态。该个体所有恒牙（含M3）均已萌出，但磨耗极轻微，仅门齿、犬齿有轻微磨耗。所见骨骼的骨骺均已愈合，根据耻骨联合面和耳状关节面形态综合推测年龄为37～49岁。

肋骨虽然保存得不好，但全平置。右足在身体侧面，足心朝向身体内侧，左足足心向下，两足的姿势不对称。

该个体保存状况较差，所有骨骼均受到破坏（长骨破坏程度比较低），肋骨几乎不存（只存在一块），椎骨破坏程度太严重，无法观察其病理现象右侧股骨上有可能正在愈合的条纹状新骨，但保存状况较差，其他长骨上未发现类似的痕迹。未观察到关节唇缘或关节炎。犬齿存在釉质发育不全的现象。上颌左侧侧门齿全部被牙结石包裹。颅骨上未见多孔性状。该个体部分头发被保存了下来。

**3. 出土遗物和随葬品**

（1）铜器

铜扣　7件。

M017②：5，扣身呈球形，环状纽尚与小铜环相连接。通高1.25厘米，扣身直径0.9厘米，环状纽外径0.4厘米，内径0.15厘米，小铜环椭圆形，外长轴 0.9厘米、外短轴0.7厘米，内径0.3厘米（图59，3）。

M017②：14，扣身呈球形，环状纽尚与小铜环相连接。通高1.4厘米，扣身直径1厘米，环状纽外径0.4厘米、内径0.2厘米，小铜环外径0.7厘米，内径0.45厘米（图59，4）。

M017②：8，扣身呈球形，环状纽尚与小铜环相连接。通高1.35厘米，扣身直径0.97厘米，环状纽外径0.5厘米、内径0.25厘米，小铜环外径0.7厘米，内径0.5厘米（图59，5）。

M017②：6，扣身呈球形，环状纽尚与小铜环相连接。环状纽上有一约0.4厘米的凸起。通高1.3厘米，扣身直径0.95厘米，环状纽外径0.35厘米、内径0.2厘米，小铜环外径0.7厘米，内径0.5厘米（图59，6）。

M017②：4，扣身呈球形，环状纽尚与小铜环相连接。通高1.3厘米，扣身直径0.9厘米，环状纽外径0.4厘米、内径0.23厘米，小铜环外径0.7厘米，内径0.52厘米（图59，7）。

M017②：7，扣身呈球形，环状纽尚与小铜环相连接。通高1.35厘米，扣身直径0.85厘米，环状纽近长方形，外长0.5厘米、外宽0.3厘米，内长0.35厘米、内宽0.1厘米，小铜环外径0.6厘米，内径0.4厘米（图59，8）。

M017②：10，扣身呈球形，环状纽尚与小铜环相连接。通高1.45厘米，扣身直径0.9厘米，环状纽近长方形，外长0.5厘米、外宽0.4厘米，内长0.3厘米、内宽0.2厘米，小铜环外径0.8厘米，内径0.6厘米（图59，10）。

铜钱　7枚。

M017②：12，道光通宝，圆形方孔钱。直径2.1厘米（图59，11）。

M017②：1，道光通宝，圆形方孔钱。直径2.2厘米（图59，12）。

M017②：9，宽永通宝，圆形方孔钱。直径2.45厘米。

M017②：11，乾隆通宝，圆形方孔钱。直径2.6厘米。

M017②：13，圆形方孔钱，残，锈蚀严重文字不明。直径2.4厘米。

M017②：16，乾隆通宝，圆形方孔钱。直径2.6厘米。

M017②：17，道光通宝，圆形方孔钱。直径2.5厘米。

铜簪　1件。M017②：2，禅杖形，簪体通长14.4厘米，截面为圆形，直径0.2厘米，簪头为镂空的球形装饰，直径1.8厘米，由11个圆形小花组成，每朵小花分13瓣，相接处有4个圆形凸起，3个在下面，1个在上面。簪头下方有一圆形伞托，直径0.6厘米，簪尾圆钝。镂空的球形装饰中还保存有头发，用锡纸包装（图59，1；彩图31）。

铜头饰　1件。M017②：15，环形发饰，下方为一铜环，铜环的一端向外卷起，直径2.3厘米，截面呈圆形，直径0.25厘米。上方为一菱形装饰，一侧边缘为有规律缺口状，内侧有5个方形小孔，其中有一小孔上仍有小铜环，另一侧边缘为花瓣状；靠内侧有一小的菱形凸起，一侧为大花瓣状，一侧为小花瓣状，小菱形内部有12个铜片凸起（1个较大的铜片独占一排，第二排为5个小铜片，第三排为6个小铜片），均向花瓣状边缘一侧倾斜。菱形装饰长3厘米，宽2.3厘米，高0.1～0.7厘米（图59，2；彩图32）。

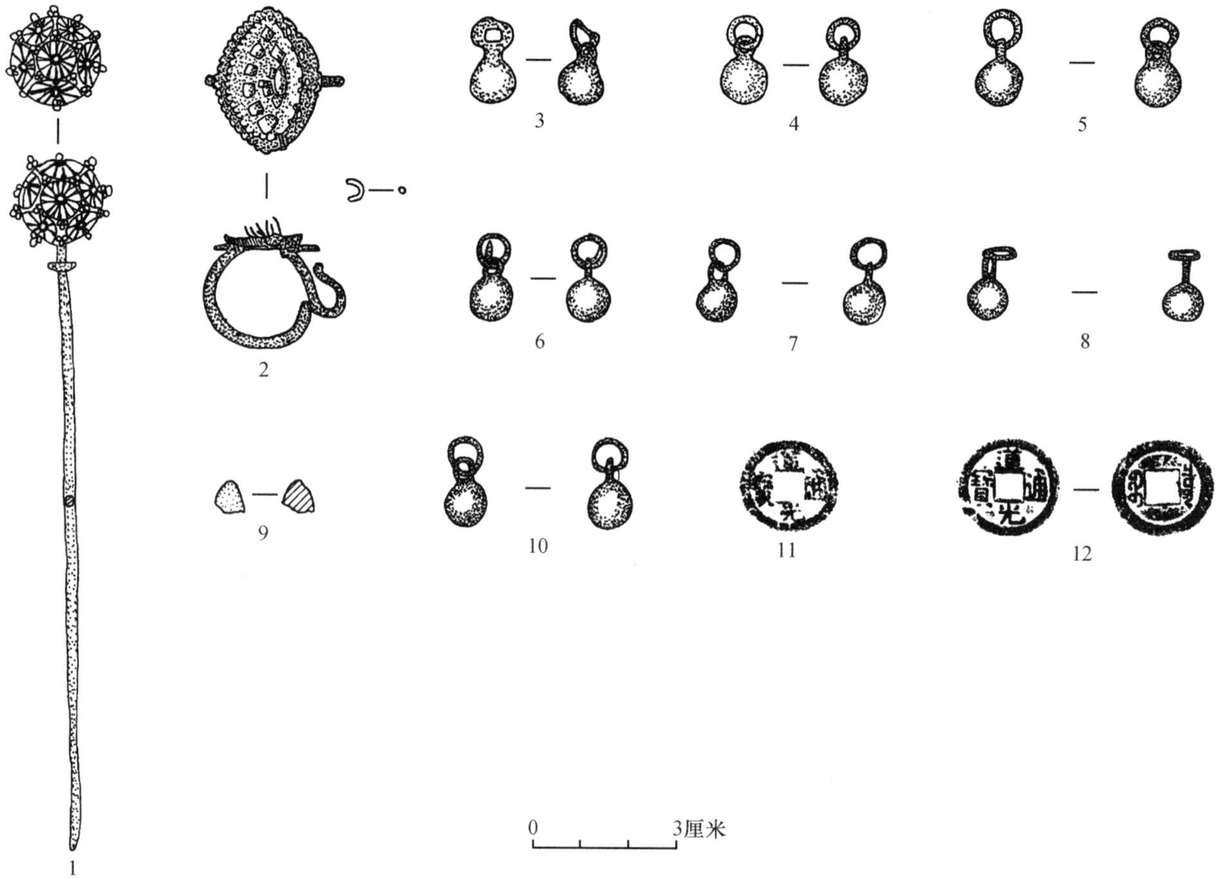


图59　M017出土遗物及拓片

1. 铜簪（M017②：2）　2. 铜头饰（M017②：15）　3～8、10. 铜扣（M017②：5、M017②：14、M017②：8、M017②：6、M017②：4、M017②：7、M017②：10）　9. 黄色半球（M017②：3）　11、12. 道光通宝（M017②：12、M017②：1）

（2）其他

黄色半球　1件。M017②：3，残，仅存小半部分，推测为胶囊壳。残长0.7厘米，残宽0.3～0.6厘米，完整的一端圆钝（图59，9）。

## （十八）M018

### 1. 墓葬形制与结构

M018位于发掘区南端中部偏东，为单人葬土坑竖穴墓，墓坑明显，平面呈略梯形近长方形，直壁，平底，墓坑长2.33～2.35米、宽0.68～0.84米、深22～27厘米，方向347°（图60；彩图33）。有木棺1具，带较多棺钉，保存较差，仅棺底保存较完好，棺板厚2厘米，棺上部长2.04米、宽39～43厘米、深18～25厘米，底部长1.96米、宽39～43厘米。墓内颅骨下有一近长方形黄色黏土（M018③）制成的枕具，长36厘米、宽20厘米、厚11厘米。墓内堆积分3层：第1层分布于整个墓坑内，棺四周与棺盖上，呈回字形，长2.33～2.35米、宽0.68～0.84米、厚

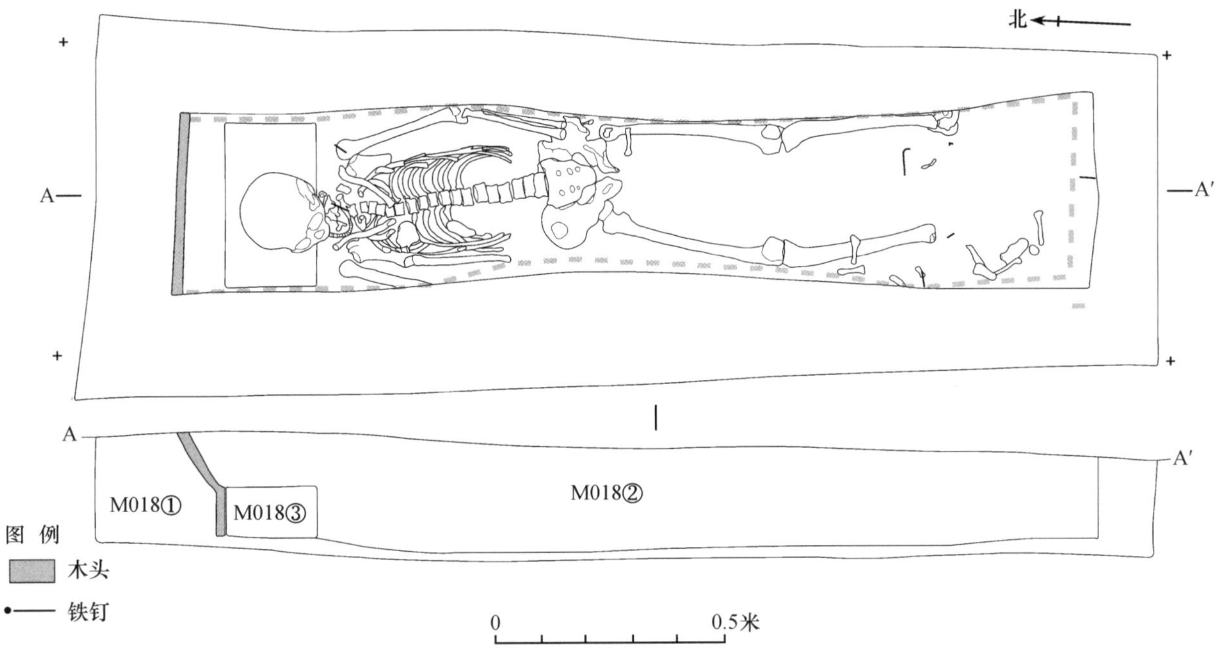


图60　M018平、剖面图

22～27厘米，为较致密黄褐色沙质亚黏土，包含少量灰色和黄色淤泥块和少量小石子；第2层分布于木棺内，呈长方形，为较致密灰褐色黏土，夹杂黄色和黑色黏土块，包含少量小石子，长2.04米、宽39～43厘米、厚18～26厘米，出土瓷片2件、棺钉25件；第3层分布于颅骨下形成长方形枕具，为较致密的黄色黏土，长36厘米、宽20厘米、厚11厘米。未见遗物或随葬品。

**2. 人骨分析**

一次葬，仰身直肢，有枕具。在发掘前有一部分额骨暴露在地面上。遗骸受到很明显的约束效应，特别是在左边。面部稍向右倾，下颌骨落在了土枕下方，使颅骨和下颌骨脱节，同时第一颈椎与颅骨之间的关节也完全分离，颈椎位于枕具下方。第2、3腰椎分离，第11、12胸椎分离，第5腰椎和骶骨分离。胸椎之间的很多关节间隙较大，这可能与棺底木板的厚度有关。肋骨完全平置。棺底木板较厚，使肩胛骨上移，两侧肩关节脱节。左臂肘关节间隙较大，左前臂略内收且背侧面朝上，左手位于骨盆上；右前臂的尺骨、桡骨可能是受到了扰动，其近端位于肱骨中部附近，桡骨倚靠棺壁，右手手心向上。两髋骨分开，右侧髋骨向右位移更明显，左侧髋骨倚靠棺壁，髋骨和骶骨之间的关节脱节。左侧下肢骨有较明显的约束效应，倚靠棺壁；右侧下肢骨只有膝关节倚靠棺壁，右侧股骨外旋使其前内侧朝上。膝关节间隙较大。性别判断为男性，依据是：耻骨下角、坐骨大切迹、骨盆整体形态、闭孔和骶骨曲度。该个体耳状面完全致密化，有少量小孔，耻骨联合面比较平坦，但有明显后扩，联合面上有小孔，推测为40～45岁。

该个体保存状况较差，大部分骨骼存在，但破坏严重，骨皮质表面脱落。两侧胫骨上可以观察到活跃期的骨膜炎形成的新骨。臼齿几乎全部生前脱落，其他牙齿都为死后脱落。关节面保存状况较差，因此无法观察关节炎的表现。椎体破坏严重，大部分椎骨上无法观察骨赘的情况。两侧肩关节窝、髋臼窝、肘关节、股骨远端、距骨和跟骨相接的关节上都有很明显的唇缘。除了C3和C4之外，其他的椎骨都存在。T6、T7、T8、T10、T11、L1的椎体呈楔形（图61）。T6至T10椎体下表面都有许莫氏结节。L5椎体上表面有较大的凹陷，椎体右前缘也受到累及，这是退行性椎间盘病变的表现。有愈合的眶上筛孔样病变，无明显的多孔性骨肥厚。该个体面颅骨与脑颅骨分开，颅骨后部非常不对称，可能为死后变形所致。

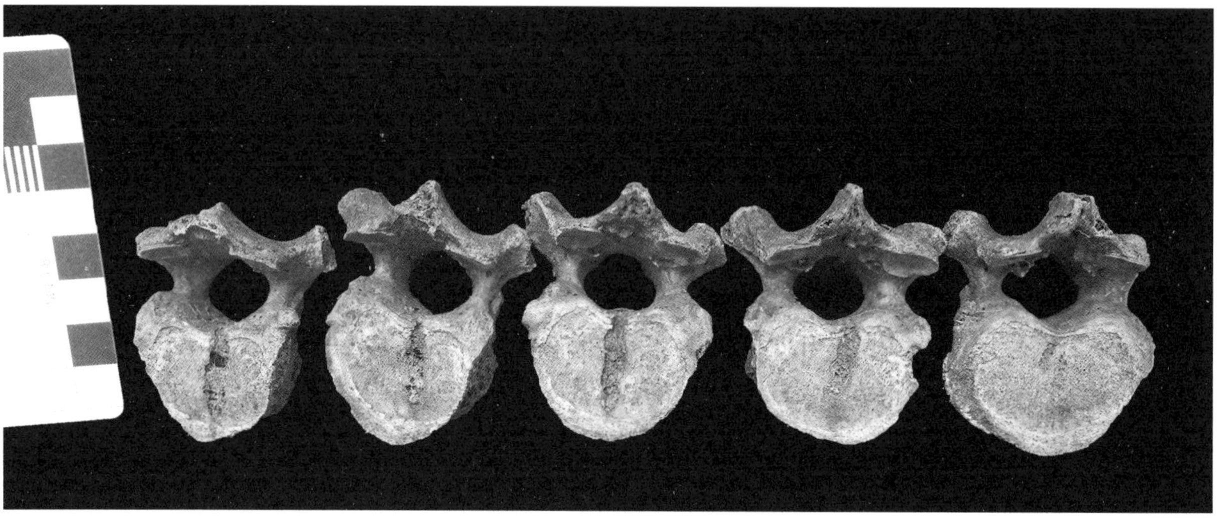

图61　M018胸椎（表面有明显的许莫氏结节）

## （十九）M019

### 1. 墓葬形制与结构

M019位于发掘区东侧中部偏南，为单人葬土坑竖穴墓，墓坑明显，平面呈圆角长方形，直壁，平底，墓坑长2.35米、宽0.86～0.93米、深33～36厘米，方向88°（图62；彩图34）。有木棺1具，棺板厚2厘米，棺长1.52米、宽41～49厘米、深27～34厘米。墓内颅骨下有一近长方形红褐色黏土（M019②）制成的枕具，长41～45厘米、宽22厘米、厚2～6厘米。墓内堆积分3层：第1层分布于木棺内，呈长方形，为较致密灰褐色黏土，包含少量黄色淤泥块和小石子，出土玻璃瓶口沿1件、棺钉2件；第2层分布于颅骨下形成长方形枕具，为较致密黄色黏土，长41～45厘米、宽22厘米、厚2～6厘米；第3层分布于整个墓坑内，棺四周与棺盖上，呈回字形，长2.35米、宽0.86～0.93米、厚33～36厘米，为较致密红褐色黏土，包含少量黄色淤泥块和少量小石子，出土瓷碗1件。随葬品有瓷碗1件（M019③：1），出土于墓圹东端中间靠近地表，玻璃瓶口沿1件（M019①：1），出土于颅骨右侧靠木棺北壁深20厘米位于残留棺盖之上，可能为后期扰乱进入。

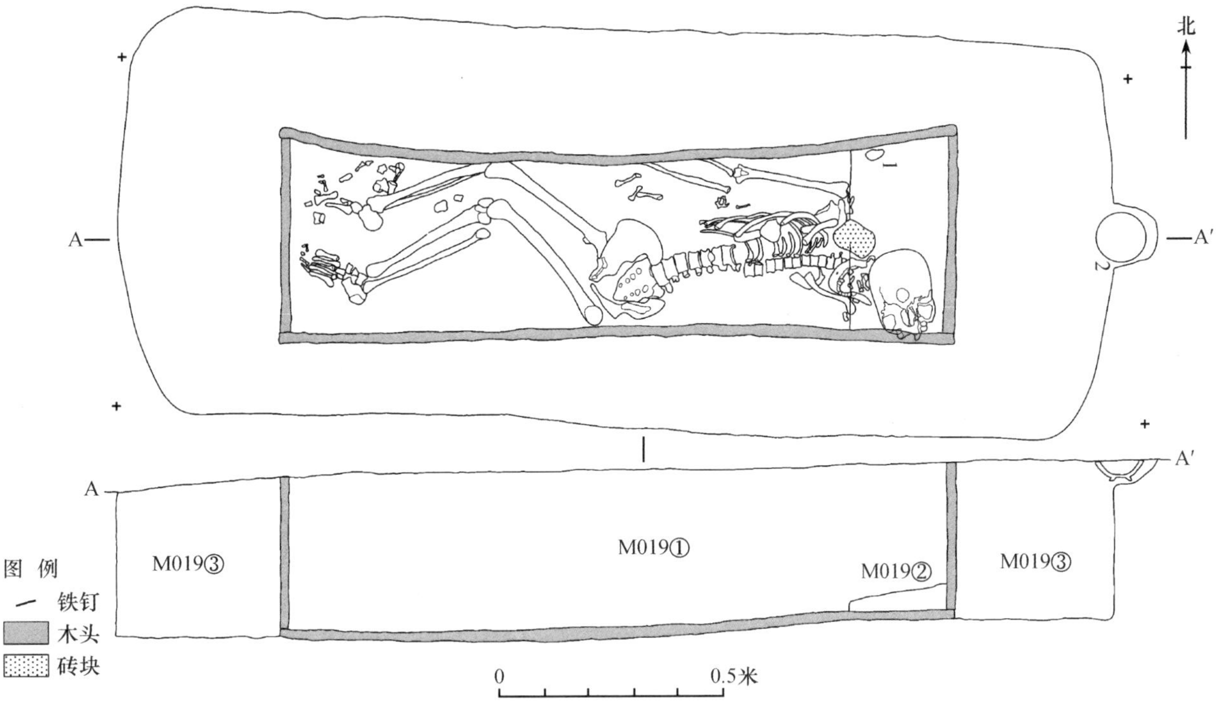


图62　M019平、剖面图

1. 玻璃瓶口沿（M019①：1）　2. 瓷碗（M019③：1）

**2. 人骨分析**

一次葬，仰身屈肢，有枕具。颅骨向左滚动了，颅底朝上，位于墓的东南角。颅骨和下颌骨完全脱节，下颌骨位于颅骨左侧。两侧肩关节脱节。上肢骨挨着身体摆放，左侧肱骨倚靠棺壁。左侧肘关节间隙较大，右侧肘关节完全分离。肋骨平置，脊柱略呈扭曲状，T9至T11完全脱节。骶骨向下位移，两髋微张。膝关节的姿势是向右侧曲折，右股骨的内侧面向上、左股骨的外侧面向上。髋关节和膝关节间隙较大。右侧胫骨和腓骨之间的关节较紧密，但左胫骨和腓骨脱节。两侧踝关节间隙较大，右侧的踝关节连接略紧密些。两足的各关节都较松弛。由于有腐烂的木棺造成的约束效应，右膝倚靠棺壁。该个体的姿势是放置入棺时刻意摆放的。性别鉴定为女，判断依据是其骨盆整体形态和骶骨第一骶椎上关节面，以及前额、颧骨、顶结节，下颌颏部、下颌角和下颌支的形态。该个体颅基底缝完全愈合，锁骨胸骨端的骨骺线尚有痕迹，骶骨S1、S2之间仍有未完全愈合的缝隙。耳状关节面为第2级，两侧上颌M1、M2均为2级磨耗，两侧下颌M2为2级磨耗，左侧下颌M1为3级磨耗。下颌右侧M3牙根尚未完全闭合，四肢骨骨骺均已愈合，锁骨肩峰端骨骺愈合，推测为20～21岁。

该个体骨骼和牙齿保存较完整。牙齿中，犬齿釉质发育不全，除下颌右侧M3以外其他的3个第三臼齿均未见萌出，可能为阻生或先天缺失。从牙槽骨的改建情况来看，有较明显的牙周病，尤其是上颌的前牙，牙槽骨存在明显的骨质吸收，有多颗牙齿生前脱落（图63）。在梨状孔下方的上颌骨表面上还存在许多小孔。颅骨顶孔周边的顶骨十分平坦甚至略凹陷下去，其左右两侧骨表面多孔（即靠近顶结节处）（图64）。

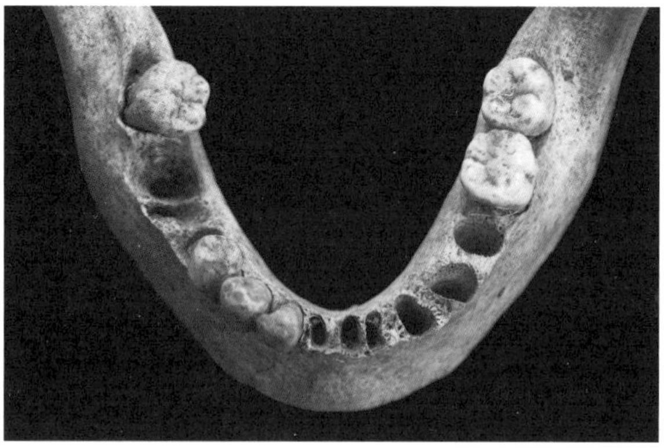

图63　M019牙周病

图64　M019颅骨

右侧锁骨可能发生过骨折，愈合较好，形成的骨痂造成该锁骨增粗。多处椎骨存在新骨生成和溶骨性损伤并存的现象（图65）。胸骨柄和胸骨体已骨性融合。胸骨柄后侧有多处骨质侵蚀，呈密集分布的凹坑状，如同囊肿留下的空腔。第10肋骨表面有溶骨性损伤和环绕的骨痂。左侧第11肋上表面有一处凹陷。T6椎体左前侧有新骨生成，还有两处凹陷状的骨质侵蚀；T7椎体前侧有新骨生成，还有多处凹坑（图66）；T8椎体前侧有一巨大凹坑，右侧有稀疏如枝杈状伸出的许多细长的新骨（图67）；T9椎体前面的两个巨大的凹坑掏空了椎体，以至于椎体下表面都出现了很大的缺损，椎体右侧则有分别向上和向下伸出的较长的桥状骨赘，两骨赘之间还有一凹坑（图68）；T10椎体上表面有巨大的凹坑，椎体前左侧也有一处凹坑，椎体左右两侧有杂乱丛生的新骨，明显突起于椎体表面，形状不规则（图69）；T11椎体周围一圈也都有新骨，但比T10要少；从T12起椎体表面恢复正常，不再有上述病理现象。右侧骶髂关节出现蜂窝

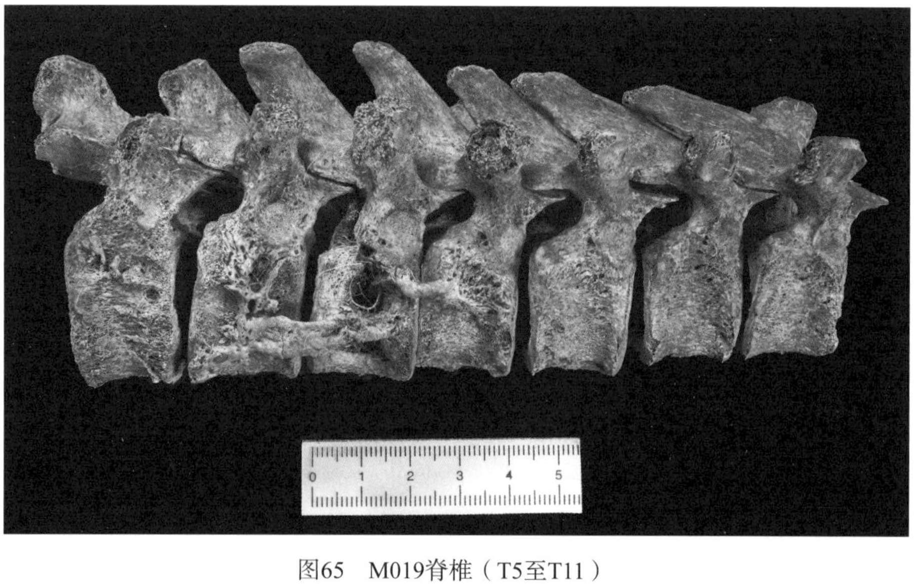


图65　M019脊椎（T5至T11）

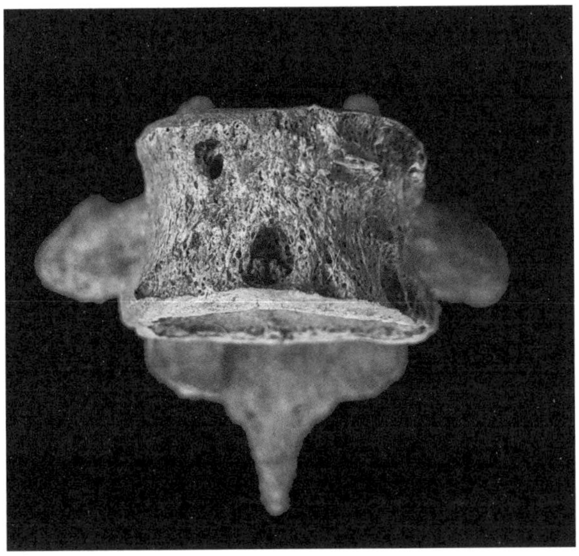

图66　M019的T7

图67　M019的T8

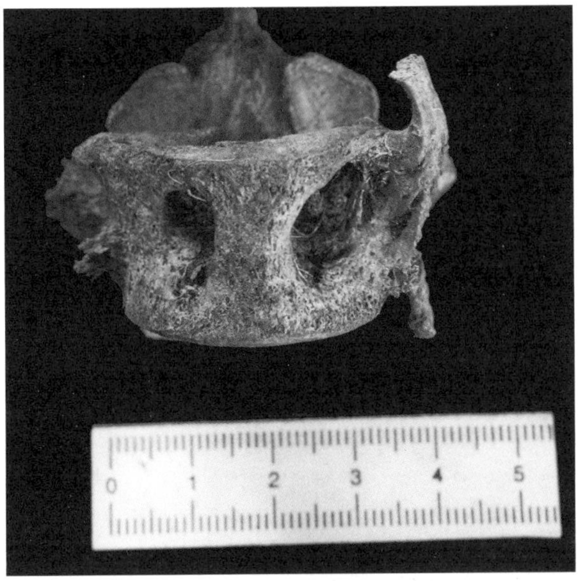


图68　M019的T9

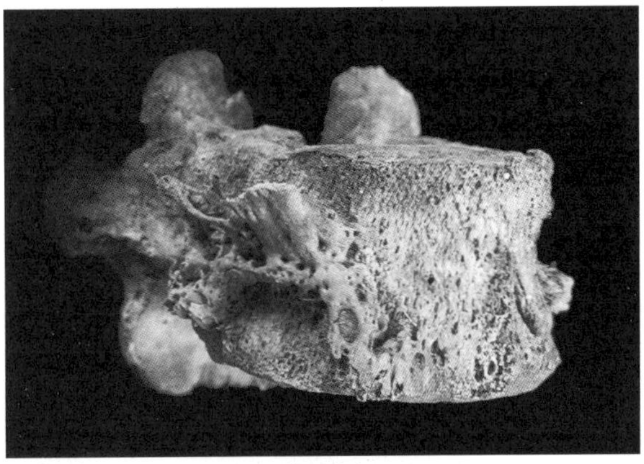

图69　M019的T10

状的骨表面侵蚀，髂骨和骶骨的耳状面都有明显凹陷，右侧髂骨耳状面侵蚀面很大，侵蚀区域已经超出了耳状面的范围，骶骨右侧耳状面还有三个深陷下去的腔洞，每一个直径都超过了1厘米，左侧耳状面的后内侧还有若干侵蚀造成的腔洞（与胸骨柄背侧面的损伤相似），类似囊肿样，但都相对较小，最小的仅直径1毫米左右，最大的也不到4毫米。

左侧第二掌骨掌侧面疏松多孔（图70），有明显的骨膜反应，中段膨大变粗，应为增生的新骨形成的骨痂，远端还有伸出较长的新骨，同时可注意到这节掌骨的髓腔已经成为空腔且明显膨大。股骨头凹附近有小凹坑，可能是碾挫骨折或愈合好的撕脱性骨折。两侧足舟骨足背侧表面多孔（图71），左侧足舟骨尤为显著；左侧内侧楔骨中间有一贯穿内外侧的孔道。

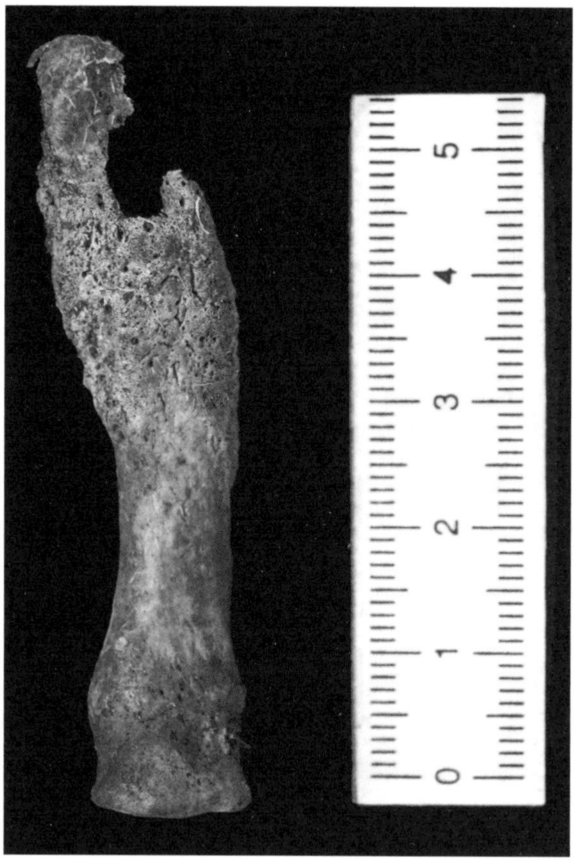

图70　M019左侧第二掌骨

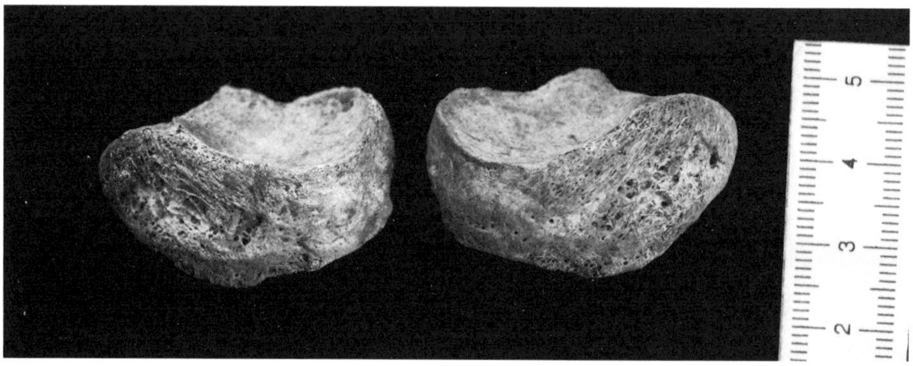

图71　M019两侧足舟骨

综上，该个体可能患有某种慢性系统性疾病（可能是结核病或癌症的骨转移），还并发有贫血的现象。该个体已采样进行结核病的古DNA分析。

### 3. 出土遗物和随葬品

（1）瓷器

瓷碗　1件。M019③：1，完整，胎呈白色，较细腻，釉色白，青花颜色稍浅，敞口圆唇，斜弧腹，圈足，外壁靠近口部有两圈青花线纹，靠上的一圈宽0.25厘米，靠下的一圈宽0.08厘米。口径12.2厘米，底径5.2厘米，高5.8厘米，壁厚0.4厘米，底厚0.4 厘米，圈足厚0.4～0.45厘米（图72，1；彩图36）。

（2）玻璃

玻璃瓶口沿　1件。M019①：1，残，半透明，棕色，瓶口外壁有螺纹。距瓶口1厘米处有一圈圆形凸起，直径5.6厘米，高0.5厘米。残高3厘米，口径4.8厘米，壁厚0.2～0.8厘米（图72，2；彩图35）。

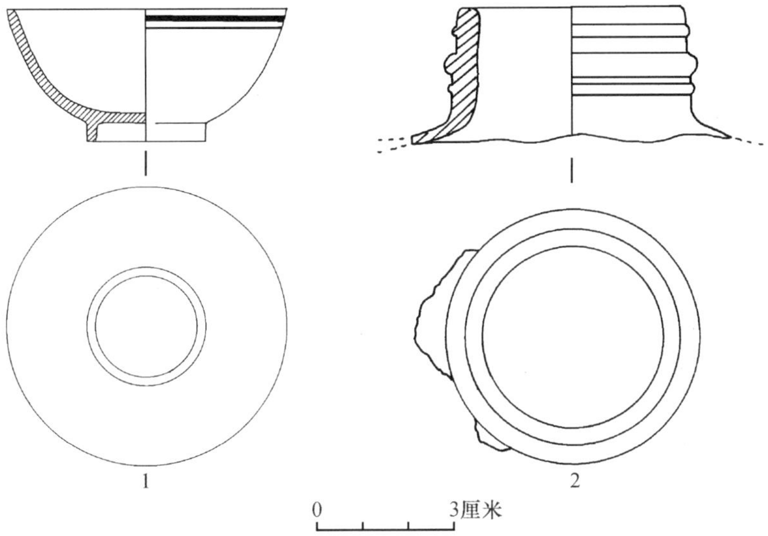


图72　M019出土遗物

1. 瓷碗（M019③：1）　2. 玻璃瓶口沿（M019①：1）

## （二十）M020

### 1. 墓葬形制与结构

M020位于发掘区东侧中部偏南，挨着M021，跟M015-M025呈西北—东南一排，为双人葬土坑竖穴墓，两个棺埋在同一个较明显的土坑内，平面呈长方形，直壁，平底，墓坑长2.5米、宽1.45～1.46米、深45～50厘米，跟M021平行，方向56°（图73；彩图37）。有木棺2具（M020与M021），M020的木棺棺盖腐烂严重仅存痕迹，棺长1.7米、宽48～54厘米、深44～46厘米，棺板厚2～4厘米。墓内颅骨下有一近长方形黄色黏土（M020②）制成的枕具，长20厘米、宽20厘米、厚8厘米。棺西南侧有长方形脚龛，长40～42厘米、宽7厘米、深4～5厘米。M020本身堆积分3层：第1层分布于棺内，长1.7米、宽48～54厘米、深44～46厘米，为较致密灰褐色黏土，出土银环1件、铜扣5件、铜钱9枚、棺钉2件、青砖块2件；第2层布于颅骨下形成近长方形枕具，为较致密黄灰色黏土，长20厘米、宽20厘米、厚8厘米；第3层分布于棺盖痕迹上，呈长方形，为较疏松灰黄色砂质亚黏土，包含红色黏土块、白色黏土颗粒和小石子。随葬品有银环1件（M020①：4），出土于墓内填土中距棺底部20厘米骨盆右侧；铜扣5件，其中有铜扣3件和带环铜扣2件，铜扣当中有1件（M020①：10）出土于右股骨南侧，1件（M020①：11）出土于左髋骨南侧，1件（M020①：16）过筛出土，带环铜扣当中有1件（M020①：2）出土于肋骨上椎体右侧，1件（M020①：7）过筛出土；铜钱10枚，其中1枚（M020①：1）出土距底部高1厘米胸椎椎体左侧，1枚（M020①：12）出土于右股骨头下方，1枚（M020①：13）出土于左侧髋骨下方，1枚（M020①：14）出土在墓内填土中距棺底部23厘米右肱骨上，1枚（M020①：3）出土于棺底部骨盆东北侧，1枚（M020①：8）出土于左脚南侧，1枚（M020①：9）出土于左股骨南侧，1枚（M020①：6）出土于左膝外侧，1枚（M020①：5）出土于西侧棺壁北端上方，最后1枚（M020①：15）为过筛出土。

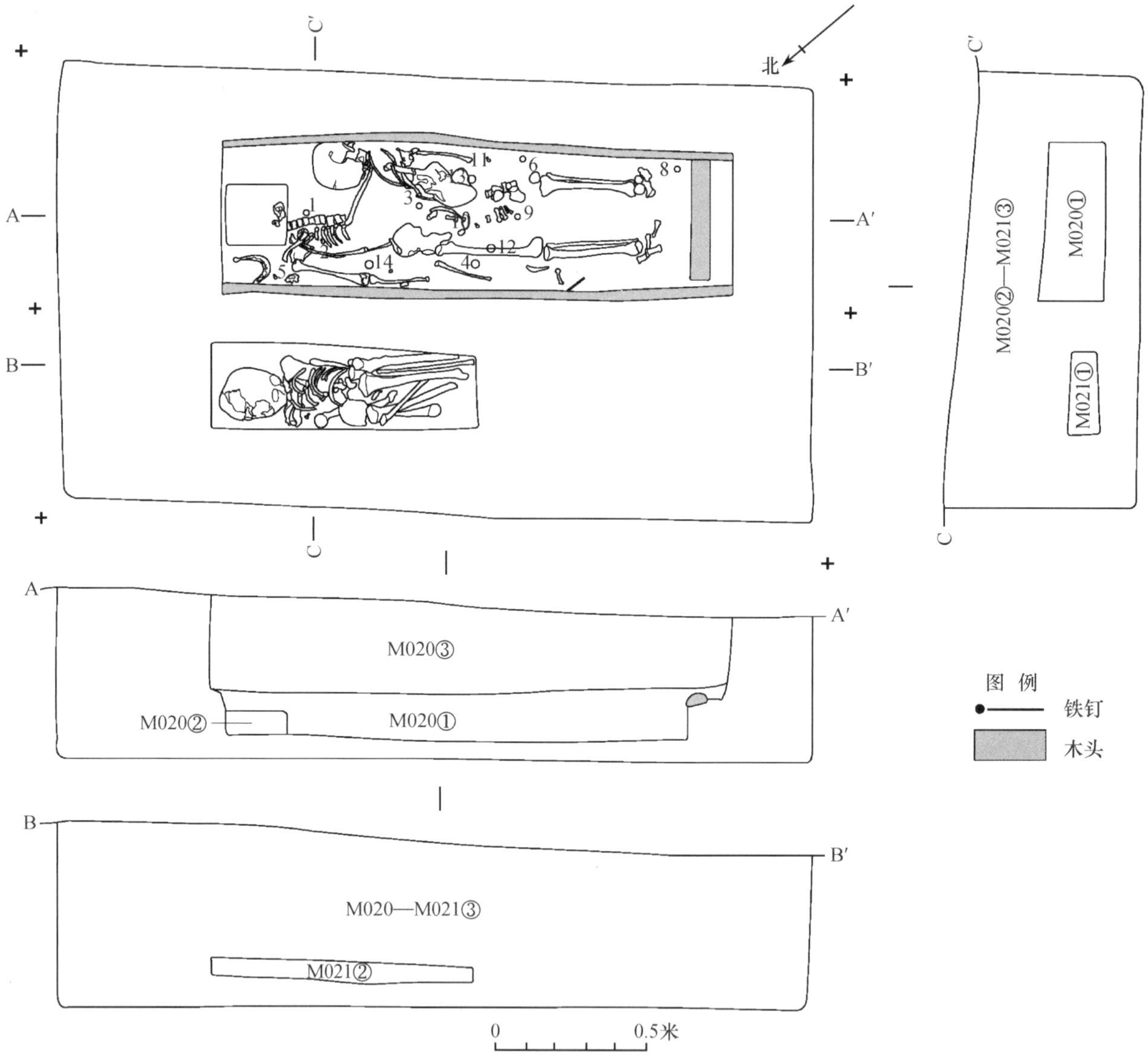


图73　M020、M021平、剖面图

1、3、5、6、8、9、12～14. 铜钱（M020①：1、M020①：3、M020①：5、M020①：6、M020①：8、M020①：9、M020①：12、M020①：13、M020①：14）　2、10、11. 铜扣（M020①：2、M020①：10、M020①：11）
4. 银环（M020①：4）
过筛出土：7、16. 铜扣（M020①：7、M020①：16）　15. 铜钱（M020①：15）

### 2. 人骨分析

一次葬，仰身直肢，有枕具。该墓葬被盗而扰乱和破坏较严重，头骨不仅落于土枕下面，还出现于躯干左侧胸腔的位置处，而下颌骨则在土枕的右侧，两者相距很远。身体的左侧扰乱严重，可能是盗墓活动造成的，扰乱范围从上半身延伸到左膝处，身体右侧保存得较好些。其颈椎乱作一团，位于土枕和胸椎之间，大部分胸椎位置都很正常，但腰椎则非常混乱地位于左腹到左腿位置的区域内。右侧肋骨位置正常，但左侧肋骨非常杂乱地位于左腹到左腿所在位置之间的区域内。右侧肩带骨位置正常，但左侧肩带骨非常杂乱地位于左腹位置的区域内。左上肢骨凌乱地位于左腹到左腿的位置，右上肢位置正常且直伸、挨着躯干，右肘倚靠棺壁。左侧髋骨近远端颠倒地位于原位，右侧髋骨位置正常，骶骨在二者之间。左侧股骨不存。左侧膝关节以下的下肢骨位置正常，右侧下肢长骨位置均正常，但是足骨有的被扰乱到了土层的较上方，接近棺盖处。右侧髋关节间隙较大，两侧膝关节间隙较大。性别判断为女性，依据是骨盆整体形态、坐骨大切迹和骶骨形态该个体大部分牙齿生前都已脱落了。冠状缝、人字缝均已基本愈合，矢状缝也已变得模糊，耳状面表面平坦且呈较细的颗粒状。推测为35～40岁。上颌左侧存在一处显著的舌侧根尖脓肿造成的骨质侵蚀，骨性硬腭也遭到了侵蚀。

### 3. 出土遗物和随葬品

（1）铜器

铜扣　5件。

M020①：2，扣身呈球形，环状纽尚与小铜环相连接。通高1.28厘米，扣身直径0.9厘米，环状纽外径0.5厘米、内径0.3厘米，小铜环外径0.85厘米，内径0.6厘米（图74，1）。

M020①：7，扣身呈球形，环状纽尚与小铜环相连接。通高1.5厘米，扣身直径0.96厘米，环状纽外径0.65厘米、内径0.45厘米，小铜环外径0.7厘米，内径0.4厘米（图74，2）。

M020①：11，扣身呈球形，环状纽尚与小铜环相连接。通高1.4厘米，扣身直径1厘米，环状纽外径0.46厘米、内径0.28厘米，小铜环外径0.7厘米，内径0.5厘米（图74，3）。

M020①：10，扣身呈球形。通高1.4厘米，扣身直径0.96厘米，环状纽呈水滴状，外长0.5厘米、外宽0.4厘米，内长0.35厘米、内宽0.28厘米（图74，4）。

M020①：16，扣身呈球形。通高1.65厘米，扣身直径1.2厘米，环状纽外径0.6厘米、内径0.41厘米（图74，5）。

铜钱　10枚。

M020①：1，道光通宝，圆形方孔钱。直径2.15厘米（图74，7）。

M020①：5，道光通宝，圆形方孔钱。直径2.3厘米（图74，8）。

M020①：6，咸丰通宝，圆形方孔钱。直径2.1厘米（图74，9）。

M020①：8，嘉庆通宝，圆形方孔钱。直径2.4厘米（图74，10）。

M020①：13，乾隆通宝，圆形方孔钱。直径2.15厘米（图74，11）。

M020①：14，乾隆通宝，圆形方孔钱。直径2.25厘米（图74，12）。

M020①：9，道光通宝，圆形方孔钱。直径2.6厘米（图74，13）。

M020①：3，道光通宝，圆形方孔钱。直径2.2厘米。

M020①：12，残，乾隆通宝，圆形方孔钱。直径2.4厘米。

M020①：15，乾隆通宝，圆形方孔钱。直径2.6厘米。

（2）银器

银环　1件。M020①：4，圆形，接口处略有错缝，截面呈菱形。外径2.6厘米，内径2厘米，菱形边长0.2厘米（图74，6）。

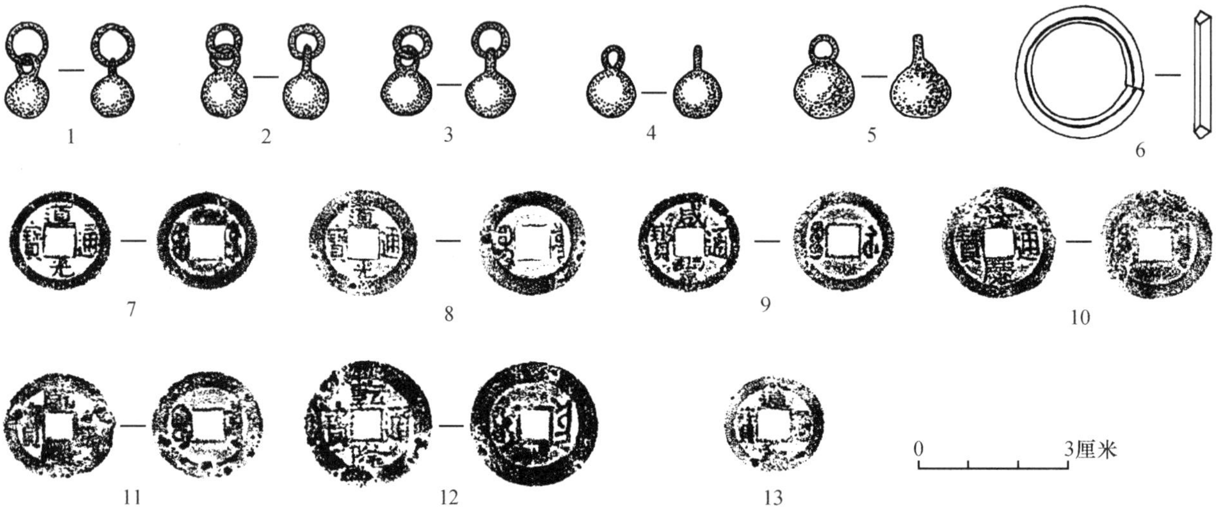


图74　M020与M021出土遗物及拓片

1～5. 铜扣（M020①：2、M020①：7、M020①：11、M020①：10、M020①：16）　6. 银环（M020①：4）　7、8、13. 道光通宝（M020①：1、M020①：5、M020①：9）　9. 咸丰通宝（M020①：6）　10. 嘉庆通宝（M020①：8）　11、12. 乾隆通宝（M020①：13、M020①：14）

## （二十一）M021

### 1. 墓葬形制与结构

M021位于发掘区东侧中部偏南，挨着M020，跟M015-M025呈西北—东南一排，为双人葬土坑竖穴墓，两个棺埋在同一个较明显的土坑内，平面呈长方形，直壁，平底，墓坑长2.5米、宽1.45～1.46米、深45～50厘米，跟M020平行，方向56°（图73；彩图38）。有木棺2具（M020与M021），M021为二次葬，木棺棺盖腐烂严重仅在墓中人骨的南端和西南角发现棺木留下的红褐色残痕，棺长0.88米、宽24～30厘米、深43～51厘米，棺板残存厚不到1厘米。M021本身堆积分2层：第1层分布于整个墓坑内棺四周呈回字形，长2.5米、宽1.45～1.46厘米、深45～50厘米，为较疏松灰黄色沙质亚黏土，包含大量的红色黏土块、白色黏土颗粒和少量小石子；第2层布于棺内呈长方形，长0.88米、宽24～30厘米、厚5～9厘米，为较疏松灰黄色沙质亚黏土，包含大量红褐色黏土块、白色黏土颗粒和木炭颗粒。未见随葬品。

**2. 人骨分析**

二次葬。可能是在一次葬原位的二次葬。推测在填埋M020的墓圹时是把M021挖开后整理的，因此M021比M020早。骨骼的摆放位置有一小部分算是符合解剖学顺序的，但下肢骨被放在了本来应该是上半身的位置。椎骨混乱地堆叠在头的西南侧。肋骨均肋头朝西地堆放在椎骨上面。肩带骨虽放置混乱，但仍基本在肩部位置。上肢骨被放在身体的两侧，被叠压在较靠下的位置。骨盆位于肋骨和下肢骨之间，压在下肢骨下面。下肢骨乱置于身体两侧及西南部，近远端都是正确放置的。性别判断为男性，依据是骨盆整体形态、耻骨下角、坐骨大切迹、骶骨曲度、第一骶椎上关节面和全身骨骼的粗壮度。下颌臼齿3级磨耗，耳状面表面破坏较严重，从剩余部分来看退行性改变较严重，耻骨联合面有病理性的凹陷且后扩。推测年龄为60岁以上。

骨架几乎完整，保存状态很好，颅骨稍微破碎，颈椎略为残缺。下颌骨的所有牙齿看起来是死后脱落的，上颌骨破碎。多见楔形椎体，很可能有脊柱后凸（kyphosis）。右第5掌骨有愈合好的骨折，骨干上有曲线痕迹。脊椎的病理包括：有楔形椎体的是T6、T7、T8、T9、T10、T11、T12、L1，退行性椎间盘疾病存在于T12下侧，L2、L3、L4上侧，骨赘存在于C2至S1（胸部下部和腰部病情中等到严重），T5至T11椎体下表面有许莫氏结节（图75）。主要大关节上的病理表现：两侧髋臼窝存在周缘唇缘，髋臼窝内还有多孔性状，两侧股骨近端和远端（远端关节面右前侧有关节小鼠）、两侧胫骨远端、右侧腓骨远端肌腱、韧带附着点的骨化（图76）、两侧肩胛骨肩臼窝、两侧肱骨远端、两侧尺骨远端和近端、两侧桡骨远端和近端、掌骨近端、跗骨的几乎所有的关节面（楔骨内侧近断关节面下有新骨刺）也都有关节周缘唇缘，左侧中间楔骨远端关节面外侧上有骨刺，看起来非常像骨化韧带（右侧中间楔骨近端关节面上侧和内侧也有）（图77）。两边舟骨远端关节面被针状新骨（骨刺）环绕，特别是在上侧和内侧，使得舟骨和楔骨构成骨性融合。未观察到骨性关节炎。两边胫骨和股骨有愈合良好的条纹状新骨，左边更显著。左胫骨远端关节面上有多孔性状和新骨生成。右胫骨也有骨刺。两侧胫骨结节和两侧跟骨远端关节面都有韧带骨化。

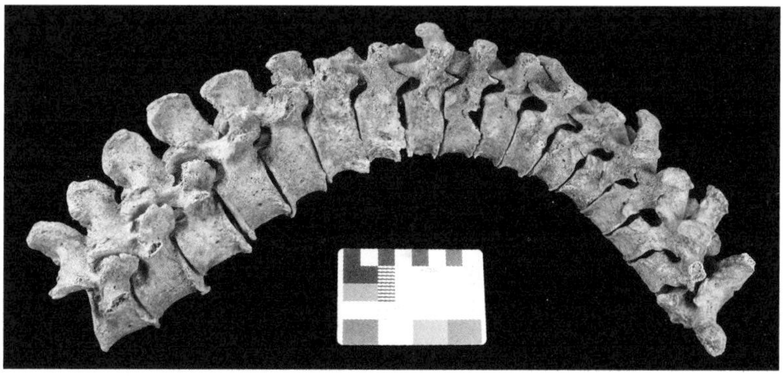

图75　M021脊柱后凸畸形

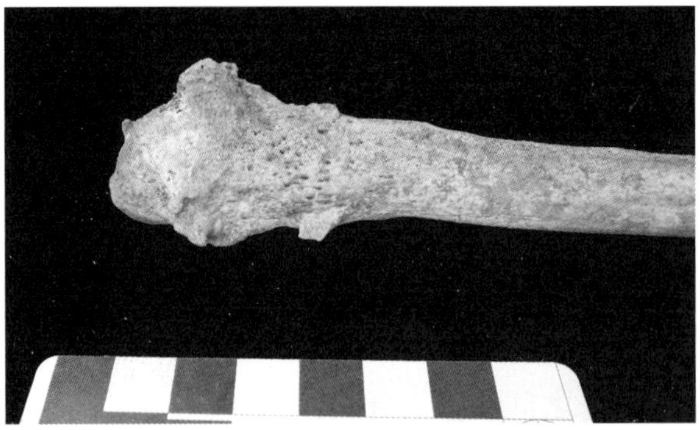

图76　M021右侧腓骨远端肌腱、韧带附着点的骨化

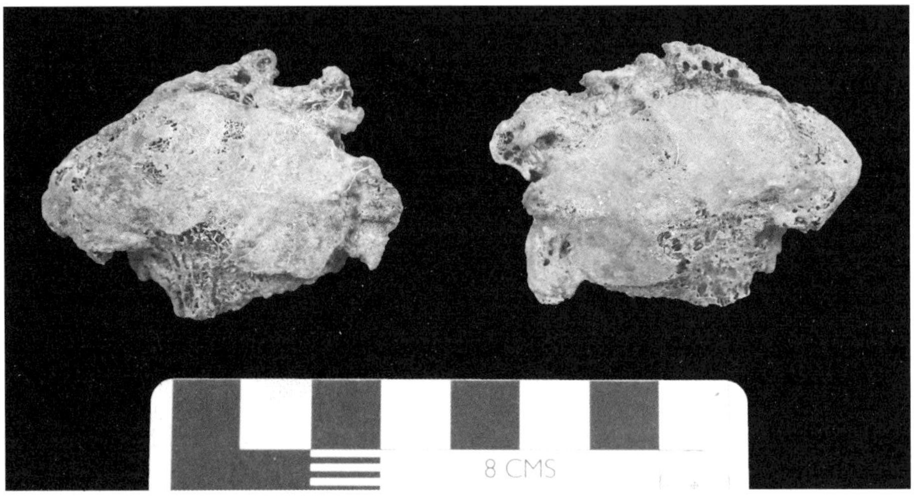


图77　M021两侧中间楔骨周围肌腱、韧带附着点的骨化

## （二十二）M022

### 1. 墓葬形制与结构

M022位于发掘区中部略偏东，为单人葬土坑竖穴墓，由于距地表比较浅，上部均遭破坏，墓坑较明显，平面呈近长方形，直壁，平底，墓长2.42米、宽0.76～0.81米、深10～21厘米，方向65°（图78；彩图39）。有木棺1具，长方形，直壁平底，腐烂严重，肩膀的位置下有一条木板长54厘米、宽8厘米、厚4～5厘米，脚踝位置下有一条木板长43厘米、宽6厘米、厚2厘米，棺长2.02～2.04米、宽32～54厘米、深10～20厘米。墓内颅骨下有一长方形黄褐色黏土（M022③）制成的枕具，长42～43厘米、宽17厘米、厚2～10厘米。棺东北侧有长方形头龛，长44厘米、宽16～17厘米、深16厘米。墓内堆积分三层：第1层分布于整个木棺内包括头龛内，呈长方形，长2.02～2.04米、宽32～54米、厚10～20厘米，为较疏松灰褐色砂质亚黏土，包含大量红褐色黏土块、黄褐色亚黏土块和少量小石子，出土瓷碗1件、玻璃瓶1件、皮革条1件、铁棺钉24件；第2层分布于墓坑内棺四周，呈回字形，为较疏松红褐色砂质亚黏土，长2.42米、宽76～81厘米、厚

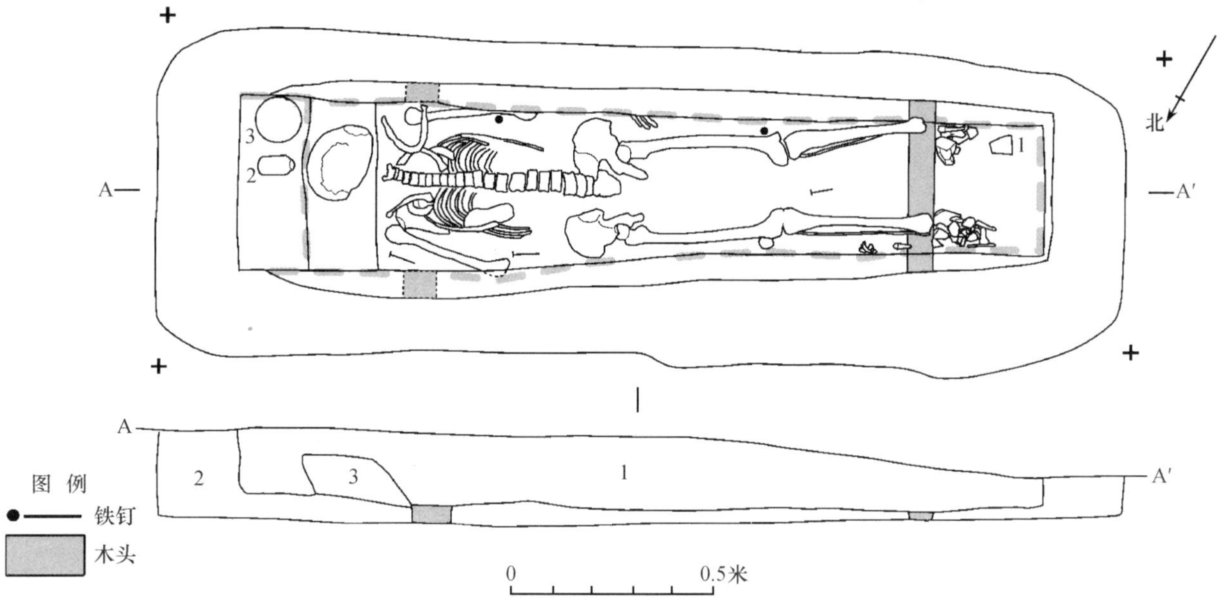


图78　M022平、剖面图

1. 皮革条（M022①：1）　2. 玻璃瓶（M022①：2）　3. 瓷碗（M022①：3）

10～21，包含大量黄褐色亚黏土块、灰褐色亚黏土块和少量小石子；第3层分布于颅骨下，形成长方形枕具，为较致密黄褐色黏土，长42～43厘米、宽17厘米、厚2～10厘米。随葬品有瓷碗1件（M022①：3），出土于头龛内南部；玻璃瓶1件（M022①：2），出土于头龛内中部偏南；皮革条1件（M022①：1），出土于左足下。

**2. 人骨分析**

一次葬，仰身直肢，有枕具。颅骨右侧面朝上，距离地表较近，因此右侧面破损严重，下颌骨落在土枕下面，底面朝上地翻转过来。颅骨与颈椎之间的关节分离。肋骨平置，脊柱各节之间间隙较大。两侧肩关节脱节，右肘和右前臂倚靠棺壁。右肘略屈曲（外旋），左臂直伸。两侧髋骨相距较远，骶骨向下位移，骶髂关节分离。两侧股骨略外旋，使其内侧面朝上，左侧胫骨同样如此，并使左侧腓骨被压在了胫骨下面，两膝关节间隙较大，两侧胫骨和腓骨之间的关节间隙较大。两足骨骼较混乱，倚靠棺壁，右足第一跖骨落在了棺的西南旁。性别鉴定为男，判断依据是骨盆整体形态、坐骨大切迹、骶骨的弯曲度、前额形态和枕外隆突的形态。该个体耳状面上退行性变化非常严重，上下颌所有牙齿生前均已脱落，冠状缝的颞骨段已愈合，矢状缝完全愈合，人字缝和颞顶缝均未愈合，推测为60岁以上。颈椎的椎间盘退行性病变非常严重，使椎体的上下表面出现了严重的多孔性状。椎体周缘骨赘的情况却因为椎体保存不佳而无法观察。四肢大关节上没有发现退行性改变，说明该个体劳动负荷并不大。

**3. 出土遗物和随葬品**

（1）瓷器

瓷碗　1件。M022①：3，完整，胎呈灰褐色，含细砂，釉色青灰，无纹饰，周身有较多棕色小点，敞口圆唇，斜弧腹，圈足。口径12.2厘米，底径4.4厘米，高5.9厘米，壁厚0.2～0.5厘米，底厚0.6～0.7厘米，圈足厚0.4～0.9厘米（图79，1；彩图41）。

（2）玻璃器

玻璃瓶　1件。M022①：2，完整，透明，棕色，瓶身整体呈圆柱形，内有一些小气泡，可能为制作时造成，瓶口外有螺纹，肩部圆滑外壁有竖排字“外科一品”，可能是外科药瓶。通高8.7厘米，口径3厘米，口高1.2厘米，底径5厘米，壁厚0.3厘米，底厚0.3～0.4厘米（图79，2；彩图40）。

（3）其他

皮革条　1件。M022①：1，残，剩余部分近梯形，两个边均有两排缝制穿孔痕迹，下底靠上有一小穿孔。上底1.1厘米。下底2.65厘米，高3.7～3.9厘米，厚0.1～0.15厘米（图79，3）。

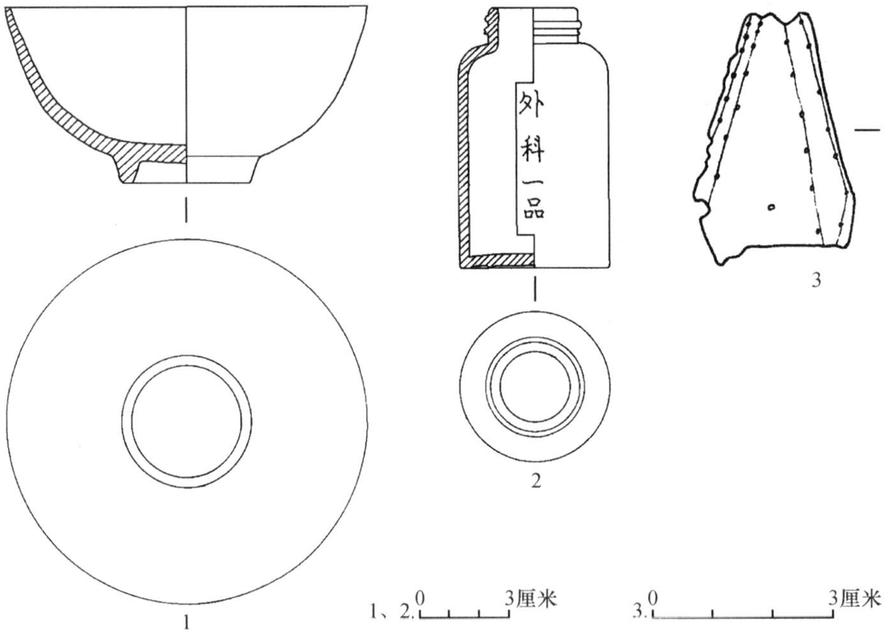


图79　M022出土遗物

1. 瓷碗（M022①：3）　2. 玻璃瓶（M022①：2）　3. 皮革条（M022①：1）

## （二十三）M023

### 1. 墓葬形制与结构

M023位于发掘区东侧中部偏北，为单人葬土坑竖穴墓，墓坑较明显，平面呈头端宽、脚端窄的梯形，直壁，平底，墓长2.57米、宽0.82～1.12米、深36～44厘米，方向61°（图80；彩图42）。有木棺1具，长方形，直壁，平底，四角出头，棺盖往里塌，整体保存比较好，长板厚3厘米，盖板厚6厘米，棺长2.1米、宽39～47厘米、深39～43厘米。棺东北侧有长方形头龛，长40厘米、宽30厘米、深15厘米，棺西南侧有脚龛，长30厘米、宽10厘米、深15厘米。按照颅骨往胸部滚下来的位置推测原来应有有机质枕具。墓内堆积分三层：第1层分布棺上棺盖塌陷处，呈长方形，长2.1米、宽39～47厘米、厚6～35厘米，为较致密紫色花黏土，包含大量的白色黏土点、褐色黏土块、黄色淤泥块和少量小石子，出土棺钉1件、小青砖块3件；第2层分布于棺内，呈长方形，长2.1米、宽39～47厘米、厚1～34厘米，为较致密灰褐色砂质亚黏土，包含大量很疏松和很致密的灰黑色土块和少量小石子，出土瓷碗2件、铁环1件、铜扣2件、瓦片4件、泥质灰陶陶片2件；第3层分布于整个墓坑内棺四周呈回字形，长2.57米、宽0.82～1.12米、厚36～44厘米，为很致密浅红色花黏土，包含大量的白黏土点和少量小石子。随葬品有瓷碗2件，其中1件（M023②：4）出土于头龛南部，另1件（M023②：5）出土于头龛北

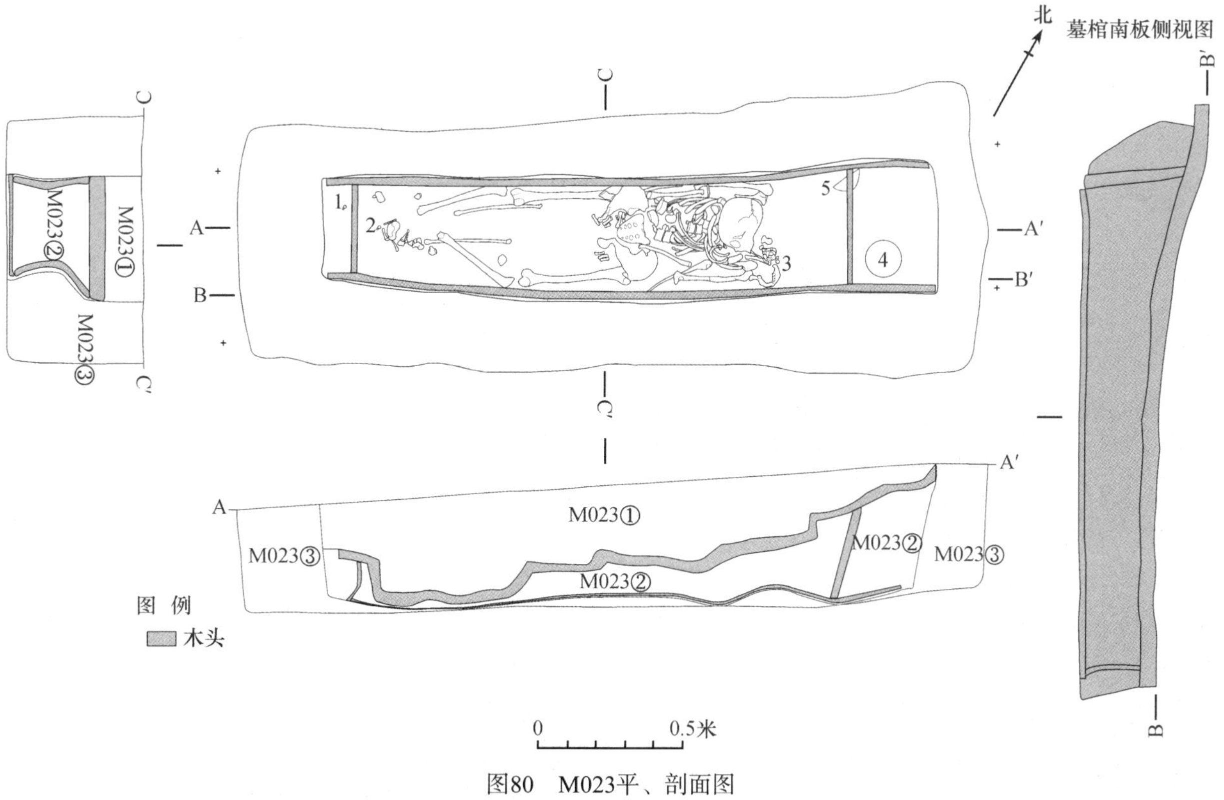


图80　M023平、剖面图

1、2. 铜扣（M023②：1、M023②：2）　3. 铁环（M023②：3）　4、5. 瓷碗（M023②：4、M023②：5）

部；铁环1件（M023②：3），出土于下颌骨东侧；铜扣2件，其中1件（M023②：1）出土于棺内填土中脚龛北侧，另1件（M023②：2）出土于左脚下。

**2. 人骨分析**

一次葬，仰身直肢，有枕具，枕具是有机质材料，未能保存下来。尸骨呈现出被“扰乱”的状态，一部分是尸体腐烂过程自然形成的，只在遗骸胸部出现了可能由擅于挖洞的动物或啮齿类动物造成的扰乱。

颅骨可能是从墓的东北端滚落下来的，使其底部朝向墓的东北端，左侧面朝上，而下颌骨在其东南方向，相距10余厘米。脊柱的各节完全脱节，椎骨比较凌乱地散落在上半身的位置，可能是因其腐烂的空间较大造成的棺内滚动所致。肋骨平置，左侧肋骨略凌乱，但也基本在胸腔内。上肢骨位置基本正常，略有凌乱，应是死后在棺内移位造成的，两手交叠放在骨盆处。胫骨、腓骨存在较明显的移位，股骨向外侧旋转，使其背侧面朝上。两侧髋骨外张，左侧比右侧外张显著。身体右侧整体倚靠棺壁。性别判断为女性，依据是头骨和骨盆的整体形态、眶形、眶上缘、颧骨、乳突、顶结节、额骨、枕外隆突。耻骨下角、耻骨支移行部、骶骨形态及第一骶椎上关节面。所有骨骺均已愈合，所有恒齿（含M3）均已萌出，M1有2级磨耗，M2有1级磨耗，从耳状面来看，上面波浪起伏，锁骨胸骨端骨骺还未愈合，年龄估计为20岁左右。

两侧胫骨和股骨有在愈合过程中的条纹状骨膜新骨。L5有骶椎化的趋势。两侧足部骨骼均有显著的纤弱化趋势，跟骨体变得很扁，跖骨尤为纤细，仅保存一节趾骨，为第1远节趾骨（可能属于左足），该趾骨存在中段骨折后错位愈合的现象，使其呈折线状（图81），这些现象表明该个体是一个典型的缠足案例。距骨滑车关节面周缘有少量唇缘。顶骨和枕骨后部有愈合得很好且分散分布的多孔性状（图82）。有一颗臼齿表面完全变成黑色，不清楚跟哪种埋藏

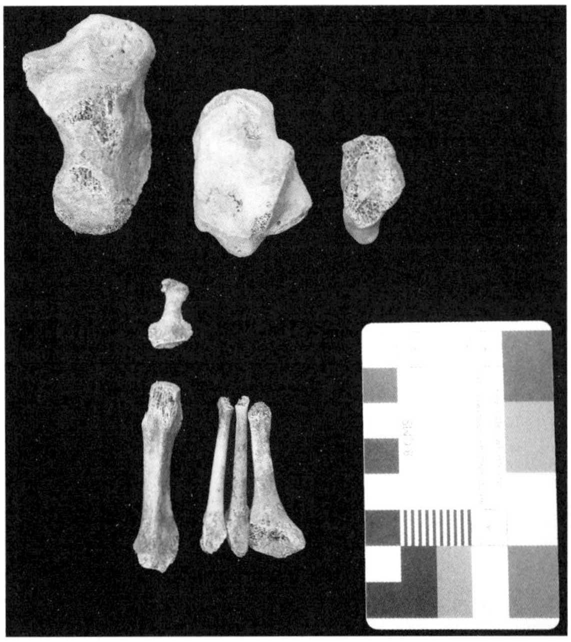

图81　M023 缠足

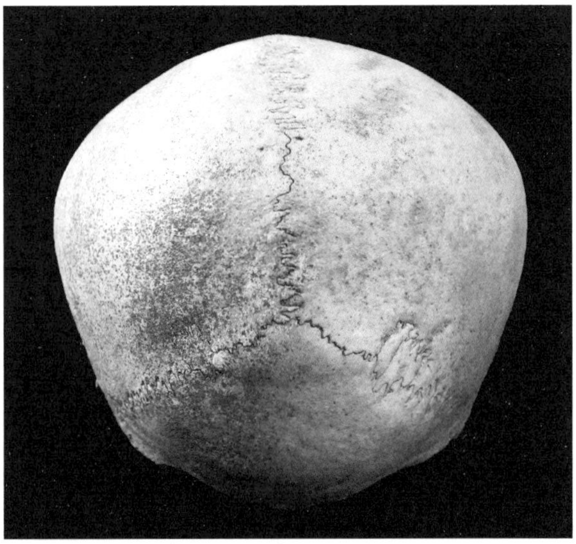

图82　M023 颅骨后面观

学现象或其他现象有关。左上侧门齿为钉形齿。因有存在较多的牙结石，故釉质发育不全较难观察，仅见右下第二门齿有釉质发育不全的迹象。

### 3. 出土遗物和随葬品

（1）瓷器

瓷碗　2件。

M023②：5，残，仅存部分口沿及腹部，胎呈青白色，较细腻，釉色青灰，青花颜色发蓝，敞口圆唇，斜弧腹，外壁饰有折枝花卉纹，内壁靠近底壁有两条青花线纹。残高6厘米，口径15.6厘米，壁厚0.3～0.8厘米（图83，1）。

M023②：4，较完整，口沿处有三个小缺口，胎呈黄白色，较细腻，釉色青灰，青花颜色灰暗，侈口圆唇，斜弧腹，圈足，外壁饰花卉纹，圈足外有一圈青花线纹，圈足底部饰有“龛”字纹；内壁靠近口部有一圈青花线纹，靠近底部有两圈青花线纹，内底有一花瓣纹。口径13.3厘米，底径6.2厘米，高5.8厘米，壁厚0.4～0.5厘米，底厚0.8～1厘米，圈足厚0.3～1厘米（图83，2；彩图43）。

（2）铜器

铜扣　2件。

M023②：2，扣身呈球形。通高1.7厘米，扣身直径1.2厘米，环状纽外径0.5厘米、内径0.28厘米（图83，4）。

M023②：1，扣身呈球形。通高1.6厘米，扣身直径1.25厘米，环状纽外径0.5厘米、内径0.28厘米（图83，5）。

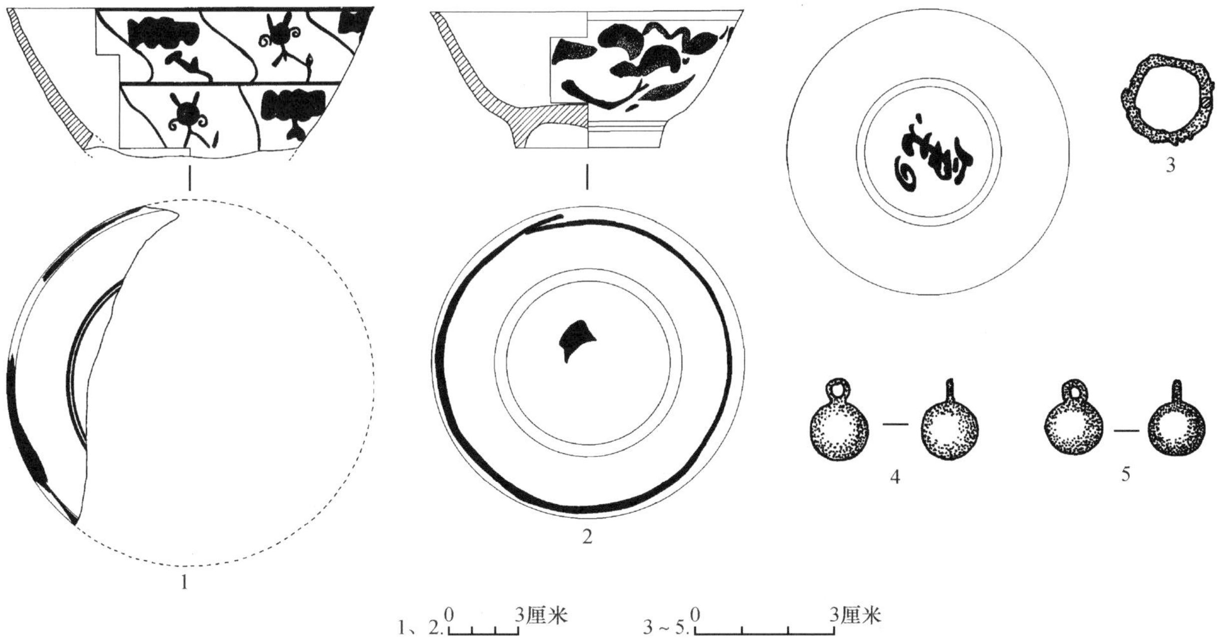


图83　M023出土遗物

1、2. 瓷碗（M023②：5、M023②：4）　3. 铁环（M023②：3）　4、5. 铜扣（M023②：2、M023②：1）

（3）铁器

铁环　1件。M023②：3，圆环形，周身锈蚀严重。直径1.82厘米，截面圆形，直径0.2厘米（图83，3）。

## （二十四）M024

### 1. 墓葬形制与结构

M024位于发掘区东侧中部，为二次葬单人葬土坑竖穴墓，墓坑较明显，平面呈略为梯形近长方形，斜壁，平底，墓长1.38～1.41米、宽0.84～0.93米、深32厘米，方向53°（图84；彩图44）。有木棺1具，长方形，斜壁，近平底略凹，棺盖腐烂严重，棺上部长1米、宽25～31厘米、深22～24厘米，底部长0.89米、宽25～31厘米。墓内堆积分两层：第1层分布于整个墓坑内棺四周，呈回字形，长1.38～1.41米、宽84～93厘米、厚32厘米，为较致密黄白色黏土，包含少量灰色、褐色和黑褐色黏土块和少量小石子，出土陶青砖1件；第2层分布棺内，呈长方形，长1米、宽25～31厘米、厚22～24厘米，为较致密灰褐色黏土，包含少量黄白色黏土块和

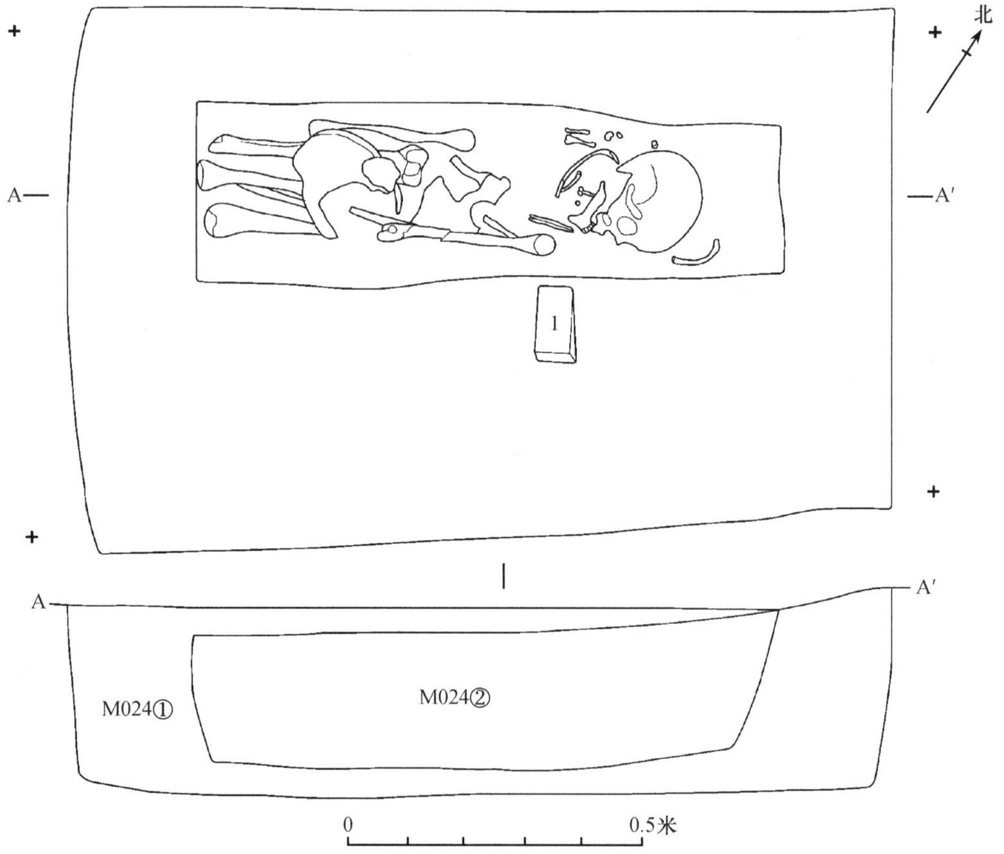


图84　M024平、剖面图

1. 青砖（M024①：1）

过筛出土：2. 铜扣（M024②：1）

少量小石子，出土铜扣1件。随葬品有陶青砖1件（M024①：1），出土于棺外东侧墓坑中部靠近地表处；铜扣1件（M024②：1），为过筛出土。

**2. 人骨分析**

移位二次葬，尸骨可能是被捆扎在一个小盒子里埋葬的，且只收埋了骨架中较大的骨骼，尸骨的其余部分可能在原墓中腐烂消失了。

颅骨右侧面朝上地被置于墓的东北端，下颌骨上下翻转地位于颅骨的西南。椎骨散落在该棺内东北部的半边，位于颅骨周围和下方。肋骨凌乱地位于头的周围。肩带骨中，锁骨在头的附近，肩胛骨在下肢骨的下面压着。上肢骨位于身体的左右两侧，右上肢与头部距离较远（相距30厘米左右）。左侧髋骨背侧面朝上地置于棺的中部，右侧髋骨腹侧面朝上地置于其西南方向，骶骨第一骶椎上关节面朝上位于两髋骨之间。左侧三根下肢长骨近远端和腹背侧倒置于墓的西南，右侧下肢长骨腹背侧倒置地被压在左侧下肢长骨的下面。性别判断为女性，依据是其骨盆整体形态和坐骨大切迹、前额、眉弓、颧骨、乳突、顶结节的形态。耳状面上有较大的孔，退行性变化严重。牙齿生前脱落较多，仅存的臼齿磨耗为4级，年龄估计为50岁以上。两侧股骨和胫骨有正在愈合过程中的条纹状骨膜新骨。肩胛骨肩臼窝有唇缘。上颌缺齿，下颌骨上的后牙大部分生前脱落，其他牙齿为死后脱落，只有一颗臼齿在原位。颅骨上未发现明显的多孔性状（只在枕骨上有少量愈合好的多孔性状，但可能跟疾病无关）。

**3. 出土遗物和随葬品**

（1）铜器

铜扣　1件。M024②：1，扣身呈球形，环状纽尚与小铜环相连接。通高1.5厘米，扣身直径0.9厘米，环状纽外径0.5厘米、内径0.3厘米，小铜环外径0.6厘米，内径0.4厘米（图85，2）。

（2）陶器

陶青砖　1件。M024①：1，完整，上刻“崔喜之位”。长26厘米，宽12.7厘米，厚6厘米（图85，1；彩图45）。由此可知，这位墓主人的名字应为崔喜。

## （二十五）M025

**1. 墓葬形制与结构**

M025位于发掘区中部偏东南，挨着M015，M015-M025为双人葬土坑竖穴墓，两个棺埋在同一个较明显的土坑内，平面呈长方形，直壁，平底，墓坑长2.5米、宽1.48米、深58～70厘米，跟M025平行，方向44°（图46；彩图46）。有木棺2具（M015与M025），M025为二次葬，棺盖整体坡状塌落，木棺盖板厚2厘米，棺两角出头，棺上部长1米、宽15～20厘米、深

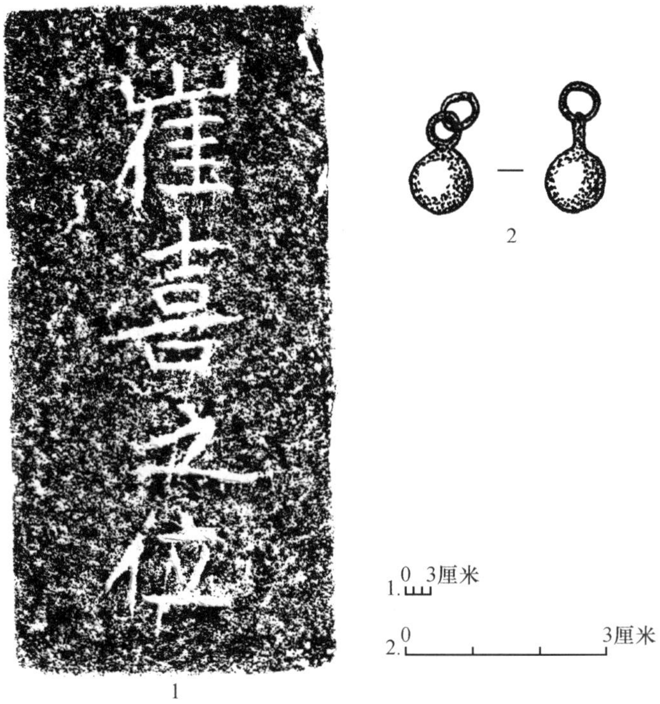


图85　M024出土遗物
1. 陶青砖（M024①：1）　2. 铜扣（M024②：1）

45～60厘米，底部长0.98米、宽22厘米。棺东北侧有长方形头龛，长23厘米、宽7～12厘米、深12～17厘米。墓内堆积分三层：第1层分布于整个M015-M025墓坑内，长2.46～2.5米、宽1.44～1.53米、厚60厘米，为较致密浅黄色黏土，夹杂灰褐色、红褐色黏土块和黄色淤泥块，包含少量小石子；第2层分布于棺盖上，呈长方形，为较致密灰黑色黏土，长1米、宽22厘米、厚3～4厘米；第3层分布于木棺内棺盖下，包括头龛内，呈长方形，为较致密灰褐色黏土，夹杂少量灰白黏土块，长1米、宽22、厚10～15厘米，出土铜钱1枚、铜扣6件、铁棺钉1件。随葬品有铜钱1枚（M025③：2），出土于木棺底部西南角；铜扣7件当中可分铜扣1件和带环铜扣6件，铜扣1件（M025③：6）出土于棺西侧中部，带环铜扣其中1件（M025③：1）出土距南壁约10厘米，距西壁约11厘米，1件（M025③：3）出土于颅骨南侧，1件（M025③：4）出土于棺西侧中部，1件（M025③：5）出土于棺西侧中部，2件（M025③：7、M025③：9）为过筛出土；铁棺钉1件（M025③：8）出土于棺东侧北四分之一处。

**2. 人骨分析**

原位缩小式二次葬。尸骨摆放得较整齐，长骨放在一侧，脊柱差不多按原位放置在底部。颅骨摆放在东北部。下颌骨上下倒置地被压在下方。椎骨被很有序地放置在棺的西壁旁。肋骨被很凌乱地堆放在棺中各处。肩带骨集中放置于头的南侧，被肋骨、椎骨压在下面。上肢骨被置于“身体”两侧，近远端被正确地放置着。骨盆的各块骨骼被凌乱地堆放在棺中部。下肢骨被近远端正确地放置在墓的南半部。性别判断为男性，依据是骨盆整体形态、坐骨大切迹、耳状面形态、骶骨第一骶椎上关节面和骶骨曲度。年龄鉴定为25～36岁。

保存状态一般，面部破坏严重，骨骺被破坏，大部分骨骼存在（包括完整的舌骨）。颅骨后部看起来被压平。左顶骨后部外表面有一个纽扣状骨瘤（button osteoma）（图86）。两侧股骨和胫骨有正在愈合过程中的条纹状骨膜新骨。脊椎被破坏，但保存状态仍可进行古病理学分析。退行性椎间盘疾病存在于C4椎体上表面、C5椎体上表面、L5椎体上表面；从T4至S1均有椎体边缘骨赘；T8、L5为楔形椎体；T8椎体下表面存在许莫氏结节。顶骨后方和枕骨上有愈合得很好的多孔性状，眶顶板也有少许。下颌右侧第二臼齿和两侧第三臼齿都生前脱落，部分前牙生前脱落，但因为牙槽骨被破坏了，因此很难判断具体哪些牙脱落。上颌牙齿情况类似于下颌（牙槽骨同样被破坏，第二、第三臼齿和部分前牙不存）。牙齿磨损严重。两侧肘关节和跟骨上侧关节面都有少量唇缘。足部可能有拇外翻，第一趾关节向内形成夹角，但未见骨赘或多孔性状（图87）。胸骨柄和胸骨体融合了。

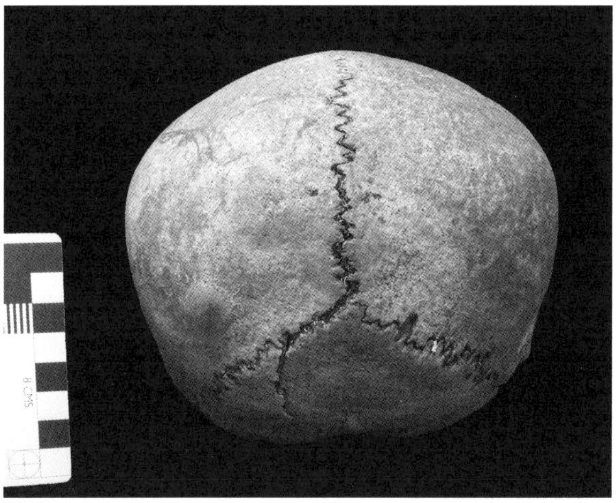
图86　M025左侧顶骨后方纽扣状骨瘤

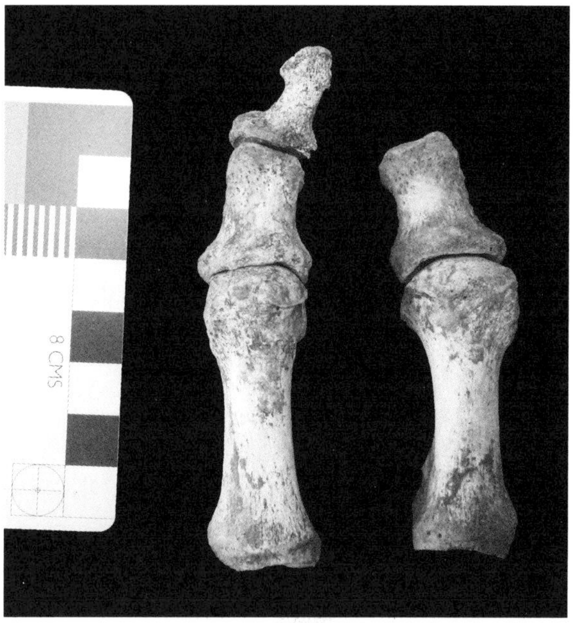

图87　M025两侧跖趾关节处的拇外翻

**3. 出土遗物和随葬品**

（1）铜器

铜扣　7件。

M025③：1，扣身呈球形，环状纽尚与小铜环相连接。通高1.3厘米，扣身直径0.92厘米，环状纽外径0.5厘米、内径0.3厘米，小铜环圆角长方形，外长0.83厘米、外宽0.75厘米，内长0.62厘米，内宽0.5厘米（图88，2）。

M025③：3，扣身呈球形，环状纽尚与小铜环相连接。通高1.2厘米，扣身直径0.9厘米，环状纽外径0.4厘米、内径0.25厘米，小铜环外径0.7厘米，内径0.5厘米（图88，3）。

M025③：4，扣身呈球形，环状纽尚与小铜环相连接。通高1.3厘米，扣身直径0.9厘米，

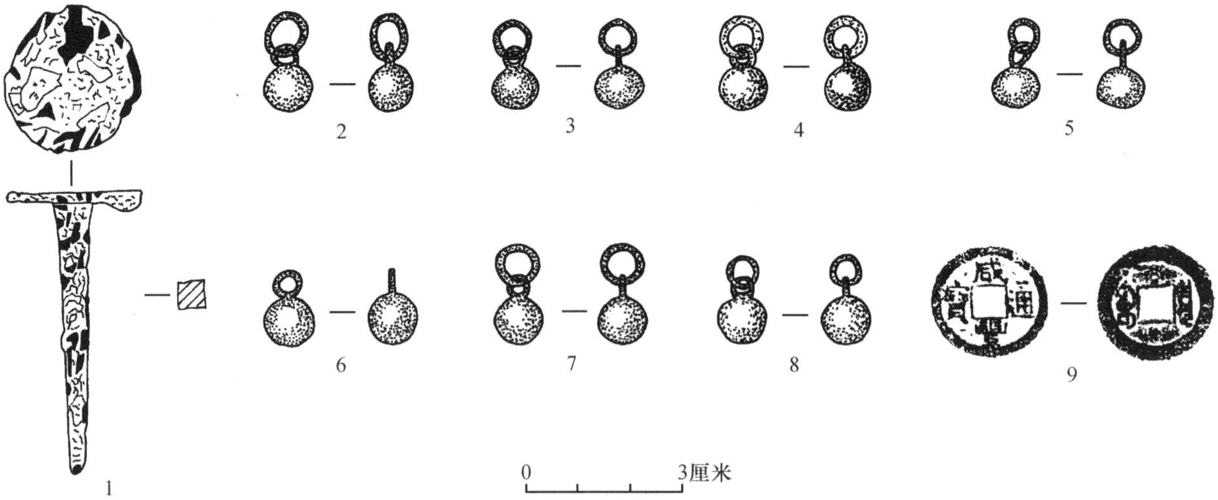


图88　M025出土遗物及拓片

1. 铁棺钉（M025③：8）　2～8. 铜扣（M025③：1、M025③：3、M025③：4、M025③：5、M025③：6、M025③：7、M025③：9）
9. 咸丰通宝（M025③：2）

环状纽外径0.5厘米、内径0.3厘米，小铜环外径0.8厘米，内径0.5厘米（图88，4）。

M025③：5，扣身呈椭圆形，环状纽尚与小铜环相连接。通高1.3厘米，扣身长轴0.9厘米、短轴0.8厘米，环状纽呈椭圆形，外长轴0.5厘米、外短轴0.4厘米，内长轴0.3厘米、内短轴0.2厘米，小铜环外径0.7厘米，内径0.5厘米（图88，5）。

M025③：6，扣身呈球形。通高1.5厘米，扣身直径1厘米，环状纽外径0.5厘米、内径0.3厘米（图88，6）。

M025③：7，扣身呈球形，环状纽尚与小铜环相连接。通高1.3厘米，扣身直径0.9厘米，环状纽外径0.4厘米、内径0.25厘米，小铜环外径0.8厘米，内径0.6厘米（图88，7）。

M025③：9，扣身呈球形，环状纽尚与小铜环相连接。通高1.26厘米，扣身直径0.9厘米，环状纽外径0.45厘米、内径0.3厘米，小铜环外径0.6厘米，内径0.4厘米（图88，8）。

铜钱　1枚。M025③：2，咸丰通宝，圆形方孔钱，直径2.3厘米（图88，9）。

（2）铁器

铁棺钉　1件。M025③：8，通体锈蚀，通长5.4厘米，钉头呈椭圆形，长轴2.7厘米、短轴2.6厘米，厚0.2～0.4厘米；钉身近四棱锥形，截面正方形，边长0.4～0.7厘米（图88，1）。

## （二十六）M026

### 墓葬形制与结构

M026位于发掘区北部偏西，因被天然气管道打破未清理，因此很多信息不明。该墓葬应为单人葬土坑竖穴墓，墓坑较明显，平面略呈梯形，墓长1.61米、宽0.51～0.65米，方向51°（图89；彩图47）。有木棺1具，长方形，长1.45米、宽40～53厘米，棺板厚1.5～2厘米。墓内堆积不分层，为较致密黄褐色黏土。

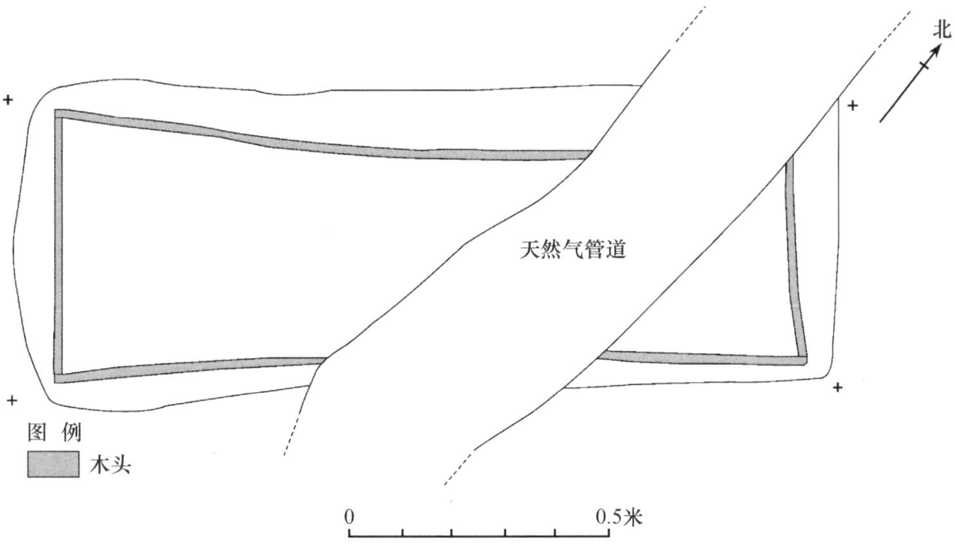


图89　M026平、剖面图

## （二十七）M027

### 1. 墓葬形制与结构

M027位于发掘区东侧中部偏北，跟M011、M023呈南北一排，为单人葬土坑竖穴墓，被H002打破，平面略呈梯形，直壁，平底，墓长1.82米、宽0.33～0.42米、深24～30厘米，方向72°（图90；彩图48）。有木棺1具，长方形，沿着墓坑边放置，直壁平底，长1.82米、宽0.33～0.42米，棺板3～6厘米厚。棺东北侧有长方形的木板，长32厘米、宽16～17厘米、厚约1厘米。墓内堆积不分层，布于整个墓坑内，长1.82米、宽33～42米、厚24～30厘米，为较致密褐色花黏土，出土铜扣6件。随葬品有铜扣6件，其中1件（M027①：1）出土于头的左侧下方，2件（M027①：2、M027①：3）出土于头的下方左边，2件（M027①：4、M027①：6）出土于左肘旁边，1件（M027①：5）出土于左肘旁边。

### 2. 人骨分析

一次葬，仰身直肢，有枕具。棺材很窄，两边有约束效应。两臂、左股骨和左髋骨依靠棺壁。因有枕具，故颅骨滚动到左侧，略向肩部移动。肩胛骨垂直放置，脊柱各节之间间隙较大，特别是胸椎，腰椎之间间隙略小些。肋骨平置。肩胛骨向上位移，右肩关节脱节，两臂对称沿着身体直伸，手在髋骨边。骶髂关节脱节。骨盆完全开放。两侧膝关节间隙较大，足部关节连接比较紧密。该个体年龄较小，整具骨架保存不佳，而且可能因为棺木的腐烂坍塌致使脆弱的颅骨被压扁了，破碎得比较严重。肱骨、桡骨、尺骨、股骨、胫骨两端骨骺均未愈合，髂骨、耻骨、坐骨已合为一体。上下颌M2（恒齿）已萌出，M3尚未露出牙槽。可能为女性，年龄估计为12～15岁。肋骨和足部骨骼破碎，只骨盆的一部分存在部分长骨。长骨骨皮质表面完

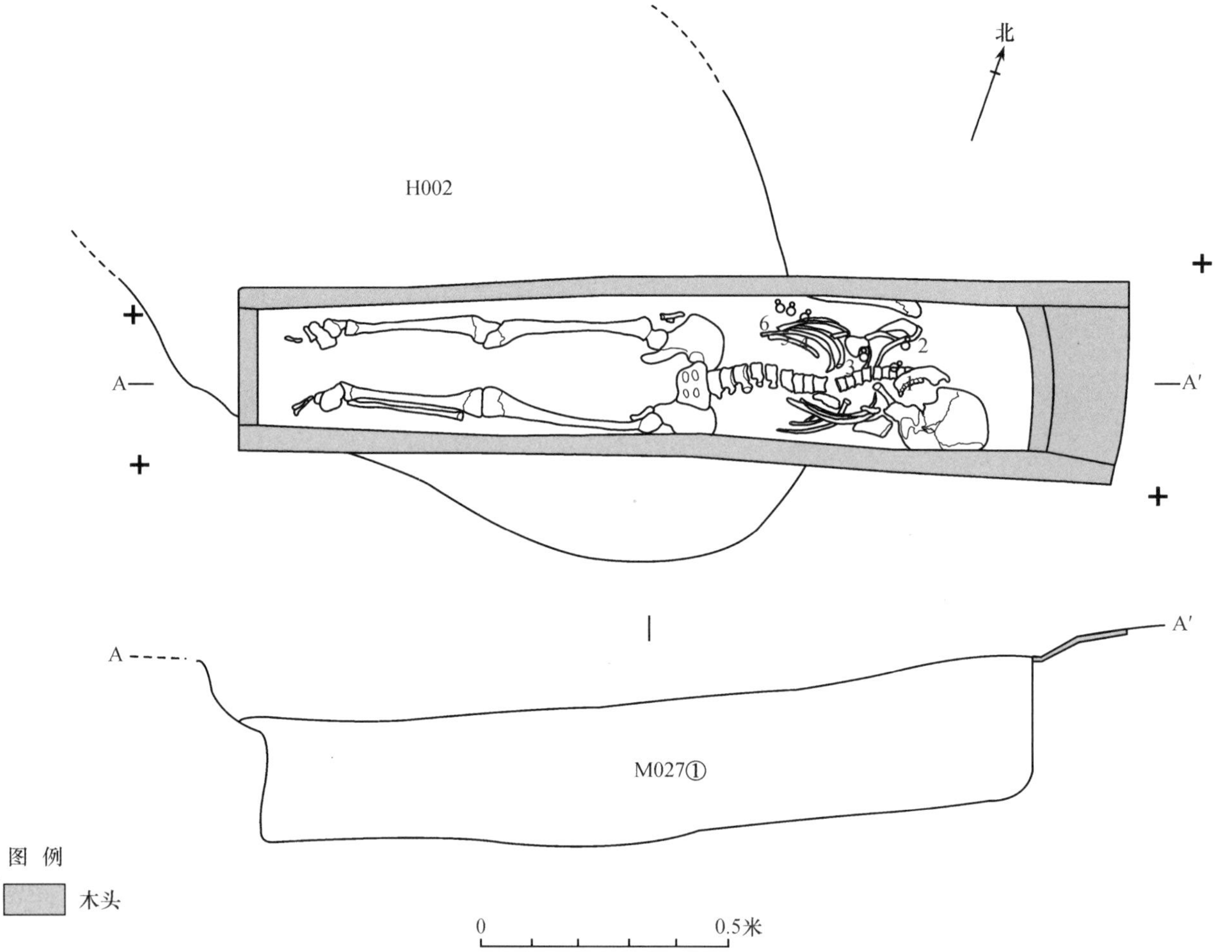


图90　M027平、剖面图

1～6. 铜扣（M027①：1、M027①：2、M027①：3、M027①：4、M027①：5、M027①：6）

整，但骨骺被破坏，很多骨骺部分不存。未发现显著的骨膜新骨。一枚上颌中门齿有釉质发育不全的现象。眶顶板有少量多孔性状。

**3. 出土遗物和随葬品**

铜扣　6件。

M027①：1，扣身呈球形，环状纽尚与小铜环相连接。通高1.7厘米。扣身直径1.14厘米，环状纽外径0.53厘米，内径0.33厘米，小铜环外径0.8厘米，内径0.6厘米（图91，1）。

M027①：2，扣身呈球形，环状纽尚与小铜环相连接。通高1.4厘米，扣身直径0.9厘米，环状纽椭圆形，外长轴0.5厘米、外短轴0.41厘米，内长轴0.3厘米、内短轴0.21厘米，小铜环外径0.65厘米，内径0.45厘米（图91，2）。

M027①：3，扣身呈球形，环状纽尚与小铜环相连接。通高1.35厘米，扣身直径0.92厘米，环状纽外径0.45厘米，内径0.25厘米，小铜环呈椭圆形，外长轴0.8厘米、外短轴0.6厘米，内长轴0.6厘米、内短轴0.5厘米（图91，3）。

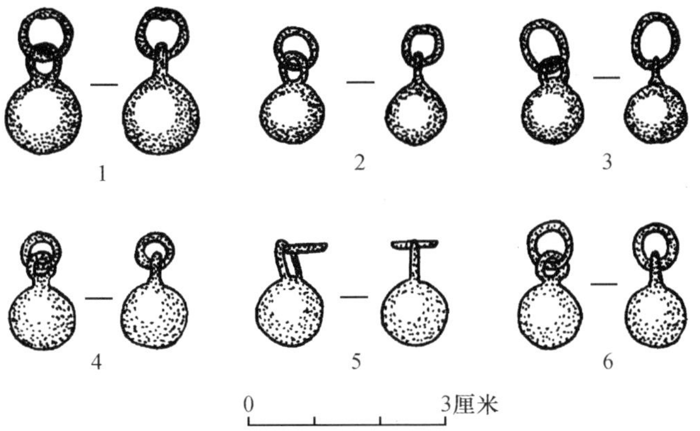

图91　M027出土遗物

1～6. 铜扣（M027①：1、M027①：2、M027①：3、M027①：4、M027①：5、M027①：6）

M027①：4，扣身呈球形，环状纽尚与小铜环相连接。通高1.5厘米，扣身直径1厘米，环状纽外径0.42厘米，内径0.22厘米，小铜环外径0.6厘米，内径0.4厘米（图91，4）。

M027①：5，扣身呈球形，环状纽尚与小铜环相连接。通高1.62厘米，扣身直径1厘米，环状纽椭圆形，外长轴0.62厘米、外短轴0.3厘米，内长轴0.4厘米、内短轴0.1厘米，小铜环外径0.7厘米，内径0.5厘米（图91，5）。

M027①：6，扣身呈球形，环状纽尚与小铜环相连接。通高1.5厘米，扣身直径1厘米，环状纽外径0.5厘米，内径0.25厘米，小铜环外径0.7厘米，内径0.45厘米（图91，6）。

## （二十八）M028

### 墓葬形制与结构

M028位于发掘区西侧中部，因该墓葬很浅，破坏严重，仅存棺底板，平面略呈圆角长方形，墓长1.08米、宽0.45～0.6米、深1～3厘米，方向7°（图92；彩图49）。墓内堆积不分层，布于整个墓内，长1.08米、宽45～60厘米、厚1～3厘米，为较致密的褐色黏土。未见随葬品。

## （二十九）M029

### 1. 墓葬形制与结构

M029位于发掘区东北角，为单人葬土坑竖穴墓，由于距地表比较浅，上部均遭破坏，整体保存很差，平面呈长方形，直壁，平底，墓长1.48米、宽0.58～0.62米、深3～7厘米，方向20°（图93；彩图50）。木棺腐烂严重，仅存棺底板，厚1～2厘米。墓内堆积不分层，分布于整个棺内，为较致密灰褐色沙质亚黏土，厚3～7厘米，出土铜钱1枚、塑料扣2件、铁器1件、棺钉9件。随葬品有铜钱1枚（M029①：3）、塑料扣2件（M029①：4、M029①：5）、铁器1件（M029①：2），全部为过筛出土。

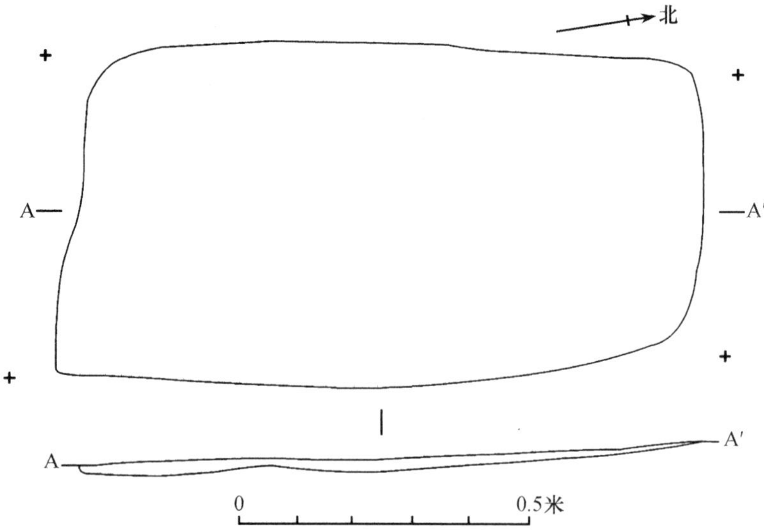


图92　M028平、剖面图

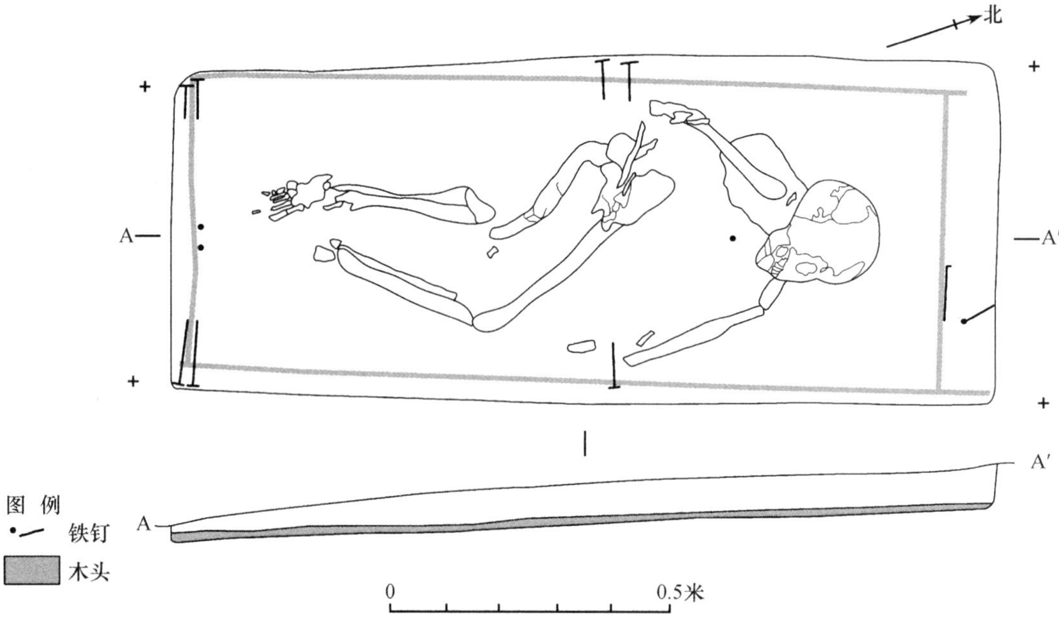


图93　M029平、剖面图

**2. 人骨分析**

一次葬，侧身屈肢，有枕具。骨骼保存状态很差。

头骨破碎非常严重并被压扁，右侧面朝上。整体骨架均被压扁但没有移位。该个体是侧身葬，右侧肩在上，左肩压在下面。右上肢屈曲，叠放在躯干上方，左上肢屈曲伸向躯体前方。下肢屈曲，膝部伸向身体前方。因保存很差，无法判断性别。上右M1有微小的齿质暴露，可能为25～30岁。

### 3. 出土遗物和随葬品

（1）铜器

铜钱　1枚。M029①：3，乾隆通宝，圆形方孔钱，直径2.55厘米（图94，4）。

（2）铁器

铁器　1件。M029①：2，残，通体锈蚀，整体近长方形，截面呈下凸形。长4.1厘米，宽3.7厘米，厚0.1～1.5厘米（图94，1）。

（3）塑料器

塑料扣　2件。

M029①：4，残，中心厚，向周围渐薄，正面略凸，背面凸起较明显，边缘有一圈向正面卷起，共四孔。直径2厘米，孔径0.2厘米，最厚处0.28厘米（图94，2）。

M029①：5，残，中心厚，向周围渐薄，正面略凸，背面凸起较明显，边缘有一圈向正面卷起，共四孔。直径1.4厘米，孔径0.15厘米，最厚处0.25厘米（图94，3）。

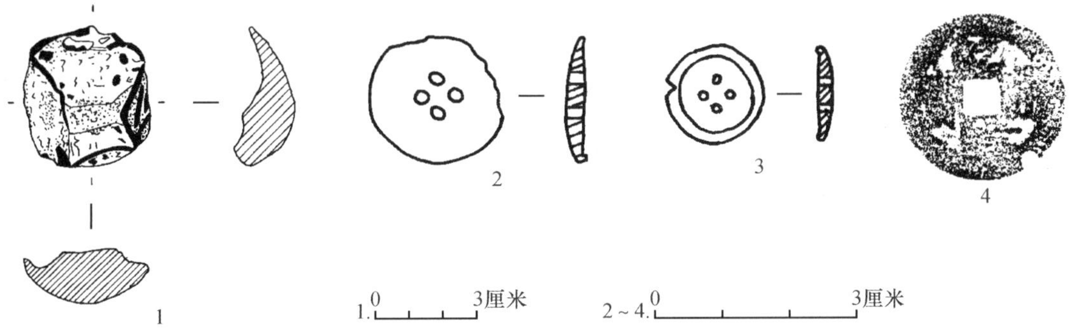


图94　M029出土遗物及拓片

1. 铁器（M029①：2）　2、3. 塑料扣（M029①：4、M029①：5）　4. 乾隆通宝（M029①：3）

## （三十）M030

### 1. 墓葬形制与结构

M030位于发掘区东侧北部，为单人葬土坑竖穴墓，墓坑较明显，平面呈略略呈圆角梯形，直壁，平底，墓长2.41米、宽0.83～1.19米、深33～35厘米，方向40°（图95；彩图51）。有木棺1具，长方形，直壁，平底，四角出头，棺盖保存较好，中部及脚部棺盖塌陷，头部、脚部棺壁向墓内挤压，两侧壁也向墓内挤压，木棺四角有凸出木板，棺长1.95米、宽41～48厘米、深23～35厘米，棺板厚2.5～4厘米。棺东北侧有长方形头龛，长25～49厘米、宽17厘米、深25～29厘米，棺西南侧有脚龛，长33～38厘米、宽10厘米、深17厘米。墓内颅骨下有一近长方形黑色黏土（M030③）制成的枕具，长34厘米、宽7～17厘米、厚25～29厘米。墓内堆积分四层：第1层分布棺上棺盖上，呈长方形，长1.95米、宽38～43厘米、厚6～14厘米，为

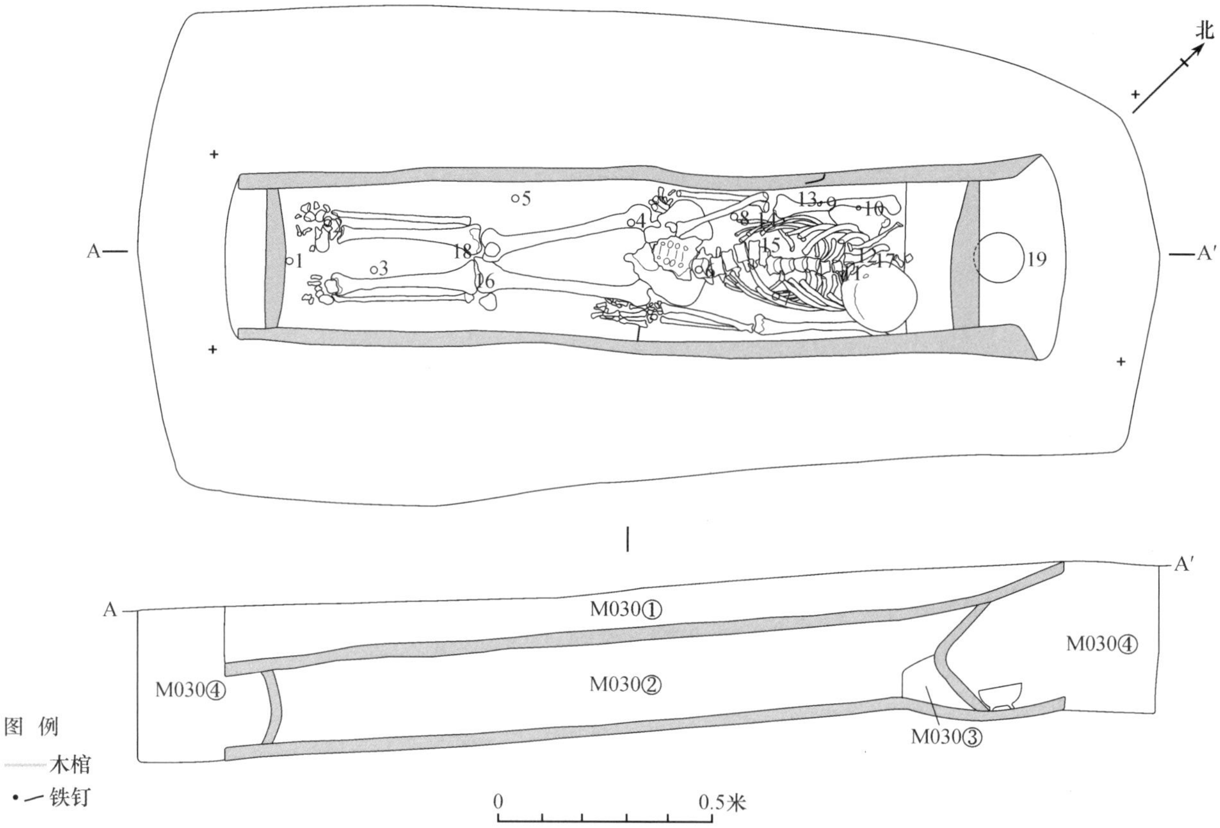


图95　M030平、剖面图

1～8、12、16、18. 铜钱（M030②：1、M030②：2、M030②：3、M030②：4、M030②：5、M030②：6、M030②：7、M030②：8、M030②：12、M030②：16、M030②：18）　9～11. 铜扣（M030②：9、M030②：10、M030②：11）　13、14. 铜饰（M030②：13、M030②：14）　15. 铁器（M030②：15）　17. 绳子（M030②：17）　19. 瓷碗（M030④：1）

较致密红各色黏土，包含少量小石子；第2层分布于棺内，呈长方形，长1.95米、宽38～43厘米、厚17～31厘米，为较疏松灰褐色黏土，出土铜钱11枚、铜扣3件、铜饰2件、铁器1件、铁棺钉3件、绳子1件；第3层分布于颅骨下形成长方形枕具，为较致密黑色黏土，长34厘米、宽7～17厘米、厚7～11厘米；第4层整个墓坑内棺四周、棺盖上、头龛内和脚龛内，呈回字形，长2.41米、宽0.83～1.19米、厚33～35厘米，为较致密红褐色黏土，包含大量白黏土点，出土瓷碗1件。随葬品有瓷碗1件（M030④：1），出土于头龛内；铜钱11枚，1枚（M030②：1）出土于底部左右距骨之间，1枚（M030②：2）出土于底部右胫骨远端与右腓骨远端之间，1枚（M030②：3）出土于底部左胫骨右侧，1枚（M030②：4）出土于棺底部骨盆的右下方，1枚（M030②：5）出土于棺底部右股骨远端右侧，1枚（M030②：6）出土于棺底部脊椎最远端左侧盆骨左上侧，1枚（M030②：7）出土于棺底部左肋骨左侧，1枚（M030②：8）出土于棺底部右肋骨下侧，1枚（M030②：12）出土于右锁骨下，1枚（M030②：16）出土于左膝盖下，1枚（M030②：18）出土于膝盖附近，右股骨近端左侧；铜扣3件，1件（M030②：9）出土于棺底部右肩胛骨下部，1件（M030②：10）出土于棺底部右肩胛骨中上端，1件

（M030②：11）出土于颈椎之间；铜饰2件，1件（M030②：13）出土于右肋骨右侧右肱骨右侧，1件（M030②：14）出土于右肋骨右侧西南；铁器1件（M030②：15）出土于腹部的位置；铁棺钉3件，绳子1件（M030②：17）出土于头部右侧。

**2. 人骨分析**

一次葬，仰身直肢，有枕具，但枕具已腐烂，造成颅骨的侧向翻滚，使其向左位移，且右侧面朝上，面部朝向足的方向。肋骨向下位移，肩胛骨垂直放置。枕具可能较大，垫在了肩部下方，造成两侧肩关节和肘关节间隙较大，右侧比左侧的关节间隙更大。两上肢直伸，右手在右侧髋骨下方，左手在左侧股骨旁边，左手腕关节松弛，右手腕关节完全脱节。骶骨至第5腰椎、第11至第12胸椎之间的关节脱节，整个脊柱向右偏转。第5到第9胸椎的肋椎关节连接还比较紧密。骶骨向下位移且略向左侧偏转。骶髂关节分离，两侧髋骨之间略张开。髋关节连接紧密，左侧髌骨滚落在旁，右侧髌骨仍在原位，两足抵在棺壁上，下肢直伸，两侧胫骨和腓骨之间的关节分离，两侧腓骨往身体外侧移动。脚踝关节松弛。右侧跟距关节连接紧密，足部骨骼的其他关节都脱节。性别判断为男性，依据是骨盆整体形态、骶骨的弯曲及第一骶椎上关节面形态，眉弓、乳突、颧骨、下颌支、颏部形态也均倾向于男性。上下颌M1、M2均为第3级磨耗，耳状面上仍残存少量波浪状结构，表面大部分均倾向于致密化，年龄鉴定为35～40岁。

两侧髋骨略微外张，且向下移动。两臂在个体边直伸，右手在右髋骨下，左手在左股骨边且手心向下，左手腕关节松，右手腕关节完全脱节。髋骨至股骨关节紧密。左髌骨位于身体上原位置的外侧，右侧髌骨压在右侧股骨远端上面，略微向上半身的方向移动了一点。

该个体保存状态较好，有的骨皮质表面和骨骺被破坏。两侧胫骨和股骨有正在愈合过程中的条纹状骨膜新骨，两侧腓骨也有但没那么明显。右侧第3肋骨的肋头变形（图96），有两节脊椎在此连接肋结节与第3肋形成关节。关节面未发现唇缘。T11和T12椎体呈楔形，T12棘突附近骨折，该骨折延伸到T11椎板的中部（图97）。两侧股骨头看起来略扁，特别是下部（图98）。未发现上颌M3，可能为先天缺失。牙齿的磨损较少。有愈合得很好的眶顶板筛孔样变（cribra orbitalia），颅穹窿上可能有多孔性状。第一前臼齿有釉质发育不全的现象。

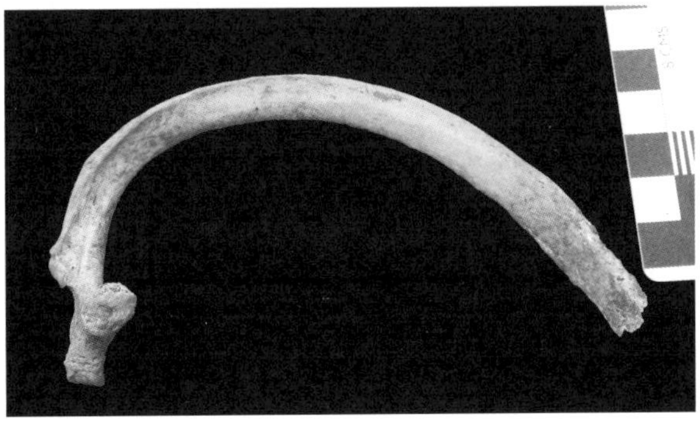

图96　M030右侧第3肋骨的肋头变形

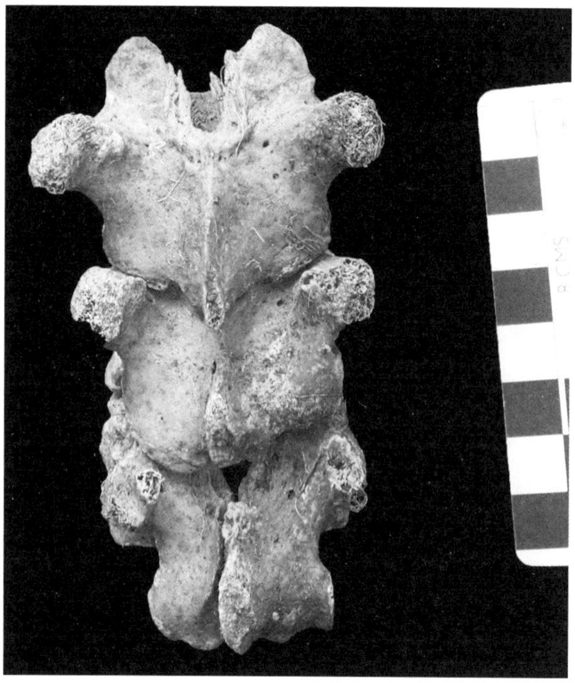

图97　M030的T10、T11和T12

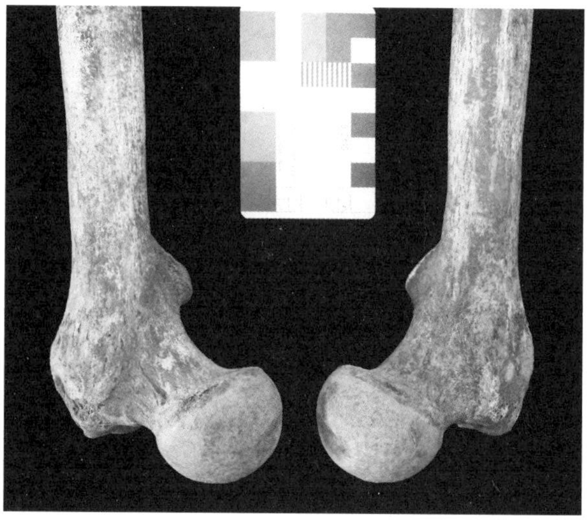

图98　M030两侧股骨头

**3. 出土遗物和随葬品**

（1）瓷器

瓷碗　1件。M030④：1，较完整，口沿处有小缺口，胎呈灰褐色，较细腻，釉色青灰，青花颜色灰暗，纹饰模糊，敞口圆唇，斜弧腹，圈足，外壁绘有花卉纹，外底纹饰模糊不清，内壁靠近口部有一圈青花线纹，靠近底部有两圈青花线纹。口径13.6厘米，底径6厘米，高5.8厘米，壁厚0.3～0.5厘米，底厚0.7厘米，圈足厚0.2～1.3厘米（图99，1；彩图52）。

（2）铜器

铜扣　3件。

M030②：9，较完整，环状纽有一小缺口，扣身呈花骨朵形，花蒂的部位与环状纽相接。残高1.7厘米，扣身近圆形，直径1.2厘米，环状纽外径0.7厘米、内径0.3厘米（图99，2）。

M030②：10，扣身呈球形，环状纽尚与小铜环相连接。通高1.5厘米，扣身直径0.9厘米，环状纽椭圆形，外长轴0.5厘米、外短轴0.4厘米，内长轴0.3厘米、内短轴0.2厘米，小铜环外径0.8厘米，内径0.55厘米（图99，3）。

M030②：11，残，扣身呈半球形。残高1.1厘米，扣身直径1厘米，环状纽外径0.5厘米、内径0.3厘米（图99，4）。

铜饰　2件。M030②：13、M030②：14，形制相同，较完整，环状纽有一小缺口。扣身呈球形，通体镂空，由上下两半部分组成，每部分为一朵十瓣的花朵。残高1.5厘米，直径1.12厘米，环状纽外径0.4厘米，内径0.2厘米。另有2件小铜环，周身布满环形线纹，截面圆形。外径0.7厘米，内径0.5厘米（图99，5）。

铜钱　11枚。

M030②：12，乾隆通宝，圆形方孔钱。直径2.3厘米（图99，7）。

M030②：16，道光通宝，圆形方孔钱。直径2.35厘米（图99，8）。

M030②：3，嘉庆通宝，圆形方孔钱。直径2.6厘米（图99，9）。

M030②：5，嘉庆通宝，圆形方孔钱。直径2.4厘米（图99，10）。

M030②：4，乾隆通宝，圆形方孔钱。直径2.4厘米（图99，11）。

M030②：2，道光通宝，圆形方孔钱。直径1.8厘米（图99，12）。

M030②：1，因锈蚀严重，文字不明，圆形方孔钱。直径2.4厘米。

M030②：6，残，因锈蚀严重，文字不明，圆形方孔钱。直径2.35厘米。

M030②：7，乾隆通宝，圆形方孔钱。直径2.3厘米。

M030②：8，因锈蚀严重，文字不明，圆形方孔钱。直径2.5厘米。

M030②：18，道光通宝，圆形方孔钱。直径2.4厘米。

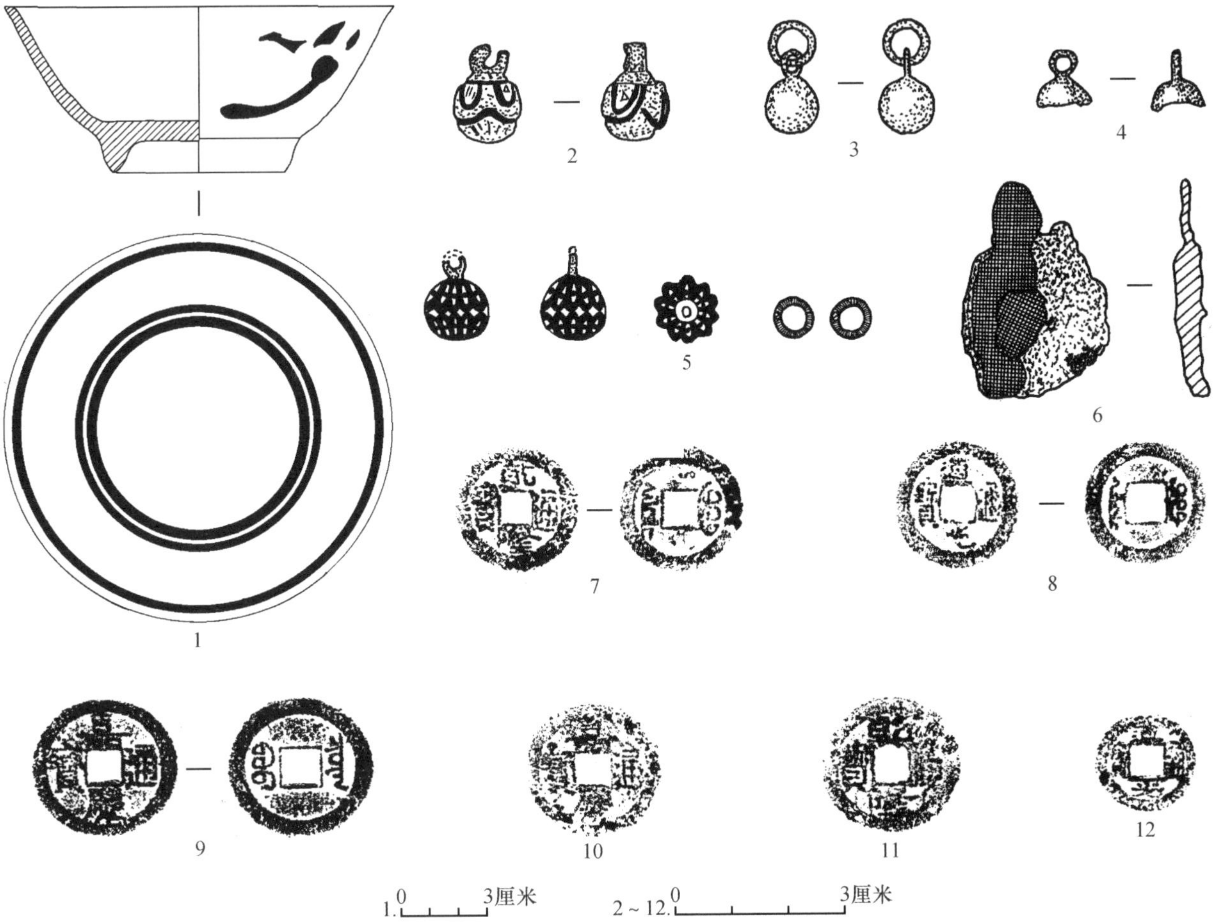


图99　M030出土遗物及拓片

1. 瓷碗（M030④：1）　2～4. 铜扣（M030②：9、M030②：10、M030②：11）　5. 铜饰（M030②：13、M030②：14）　6. 铁器（M030②：15）　7、11. 乾隆通宝（M030②：12、M030②：4）　8、12. 道光通宝（M030②：16、M030②：2）　9、10. 嘉庆通宝（M030②：3、M030②：5）

（3）铁器

铁器　1件。M030②：15，残，不规则形，其正面约一半的部分都沾有布料，均为小网格布料。残长3.8厘米，残宽2.6厘米，厚0.15～0.6厘米（图99，6）。

（4）其他

绳子　1件。M030②：17，残，灰黑色，多重麦穗纹。分两段，第一段长2.2厘米，第二段长1.5厘米；宽0.25厘米，厚0.15厘米。

## （三十一）M031

### 1. 墓葬形制与结构

M031位于发掘区东侧中部偏北，为单人葬土坑竖穴墓，墓坑较明显，平面呈圆角长方形，直壁，平底，墓长2.43～2.45米、宽0.87米、深44～47厘米，方向39°（图100；彩图53）。有木棺1具，长方形，直壁，平底，棺盖坍塌，四周轻微坍塌大约10厘米，中间塌陷很深，大约45厘米，两侧有竖置的棺木，在前1/3处两侧各有一个棺钉，后1/3处两侧对称分布棺钉，连接棺盖和棺壁，棺盖厚约9厘米，棺壁板厚约6厘米，棺底右侧北1/3处有一个棺钉连接，棺长1.83米、宽43厘米、深26～28厘米。棺东北侧有长方形头龛，长47～48厘米、宽19厘米、深27～28厘米，棺西南侧有脚龛，长45厘米、宽7厘米、深27厘米。墓内堆积分5层：第1层分布棺上棺盖上，呈长方形，长2.1米、宽43厘米、厚14厘米，为较致密白色黏土，包含大量的红黄色黏土块、少量紫色、灰色和褐色黏土块和少量小石子，出土棺钉4件、木楔4件；第2层分布于棺内上部，呈长方形，长1.72米、宽30～38厘米、厚12～16厘米，为较致密灰褐色黏土，包含少量小石子；第3层分布于棺内底部，呈长方形，长1.68米、宽34～39厘米、厚6～9厘米，为较致密灰褐色黏土，包含大量黑色黏土块（疑似火烧所致），出土装饰品5件、铜环1件、铜耳环1件、铁棺钉1件；第4层分布于头龛和脚龛内，呈长方形，长45～49厘米、宽7～19厘米、厚26～28厘米；第5层分布于整个墓坑内棺四周，呈回字形，长2.43～2.45米、宽0.87米、厚44～47厘米，为较致密白黄色黏土，包含浅黄色和灰褐色黏土块和少量小石子。随葬品有装饰品4件，其中1件（M031③：1）出土于左侧腓骨远端靠南偏右8厘米，1件（M031③：2）出土于左侧胫骨南侧；铜耳环1件（M031③：3），出土于颅骨下左耳旁；铜环1件（M031③：4），出土于右肘下方；铜钱1枚（M031③：6）为过筛出土；铁棺钉1件（M031③：5），出土于右锁骨右侧；木楔4件，其中1件（M031①：4）属于棺盖左边中部，1件（M031①：5）属于棺盖右边中部，1件（M031①：7）属于木棺右侧靠北1/3处，属于棺盖骨架头部上方。

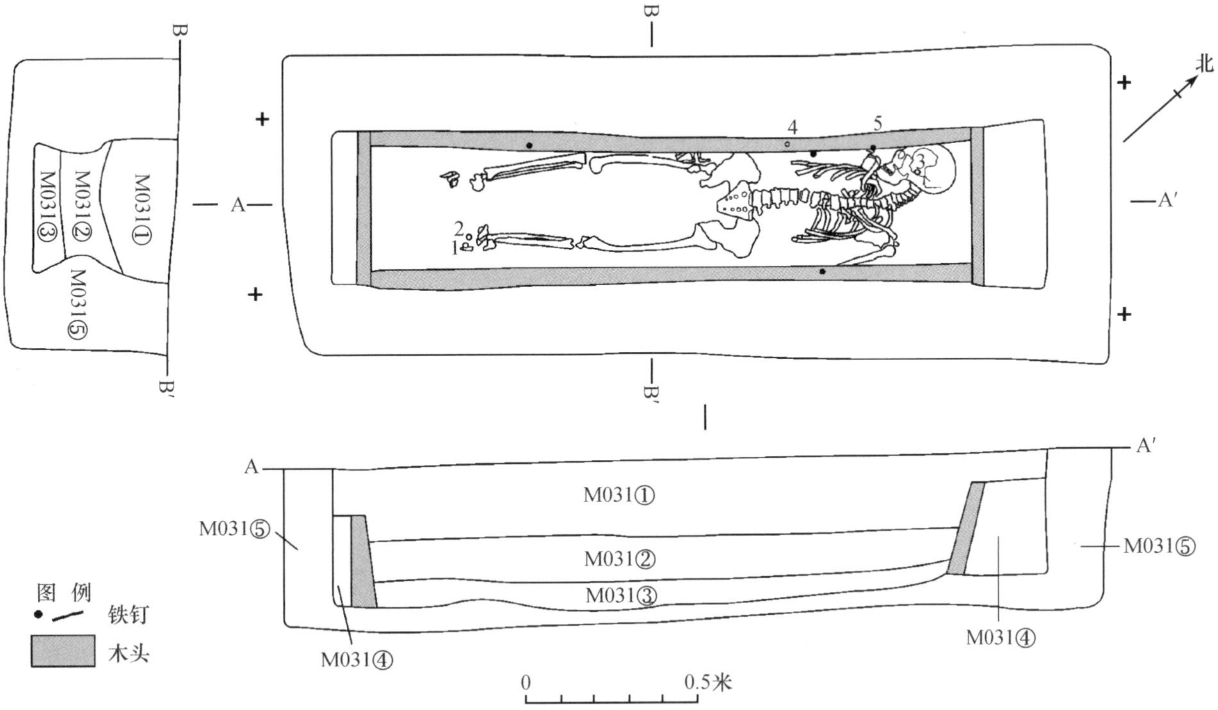


图100　M031平、剖面图

1. 塑料装饰品（M031③：1）　2. 铜装饰品（M031③：2）　3. 铜耳环（M031③：3）　4. 铜环（M031③：4）
5. 铁棺钉（M031③：5）
过筛出土：6. 铜钱（M031③：6）

## 2. 人骨分析

一次葬，仰身直肢，无枕具。因为该墓位于一处湿洼地，因此整体保存状态不佳。颅骨被放在棺材的东北角，面朝西方，使左面部向上，下颌骨与颅骨连接较紧密，这种姿势应该是故意摆放的。颈椎明显旋转。肋骨全部平置，肋骨和椎骨之间的关节分离。肩胛骨向身体外侧略微移动，两侧肩关节松弛。左臂略屈曲（外旋），左肱骨远端倚靠棺壁，右臂倚靠棺壁并直伸。右手位于右侧髋骨下方。从第12胸椎到第5腰椎，其间各椎骨之间的关节间隙较大，脊柱关节连接最紧密的部分是颈椎，颈椎和颅骨之间的连接也比较紧密。两侧髋骨外张，骶骨向下位移，骶髂关节间隙较大。两侧髋关节脱节。下肢长骨向外侧旋转了，使其内侧面朝上，两侧股骨倚靠棺壁，两侧膝关节松弛。两侧踝关节松弛，足部骨骼的关节全部分离。棺材长度明显大于个体身高，说明这可能是标准尺寸的棺材，并非定制。性别判断为女性，依据是骶骨第一骶椎上关节面很小，坐骨大切迹浅而宽，下颌颏部尖圆，下颌整体较小，眶上缘薄锐，齿弓较狭小。该个体颅基底缝完全愈合，所有骨骺均已愈合，牙齿磨耗非常轻微，门齿都没有齿质暴露，M3未见萌出迹象，估计为20岁左右。除右上颌P1龋齿外未见其他疾病。

整体上保存状态不好，很多骨骺和骨皮质表面被破坏，而且白色霉菌的广泛生长正在进一步破坏骨骼。第三臼齿全无存，可能为先天性缺失，M2后的牙槽骨被破坏，没有M3的牙槽。有一些牙结石，右上第一前臼齿的咬合面有一个龋洞，犬齿和第一前臼齿有釉质发育不全（图

101）。两边髋臼窝有比较多的多孔性状（图102）。两边胫骨和股骨有愈合得很好的骨膜新骨。很多脊椎被破坏或不存在，但未发现病理。跗骨存在，但看起来很小很窄：右侧跟骨异常扁（内外侧径很小），其跟骨体相对于其他正常个体来说只有近乎一般的宽度，尤其是跟骨的远端特别窄（并被破坏）；距骨也似乎比正常的小，很窄，尤其距骨头非常窄；骰骨足底-足背径很小，在和第4跖骨相接的关节面处很明显。上述足部骨骼的变异应该是缠足造成的（图103）。

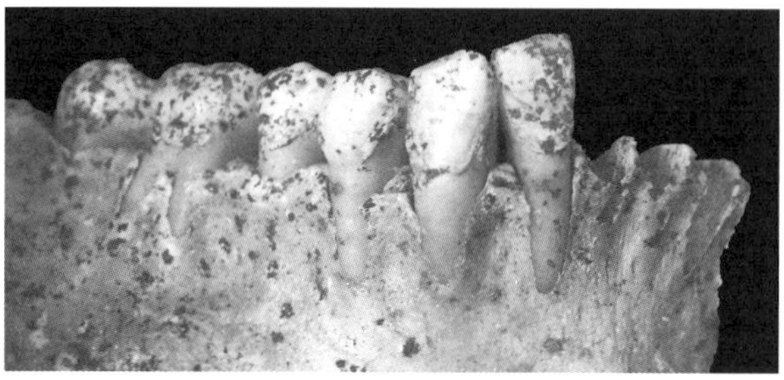

图101　M031釉质发育不全

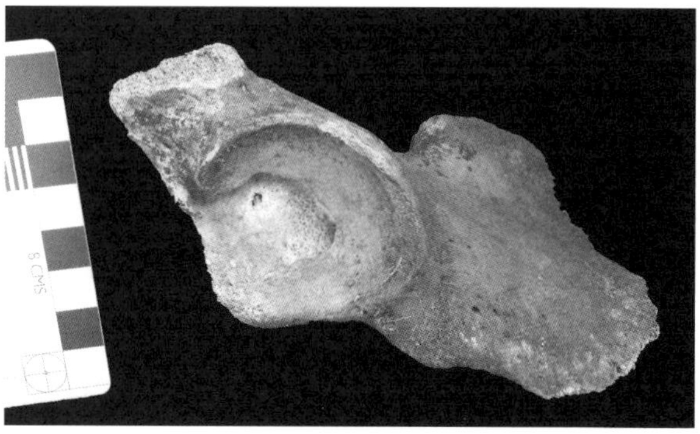

图102　M031髋臼窝

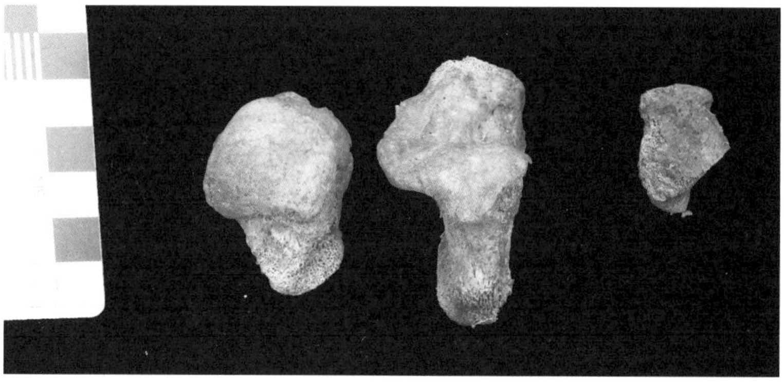

图103　M031缠足造成的足部骨骼变异

**3. 出土遗物和随葬品**

（1）铜器

铜耳环　1件。M031③：3，铜质，完整，整体呈圆环形，一端圆钝一端较平，截面呈圆形。外径2.15厘米，内径1.7厘米，截面直径0.2厘米（图104，5；彩图55）。

铜环　1件。M031③：4，完整，整体呈圆环形，一端圆钝一端逐渐变细较尖，截面呈圆形。外径2.3厘米，内径2厘米，截面直径0.1～0.2厘米（图104，6）。

铜钱　1枚。M031③：6，无字，圆形方孔钱。直径1.3厘米。

铜装饰品　3件，编为一个器物号，即M031③：2。残，3件均为铜质小弹簧缠绕纸质内芯。第1件长2.15厘米，截面直径0.3厘米；第2件长1.52厘米，截面直径0.21厘米；第3件长0.97厘米，截面直径0.2厘米（图104，4）。

（2）铁器

铁棺钉　5件。M031①：1（M031①：2、M031①：3、M031①：6、M031③：5与此器物相同），圆钉，通体锈蚀。通长15.63厘米，钉头直径1.4厘米，钉身截面呈圆形，直径0.6厘米（图104，1）。

（3）木器

木楔　5件。

M031①：5，残，整体呈圆柱形被斜切的形状。长12.2厘米，宽1.5～3.7厘米，厚0～3.4厘米（图104，2）。

M031①：4，残，整体呈圆柱形。长4厘米，宽0.65厘米，厚0.5厘米。

M031①：7，残，整体呈圆柱形被斜切的形状。长10.5～11.5厘米，直径1.5～3.3厘米。

M031①：8（2件），残，整体呈圆柱形。1件长6.7厘米，直径1～1.3厘米，另1件长7.3厘米，直径0.4～1.3厘米。

（4）塑料器

塑料装饰品　5件，编为一个器物号，即M031③：1，包括2件塑料珠子，球形，两端穿孔，中空。通高0.5厘米，外径0.5厘米，内径0.47厘米，口径0.17厘米；3件小棍，残，圆柱形，第1根长1.6厘米，截面直径0.1～0.15厘米；第2根长0.9厘米，截面直径0.09厘米；第3根长0.4厘米，截面直径0.08厘米（图104，3；彩图54）。根据出土位置，应为鞋上装饰。

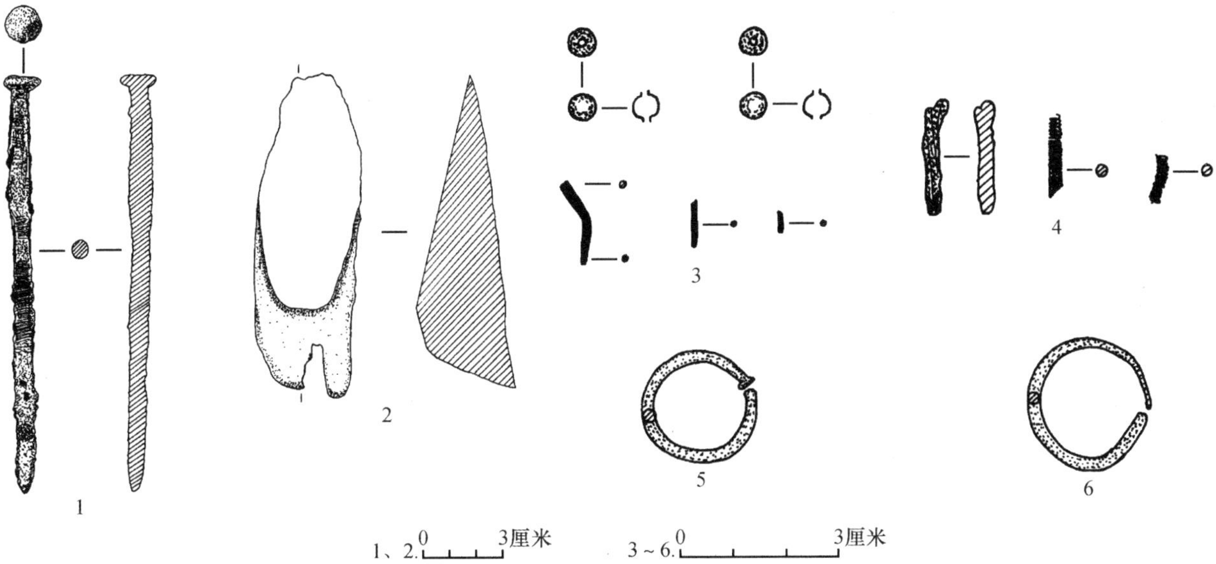


图104　M031出土遗物

1. 铁棺钉（M031①：1）　2. 木楔（M031①：5）　3. 塑料装饰品（M031③：1）　4. 铜装饰品（M031③：2）　5. 铜耳环（M031③：3）　6. 铜环（M031③：4）

## （三十二）M032

### 1. 墓葬形制与结构

M032位于发掘区中部偏东北，为单人葬土坑竖穴墓，由于距地表比较浅，上部均遭破坏，平面呈长方形，直壁，平底，墓长1.48米、宽0.51米、深6厘米，方向58°（图105；彩图56）。木棺腐烂严重，仅存棺底板、东边和北边的三分之二，厚约1厘米。墓内堆积不分层，分布于整个棺内，为较致红褐色黏土，包含黄色黏土块，厚6厘米，出土瓷碟1件、铜钱1枚、塑料扣4件、棺钉3件、瓷碗1件。随葬品有瓷碟1件（M032①：6），出土于木棺外东北角；瓷碗1件（M032①：7），出土于木棺外头部外中部偏东；铜钱1枚（M032①：2），出土于左肩下方；塑料扣4件，其中1件（M032①：1）出土于腹部中部，2件（M032①：4、M032①：5）出土于腹部的位置；1枚（M032①：3），出土于左肩下方。

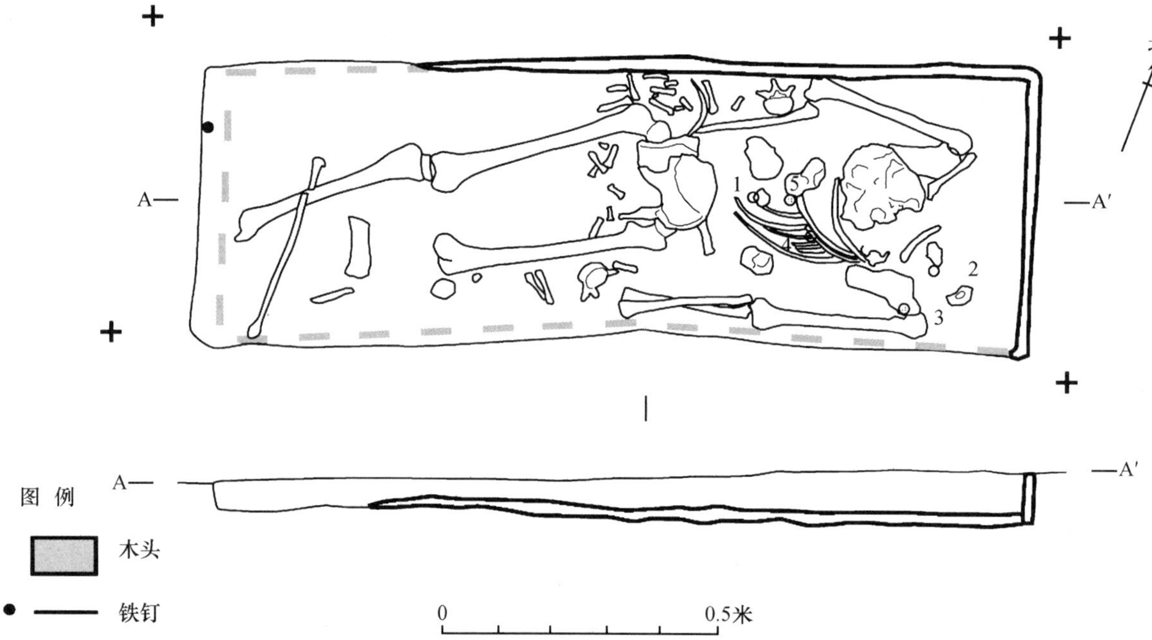


图105　M032平、剖面图

1、3～5. 塑料扣（M032①：1、M032①：3、M032①：4、M032①：5）　2. 铜钱（M032①：2）

### 2. 人骨分析

一次葬，仰身直肢。可能是受到了地表活动的扰动，例如大型动物的活动，使得尸骨破损残缺很严重，颅骨压在胸上，面部朝下，下颌骨移动到了骨盆处，胸部扰乱严重，右臂、右胸部、左膝、腰椎和左股骨骨干中部均被扰乱。肩胛骨向身体外侧移动了，两侧肩关节松弛。肋骨在扰乱前应该全部是平置的，椎骨混乱，散落在墓内偏东、偏北侧的部分，腰椎散落在右前臂、左手部，颈椎和胸椎位置相对正常，仍在原位附近。两臂在躯干旁直伸，右肱骨远端骨骺倚靠棺的北壁，两臂的姿势略不对称。手部骨骼很散乱，从前臂骨骼来看，应该是手背向上的姿势。骨盆残损严重。右下肢直伸，左股骨倚靠棺的南壁。股骨胫骨位置基本正常，但足已不存，左下肢可能因为扰动，胫骨仅存一小段横置在原本应处的位置上。右腓骨横置在左胫骨的西南侧。该个体下颌骨颏部较圆，但下颌角较小且外翻，下颌支较宽，难以判断性别。所有长骨骨骺均已愈合，门齿有线状齿质暴露，髂嵴还在愈合过程中，鉴定年龄为20～25岁。因保存较差，未能观察到病理现象。

### 3. 出土遗物和随葬品

（1）瓷器

瓷碗 1件。M032①：7，胎呈灰白色，较细腻，釉色灰白，青花颜色发蓝，敞口圆唇，斜弧腹，圈足，外壁靠近口部有两圈青花线纹。口径12厘米，底径5厘米，高5.6厘米，壁厚0.3～0.5厘米，底厚0.4厘米，圈足厚0.5～0.7厘米（图106，1）。

瓷碟 1件。M032①：6，胎呈灰白色，较细腻，釉色青灰，青花颜色发青，敞口圆唇，斜弧腹，圈足，内壁靠近口部有两圈青花线纹。口径10.6厘米，底径6.4厘米，高2.4厘米，壁厚0.4～0.5厘米，底厚0.3～0.4厘米，圈足厚0.3厘米（图106，2；彩图58）。

（2）铜器

铜钱 1枚。M032①：2，咸丰通宝，圆形方孔钱。直径2厘米。

（3）塑料器

塑料扣 4件。

M032①：1（M032①：3与此器物相同），完整，中心厚，向周围渐薄，正面略凸，背面凸起较明显，边缘有一圈向正面卷起，共四孔。直径2厘米，孔径0.2厘米，最厚处0.35厘米（图106，3）。

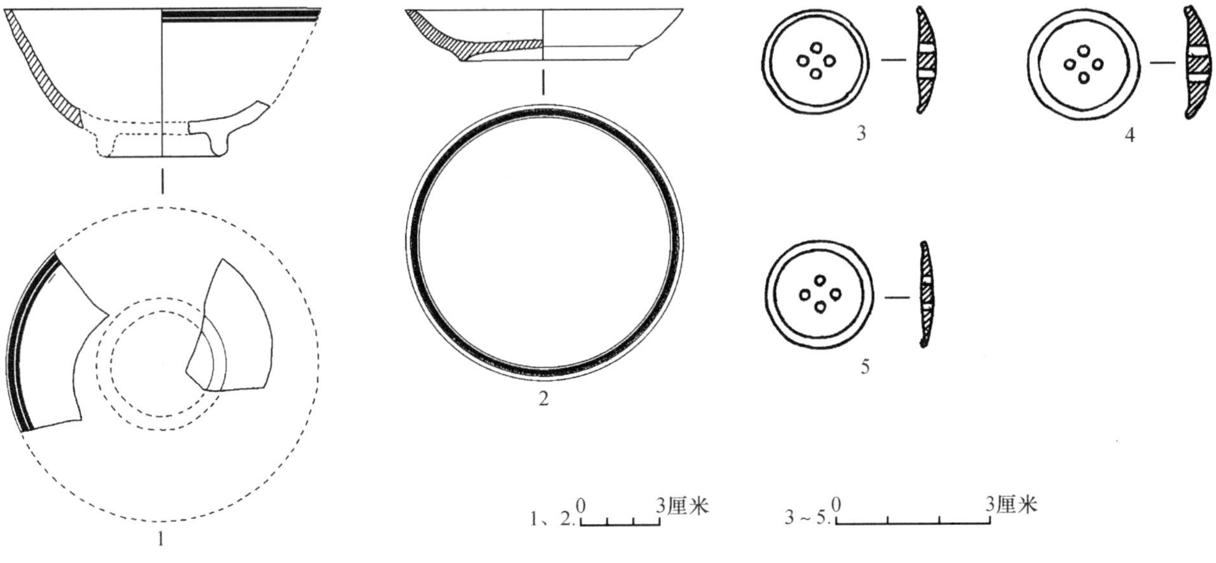


图106 M032出土遗物

1. 瓷碗（M032①：7） 2. 瓷碟（M032①：6） 3～5. 塑料扣（M032①：1、M032①：5、M032①：4）

M032①：5，完整，中心厚，向周围渐薄，正面略凸，背面凸起较明显，边缘有一圈向正面卷起，共四孔。直径2.1厘米，孔径0.2厘米，最厚处0.45厘米（图106，4；彩图57）。

M032①：4，完整，中心厚，向周围渐薄，正面略凸，背面凸起较明显，边缘有一圈向正面卷起，共四孔。直径2厘米，孔径0.19厘米，最厚处0.25厘米（图106，5）。

## （三十三）M033

### 1. 墓葬形制与结构

M033位于发掘区西侧中部偏北，为单人葬土坑竖穴墓，墓坑较明显，平面略呈头端宽、脚端窄的长梯形，直壁，平底，墓长2.41米、宽0.59～0.82米、深18～26厘米，方向3°（图107；彩图59）。有木棺1具，长方形，直壁，平底，四角出头，棺盖塌陷下去，两长边的木板往里塌，中部内凹，北部头龛把手端部为梯形，棺底板上有一层很薄的黄色淤泥，棺板厚1.5～7厘米，棺长2米、宽32～52厘米、深18～26厘米。棺北侧有长方形头龛，长52厘米、宽13～18厘米、深20厘米，棺南侧有脚龛，长32厘米、宽3～7厘米、深20厘米。墓内颅骨下有一长方形跟底部的堆积一样的小台阶制成的枕具，长40厘米、宽30厘米、厚6～8厘米。墓内堆积分三层：第1层分布棺上棺盖塌陷处，呈长方形，长1.76米、宽36～48厘米、厚2～10厘米，为较致密浅褐色黏土，包含大量黑色黏土块和少量小石子，出土青花瓷片1件；第2层分布于棺内和头龛内，呈长方形，长1.76米、宽36～56厘米、厚10～18厘米，为较致密黑褐色砂质亚黏土，包含大量很致密的黑色、灰色黏土块和少量小石子，出土瓷罐1件、铜簪1件、铜

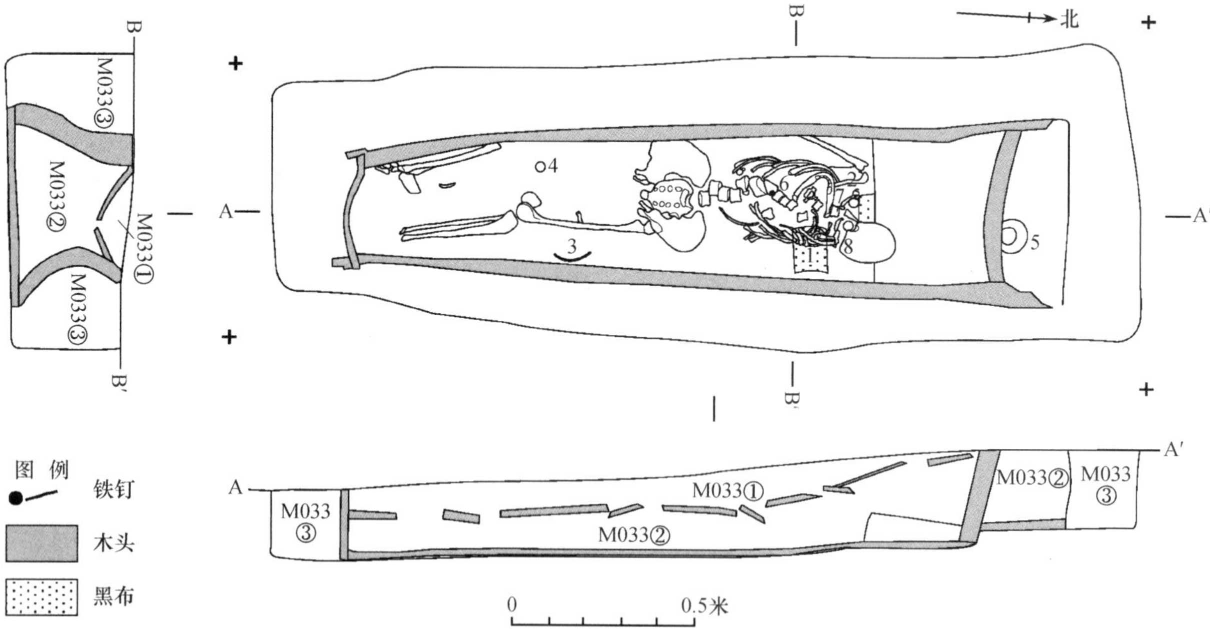


图107　M033平、剖面图

1. 黑色布料块（M033②：1）　2. 金环（M033②：2）　3. 铜簪（M033②：3）　4、7、8. 铜钱（M033②：4、M033②：7、M033②：8）　5. 瓷罐（M033②：5）　6. 黑色布扣（M033②：6）

钱3枚、金环1件、布料块4件、布扣1件、小青砖块4件；第3层分布于墓坑内棺四周，呈回字形，长2.41米、宽0.6～0.82米、厚20～22厘米，为较疏松黄褐色黏土，包含少量黄色黏土块和少量小石子。随葬品有瓷罐1件（M033②：5），出土于头龛东侧；铜簪1件（M033②：3），出土于左股骨中部左侧；金环1件（M033②：2），出土于头右侧；铜钱3枚，其中1枚（M033②：4）出土于右膝盖左侧，1枚（M033②：7）出土于颈部下方，1枚（M033②：8）出土于颈部下方；布料块4件（M033②：1），出土于头骨南侧锁骨上、颈部、锁骨下方；布扣1件（M033②：6），出土于右侧肋骨与胸椎之间。

**2. 人骨分析**

一次葬，仰身直肢，有枕具，棺材较窄且长。颅骨还在土枕上，向左倾斜倚靠棺壁，右侧面朝上，颅骨和下颌骨脱节，下颌骨落在了右肩上方。肩胛骨向上移位，胸部向下移位，右肩胛骨垂直放置。椎骨位置基本正常，只是略有凌乱，且上段脊柱关节间隙较大。肋骨全部平置。两侧肩关节间隙较大。两臂直伸，前臂的背侧面向上，右肘略屈并倚靠棺壁。两侧膝关节松弛。两髋骨外张，骶骨向下移动，骶髂关节脱节。骨盆倚靠左侧棺壁。两下肢基本伸直，但均向外侧翻转，使内侧面朝上了。左足不存，右足关节均松弛。性别鉴定为女性，依据是骨盆整体形态、耻骨下角、坐骨大切迹、耳状面形态等。耳状面上有明显的横纹结构，存少量的细腻的颗粒状表面，推测为25岁左右。

**3. 出土遗物和随葬品**

（1）瓷器

瓷罐　1件。M033②：5，胎呈黄褐色，含细砂，釉色黄灰，青花颜色灰蓝，敞口圆唇，端肩，鼓腹，外壁绘有花卉纹，肩部有两圈青花线纹，底部无釉。通高10厘米，口径6.2厘米，底径6.4厘米，颈径6厘米，腹部最大径9厘米，壁厚0.4～0.8厘米，底厚0.5～0.9厘米，圈足厚0.4厘米（图108，1；彩图62）。

（2）铜器

铜簪　1件。M033②：3，完整，簪首呈叶状。簪体呈扁锥形，簪首正面錾刻花叶纹，背面有款“義合義合”，分于两个方框内。通长8.8厘米，宽0.1～0.8厘米，厚0.1～0.2厘米（图108，2；彩图61）。

铜钱　3枚。

M033②：4，乾隆通宝，圆形方孔钱。直径2.3厘米（图108，5）。

M033②：7，嘉庆通宝，圆形方孔钱。直径2.6厘米（图108，6）。

M033②：8，嘉庆通宝，圆形方孔钱。直径2.35厘米（图108，7）。

（3）金器

金环　1件。M033②：2，完整，整体呈环形，一端圆钝一端逐渐变细较尖。截面呈圆形。外径1.6厘米，内径1.4厘米，截面直径0.1～0.2厘米（图108，3；彩图60）。

（4）其他

布扣　1件。M033②：6，残，黑色，由绳子打结制成，主体近椭圆形。残高1.2厘米，扣身长轴0.8厘米，短轴0.75厘米（图108，4；彩图63）。

布料　4件，编为1个器物号，即M033②：1，残，黑色细网格布。残长12厘米，宽1～6厘米，厚0.05厘米。

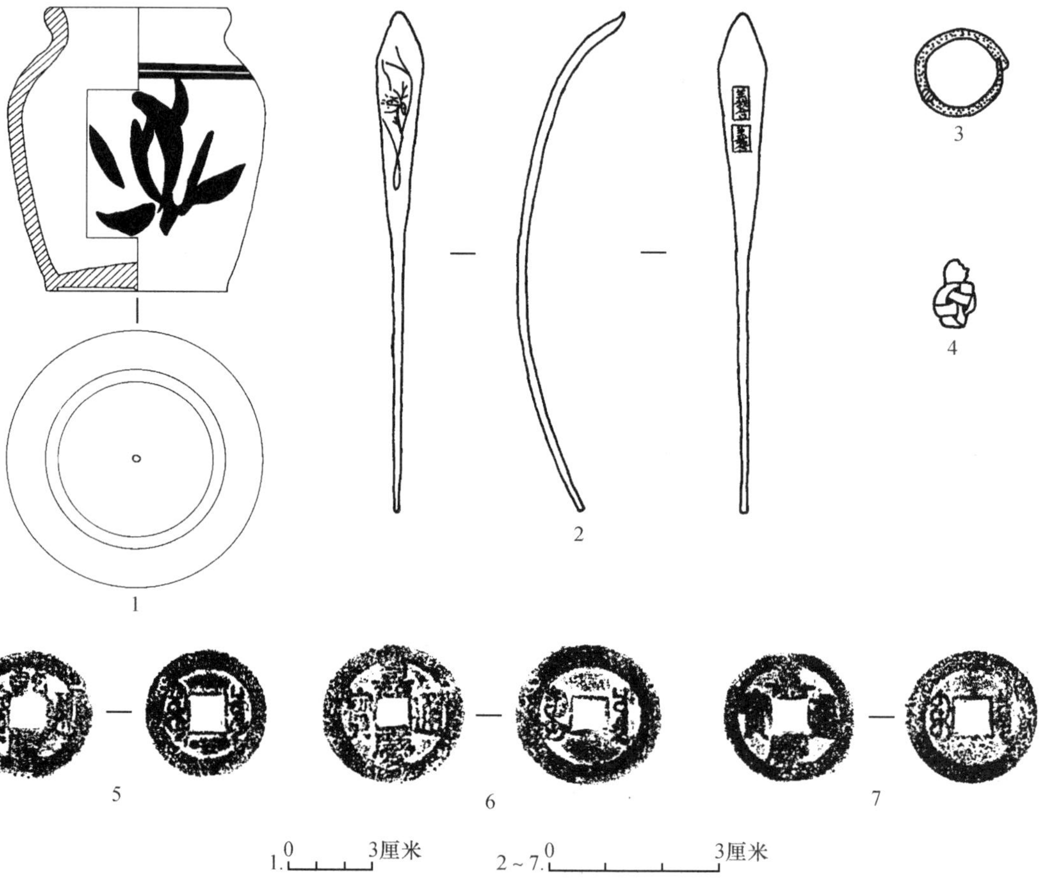


图108　M033出土遗物及拓片

1. 瓷罐（M033②：5）　2. 铜簪（M033②：3）　3. 金环（M033②：2）　4. 黑色布扣（M033②：6）　5. 乾隆通宝（M033②：4）　6、7. 嘉庆通宝（M033②：7、M033②：8）

## （三十四）M034

### 1. 墓葬形制与结构

M034位于发掘区西侧中部偏北，跟M033呈南北一排，为单人葬土坑竖穴墓，由于距地表比较浅，上部均遭破坏，颅骨在地表上露头，已丢失，平面呈近长方形，直壁，平底，墓坑长1.88米、宽0.8米、深3～6厘米，方向30°（图109；彩图64）。有木棺1具，破坏严重，仅存少量木头痕迹，棺材内长1.67米、宽43厘米。墓内堆积分两层：第1层分布于整个木棺内，厚3～7厘米，为较致密灰褐色黏土，下部贴近人骨处有薄薄一层较疏松颗粒状灰褐色堆积，出土玻璃镜子1件、塑料扣4件、棺钉10件；第2层分布于墓坑内棺四周，呈回字形，长1.88米、宽80厘米、厚3～6厘米，为较致密黄褐色黏土。随葬品有玻璃镜子1件（M034①：2），出土于左髋骨左侧；塑料扣4件，其中1件（M034①：1）出土于左股骨右侧，1件（M034①：3）出土于左肋骨右侧，1件（M034①：4）出土于右肱骨左侧，最后1件（M034①：5）出土于右胸下方。

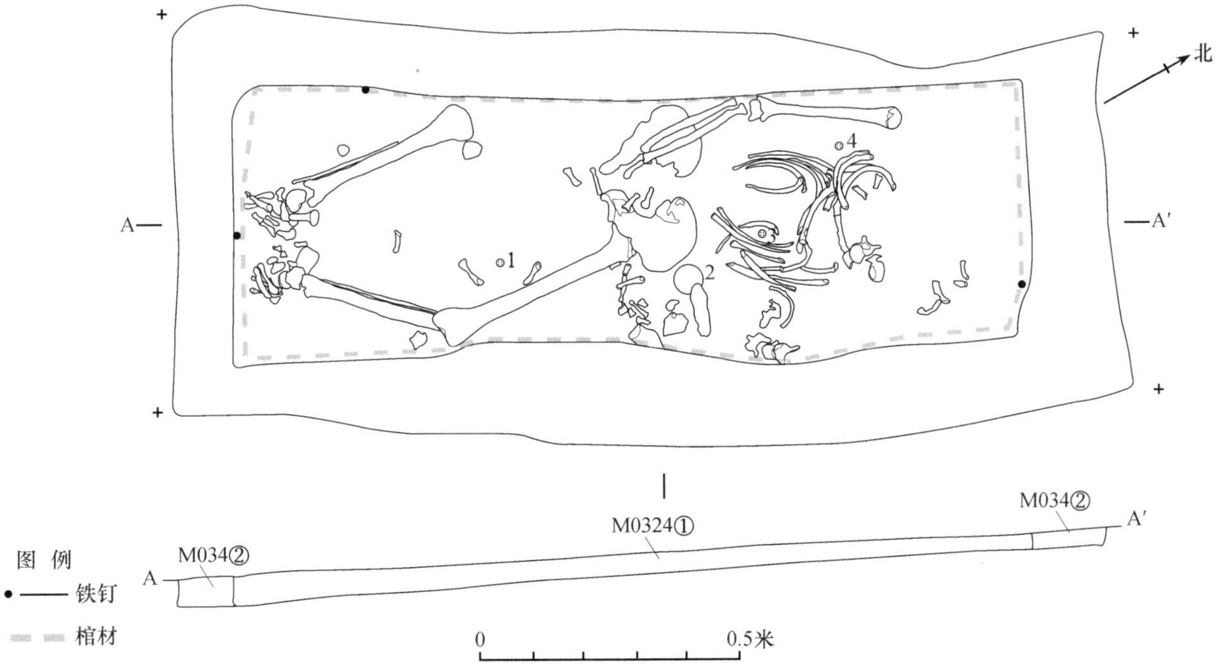


图109　M034平、剖面图

1、3～5. 塑料扣（M034①：1、M034①：3、M034①：4、M034①：5）　2. 玻璃镜子（M034①：2）

**2. 人骨分析**

一次葬，扰乱严重，仰身直肢，有枕具。该墓葬可能被盗过。颅骨不存。椎骨位置很乱，有的在左侧肋骨上方，有的在左肘位置，而且缺少很多节，应是受到了严重扰乱。肋骨的位置相对正常，虽也凌乱，但还基本在胸部，其原位应该是平置的。胸骨则移动到了左髋骨的左侧。未见肩带骨。左臂不见。右臂位置正常，肱骨倚靠棺壁，右肘关节很松弛，略屈曲，前臂内收，使右手在骨盆上，右手各块骨骼零散地分布于髋骨上方。两侧髋骨外展，骶骨已不存。右侧股骨已不见，两下肢明显屈曲，左膝关节完全脱节，膝关节外旋。依据两侧下肢现在的姿势进行推测，其下葬时的下肢可能是膝关节屈曲抬起的姿势，这可能与棺过短有关。当软组织腐烂后，两侧膝关节自然下落倒向左右两侧。左股骨远端骨骺移动到了左胫骨近端骨骺上。两侧踝关节松弛，足底朝内。性别判断为女性，依据是耻骨下角、髂骨形态、耻骨支移行部、髋臼。耳状面上几乎没有横纹，全为颗粒状表面，耻骨联合面略下凹，背侧缘明显后扩，推测为35～40岁。

**3. 出土遗物和随葬品**

（1）塑料器

塑料扣　4件。M034①：1（M034①：3、M034①：4、M034①：5与此器物相同），中心厚，向周围渐薄，正面略凸，背面凸起较明显，边缘有一圈向正面卷起，共四孔。直径2.2厘米，孔径0.2厘米，最厚处0.5厘米（图110，2）。

（2）玻璃器

玻璃镜子　1件。M034①：2，圆形，背面残留部分水银的痕迹。直径6.25厘米，厚0.2厘米（图110，1；彩图65）。

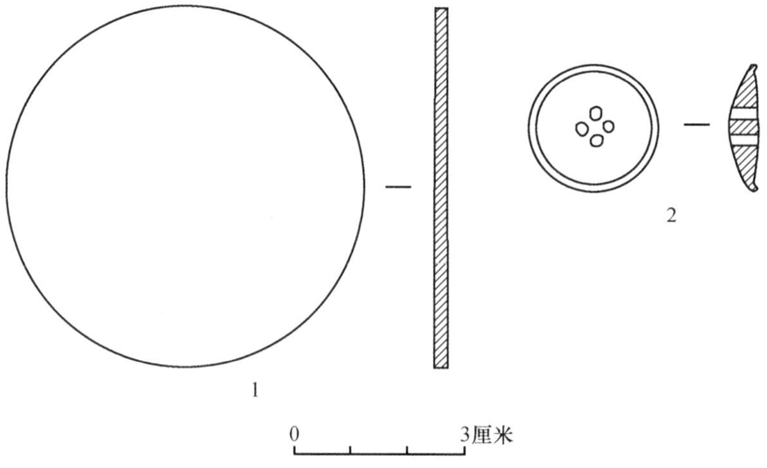


图110　M034出土遗物

1. 玻璃镜子（M034①：2）　2. 塑料扣（M034①：1）

## （三十五）M035

### 墓葬形制与结构

M035位于发掘区中部偏西北，因20世纪90年代铺设天然气管道时，将此墓挖掘并回填，所以未予发掘，故不清楚其随葬品、人骨葬式等相关信息，因此大部分信息不明。该墓葬可能为单人葬土坑竖穴墓，墓坑较明显，原来平面可能呈长方形，墓残长0.73米、残宽0.41米，方向52°（图111；彩图66）。有木棺1具，被严重扰乱，已不知其长、宽及厚度。墓内堆积不分层，为较致密红褐色黏土，包含大量灰黑色黏土块。未见随葬品。

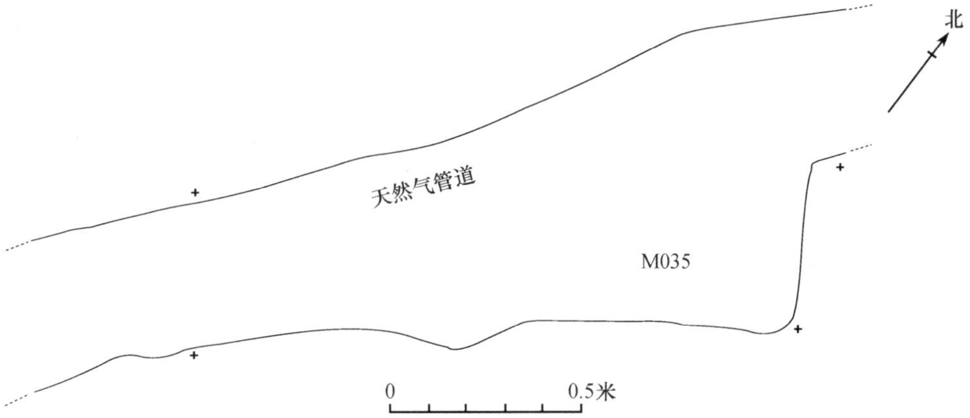


图111　M035平、剖面图

## （三十六）M036

### 1. 墓葬形制与结构

M036位于发掘区南端中部，为单人葬土坑竖穴墓，由于距地表比较浅，上部均遭破坏，因被盗掘，墓内堆积被扰乱，保存状况比较差，平面呈近长方形，略为梯形，直壁，平底，墓长1.7米、宽0.51～0.75米、深16～25厘米，方向78°（图112；彩图67）。有木棺1具，两个长边的木板往里塌陷，随着墓坑边，棺板厚1～6厘米。墓内颅骨下有因部分被破坏呈不规则长方形，原先应为较规则长方形的黄色黏土（M036④）制成的枕具，长40厘米、宽21厘米、厚6厘米。墓内堆积分四层：第1层分布于整个木棺上，呈长方形，厚2～3厘米，为很致密黑色黏土，包含大量木炭，应为烧火层，出土棺钉3件；第2层分布于木棺内，呈长方形，长1.65米、宽65厘米、厚22厘米，为较疏松灰色淤泥，出泥质灰陶片1件、棺钉2件；第3层分布于棺内北侧挨着棺板，呈不规则的长条形，长1.45米、宽10厘米、厚5厘米，为较致密灰白色淤泥，出土棺钉1件；第4层分布于颅骨下形成不规则形近长方形枕具，为较致密黄色黏土，长40厘米、宽21厘米、厚6厘米。未见随葬品。

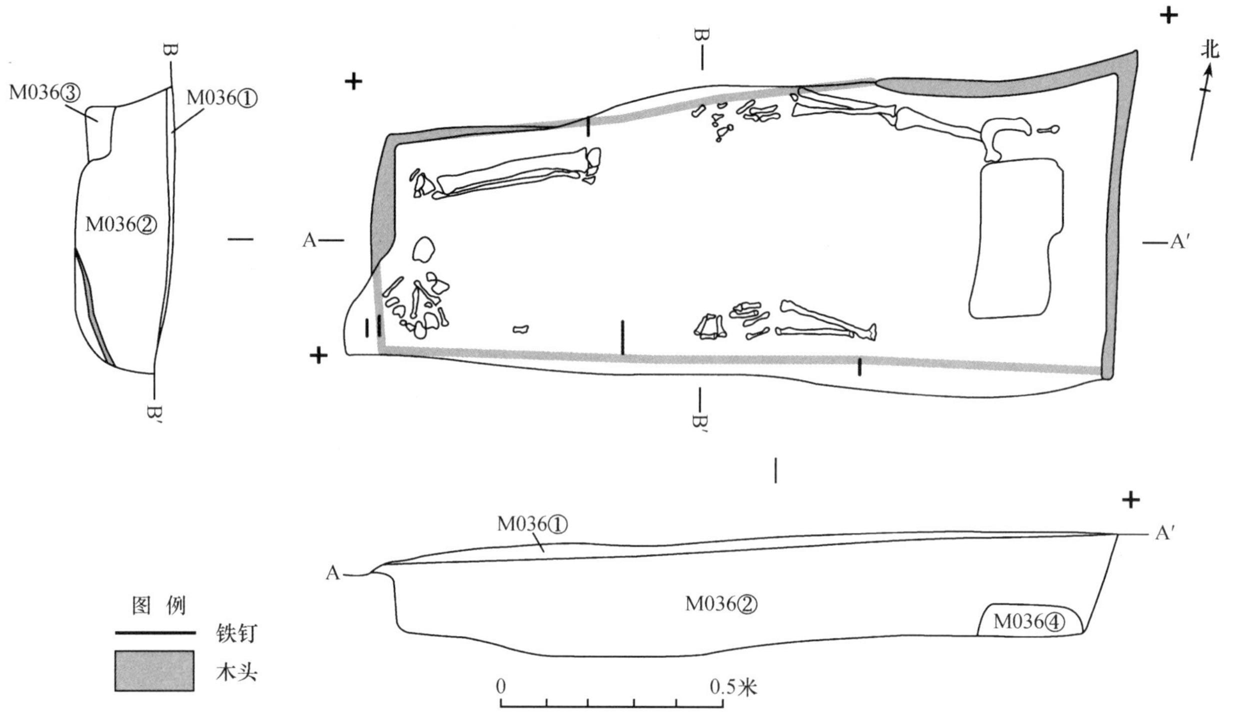


图112　M036平、剖面图

### 2. 人骨分析

一次葬，仰身直肢，有枕具，棺材保存得较好。该墓葬被严重扰乱，可能是被盗所致，墓主人的骨架中部基本完全消失，可能是被铲掉了，仅存部分四肢骨。颅骨不存，下颌骨位于土枕的西侧，在棺的西北角，倚靠着右肱骨的近端。未见椎骨。未见胸廓的骨骼。未见肩带骨。右上肢基本完整，手臂直伸，前臂的背侧面朝上，肘关节松弛，右手腕关节分离，手心向下。左上肢的肱骨不存，桡骨、尺骨和手臂骨骼的姿势、位置和右上肢基本相同。未见骨盆。右下肢不见股骨，胫骨、腓骨略向外侧旋转，使内侧面朝上，足部可见足跟朝向身体的内侧，足尖朝外。左下肢仅存足部骨骼且分布散乱，存在于棺的南端角落里。下颌角外翻、颏部较方、下颌支较宽、髁突较大，结合其全身骨骼的粗壮程度（尤其是足部骨骼），推测可能是男性。残存的四肢骨骨骺均已愈合，下颌的臼齿均已生前脱落，其他牙磨耗极重，前臼齿的牙髓暴露。推测为一老年个体。

## （三十七）M037

### 1. 墓葬形制与结构

M037位于发掘区东南部，为单人葬土坑竖穴墓，木棺四周墓坑较明显，平面呈长方形，直壁，平底，墓坑长1.98米、宽0.69～0.71米、深19～22厘米，方向60°（图113；彩图68）。

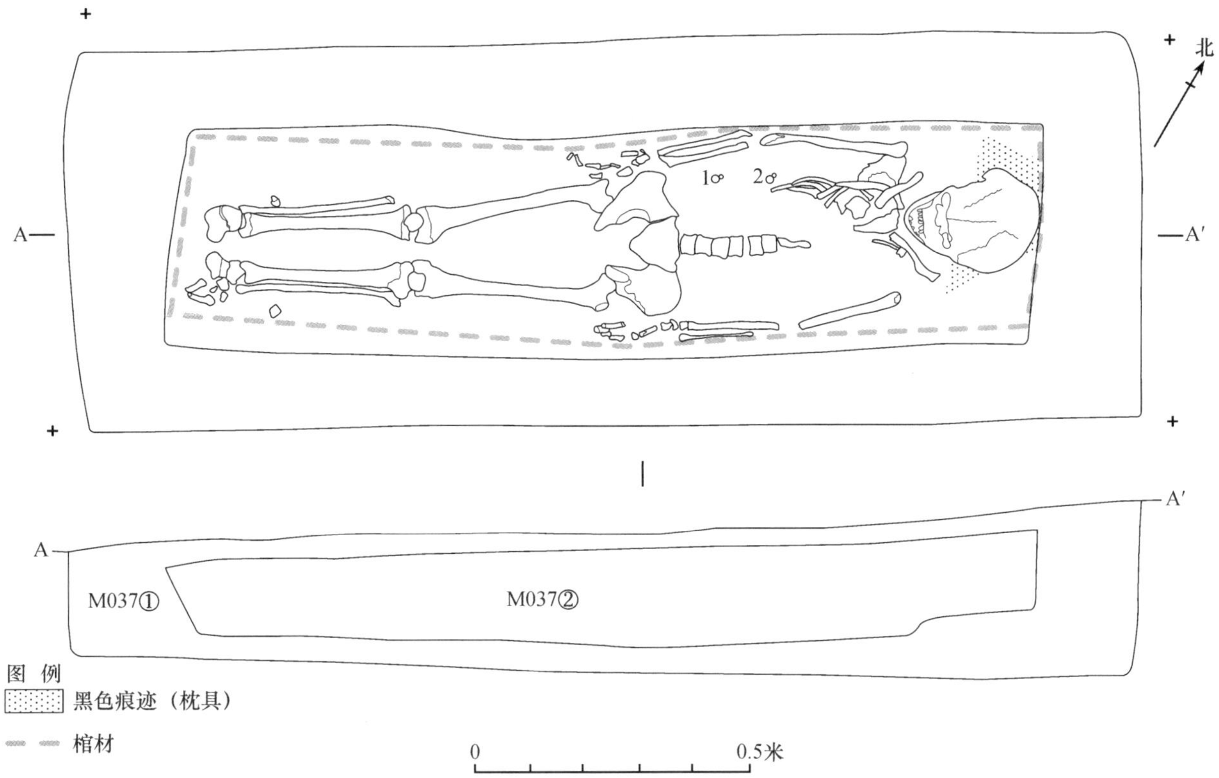


图113　M037平、剖面图
1、2. 铜扣（M037②：1、M037②：2）

骨骼上半部保存较差，可能是由于周围土较疏松，地势低洼，被水浸所致。有木棺1具，棺材腐烂严重，只残留木板的痕迹，两个短边往里塌陷，棺上部长1.59米、宽0.4米、深15～18厘米，底部长1.55米、宽0.4米。墓内颅骨下有一呈梯形的被黑色布料覆盖的范围，可能为有机质枕具的痕迹，长28厘米、宽12厘米、厚约1厘米。墓内堆积分两层：第1层分布于墓坑内棺四周，呈回字形，长1.98米、宽69～71厘米、厚19～22厘米，为较致密黄白色花黏土，包含少量小石子；第2层分布于整个木棺内，呈长方形，长1.59米、宽0.4米、厚15～18厘米，为较致密灰褐色沙质亚黏土，包含大量小烧土块，出土铜扣2件。随葬品有铜扣2件，其中1件（M037②：1）出土于右尺骨中间左侧，另1件（M037②：2）出土于右肘部左侧。

## 2. 人骨分析

一次葬，仰身直肢，有枕具。颅骨保存很差，仅剩酥烂的碎片和粉末，其位置正常，与下颌骨连接紧密。椎骨保存很差，残存的不多。肩胛骨垂直放置。保存下来的肋骨和胸骨平置，肋骨仅剩右侧的很少残片，还可以观察到肋骨向下位移了，而肩胛骨则向上移动，这与枕具造成的加高有关。肩带骨仅存右侧的。上肢在躯干旁直伸，肘关节倚靠棺壁。两手位于髋骨两侧，少部分被髋骨压在下面。两侧髋骨外张，骶髂关节分离。两下肢直伸，位置正常，两侧膝关节松弛，股骨并未旋转，股骨和胫骨之间有2～3厘米的距离，胫骨和腓骨之间的关节分离。

两侧足骨的保存状态一般，只能观察到踝关节，踝关节松弛，足尖朝外，足跟朝内。腰椎之间的间隙较大，骶骨和第5腰椎之间的关节移位。因骨骼保存较差，无法判断性别。下肢长骨骨骺均未愈合，腓骨远端、股骨远端、胫骨近端骨骺脱落。下颌M2根尖尚未发育完全，推测为12～15岁。

骨骼保存较差，仅存不到一半，且存留下来的骨皮质和骨骺破损严重。大部分牙齿存在，未发现釉质发育不全，发现一枚钉形齿，应为上颌侧门齿，未发现其他病变。

**3. 出土遗物和随葬品**

铜扣　2件。

M037②：2，扣身呈球形，环状纽向一侧偏。通高1.8厘米，扣身直径1.2厘米，环状纽外径0.5厘米、内径0.3厘米（图114，1）。

M037②：1，扣身呈球形，环状纽尚与小铜环相连接。通高1.35厘米，扣身直径0.9厘米。环状纽呈椭圆形，外长轴0.5厘米、外短轴0.4厘米，内长轴0.25厘米、内短轴0.2厘米，小铜环外径0.7厘米，内径0.4厘米（图114，2）。

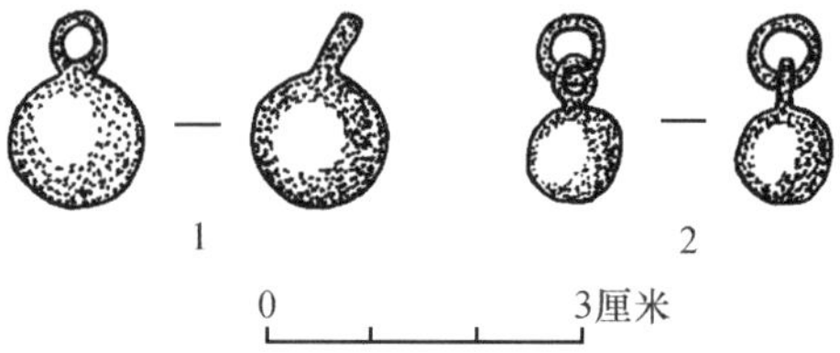

图114　M037出土遗物
1、2. 铜扣（M037②：2、M037②：1）

## （三十八）M038

**1. 墓葬形制与结构**

M038位于发掘区南端中部，为单人葬土坑竖穴墓，木棺四周墓坑较明显，平面呈头端宽、脚端窄的长梯形，直壁，平底，墓长2.23米、宽0.77～0.86米、深24厘米，方向328°（图115；彩图69）。有木棺1具，略梯形近长方形，棺盖向下塌陷，棺壁、棺底保存较好，棺壁向内侧挤压倾斜，直壁平底，四角出头，长1.99米、宽49～66厘米，棺板2～4厘米厚。棺西北侧有长方形头龛，长55～66厘米、宽12～14厘米、深14～16厘米，棺东南侧有脚龛，长42厘米、宽7厘米、深16厘米。墓内颅骨下有一长方形黄色黏土（M038③）制成的枕具，长51～53厘米、宽15厘米、厚5～7厘米。墓内堆积分三层：第1层布于墓坑内棺四周，呈回字形，长2.23米、宽0.77～0.86米、厚24厘米，为较致密黄白色砂质亚黏土，包含少量灰褐色淤泥土块；第2层分布于整个木棺内包括头龛和脚龛内，呈梯形，长1.9米、宽48～66厘米、厚17～20厘米，为较致密黑褐色黏土，包含少量黄色黏土和少量小石子，出土瓷碗1件、银簪1件、铜钱14枚、铜扣2件、铜耳环1件、瓷片1件、棺钉1件；第3层分布于颅骨下形成长方形枕具，为较致密黄色黏土，夹杂少量灰褐色黏土块，长51～53厘米、宽15厘米、厚5～7厘米。随葬品有瓷碗1件（M038②：15），出土于头龛中部，银簪1件（M038②：1），出土于颅骨北侧靠近木棺北壁；铜钱14枚，其中1枚（M038②：2）出土于颅骨东侧偏南约10厘米处，1枚（M038②：3）

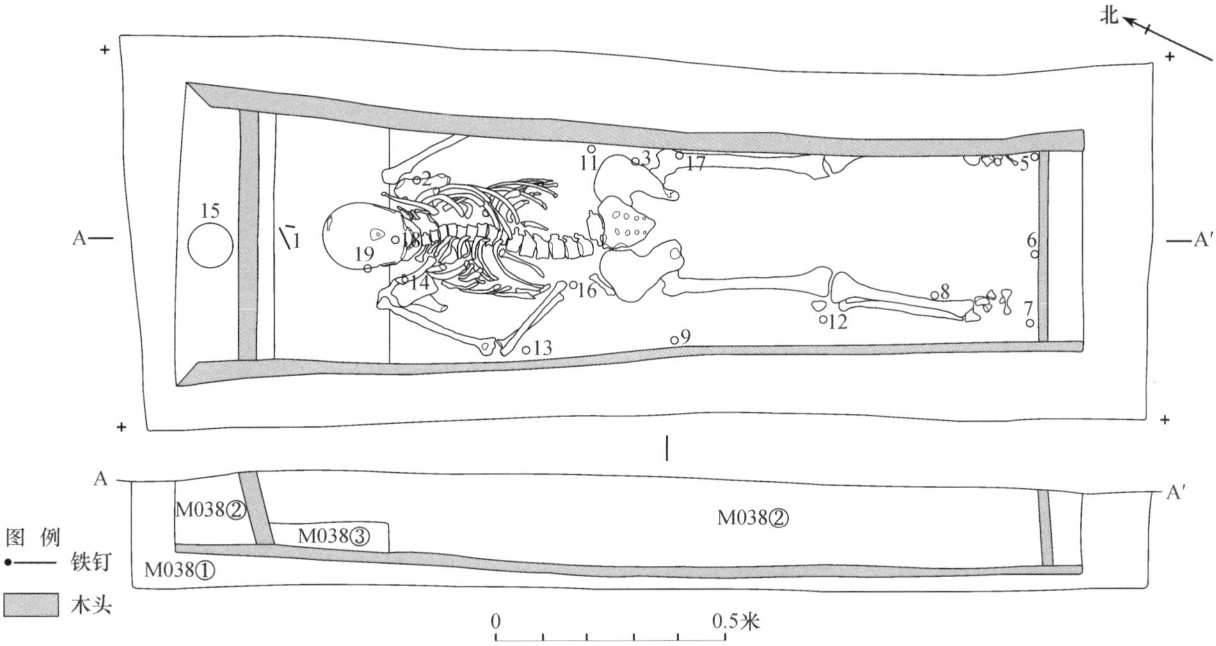


图115　M038平、剖面图

1. 银簪（M038②：1）　2、3、5～9、11～13、16～18. 铜钱（M038②：2、M038②：3、M038②：5、M038②：6、M038②：7、M038②：8、M038②：9、M038②：11、M038②：12、M038②：13、M038②：16、M038②：17、M038②：18）　14. 铜扣（M038②：14）　15. 瓷碗（M038②：15）　19. 铜耳环（M038②：19）
过筛出土：4. 铜钱（M038②：4）　10. 铜扣（M038②：10）

出土于棺东壁中间位置，1枚（M038②：5）出土于棺东南角，1枚（M038②：6）出土于棺南壁中间，1枚（M038②：7）出土于右侧趾骨南侧，1枚（M038②：8）出土于右胫骨中段下方，1枚（M038②：9）出土于西侧棺中间，1枚（M038②：11）出土于左手左侧，1枚（M038②：12）出土于右膝关节右侧，1枚（M038②：13）出土于右肘下方，1枚（M038②：16）出土于右腕部，1枚（M038②：17）出土于左腕部下方左股骨近端外侧，1枚（M038②：18）出土于颈部下方，最后1枚（M038②：4）为过筛出土；铜扣2件，其中1件带环铜扣（M038②：14）出土于下颌骨右侧锁骨左侧，1件铜扣（M038②：10）为过筛出土；铜耳环1件（M038②：19），出土于颅骨右下方右耳处。

**2. 人骨分析**

一次葬，仰身直肢，有枕具。颅后部被土枕垫高，使面朝前方、颅顶向上。下颌骨与颅骨紧密相连。肩胛骨上移且垂直放置，肋骨下移并平置。脊柱关节间隙较大，胸椎整体向左位移，第4和第5腰椎之间间隙最大。两上肢肘关节向外突出，即两肘关节屈曲（约35°）、前臂内收，使前臂的背侧面朝上且两肘倚靠棺壁。右手在腹部上，左手在左髋骨旁。两侧手腕关节分离，原来手心应是朝下的。骶骨往下位移，两侧髋骨向外张开且外旋。右髋关节紧密，左髋关节间隙较大。两膝关节松弛，髌骨在身躯之外。左胫骨外旋，右侧胫腓关节分开，两足的关节分离。两足的一部分骨骼位移到棺材的角落。性别判断为女性，依据是耻骨下角、坐骨耻骨支、骨盆整体形态、坐骨大切迹和颅骨前额、眶上缘、眶形、颧骨、额结节、顶结节、枕外隆突、下颌颏部、下颌角的形态。该个体牙齿磨耗较轻，臼齿为2～3级磨耗。耳状面有明显波浪状横纹，其他部分为细腻的颗粒状表面，推测为25～30岁。

额骨在前囟附近处有一块凹陷，呈圆角三角形状，中间有一个贯穿颅骨的圆孔，有明显的愈合痕迹，损伤表面很平滑、圆钝。该病变不是死后也不是死亡过程中形成的，穿孔周围的凹陷以及穿过这个孔边缘的骨缝表明该病例是脑（脊）膜突出（meningocele），而不是创伤或头部穿孔/环钻术（trepanation）。额中缝不闭合的情况在有神经管发育缺陷（developmental neural tube defects）的个体中较常见。这处凹陷的尺寸为前后径34.47毫米、左右径26.26毫米；穿孔的尺寸为最大直径7.69毫米、最小直径6.05毫米，从凹陷边缘至穿孔边缘的距离约8.4毫米。

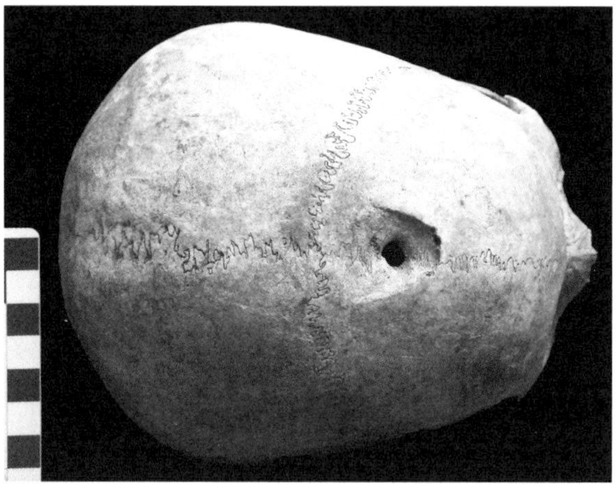

图116　M038脑脊膜膨出

M038额骨的病变为先天性病变，属于神经管发育缺陷，是部分颅骨未能良好愈合所致，与脊柱裂或无脑畸形等疾病相似。在脑膨出的个体中，突出的组织里有脑组织，这一般是致命的，但因为M038个体生存到成年，所以应为脑脊膜膨出（图116），而非脑组织膨出。对于此类病变，可以用“脑膨出”这个词，其包括上述两个概念，或者可以用“颅骨闭合不全/颅裂”（cranial dysraphism），这个术语只反映骨骼上的损伤，是一种颅骨的发育缺陷，颅骨上会出现不愈合的缺口①。该个体不一定有神经系统问题，这方面的问题在患者有脑膨出（encephalocele）的个体身上更常见，如果是脊柱下段出现发育缺陷，则经常会造成下肢神经系统的缺陷，因此这些神经系统的问题在该个体身上应都不存在，该个体所患疾病的主要表现只是头顶上的软组织突出。这种案例在考古材料中非常少见，特别是在成年个体上，目前世界上只发表过6个成年案例（顶骨人字点附近的闭合不全更常见一些，也有几个病例在颅面部）②。

除上述病症外，胫骨和股骨有愈合好的骨膜新骨。T11、T12的椎体略呈楔形。有愈合好的眶顶板筛孔样变，顶骨后侧和枕骨人字点附近有多孔性骨肥厚。下颌犬齿和第一前臼齿都有釉质发育不全。

---

① Barnes, Ethne. *Atlas of Developmental Field Anomalies of the Human Skeleton: A Paleopathology Perspective*. John Wiley and Sons, 2012; Verano, John W. “Differential diagnosis: trepanation”. *International Journal of Paleopathology*, 14, 2016, p.1-9; Buikstra, Jane E. *Ortner’s Identification of Pathological Conditions in Human Skeletal Remains*. Academic Press, 2019.

② Halling, C. L., and R. M. Seidemann. “A Probable Example of Cranial Dysraphism from New Orleans, Louisiana”. *International Journal of Osteoarchaeology,* 28, 4, 2018, p.470-474. https://doi.org/10.1002/oa.2672.

### 3. 出土遗物和随葬品

（1）瓷器

瓷碗　1件。M038②：15，胎呈黄褐色，较细腻，釉色青灰，青花颜色灰暗，侈口圆唇，斜弧腹，圈足，外壁绘有花卉纹。通高5.8厘米，口径11.8厘米，底径5.7厘米，壁厚0.3～1厘米，底厚1.1～1.3厘米，圈足厚0.3～1.2厘米（图117，1；彩图71）。

（2）铜器

铜扣　2件。

M038②：14，扣身呈椭球形，环状纽尚与小铜环相连接，通高1厘米，扣身长轴0.8厘米，短轴0.6厘米；环状纽外径0.4厘米，内径0.2厘米，小铜环椭圆形，外长轴0.7厘米、外短轴0.6厘米，内长轴0.55厘米、内短轴0.45厘米（图117，3）。

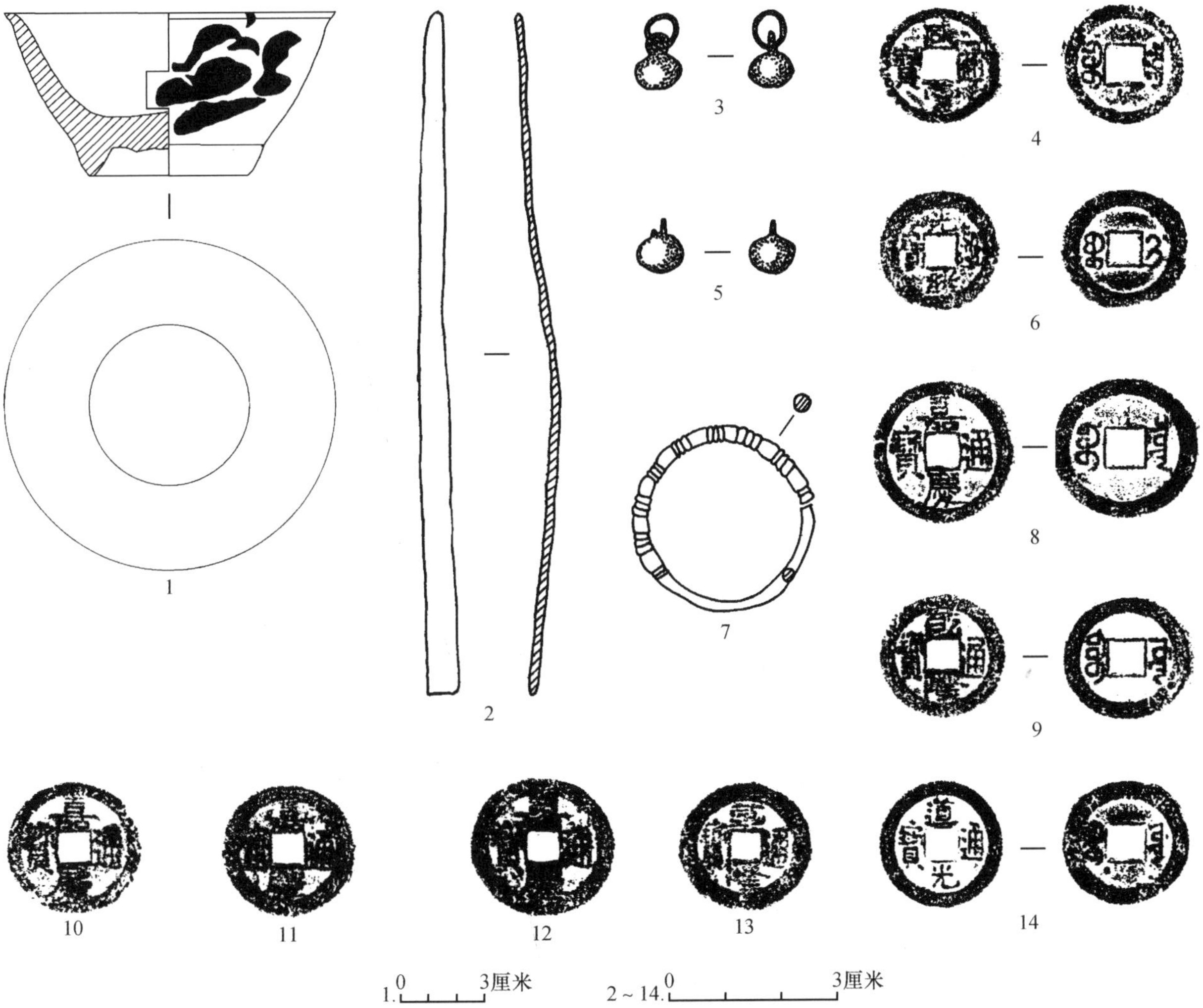

图117　M038出土遗物及拓片

1. 瓷碗（M038②：15）　2. 银簪（M038②：1）　3、5. 铜扣（M038②：14、M038②：10）　4. 咸丰通宝（M038②：2）　6. 光绪通宝（M038②：3）　7. 铜耳环（M038②：19）　8、10～12. 嘉庆通宝（M038②：7、M038②：6、M038②：8、M038②：12）　9、13. 乾隆通宝（M038②：11 、M038②：16）　14. 道光通宝（M038②：17）

M038②：10，残，扣身呈椭球形，残高1厘米，扣身长轴0.8厘米，短轴0.7厘米，环状纽残长0.3厘米、残宽0.25厘米（图117，5）。

铜耳环　1件。M038②：19，整体呈圆环形，约一半的部分有环状装饰，截面呈圆形。外径3.3厘米，内径2.75厘米，截面直径0.2～0.3厘米（图117，7；彩图72）。

铜钱　14枚。

M038②：2，咸丰通宝，圆形方孔钱。直径2.3厘米（图117，4）。

M038②：3，光绪通宝，圆形方孔钱。直径2.3厘米（图117，6）。

M038②：7，嘉庆通宝，圆形方孔钱。直径2.6厘米（图117，8）。

M038②：11，乾隆通宝，圆形方孔钱。直径2.3厘米（图117，9）。

M038②：6，嘉庆通宝，圆形方孔钱。直径2.4厘米（图117，10）。

M038②：8，嘉庆通宝，圆形方孔钱。直径2.4厘米（图117，11）。

M038②：12，嘉庆通宝，圆形方孔钱。直径2.6厘米（图117，12）。

M038②：16，乾隆通宝，圆形方孔钱。直径2.4厘米（图117，13）。

M038②：17，道光通宝，圆形方孔钱。直径2.3厘米（图117，14）。

M038②：4，嘉庆通宝，圆形方孔钱。直径2.45厘米。

M038②：5，因锈蚀严重，文字不明，圆形方孔钱。直径2.5厘米。

M038②：9，因锈蚀严重，文字不明，圆形方孔钱。直径2.4厘米。

M038②：13，咸丰通宝，圆形方孔钱。直径2.4厘米。

M038②：18，乾隆通宝，圆形方孔钱。直径2.25厘米。

（3）银器

银簪　1件。M038②：1，残，整体呈长条形，一端圆钝。残长17.2厘米，宽0.3～0.5厘米，厚0.1～0.15厘米（图117，2；彩图70）。

## （三十九）SM003

### 1. 墓葬形制与结构

SM003位于南发掘区东北角，为单人葬土坑竖穴墓，木棺四周墓坑较明显，平面呈长方形，直壁，平底，墓长2.1～2.15米、宽0.74～0.76米、深30～40厘米，方向348°（图118；彩图73）。有木棺1具，略梯形近长方形，保存比较差，大部分已腐烂，仅存较明显的木板痕迹，四边略往里塌陷，棺上部长1.86米、宽23～40厘米，深16～38厘米，棺底部长1.86米、宽37厘米。墓内颅骨下有一长方形黄色黏土（SM003③）制成的枕具，长36～40厘米、宽23厘米、厚4～7厘米。墓内堆积分三层：第1层布于墓坑内棺四周，呈回字形，长2.1～2.15米、宽0.74～0.76米、厚30～40厘米，为较致密黄白色砂质亚黏土，包含少量红褐色和灰褐色淤泥土块和少量小石子，出土瓷碗1个；第2层分布于整个木棺内，呈长方形，长1.86米、

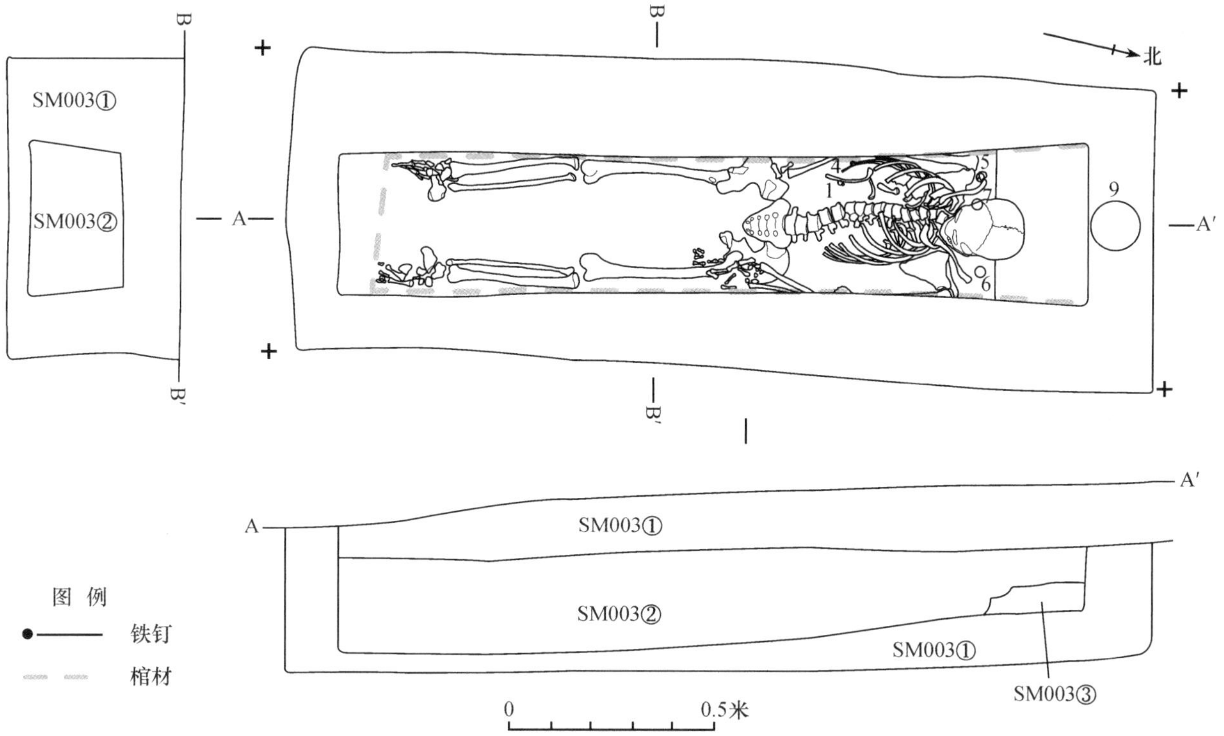


图118　SM003平、剖面图

1、4. 铜扣［SM003②：1（2件）、SM003②：4］　5. 铜钱（SM003②：5）　6、7. 铜耳环（SM003②：6、SM003②：7）　9. 瓷碗（SM003②：9）

过筛出土：2、3、8. 铜扣（SM003②：2、SM003②：3、SM003②：8）

宽23～40厘米、厚16～38厘米，为较疏松灰褐色砂质亚黏土，包含少量黄白色黏土块，出土铜耳环2件、铜扣6件、铜钱1枚、棺钉8件；第3层分布于颅骨下形成长方形枕具，为较疏松黄色黏土，长36～40厘米、宽23厘米、厚4～7厘米。随葬品有瓷碗1件（SM003②：9），出土于棺北端外中部墓圹内；铜耳环2件，其中1件（SM003②：6）出土于左耳下方，另1件（SM003②：7）出土于右耳下方；铜扣6件，其中2件（SM003②：1）出土于左侧肋骨中部，1件（SM003②：4）出土于右侧尺骨与桡骨之间，3件（SM003②：2、SM003②：3、SM003②：8）为过筛出土；铜钱1枚（SM003②：5）出土于颅骨与右肩胛骨之间。

**2. 人骨分析**

一次葬，仰身直肢，有枕具。颅骨位置正常，略向右旋转，面向前方，可能为死后尸体腐烂所致，与下颌骨连接紧密。锁骨与肩胛骨之间关节分离，两侧肩肱关节脱节，右肩胛骨向上位移，左肩胛骨向外位移，这可能与较窄的棺材造成的约束效应有关，因为骨架的右侧更紧密地倚靠棺材。肋骨全部平置，胸骨向右位移。第12胸椎和第1腰椎之间的关节脱节，所有的胸椎之间的关节间隙较大。肱骨向外侧移动而倚靠棺壁。两上肢直伸，两手位于两侧髋骨上，左手关节较乱，右手关节全部分离，两手的手心向下。两侧髋骨外展，右侧髋骨向外移动较远以至于靠近了棺材西壁，左侧髋骨也略向外移，髋关节脱节。两下肢直伸，右股骨向外旋转，使其内侧面朝上，两侧胫骨和腓骨也是内侧面向上，胫骨和腓骨之间的关节分离。左膝关节移位。两侧踝关节松弛，足因棺材的约束效应而倚靠棺壁。棺材的长度显著大于尸骨的身高。该个体的性别为女性，判断依据是耻骨下角的角度较大。其颅基底缝愈合，恒齿仅齿尖有轻微磨耗，耳状面上横纹明显，推测年龄为20岁左右。趾骨较细，可能为缠足所致。

胸骨的大部分变形，而且还可以观察到愈合线（fusion line）。下颌犬齿和前臼齿有釉质发育不全。右侧人字缝附近的颅骨被压平（图119），两侧顶骨往外突出；这很像颅缝早闭（craniosynostosis），但是很多颅骨有这个特征，可能是人为因素造成的颅骨枕部变形（例如婴幼儿时期使用较硬的平坦的枕具造成的）。有愈合得很好的眶顶板筛孔样变，顶骨和枕骨有一些多孔性状（图120），但愈合良好，无法确定其是否属于多孔性骨肥厚。脊椎体边缘有侵蚀性损伤，呈花边样表现，骶骨和胸骨柄后侧也有（图121）。T12略微腰椎化（lumbarized）。存在颞下颌关节病，特别是在左下颌有明显的骨质改建。两侧胫骨未发现骨膜新骨，但两侧股骨上有正在愈合过程中的条纹状骨膜新骨。两侧肘关节边缘有少许的唇缘。整体上骨架较为纤细。

图119　SM003颅骨上的多孔性状和右侧人字缝附近被压平

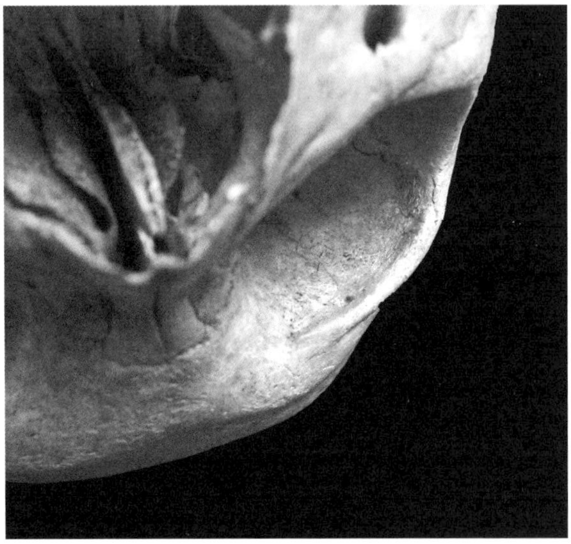

图120　SM003眶顶板筛孔样变

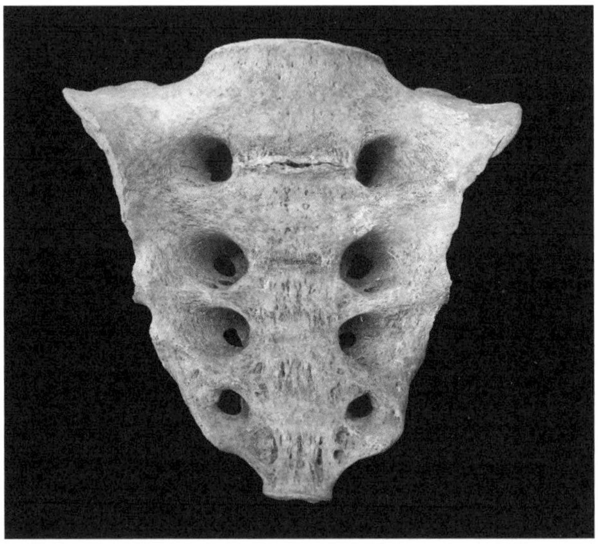

图121　SM003骶骨

## 3. 出土遗物和随葬品

（1）瓷器

瓷碗　1件。SM003②：9，胎呈黄褐色，较细腻，釉色青灰，青花颜色灰暗，敞口圆唇，斜弧腹，圈足，外壁绘有花卉纹，靠近底部有两圈青花线纹，底部有一花瓣纹。口径13厘米，底径6.3厘米，高5.5厘米，壁厚0.2～1厘米，底厚1～1.5厘米，圈足厚0.1～0.8厘米（图122，1；彩图74）。

（2）铜器

铜扣　6件。

SM003②：2，扣身呈球形，环装纽锈蚀严重向一侧偏。通高1.85厘米，扣身直径1.2厘米，环状纽外径0.8厘米、内径0.15厘米（图122，2）。

SM003②：1（2件编为一个器物号），扣身呈球形，环状纽尚与小铜环相连接。通高1.05厘米，扣身直径0.7厘米，环状纽外径0.42厘米，内径0.27厘米，小铜环外径0.7厘米，内径0.5厘米（图122，3）。

SM003②：3，扣身呈球形，环装纽内沾有布料。通高1.1厘米，扣身直径0.8厘米，环状纽外径0.4厘米、内径0.25厘米（图122，4）。

SM003②：4，扣身呈球形，饰有菱形纹饰和平行线纹，环装纽锈蚀严重向一侧偏。通高1.7厘米，扣身直径1.1厘米，环状纽外径0.8厘米、内径0.25厘米（图122，5）。

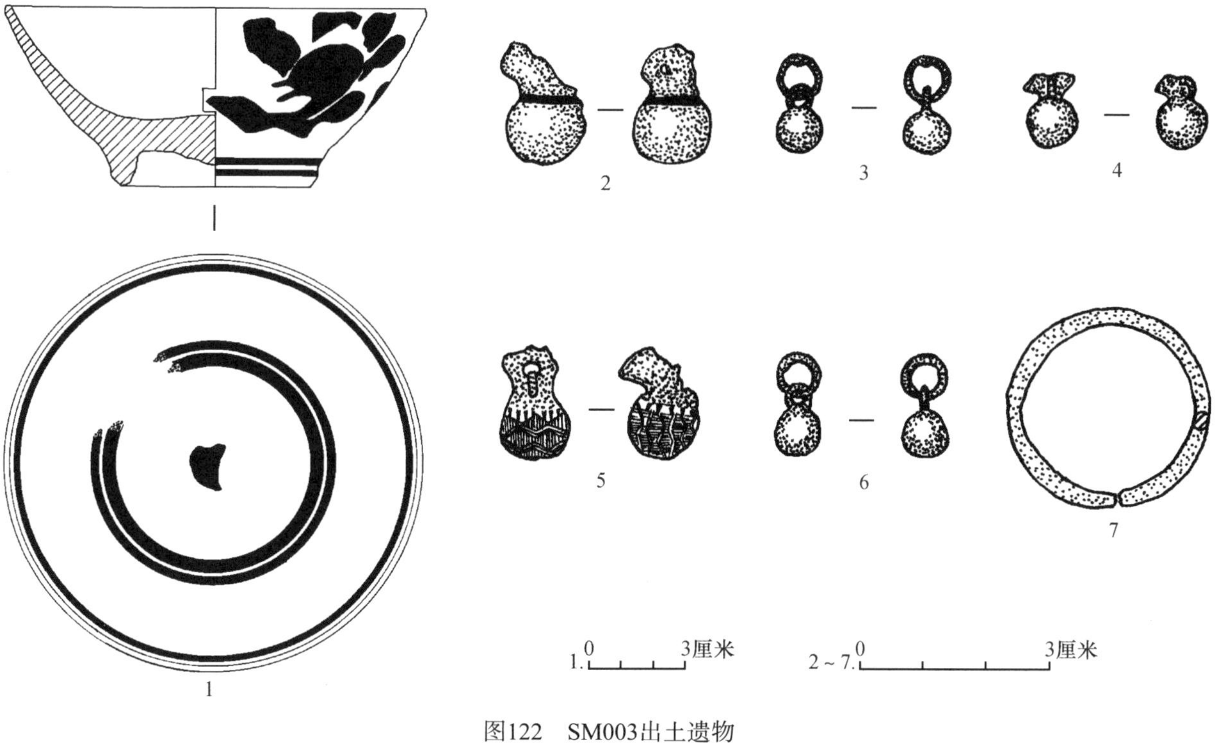


图122　SM003出土遗物

1. 瓷碗（SM003②：9）　2～6. 铜扣（SM003②：2、SM003②：1、SM003②：3、SM003②：4、SM003②：8）
7. 铜耳环（SM003②：6、SM003②：7）

SM003②：8，扣身呈球形，环状纽尚与小铜环相连接。通高1.1厘米，扣身直径0.7厘米，环状纽外径0.42厘米，内径0.25厘米，小铜环外径0.7厘米，内径0.5厘米（图122，6）。

铜耳环　2件。SM003②：6（SM003②：7与此器物相同），整体呈圆环形，截面呈圆形。外径3.2厘米，内径2.7厘米，截面直径0.25厘米（图122，7；彩图75）。

铜钱　1枚。SM003②：5，残，因锈蚀严重文字不明，圆形方孔钱，直径2.1厘米。

# 第四节　地表采集与地层出土遗物

地表采集的遗物编号为“17LP采集”；调查时能够明确观察到跟墓葬有关系的采集遗物根据调查墓葬号编号；地层出土的遗物根据发掘的地层编号*。

## 一、地表采集遗物

### 1. 瓷器

瓷器器底　1件。17LP采集：5，残，胎呈黄褐色，含细砂，釉色黄褐，圈足，底部无釉，内底有支钉的痕迹。残高2.6厘米，底径6厘米，壁厚0.6～0.8厘米，底厚1厘米，圈足厚0.65～0.85厘米（图123，1）。

瓷器口沿　1件。17LP采集：4，残，胎呈灰白色，较细腻，釉色青灰，青花颜色灰暗，外壁绘有花卉纹。残高5.5厘米，残宽3.4～3.7厘米，壁厚0.4～0.7厘米。

### 2. 铜器

铜环　1件。17LP采集：6，残，整体呈半圆形，一端逐渐变细较尖，截面呈椭圆形。外径2厘米，内径1.6厘米，截面长轴0.4厘米，短轴0.25厘米（图123，2）。

铜钱　3枚。

17LP采集：3，元丰通宝，圆形方孔钱。直径2.55厘米（图123，3）。

17LP采集：1，残，仅存“通”字，圆形方孔钱。直径约2.2厘米。

17LP采集：2，元丰通宝，圆形方孔钱。直径2.5厘米。

---

* 此节因遗物出土单位特殊，故编号中保留“17LP”。

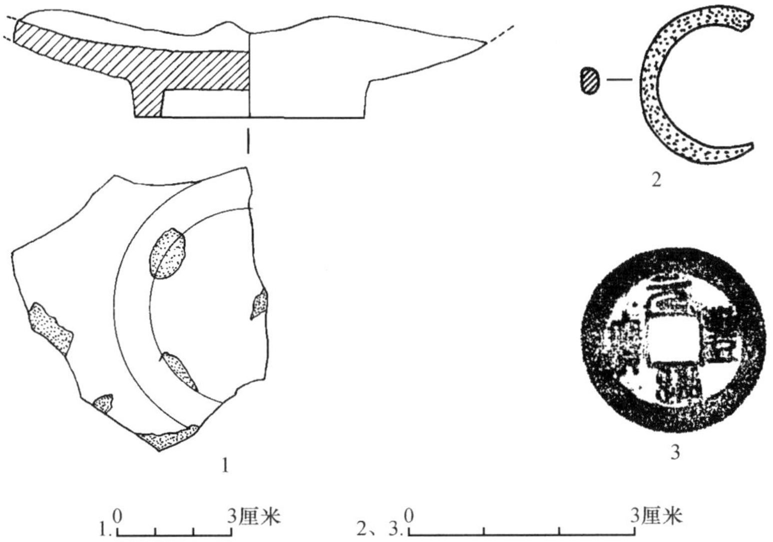


图123　地表采集遗物及拓片

1. 瓷器器底（17LP采集：5）　2. 铜环（17LP采集：6）　3. 铜钱拓片（17LP采集：3）

## 二、调查墓葬采集遗物

此为调查M023采集的遗物。

**1. 陶器**

陶器口沿　2件。

调查17LPM023：5，残，胎呈黄白色，含细砂，酱釉，侈口圆唇，卷沿，端肩。残高4.2厘米，口径10厘米，壁厚0.6～0.9厘米，肩部直径11.2厘米（图124，1）。

调查17LPM023：6，残，胎呈灰白色，较细腻，釉呈青灰色，侈口圆唇，青花颜色灰暗，外壁饰有花卉纹。残高2.1厘米，壁厚0.4厘米。

陶器器底　2件。

调查17LPM023：7，残，胎呈灰白色，含细砂，酱釉，圈足，底部无釉。残高4.1厘米，底径7厘米，壁厚0.3厘米，底厚0.4～0.5厘米，圈足厚0.5厘米（图124，2）。

调查17LPM023：4，残，胎呈黄褐色，较细腻，内外壁呈灰褐色，平底。残高2.3厘米，底径4.8厘米，壁厚0.6～0.7厘米，底厚0.75～0.9厘米（图124，3）。

**2. 铜器**

铜钱　3枚。

调查17LPM023：2，元丰通宝，圆形方孔钱。直径2.4厘米（图124，4）。

调查17LPM023：1，残，因锈蚀严重文字不明，圆形方孔钱。直径2.5厘米。

调查17LPM023：3，残，因锈蚀严重文字不明，圆形方孔钱。直径2.5厘米。

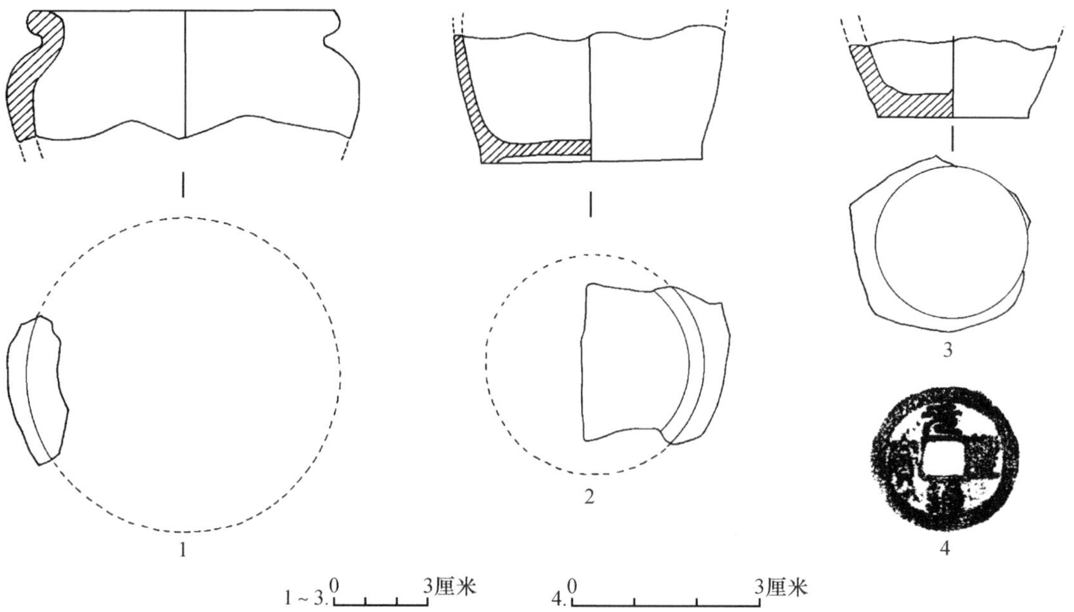


图124　调查M023地表遗物及拓片

1. 陶器口沿（调查17LPM023：5）　2、3. 陶器器底（调查17LPM023：7、调查17LPM023：4）　4. 铜钱拓片（调查17LPM023：2）

## 三、第2层出土遗物

### 1. 瓷器

瓷器口沿　2件。

17LP②：2，残，胎呈黄白色，含细砂，釉色黄褐。残高3.5厘米，残宽1～4.1厘米，壁厚0.5～0.8厘米（图125，1）。

17LP②：4，残，胎呈灰白色，较细腻，釉色灰白。残高5厘米，残宽1.9～2.85厘米，壁厚0.3～0.6厘米（图125，4）。

### 2. 铜器

铜扣　1件。17LP②：5，扣身呈球形，环状纽尚与小铜环相连接。通高1.45厘米，扣身直径0.92厘米，环状纽椭圆形，外长轴0.55厘米，短轴0.45厘米，内长轴0.42厘米，短轴0.26厘米，小铜环外径0.85厘米，内径0.6厘米（图125，5）。

铜钱　1枚。17LP②：1，残，仅存小部分边缘，无法辨认是否有字，圆形方孔钱。直径约2.3厘米。

### 3. 铁器

铁棺钉　1件。17LP②：3，方钉，钉头呈枣核形，钉身截面呈长方形，通体锈蚀。通长14.4厘米，钉头长2.2厘米，宽0.2～0.6厘米，钉身宽0.25～0.9厘米，厚0.45～0.8厘米（图125，2）。

铁勺　1件。17LP②：6，通体锈蚀，整体呈凸镜形，外侧残存连接勺柄的部分。直径10.1厘米，高3.2厘米，壁厚0.2厘米（图125，3）。

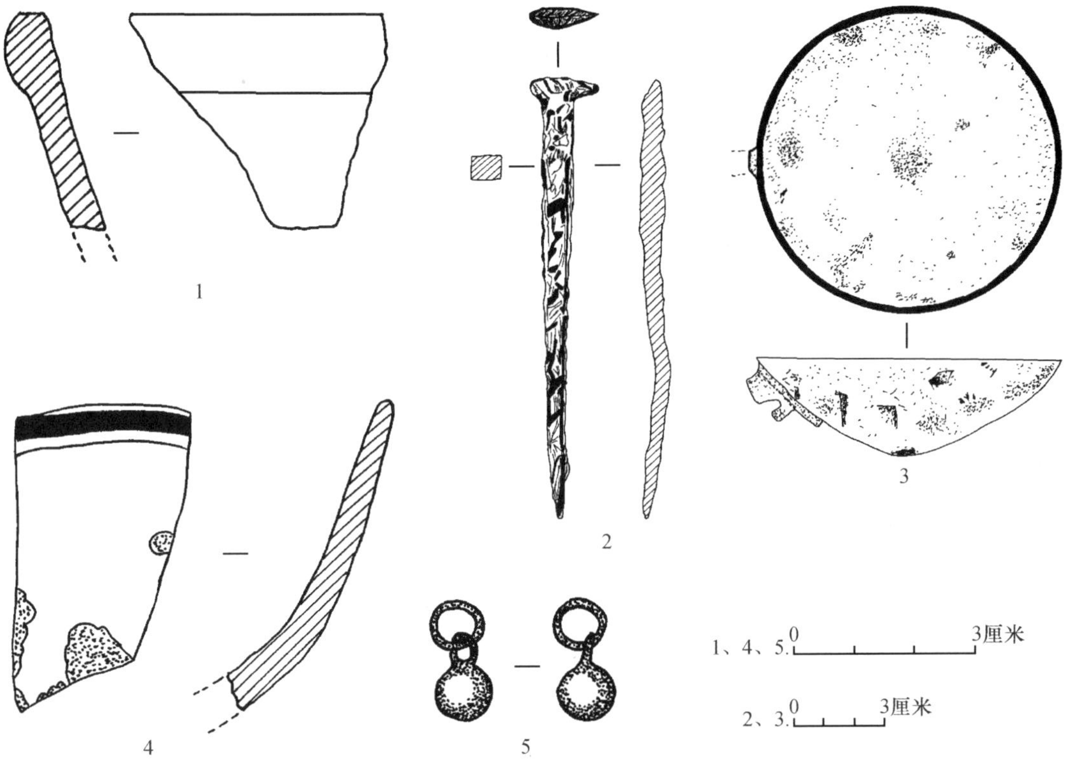


图125　第2层出土遗物

1、4. 瓷器口沿（17LP②：2、17LP②：4）　2. 铁棺钉（17LP②：3）　3. 铁勺（17LP②：6）　5. 铜扣（17LP②：5）

# 第三章 2017年偏脸城西侧外考古发掘收获与认识

## 第一节 北区墓地分期与年代

### 一、墓葬分类

根据保存情况、深度、葬具、堆积与空间分布的观察和比较，可以将已清理的墓葬分两大类（图126；附表1）。

深坑墓葬：深度大于20厘米（20～60厘米），保存状态比较好，棺盖保存比较好，棺盖上有堆积，墓坑明显（比木棺大一圈）。主要分布于发掘区的南半部（表1）。典型例子如M030（图95）。

浅坑墓葬：深度小于20厘米（1～19厘米），保存状态比较差，未见棺盖，墓坑不明显。主要分布于发掘区的北半部（表2）。典型例子如M003（图19）。

关于深坑墓葬和浅坑墓葬的形成，应该主要与其形成时间有关，所体现的是挖掘墓坑方式的差异和年代次序，而不与地势等自然环境因素有关，原因有二：第一是深浅墓葬有相邻的情况，并不是所有的深坑墓葬和浅坑墓葬都截然分开地处于两个区域；第二是墓葬内随葬品的年代确实有差异，这也是我们把墓葬分为这两类的主要因素。

**表1 深墓葬（18座）**

| 墓葬编号 | 平均深度（米） | 墓内所有的堆积单位 |
|---|---|---|
| M038 | 20 | M038①、M038②、M038③ |
| M017 | 20 | M017①、M017②、M017③ |
| M018 | 21 | M018①、M018②、M018③ |
| M024 | 23 | M024①、M024② |
| M036 | 25 | M036①、M036②、M036③、M036④ |
| M033 | 27 | M033①、M033②、M033③ |
| M027 | 28 | M027① |
| M014 | 32 | M014①、M014②、M014③ |

续表

| 墓葬编号 | 平均深度（米） | 墓内所有的堆积单位 |
|---|---|---|
| M030 | 34 | M030①、M030②、M030③、M030④ |
| M019 | 35 | M019①、M019②、M019③ |
| SM003 | 38 | SM003①、SM003②、SM003③ |
| M023 | 41 | M023①、M023②、M023③ |
| M031 | 42 | M031①、M031②、M031③、M031④、M031⑤ |
| M020 | 45 | M020①、M020②、M020③ |
| M021 | 47 | M021①、M021② |
| M016 | 50 | M016①、M016②、M016③ |
| M025 | 52 | M025①/M015①、M025②、M025③ |
| M015 | 56 | M015①、M015②、M015③、M015④、M015⑤ |

**表2　浅墓葬（19座）**

| 墓葬编号 | 平均深度（米） | 墓内所有的堆积单位 |
|---|---|---|
| M028 | 2 | M028① |
| M004 | 4 | M004①、M004② |
| M029 | 5 | M029①、M029② |
| M034 | 5 | M034①、M034② |
| M001 | 5 | M001①、M001② |
| M008 | 6 | M008①、M008②、M008③ |
| M005 | 6 | M005① |
| M032 | 6 | M032① |
| M003 | 7 | M003①、M003② |
| M010 | 8 | M010①、M010②、M010③ |
| M006 | 10 | M006①、M006② |
| M009 | 12 | M009① |
| M013 | 13 | M013①、M013②、M013③ |
| M007 | 15 | M007①、M007② |
| M022 | 15 | M022①、M022②、M022③ |
| M037 | 16 | M037①、M037② |
| M012 | 17 | M012① |
| M011 | 17 | M011①、M011② |
| M002 | 18 | M002①、M002②、M002③ |

这两大类的存在很可能跟墓地使用的前后时期有关。通过器物分析可以观察器物组合和类型，从而进一步证实该墓葬的分类，并对这两个类型提供断代线索。

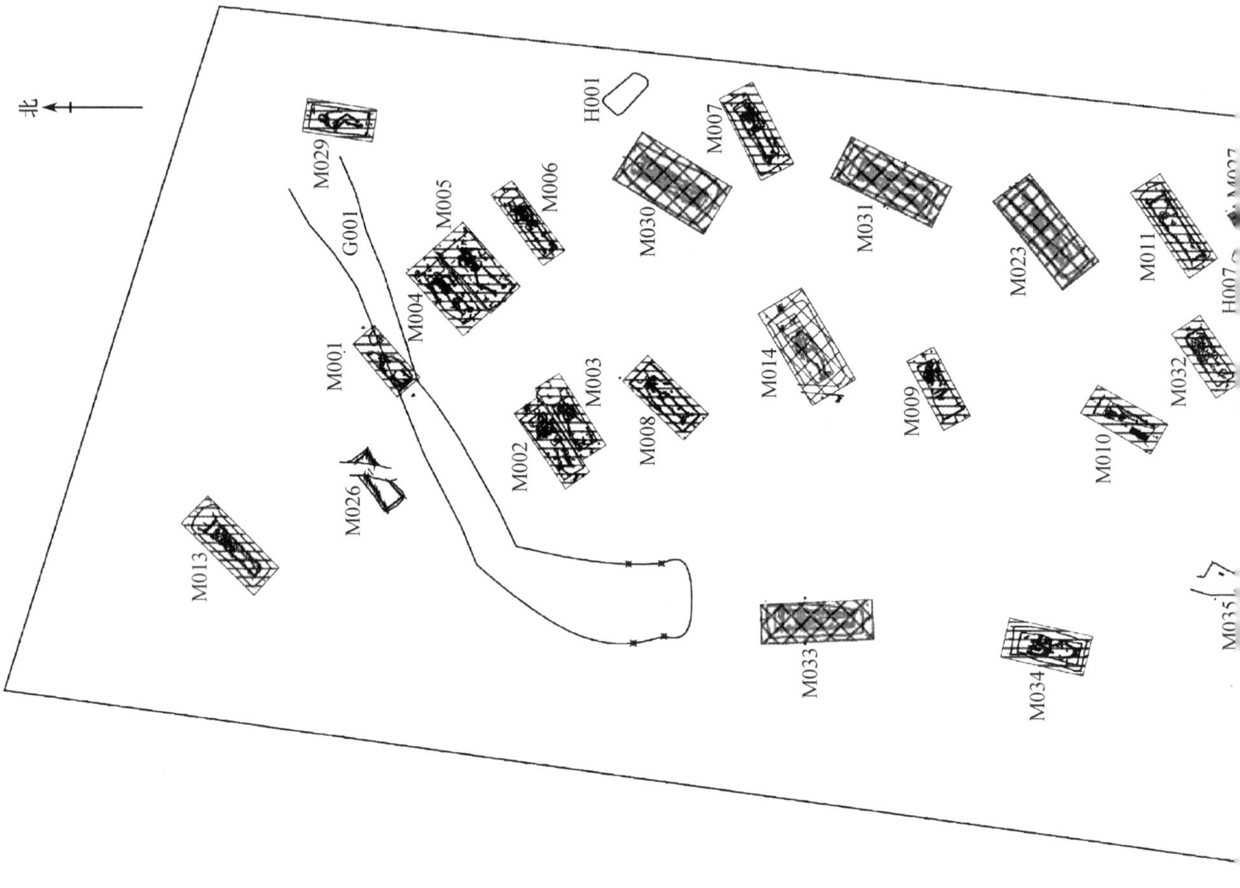
北
H001
M029
G001
M005
M006
M007
M030
M031
M023
M011
M004
M001
M003
M008
M014
M009
M032
M002
M010
M026
M013
M033
M034

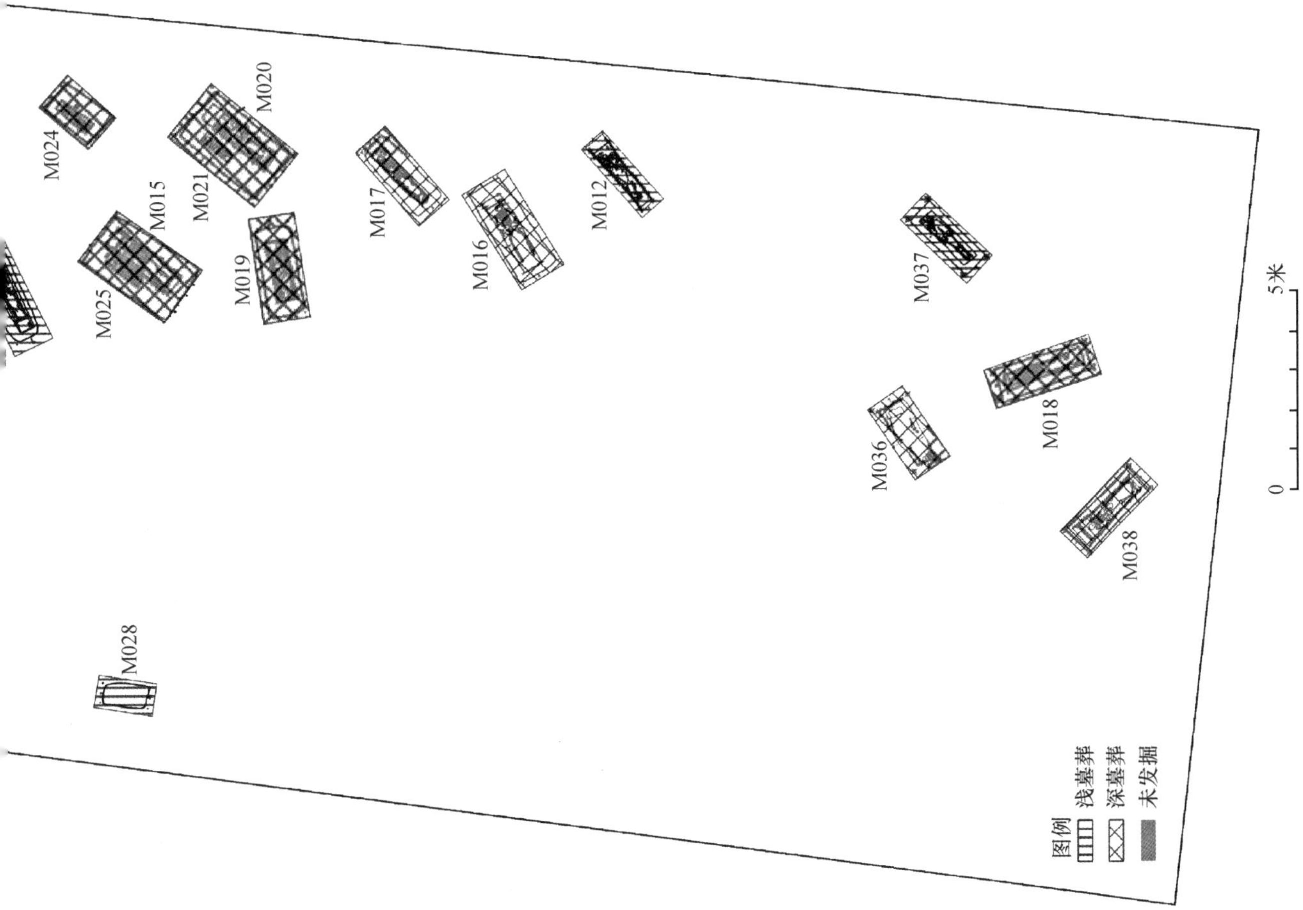


图126 两类墓葬分布图

# 二、器物分析

## 1. 出土遗物种类和数量

这批墓葬发掘过程中一共出了500余件小件。整体分类如下：

瓷器：11件完整瓷碗、1件瓷碟、1件瓷罐；

铜钱：292枚铜钱；

铁器：39件（其中20件棺钉）；

铜器：173件（其中70件铜扣、5件铜耳环）；

琉璃器：7件；

玻璃器：3件；

银器：3件；

铝器：1件；

金器：1件；

衣服：布料、2件鞋垫、1件皮革、塑料扣13件、琉璃扣5件、布料扣1件；另有鸡蛋壳等。

有的遗物属于随葬品，即"古代埋葬死者时放置在墓室、墓道、陪葬坑或墓葬填土中的器具或其他物品。包括使用器具、模型明器以及动物等。其来源既有死者生前所用的生产工具、生活用品、玩物物什、武器等，也有亲友或官府赙赠的丧葬用品。随葬品的组合与多寡，显示出墓主人的身份与等级，但在不同的历史时期有不同的礼仪规定"①。在该墓地中随葬品种类少、经济价值不高，有瓷器、铜钱、琉璃器、鸡蛋壳等。有的遗物非随葬品，而属于装饰品和衣服的部分，如耳环、指环、头饰、扣子、鞋垫等，棺钉属于葬具（棺材）的构件。

该墓地中，最常见的随葬品（附录2）为铜钱：39座墓葬中有19座出土铜钱，占49%；次要随葬品为瓷碗：39座墓葬中有15座出土瓷碗，占38%。只发现8座墓有铜钱和瓷碗的组合，占20%。随葬有铜钱的19座墓葬中12座墓葬墓主人为女性、5座墓葬墓主人为男性、2座墓葬墓主人性别不明。随葬有瓷碗的15座墓葬中有10座墓葬墓主人为女性、4座墓葬墓主人为男性、1座墓葬墓主人性别不明。出土玻璃容器的墓葬只发现有3座，占8%，墓主人为2名女性、1名男性，出土玻璃容器的3座墓葬中只有1座墓葬（M006，墓主人为女性）也出铜钱。所以随葬品的性别分配大概与整个墓地的性别分布相关，三分之二为女性，三分之一为男性。而整体放置有随葬品的墓葬只占整个墓地的一半。

## 2. 瓷碗

中国和北美中国移民清末民国时期墓地中，最常见的随葬品为瓷碗。例如在东北地区以往发

① 王巍：《中国考古学大辞典》，上海辞书出版社，2014年，第40～41页。

掘的清末墓葬，以及加拿大Kootenay地区Fort Steele市的Wild Horse Creek墓地（1864—1914年）[①]。

发现的瓷碗可以分两大类，年代最早的瓷碗一般在博物馆或以往发表的考古学简报中被断代为清末或民国时期（图127-1～5），但对于最晚的瓷碗在以往发表的考古学材料中尚未见可比材料，年代应该在20世纪10—30年代（图127-6～9）。

早段瓷碗（图127-1～5）器形特征为腹部比较斜直，圈足较粗，瓷胎呈黄或褐灰色，白釉泛青色，纹饰母题以植物和花为主，轮廓模糊，颜色偏深灰，年代应为19世纪至20世纪初。晚段的瓷碗（图127-6～9）腹部比较孤、圈足比较细、瓷胎更白、纹饰蓝色比较鲜艳图案多样（山水、福字等），年代应为20世纪10—30年代。

年代最早的类似瓷碗以往发现于辽宁省沈阳八王寺[②]、吉林省农安县库尔金堆清代墓葬[③]（图128-1～3）、淮安楚州翔宇花园清代墓葬[④]（图128-4）、黑龙江省五常市拉林机场清代遗址[⑤]和依兰县倭肯遗址和羊角沟遗址[⑥]（图128）。

年代比较晚的瓷碗与美国各地华裔墓地（20世纪初）中出土的瓷碗很相似[⑦⑧⑨]。

---

① Pasacreta, Laura J. "White Tigers and Azure Dragons: Overseas Chinese Burial Practices in the Canadian and American West (1850s to 1910s)". Thesis, Department of Archaeology-Simon Fraser University, 2005, p.105, p.116. http://summit.sfu.ca/item/10335.

② 沈阳市文物考古研究所：《沈阳八王寺地区考古发掘报告》，辽海出版社，2011年，图版28。

③ 王新生、邢春光、刘晓溪、Pauline Sebillaud（史宝琳）：《吉林省农安县库尔金堆古城址西南角“点将台”的发掘》，《北方文物》2016年第1期，第12～18页，图八-5～7。

④ 淮安市博物馆：《淮安楚州翔宇花园明清墓葬群发掘简报》，《东南文化》2012年第1期，第60～67、70页，图十一-2。

⑤ 黑龙江省文物考古研究所：《黑龙江省五常市拉林机场清代遗址发掘简报》，《北方文物》2015年第4期，第48～52页，图一-14、15、17、18，图版一。

⑥ 黑龙江省文物考古研究所、吉林大学边疆考古研究中心：《黑龙江省依兰县倭肯遗址、羊角沟遗址2016年发掘简报》，《边疆考古研究》（第24辑），科学出版社，2018年，第91～108页。

⑦ "Ceramic artifacts represent a significant percentage of all artifacts recovered from the Market Street Chinatown and were recovered from features across the site. This assemblage includes many vessel forms that are commonly found in Overseas Chinese sites dating to the late-19th century, including Four Flowers, celadon, Double Happiness, and Bamboo designs. Both Chinese and non-Chinese Californians, then, moved through a world that was materially saturated with objects from the pan-Pacific trade, objects that were discursively associated with the feminine in Anglo-American culture." Williams, Bryn. "Chinese Masculinities and Material Culture". *Historical Archaeology* 42, 3, 2008, p.5367.

⑧ "The majority of Chinese ceramics are Bamboo pattern rice bowls, which were commonly used by Chinese laborers throughout the American West between about 1850 and 1910 and particularly before about 1890. Relatively expensive ceramics were also recovered, reflecting the importance placed on funerary offerings. Celadon, common between the 1870s and 1920s, cost about twice as much per vessel as Bamboo pattern vessels". Smits, Nicholas J., "Roots Entwined: Archaeology of an Urban Chinese American Cemetery". *Historical Archaeology*, 42, 3, 2008, p.116.

⑨ "Rituals in the Chinese section of Lone Fir Cemetery. The bowls, cups, jars, and bottles would have contained food and beverage offerings to be left at the grave sites for consumption by the dead, and some of the vessels may have contained food to be consumed by the living during memorial feasts". Smits, Nicholas J., "Roots Entwined: Archaeology of an Urban Chinese American Cemetery". *Historical Archaeology*, 42, 3, 2008, p.117.

图127　完整瓷碗

1. M030④：1　2. M038②：15　3. SM003②：9　4. M014④：1　5. M023②：4　6. M022①：3　7. M019③：1　8. M002①：1　9. M004①：6

M033出土的瓷罐（M033②：5，彩图62）与梨树县博物馆藏的被判断为民国时期的瓷罐很相似（图129）。

该墓地出土的瓷器因为年代很晚，所以可以进行的比较研究非常有限。不过，大体上可以判断年代，另外这类产品的质量符合当地生产的日常生活用品，未发现外来因素特征或长途贸易线索。

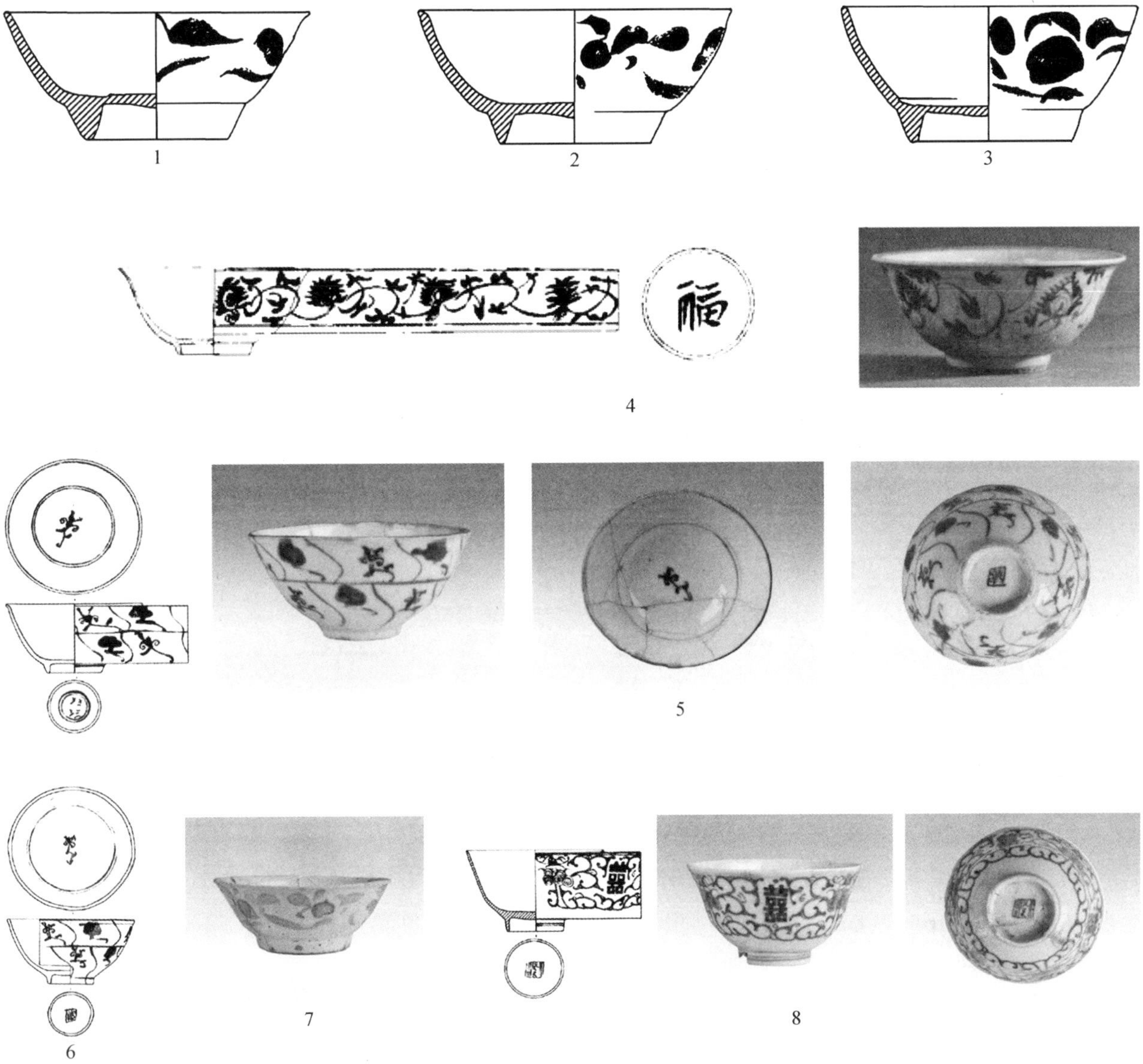

图128　农安库尔金堆、淮安楚州翔宇花园、五常拉林机场清代墓葬出土的瓷碗

［1～3. 王新生、邢春光、刘晓溪、Pauline Sebillaud（史宝琳）：《吉林省农安县库尔金堆古城址西南角“点将台”的发掘》，《北方文物》2016年第1期，第12～18页，图八-5、6、7；4. 淮安市博物馆：《淮安楚州翔宇花园明清墓葬群发掘简报》，《东南文化》2012年第1期，第60～67、70页，图十一-2；5～8. 黑龙江省文物考古研究所：《黑龙江省五常市拉林机场清代遗址发掘简报》，《北方文物》2015年第4期，第48～52页，图一-14、15、17、18，图版一］

### 3. 玻璃瓶

玻璃瓶是中国考古资料中目前很少见的遗物。不过，《侵华日军第七三一部队旧址——细菌实验室及特设监狱考古发掘报告》报告中发表有类似M022出土的写有“外科一品”文字的透明棕色小玻璃瓶（M022①：2；图79-2），无疑为药瓶，断代为20世纪30年代末[①]（图130）。

① 黑龙江省文物考古研究所、侵华日军第七三一部队罪证陈列馆、哈尔滨工业大学土木建筑工程学院、东北师范大学历史文化学院：《侵华日军第七三一部队旧址——细菌实验室及特设监狱考古发掘报告》，科学出版社，2018年，图版一一九-3。

图129　梨树县博物馆民国时期瓷罐

图130　侵华日军第七三一部队旧址细菌实验室出土的药瓶

（黑龙江省文物考古研究所、侵华日军第七三一部队罪证陈列馆、哈尔滨工业大学土木建筑工程学院、东北师范大学历史文化学院：《侵华日军第七三一部队旧址——细菌实验室及特设监狱考古发掘报告》，科学出版社，2018年，图版一一九-3）

虽然在北美很常见清末至民国时期中国移民的酒瓶遗物，例如加拿大Kootenay地区Fort Steele市的Wild Horse Creek 墓地（1864～1914年）①，但在偏脸城晚期墓地发掘中未发现酒瓶。

**4. 头饰**

偏脸城晚期墓地出土的装饰品很少。主要为头饰，但是跟以往发表的清末时期墓葬出土的头饰比较来说非常简易。江苏省淮安楚州翔宇花园②、黑龙江省齐齐哈尔奈门沁③、吉林省榆树上台子④清代墓葬出土的簪子或头饰（图131）均比偏脸城出土的头饰精致。偏脸城晚期墓地女性个体多，但是饰物均为较朴素的风格。

① Pasacreta, Laura J. “White Tigers and Azure Dragons: Overseas Chinese Burial Practices in the Canadian and American West (1850s to 1910s)”. Thesis, Department of Archaeology-Simon Fraser University, 2005, p.105. http://summit.sfu.ca/item/10335.

② 淮安市博物馆：《淮安楚州翔宇花园明清墓葬群发掘简报》，《东南文化》2012年第1期，第60～67、70页，图版四-2。

③ 黑龙江省文物考古研究所：《黑龙江省齐齐哈尔市奈门沁遗址发掘简报》，《北方文物》2012年第3期，第50～54页，图八-1。

④ 吉林省文物考古研究所、榆树市博物馆：《吉林省榆树市上台子墓群发掘报告》，《北方文物》2010年第1期，第20～28页，图八。

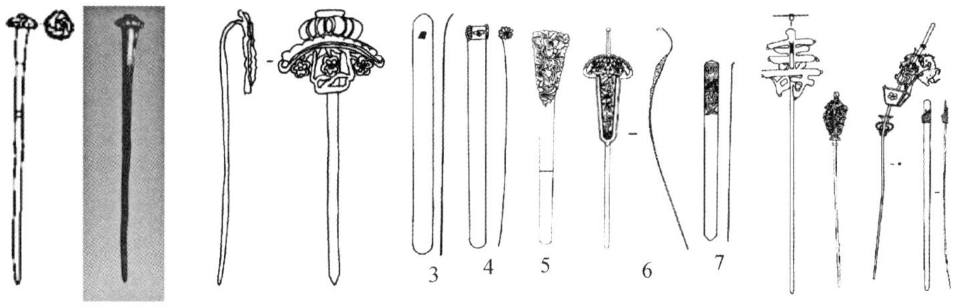


图131　淮安楚州翔宇花园、齐齐哈尔奈门沁、榆树上台子清代墓葬出土的头饰

（1. 淮安市博物馆：《淮安楚州翔宇花园明清墓葬群发掘简报》，《东南文化》2012年第1期，第60～67、70页，图版四-2；2. 黑龙江省文物考古研究所：《黑龙江省齐齐哈尔市奈门沁遗址发掘简报》，《北方文物》2012年第3期，第50～54页，图八-1；3～11. 吉林省文物考古研究所、榆树市博物馆：《吉林省榆树市上台子墓群发掘报告》，《北方文物》2010年第1期，第20～28页，图八）

### 5. 扣子

出土扣子的墓葬有23座。未发现扣子的墓葬，部分可能因为扣子是布料所制而未能保存。扣子大小均为1～2厘米，并不大，不算太精致，所缀属的衣服应该是比较普通的样式。墓主人被埋葬时应该大部分穿着日常衣服。

第一类为铜纽扣，扣身呈球形，环状纽尚与小铜环相连接，为最常见，出现在14座墓葬中［M006（跟第3类组合）、M012、M014、M015、M017、M020、M023、M024、M025、M027、M030、M037、M038、SM003］（图132-1）。发现有铜扣的14座墓葬中12座墓葬为深墓葬，只有2座浅墓葬（M012和M037）。

第二类为布扣，由绳子打结制成，主体近椭圆形，只保存在1座墓葬（M033）中，但是当时很常见，大部分没发现扣子的墓葬可能是因为墓主人穿的衣服带有的布扣是布料所制，属于有机质材料，在埋葬环境中未能保存（图132-2）。

第三类为铜高脚扣，扣身呈圆形，正面有火轮船纹，背面中央有一环状纽与铭文“TREBLE SILVERED W B”，为清末外国瑞生洋行产轮船图案的铜鎏金机制币式扣，本墓地中这种扣子是一个例外，仅在M006中发现了一枚（M006①：6），与其他属于第一类的铜扣构成组合（图132-3）。第三类为一个过渡类型，该扣子为圆盘形，但是跟球形铜纽扣成组合。这种结构19世纪在欧洲和北美一直很常见[①]。

第四类为蚌扣，很薄，风化严重，颜色灰白，共有2～4个穿孔，出土于2座墓葬（M004、M009）中（图132-4）。第四类扣子均出现在浅墓葬中。

第五类为琉璃扣，圆形，颜色洁白，共四孔，孔与边缘之间有一圈凸起，出土于2座墓葬（M008、M013）中（图132-5）。第五类扣子均出现在浅墓葬中。这种看起来由琉璃制成，

① Olsen, Stanley J. “Dating Early Plain Buttons by Their Form”. *American Antiquity* 28, 4, 1963, p.551-554. https://doi.org/10.2307/278568.

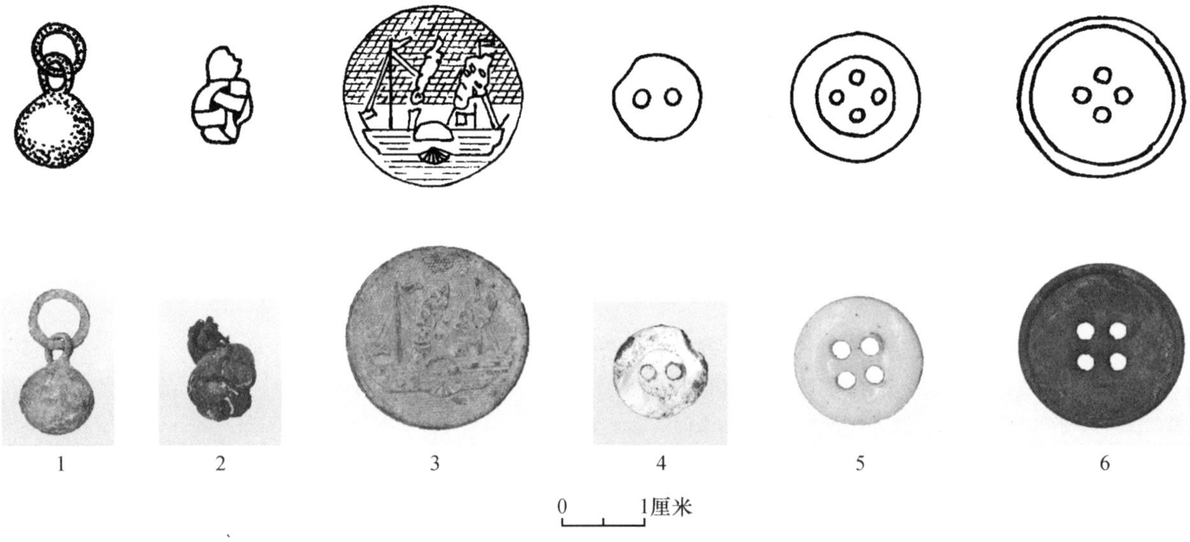


图132　扣子的类型

1. M027①：2　2. M033②：6　3. M006①：6　4. M004①：3　5. M008①：4　6. M032①：3

一面为粗糙凹凸不平类似橘皮样的，是“普罗塞尔扣子（Prosser button）”[①]。“普罗塞尔扣子”是第一批工业生产的扣子。这种扣子的制造方法是19世纪40年代普罗塞尔在英国发明的，用很细腻的黏土加石英与长石磨成细粉，用钢制模具造型，并在密闭加压窑中高温烧制，达到瓷器硬度。19世纪70年代在法国Bapterosses其制造方法被升级：改变了黏土中加的长石的比例和质量，并加牛奶或其他含酪蛋白的材料作为黏合剂，生产中利用一次性可制造500个扣子的范与能自动运输到窑的机器，提高窑温等（1872年的专利）。一次启动300个窑进行烧制，每次只需烧制15分钟，从而可以开始大量生产。扣子的其中一面，即麻面的一面，是扣子从范里取出时留下的痕迹，考古出土的99%的普罗塞尔扣子都是带四个穿孔的白色扣子。在制造普罗塞尔扣子的工厂中，布里亚尔（Briare）工厂的产量特别大（达到每天几吨），从而出口到全世界。“普罗塞尔扣子”（又称“牛奶色玻璃扣子”，即“milk glass buttons”）的生产延续一直到20世纪40年代，之后改成塑料扣[②]。

第六类为塑料扣，圆形，中心厚，向周围渐薄，正面略凸，背面凸起较明显，边缘有一圈向正面卷起，共四孔，出土于4座墓葬（M005、M029、M032、M034）中（图132-6）。饰有这种扣子的衣服至少有一部分是工业生产的。第六类扣子均出现在浅墓葬中。另外，M002出土了塑料耳坠，M031出土了塑料鞋饰。这6座墓葬年代应较晚。橡胶扣子于19世纪50年代在美国发明（1851年Goodyear的专利），但是19世纪末才开始大量生产和出口[③]。

① Sprague, Roderick. “China or Prosser Button Identification and Dating”. *Historical Archaeology* 36, 2, 2002, p.111-27.

② Marcel, Sarah Elizabeth. “Buttoning Down the Past: A Look at Buttons as Indicators of Chronology and Material Culture”. *University of Tennessee Honors Thesis Projects*, 1994, p.1-20.

③ Marcel, Sarah Elizabeth. “Buttoning Down the Past: A Look at Buttons as Indicators of Chronology and Material Culture”. *University of Tennessee Honors Thesis Projects*, 1994, p.1-20.

第一类和第二类属于球形传统衣服制造方法的扣子，年代应较早。第四、第五和第六类扣子均为圆盘形，应属于至少部分是工业生产的衣服，年代应该比较晚。扣子的类型学分析与根据墓葬结构而划分出的深、浅墓葬两大类型大体上相符合。深墓葬大体上年代可能略早（1890—1910年），而浅墓葬大体上年代略晚（1910—1930年）。

铜纽扣在以往发表考古学材料常见于清代墓葬，如在辽宁沈阳八王寺①、吉林省农安县库尔金堆②（图133-1～4）、榆树上台子③（图133-5～8）和韩家屯④（图133-12）、黑龙江省齐齐哈尔奈门沁⑤（图133-9～11）清代墓葬中，年代均为清末时期。

第二类扣子（布扣）只有在比较特殊的埋葬条件才可以保存，吉林省文物考古研究所与农安县管理所2013年发掘的农安库尔金堆清代墓葬曾经出土过一条带有一系列布扣的裤子（图134）。

有关合葬墓，墓葬考古学的假设普遍为合葬或多人合葬墓中的个体互相应存在某种生物学方面或社会方面的关系⑥。可以观察到M015-M025中M015为较大年纪时去世的男性个体，M025为比较年轻时去世的男性个体在原位缩小式的二次葬，所以M025应比M015早。M015-M025为深墓葬，两位墓主人都有属于第一类型的铜扣，这两座墓年代可能很接近，他们的衣服可能也很接近。但是无法确定为什么这两个男性个体被埋葬在一起，可能有亲属关系（父子、兄弟等）或友谊关系。

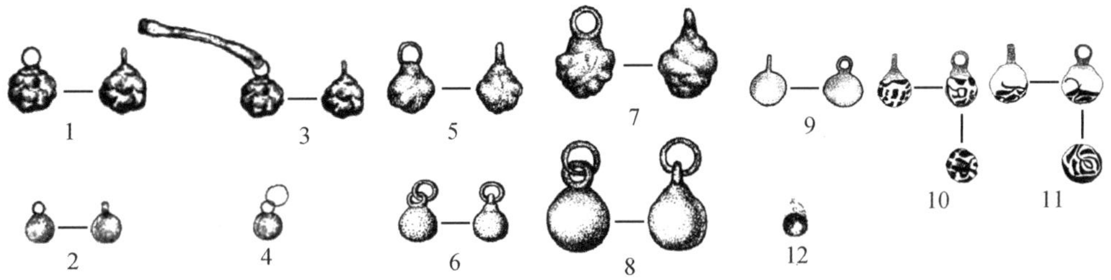


图133　农安库尔金堆清代墓葬出土的铜纽扣

［1～4. 王新生、邢春光、刘晓溪、Pauline Sebillaud（史宝琳）：《吉林省农安县库尔金堆古城址西南角“点将台”的发掘》，《北方文物》2016年第1期，第12～18页，第17页，图8-10～13；5～8.吉林省文物考古研究所、榆树市博物馆：《吉林省榆树市上台子墓群发掘报告》，《北方文物》2010年第1期，第20～28页，图七-1～4；9～11.黑龙江省文物考古研究所：《黑龙江省齐齐哈尔市奈门沁遗址发掘简报》，《北方文物》2012年第3期，第50～54页，图八-2～4；12.吉林省文物考古研究所、榆树市博物馆：《长春市榆树韩家屯墓地发掘简报》，《博物馆研究》2008年第3期，第71-74页，图三-5］

---

① 沈阳市文物考古研究所：《沈阳八王寺地区考古发掘报告》，辽海出版社，2011年，图版24。

② 王新生、邢春光、刘晓溪、Pauline Sebillaud（史宝琳）：《吉林省农安县库尔金堆古城址西南角“点将台”的发掘》，《北方文物》2016年第1期，第12～18页，第17页图8-10～13。

③ 吉林省文物考古研究所、榆树市博物馆：《吉林省榆树市上台子墓群发掘报告》，《北方文物》2010年第1期，第 20～28页，图七-1～4。

④ 吉林省文物考古研究所、榆树市博物馆：《长春市榆树韩家屯墓地发掘简报》，《博物馆研究》2008年第3期，第71～74页，图三-5。

⑤ 黑龙江省文物考古研究所：《黑龙江省齐齐哈尔市奈门沁遗址发掘简报》，《北方文物》2012年第3期，第50～54页，图八-2～4。

⑥ Delattre, Valérie. *Handicap : quand l'archéologie nous éclaire*. Le Pommier. Paris, 2018, p.37.

图134　农安库尔金堆清代墓葬（M4）出土的裤子

M020-M021合葬墓中，M020墓主人为35～40岁去世的女性个体，她带有第一类铜扣，M021为35～60岁去世的男性个体，为原位缩小式二次葬，未发现扣子可能跟缩小二次葬过程中丢失有关。M021墓主人可能比M020墓主人早去世，M020墓主人去世之后，他们被集中埋在同一座深墓葬。M020～M021墓主人可能有亲属关系（夫妇、父女或兄弟姐妹）。

M002-M003合葬墓墓主人为一次葬的两个女性个体，均为浅墓葬，M002带有塑料耳坠，但未发现扣子。这两个个体被集中在一起的原因同样难以判断，她们应该有亲属关系（母女、姐妹或友谊关系）。

M004-M005为一次葬合葬墓，M004墓主人为女性个体带有属于第四类的蚌扣，M005墓主人为男性个体带有属于第六类的塑料扣。这个现象可以被解释为：①M004比M005略早；②同时存在两种扣子可能反映有两种衣服：女性衣服带有蚌扣，男性衣服带有塑料扣（至少部分是工业生产）。第二个假设可能性比较大。

深墓葬只出土铜扣。蚌扣、塑料扣与琉璃扣都出土于浅墓葬。因此深浅两类墓葬的分期界限在于部分或完全工业生产的衣服的出现之时，根据法国传教士在东北的文献记载，该现象的年代是20世纪10年代前后。有关中式衣服和西方衣服，中国东北的巴黎外方传教士文献中有如下记载：

1904年："俄罗斯人来了之后，虽然东北地区钱多，但是贫苦跟以前一样广泛。人工费很高，食品达到从来没见过的价格，而且人群越来越有新的需求。中国人的传统打扮所剩的很快只有长辫子。虽然还没达到巴黎服装的时尚水平，但是会很快出现这样衣服。请看这位当地人：嘴里有一根烟，并戴有一个挂表。他喜欢玩弄钱财，把银币当作父亲玩弄过的铜钱一样，肆意挥霍，尽管收益不小，但仍入不敷出，经常借钱。”①

1913年：“农民还保留辫子和传统服装，但是城市人群中，有少数人已经完全敢穿欧洲风格服装出门。”②

**6. 镜子**

出土的玻璃镜子（M034①：2）为圆形，背面残留部分水银的痕迹，出土于墓主人（女性个体）骨盆左侧，可能原来位于墓主人的衣服兜里。在以往发表的材料中尚未发现这种玻璃镜子，无法进行对比。这个器物很可能是墓主人私人生活所用，为生活实用器和洗漱用品。随葬品中摆放镜子是很古老的中国传统。这种习俗可能与明代随葬品中包含如铜镜在内的洗漱用品的习俗有一定的连续性，例如山东省邹县九龙山鲁荒王朱檀墓（1389年）③。清末至民国时期的平民信仰中，镜子还经常被放在墓里，这是为了辟邪，例如在美国怀俄明州埃文斯顿市红山（Red Hill）唐人街东北部的中国华裔墓地随葬品中也发现镜子，该墓地19世纪末开始使用，1922年废弃④。

**7. 鞋垫**

鞋垫（M008①：5、M008①：6）由主体和后跟垫两部分构成，两部分之前应为缝制在一起的，其上各有一圈缝制痕迹，鞋垫主体后跟处中央另有一片三角形的缝制痕迹。这种遗物很少能保存下来。M008墓主人为女性，却未缠足，她的鞋大小正常。这种鞋垫应属于传统布鞋。M008为浅墓葬，也发现了琉璃扣，墓主人的衣服应该属于至少部分由工厂生产的，M008年代应该比较晚。

---

① “L’argent abonde en Mandchourie depuis que les Russes y sont venus, et cependant la misère n’y est pas moins grande que jadis. La main-d’oeuvre est très chère, mais les denrées atteignent des prix inconnus jusqu’ici. Et que dire des nouveaux besoins que la population se crée peu à peu ? De son ancien costume, il ne restera bientôt plus à notre Chinois-Mandchou que la tresse de cheveux traditionnelle. Ce n’est pas encore la mode de Paris, mais on y arrivera. Voyez-vous cet indigène, une cigarette à la bouche, une montre au gousset : Il joue avec les pièces d’argent comme son père jouait avec les sapèques de cuivre, et malgré les gros appointements qu’il touche, il trouve encore le moyen de s’endetter...”. Société des Missions étrangères, *Compte rendu des travaux de 1903*, Paris, Séminaire des Missions étrangères, 1904, p.61-62.

② “Le paysan a conservé la tresse de cheveux et le costume traditionnel. Même parmi les citadins, c’est le tout petit nombre qui ose paraître habillé à l’européenne”. Société des Missions étrangères, *Compte rendu des travaux de* 1913, Paris, Séminaire des Missions étrangères, 1914, p.78.

③ 山东省博物馆：《发掘明朱檀墓纪实》，《文物》1972年第5期，第25～36页；Yang, Xiaoneng. “Archaeological Perspectives on the Princely Burials of the Ming Dynasty Enfeoffments”. *Ming Studies*, 2012, 65, p.93-118. https://doi.org/10.1179/0147037X12Z.0000000002.

④ Pasacreta, Laura J. “White Tigers and Azure Dragons: Overseas Chinese Burial Practices in the Canadian and American West (1850s to 1910s)”. Thesis, Department of Archaeology-Simon Fraser University, 2005, p.55-57. http://summit.sfu.ca/item/10335.

**8. 铜钱**

铜钱的研究由Lyce Jankowski负责[①]。

北区墓地16座墓出铜钱，其中4座墓（M025、M029、M031和M032）只出土1枚铜钱，10座墓（M008、M010、M014、M015、M016、M017、M020、M030、M033、M038）出土3～14枚铜钱。M006出土111枚铜钱，M013出土94枚铜钱。

随葬有铜钱的墓葬主人有女（M006、M008、M016、M017、M020、M025、M031、M032、M033、M038）有男（M013、M014、M015、M030），年龄不同（从20岁到60岁左右）。铜钱摆放在棺材内，个体附近。但在M006和M013中，铜钱摆放在脚下，包在黄纸里（M006）（图135）或把钱串成串（M013）（图136）。

除了11枚日本铜钱之外，发现的其余铜钱都为中国铜钱（表3）。对铜钱铭文的观察表明铜钱年代从宋代至清代。日本铜钱为宽永通宝，是1626—1867年之间铸的。最早的铜钱为景德元宝（1004—1007年），最晚的铜钱为光绪通宝（1875—1908年）。出8枚北宋的铜钱并不异常，因为民国早期还有很多还在流通的北宋铜钱。出日本铜钱亦非异事，因为日本铜钱从明代开始在中国与本国货币同等流通。例如在山东一处民国早期的窖藏出土的年代跨度从西汉至清光绪年间的1500枚铜钱中，就有一些日本的宽永通宝[②]。

在偏脸城北区墓地清代铜钱占59%。除了1枚在苏州铸成的咸丰通宝（M020）和在吉林市铸成的2枚光绪通宝（M008和M038）以外，其余铜钱主要出自两个位于首都的铸钱局：宝泉

图135　M006铜钱出土情况

① Jankowski, Lyce, and Pauline Sebillaud. “Mission archéologique franco-chinoise dans le Nord-Est de la Chine : découvertes monétaires en contexte funéraire sur le site de Pianliancheng”, *Bulletin de la Société française de numismatique*, 73/08, 2018, p.387-392.

② 王雪农等：《中国钱币大辞典——考古资料编》，中华书局，2006年，第842页。

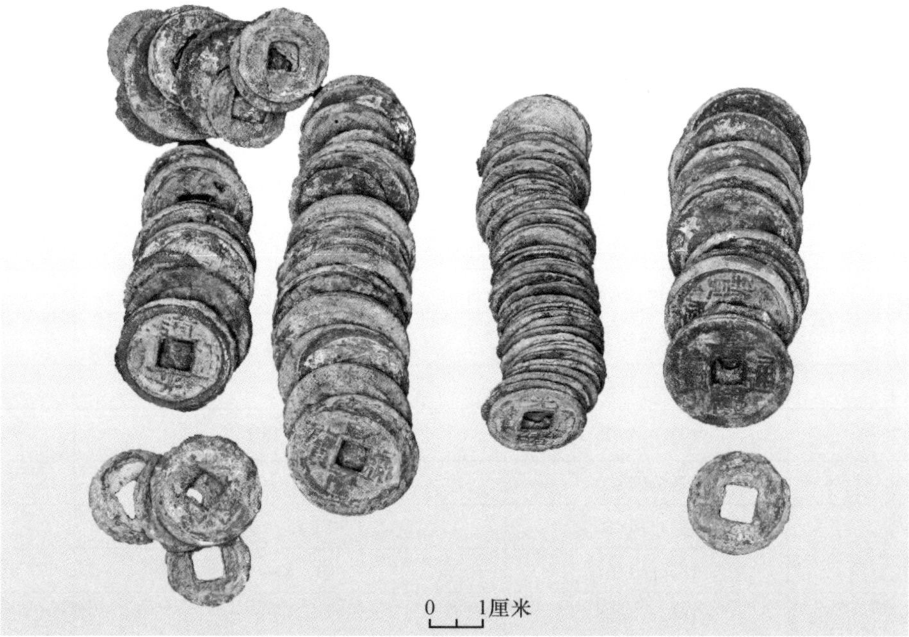


图136　M013出土的铜钱

局（户部）和宝源局（工部）。吉林省的铸钱局（即“宝吉局”）1887年成立[①]，并于1888年开始铸造。该铸钱局从第一年开始铸60000钱串，一直到1905年还在继续生产。M038②：003属于Burger所称的11.18.14类型，是1888年铸造的[②]。所以这些铜钱不是阴钱，而是当时在流通的货币。

通过铜钱窖藏的研究，可以了解清末至民国时期在流通的各类铜钱的构成。例如在陕西的一座房子里出土的1335枚铜钱的窖藏中，铜钱年代从唐代到光绪，且包括越南和日本铜钱[③]，其中有49枚清代之前的铜钱（占3.55%）和85枚清代官炉钱（占6.25%）、758枚清代私铸钱（58.7%）、31枚越南铜钱（占2.31%）、386枚日本铜钱（占28.8%）。比较而言，偏脸城北区墓地中未发现越南铜钱，而日本铜钱占的比例很小（3.7%）[④]。清代以前的铜钱很少（2.7%）。而清代有一半铜钱的重量比官炉正常铜钱轻得多。肉眼观察表明这些很轻的铜钱同

① 在吉林市建立铸铜钱作坊跟1884年吉林卫戍司令员希元给皇帝写的报告有关，因他提醒东北地区缺乏现金。

② Burger, Werner. *Ch'ing Cash*. Hong Kong, Hong Kong University Press, 2016, p.166.

③ 王雪农等：《中国钱币大辞典——考古资料编》，中华书局，2006年，第844页。

④ Alexey Osipovich Ivanovsky（1863～1903年）的笔记表明东北地区流通的日本铜钱比其他地区少，他写道1890年8月22日5吊钱（1吊=490枚铜钱）中有45枚清代之前的中国铜钱和15枚宽永通宝。他认为东北地区流通日本铜钱跟日本开始应用敲货币（而不铸了）有关，所以穿孔铜钱逐渐退出市场。这些日本铜钱是在朝鲜半岛被买了之后才到中国。Ivanovsky, A. O. “Mednayamoneta v Man’chzhurii [Monnaie en cuivre en Mandchourie]”, *ZapiskiVostochnogootdeleniya imp. Russkogo Arkheologicheskogo Obshchestva* [*Notes du département oriental de la Société imperial russe d'archéologie*], v.7, Saint Petersbourg., 1893, p.301-307. http://www.charm.ru/ru/Ivanovskiy.htm。

样异常薄，而且铭文很浅，难以阅读。这些很轻的铜钱其实是清代私人铸造的。M006出土的铜钱大部分为私铸钱。个别宽永通宝的制造方法和重量也很接近这些清代私人铸造的铜钱①。

**表3　偏脸城北区墓地出土的可读铭文的铜钱**

| 铭文 | 年代 | 数量（官方制造+私人制造） | % |
|---|---|---|---|
| 景德元宝 | 1004—1007 | 2 | 0.7 |
| 天圣元宝 | 1023—1032 | 1 | 0.3 |
| 景祐元宝 | 1034—1038 | 1 | 0.3 |
| 熙宁元宝/重宝 | 1068—1077 | 2② | 0.7 |
| 元丰通宝 | 1078—1085 | 2 | 0.7 |
| 乾隆通宝 | 1736—1795 | 52（34+18）③ | 17.6 |
| 嘉庆通宝 | 1796—1820 | 26（26+0） | 8.8 |
| 道光通宝 | 1821—1850 | 30（15+15） | 10.1 |
| 咸丰通宝 | 1851—1861 | 10（6+4） | 3.4 |
| 同治通宝 | 1862—1875 | 1（1+0） | 0.3 |
| 光绪通宝 | 1875—1908 | 56（3+53） | 18.9 |
| 宽永通宝 | 1626—1867 | 11（4+7） | 3.7 |
| 不可辨识的铜钱 | | 102 | 34 |

吉林省清代墓葬随葬铜钱很常见。例如吉林通榆兴隆山清代公主墓出土14枚铜钱，包括康熙通宝2枚、雍正通宝10枚、乾隆通宝2枚④。吉林省榆树上台子家族墓地发掘过程中也出土不少铜钱，包括几枚宽永通宝、康熙通宝、乾隆通宝、嘉庆通宝、道光通宝、光绪通宝⑤。在农安县库尔金堆清代墓地也发现过22枚铜钱，其中有乾隆通宝4枚、嘉庆通宝2枚、光绪通宝5枚和11枚锈蚀严重、铭文不可辨识的铜钱⑥。

国外的清末民国中国移民墓地中也出土铜钱。美国加州弗吉尼亚敦（Virginiatown）的Matsuda和Engellener是19世纪50—90年代的华人墓地⑦，其中6座墓葬随葬有铜钱。Matsuda 36

① 11枚宽永通宝当中只有3枚有正常的重量（约3克），1枚重量2.35克，其余（6枚）非常轻（0.87～1.5克）。

② 为1枚熙宁通宝和1枚残的熙宁重宝。

③ 第一个数字指官炉钱的数量，第二个数字指私铸钱的数量。

④ 吉林省文物工作队等：《吉林通榆兴隆山清代公主墓》，《文物》1984年第11期，第76～84页；王雪农等：《中国钱币大辞典——考古资料编》，中华书局，2006年，第837～838页。

⑤ 吉林省文物考古研究所、榆树市博物馆：《吉林省榆树市上台子墓群发掘报告》，《北方文物》2010年第1期，第20～28页。

⑥ 王新生、邢春光、刘晓溪、P. Sebillaud（史宝琳）：《吉林省农安县库尔金堆古城址西南角“点将台”的发掘》，《北方文物》2016年第1期，第12～18页。

⑦ Rouse, W. L. “What We Didn’t Understand… - Chinese-American Death Ritual in 19th century California”. In S. F. Chung & P. Wegers (ed.), *Chinese American Death Rituals*. Lanham, 2005, p.19-45.

号墓中的4枚铜钱被摆放在棺材的4个角，17号墓中6枚铜钱用皮革线串在一起，表明这些遗物有与民众信仰有关的吉祥含义或具有护身符功能。在北美信仰天主教的华裔墓地中也随葬钱，常被视为社会和文化习俗①。

偏脸城北区墓地出土的铜钱不属于天主教的葬礼。那么这些铜钱有什么功能？巴黎外方传教会东北地区的规定中建议传教士适应当地的风俗并穿中国传统的黑色长衣。对于葬礼则建议较为迅速地举行（而不按照当地传统等待几天），并禁用烟花和火炮。但是该规定中未涉及对墓葬形制或随葬品的建议②。

偏脸城教民墓地出土的铜钱不是阴钱或为了随葬特制的铜钱，而是从流通铜钱中拿出来的有现金功能的铜钱。私铸铜钱的比例很高，这类似于同时期铜钱窖藏的情况。不过，其他类型不完全符合当时在流通的铜钱的类型，未发现顺治通宝、雍正通宝和康熙通宝，也未发现越南和朝鲜半岛的铜钱（表4）。这些铜钱很可能是按照我们尚不完全了解的标准被挑选出来放在墓里的。

**表4 随葬可辨识的铜钱的墓葬和相对年代**

| 墓葬编号 | 铜钱 | 不早于 |
|---|---|---|
| M006 | 宽永通宝4 乾隆通宝12 道光通宝8 咸丰通宝1 同治通宝1 光绪通宝14 | 1875 |
| M008 | 嘉庆通宝1 光绪通宝2 | 1875 |
| M010 | 景德元宝1 元丰通宝1 | 1078 |
| M013 | 宽永通宝1 乾隆通宝19 嘉庆通宝11 道光通宝10 咸丰通宝4 光绪通宝39 | 1875 |
| M014 | 宽永通宝2 乾隆通宝2 | 1735 |
| M015 | 乾隆通宝1 嘉庆通宝3 咸丰通宝1 道光通宝1 | 1875 |
| M016 | 宽永通宝3 乾隆通宝1 嘉庆通宝1 | 1796 |
| M017 | 宽永通宝1 乾隆通宝2 道光通宝3 | 1820 |
| M020 | 乾隆通宝3 嘉庆通宝1 道光通宝3 咸丰通宝1 | 1850 |
| M025 | 咸丰通宝1 | 1850 |
| M029 | 乾隆通宝1 | 1735 |
| M030 | 乾隆通宝3 嘉庆通宝2 道光通宝3 | 1820 |
| M032 | 咸丰通宝1 | 1850 |
| M033 | 乾隆通宝1 嘉庆通宝2 | 1796 |
| M038 | 乾隆通宝3 嘉庆通宝5 道光通宝1 咸丰通宝2 光绪通宝1 | 1875 |
| SM001 | 景祐元宝1 | 1034 |
| SM002 | 熙宁元宝 | 1068 |

① Crowder, Linda Sun. "Mortuary Practices and the Construction of Chinatown Identity". Ph. D. dissertation, University of Hawaii, 2002, p.119.

② Société des Missions étrangères de Paris. *Règlement de la mission de Mandchourie adopté à la réunion générale des missionnaires. Année 1881*. Paris, imp. de l'Oeuvre de Saint-Paul, 1882, p.34. http://gallica.bnf.fr/ark:/12148/bpt6k3753912.

关于偏脸城北区墓地所出铜钱，还存在这些问题：①发现的宽永通宝太轻，不是日本作坊的废品，那么这种伪造的日本铜钱是在日本制造的还是在中国制造的？②所有的嘉庆通宝都是官炉钱，为什么没发现私铸的嘉庆通宝？这些问题需留待将来再做研究。

**9. 鸡蛋**

偏脸城M14、M16与M17均出土了鸡蛋壳。清末民国时期，鸡蛋为很常见的实物类随葬品。在国外的中国移民墓地中也发现过随葬鸡蛋的墓葬，例如在火奴鲁鲁的Yee King Tong和Hook Chu墓地①。

在现代的中国东北地区和北美的唐人街墓地②同样存在随葬鸡蛋或送给死亡者鸡蛋的习俗。

**10. 刻砖**

在偏脸城晚期墓地的2017年发掘区中，M24出土了唯一一块刻写了姓名的砖（“崔喜之位”）（图85-1；彩图45）。摆放刻砖为一种与二次葬有关的习俗，骨骸被迁移之后，原有的墓葬标志被破坏，因此加一个刻砖便于记住死亡者的身份。虽然现代比较少见，但是有时候在国外华裔墓地墓圹边仍可见到立一块刻字砖的习俗，上面刻写死亡者的姓名、出生地和生卒日期③。

时至今日，无论在中国东北地区还是在国外的华裔葬俗中，随葬钱（纸币）的习俗与随葬食物的葬俗还在延续，有时候棺材里还会摆放一碗米饭④。

## 三、墓葬分期与墓地性质

已发掘的墓葬年代属于清末到民国时期（约19世纪80年代至20世纪30年代）。根据随葬品（瓷器、扣子、铜钱等），该墓地中的墓葬可以分两段：早期墓葬为深墓葬（表1），晚期墓葬为浅墓葬（表2）。

根据墓葬性质、木棺的质量、随葬品等，可以推测墓主人为社会地位不高的普通民众。

典型的传统家族墓地排列方式为金字形（祖辈→父辈→子辈等），类似于中国古代“左昭

① Pasacreta, Laura J. “White Tigers and Azure Dragons: Overseas Chinese Burial Practices in the Canadian and American West (1850s to 1910s)”. Thesis, Department of Archaeology-Simon Fraser University, 2005, p.161. http://summit.sfu.ca/item/10335.

② Crowder, Linda Sun. “Mortuary Practices and the Construction of Chinatown Identity”. Ph. D. dissertation, University of Hawaii, 2002, p.124.

③ Crowder, Linda Sun. “Mortuary Practices and the Construction of Chinatown Identity”. Ph. D. dissertation, University of Hawaii, 2002, p.124.

④ Crowder, Linda Sun. “Mortuary Practices and the Construction of Chinatown Identity”. Ph. D. dissertation, University of Hawaii, 2002, p.123-124.

右穆”葬制传统[①]（图137）。

东北地区以往发掘的晚期墓地也符合这种传统家族墓地的排列方式[②]（图138）。但是偏脸城晚期墓地的排列方式不符合这种模式。

1

2

图137　清末时期墓地照片

1. 直隶地区家族墓地（Groot, J. J. M. de. *The Religious System of China*. Vol. 2. Leiden: Brill, 1894, 375）　2. 中国北方传统家族墓地（P. A. Launay, *La Mission de Mandchourie*, Société des Missions Etrangères, Maison Alfred Mame et Fils, 1905, 103）

偏脸城晚期墓地的布局不符合清末风水的基本规则，即位于地势平坦处、靠近水面、靠山等[③]。已发掘的墓葬中未发现迁葬后的空墓，而迁葬是清末民国一直到现代比较常见的习俗[④]。偏脸城晚期墓葬分布状态跟清末民国时期北美中国移民墓地差别很大，例如加拿大Kootenay地区Fort Steele市Wild Horse Creek墓地，该墓地1864年开始应用，1914年废弃，分布成一排排的墓葬，选址符合风水规则，而且有迁葬后的空墓[⑤]。

以往发掘的传统家族墓地的棺材板比偏脸城晚期墓地的棺材板厚得多，且大部分墓葬为合葬墓，两具棺在一起摆放[⑥]。大部分单人葬为男性个体。目前吉林省境内发掘的晚期墓地都符

---

① Watson, James L., and Evelyn S. Rawski (ed.) *Death Ritual in Late Imperial and Modern China*. Berkeley, University of California, 1988; Groot, J. J. M. de. *The Religious System of China*. Vol. 2. Leiden, Brill, 1894, p.375; P. A. Launay, *La Mission de Mandchourie*, Société des Missions Etrangères, Maison Alfred Mame et Fils, 1905, p.103.

② 王新生、邢春光、刘晓溪、Pauline Sebillaud（史宝琳）：《吉林省农安县库尔金堆古城址西南角“点将台”的发掘》，《北方文物》2016年第1期，第12～18页，图三；吉林省文物考古研究所、榆树市博物馆：《吉林省榆树市上台子墓群发掘报告》，《北方文物》2010年第1期，第20～28页，图二。

③ Pasacreta, Laura J. “White Tigers and Azure Dragons: Overseas Chinese Burial Practices in the Canadian and American West (1850s to 1910s)”. Thesis, Department of Archaeology-Simon Fraser University, 2005, p.68. http://summit.sfu.ca/item/10335.

④ 例如吉林大学边疆考古研究中心、吉林省文物考古研究所与梨树县文管所发掘的梨树县长山遗址中发现的清末墓葬被迁葬。

⑤ Pasacreta, Laura J. “White Tigers and Azure Dragons: Overseas Chinese Burial Practices in the Canadian and American West (1850s to 1910s)”. Thesis, Department of Archaeology-Simon Fraser University, 2005, p.120-124.

⑥ 淮安市博物馆：《淮安楚州翔宇花园明清墓葬群发掘简报》，《东南文化》2012年第1期，第60～67、70页；赵永军：《讷河市全发清代墓葬》，《中国考古学年鉴2002年》，文物出版社，2003年，第158页。

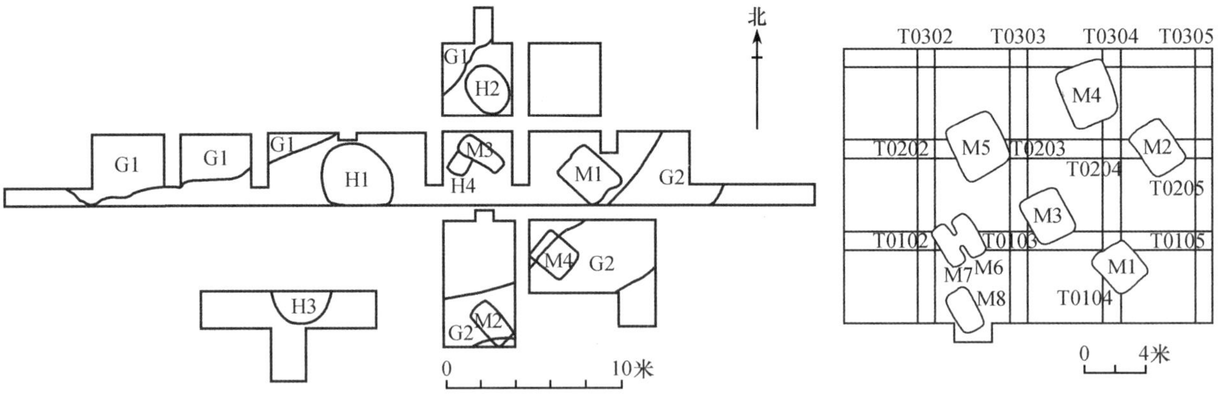


1　　2

图138　东北地区清末墓地布局发掘区总平面图

1. 农安库尔金堆发掘区总平面图［王新生、邢春光、刘晓溪、Pauline Sebillaud（史宝琳）：《吉林省农安县库尔金堆古城址西南角“点将台”的发掘》，《北方文物》2016年第1期，第12～18页，图三］　2. 榆树上台子墓地发掘总平面图（吉林省文物考古研究所、榆树市博物馆：《吉林省榆树市上台子墓群发掘报告》，《北方文物》2010年第1期，第20～28页，图二）

合这个规律，如农安县库尔金堆①、榆树韩家屯②和上台子（图139）③。该时代的棺材外壁经常涂漆或绘画，如在农安县库尔金堆④、齐齐哈尔市奈门沁遗址⑤（图140）。

# 第二节　墓葬考古学研究

## 一、葬式与葬具

“一次葬亦称‘原葬’。古代的一种埋葬方式，是相对于‘二次葬’而言的。实质是死者埋入地下之后，不再经过第二次处理的墓葬。”⑥

“二次葬亦称‘迁葬’。古代曾经普遍存在的一种古老葬俗。指的是死者在入土安葬之后若干年，出于某种原因、风俗或习惯，人们将腐烂后的死者骨骸重新起取，或原地埋葬或异地

① 王新生、邢春光、刘晓溪、Pauline Sebillaud（史宝琳）：《吉林省农安县库尔金堆古城址西南角“点将台”的发掘》，《北方文物》2016年第1期，第12～18页。

② 吉林省文物考古研究所、榆树市博物馆：《长春市榆树韩家屯墓地发掘简报》，《博物馆研究》2008年第3期，第71～74页。

③ 吉林省文物考古研究所、榆树市博物馆：《吉林省榆树市上台子墓群发掘报告》，《北方文物》2010年第1期，第20～28页。

④ 王新生、邢春光、刘晓溪、Pauline Sebillaud（史宝琳）：《吉林省农安县库尔金堆古城址西南角“点将台”的发掘》，《北方文物》2016年第1期，第12～18页。

⑤ 黑龙江省文物考古研究所：《黑龙江省齐齐哈尔市奈门沁遗址发掘简报》，《北方文物》2012年第3期，第50～54页。

⑥ 王巍：《中国考古学大辞典》，上海辞书出版社，2014年，第24页。

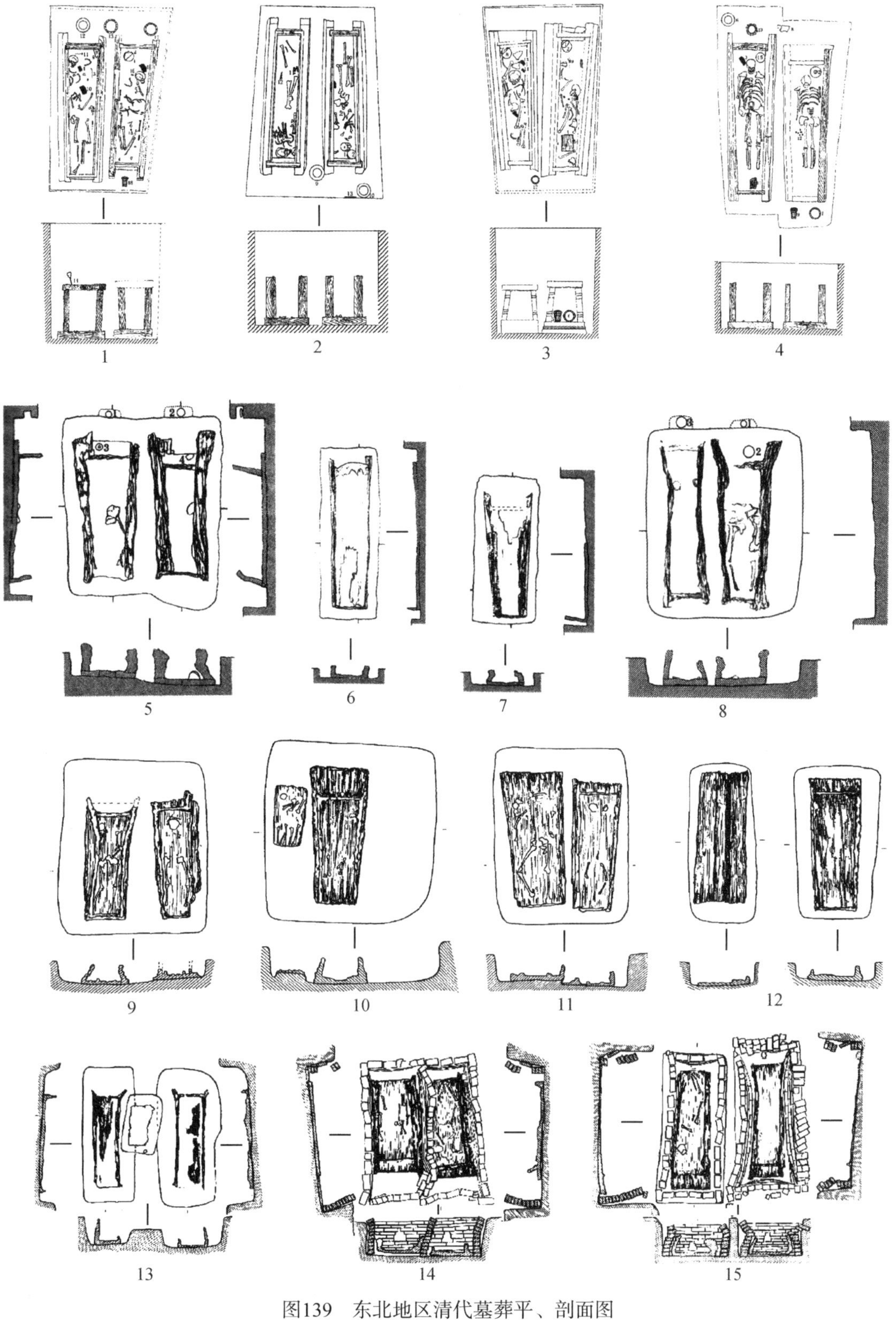

图139　东北地区清代墓葬平、剖面图

1～4. 淮安楚州翔宇花园明清墓葬（M1、M4、M5、M6）（淮安市博物馆：《淮安楚州翔宇花园明清墓葬群发掘简报》，《东南文化》2012年第1期，第60～67、70页，图2、5、7、10）　5～8. 农安库尔金堆清代墓葬（M1、M2、M3、M4）［王新生、邢春光、刘晓溪、Pauline Sebillaud（史宝琳）：《吉林省农安县库尔金堆古城址西南角“点将台”的发掘》，《北方文物》2016年第1期，第12～18页，图5、6、7］　9～12. 榆树上台子清代墓地（M2、M4、M3、M6、M8）（1～12. 吉林省文物考古研究所、榆树市博物馆：《吉林省榆树市上台子墓群发掘报告》，《北方文物》2010年第1期，第20～28页，图4）　13～15. 榆树韩家屯清代墓葬（M1～6）（吉林省文物考古研究所、榆树市博物馆：《长春市榆树韩家屯墓地发掘简报》，《博物馆研究》2008年第3期，第71～74页，图2）

1　　2　　3

图140　木棺彩绘

1、2. 农安库尔金堆木棺彩绘［王新生、邢春光、刘晓溪、Pauline Sebillaud（史宝琳）：《吉林省农安县库尔金堆古城址西南角“点将台”的发掘》，《北方文物》2016年第1期，第12～18页］　3. 齐齐哈尔奈门沁清代墓葬木棺彩绘（黑龙江省文物考古研究所：《黑龙江省齐齐哈尔市奈门沁遗址发掘简报》，《北方文物》2012年第3期，第50～54页，图版三-2）

安葬。二次葬的显著特征是将死者的尸骨进行两次和两次以上的安葬。二次葬能在一定程度上反映人们的宗教信仰、风俗习惯乃至社会组织状况，是研究古代社会的一个重要方面。”①

39座清末民国墓葬（北区38座+南区1座）中，发现有28座一次葬与4座被盗的一次葬墓葬，一共32座，另外，发现有3座二次葬与1座被盗的二次葬墓葬，一共4座，还有1座葬式不明和2座未发掘的墓葬。

墓葬（表5；图141；附表1）大部分朝东北方向。

**表5　墓葬方向统计表**

| 方向（°） | 墓葬数量 |
|---|---|
| 0～10 | 2 |
| 20～30 | 1 |
| 30～40 | 2 |
| 40～50 | 4 |
| 50～60 | 9 |
| 60～70 | 11 |
| 70～80 | 7 |
| 80～90 | 1 |
| 320～330 | 1 |
| 340～350 | 2 |

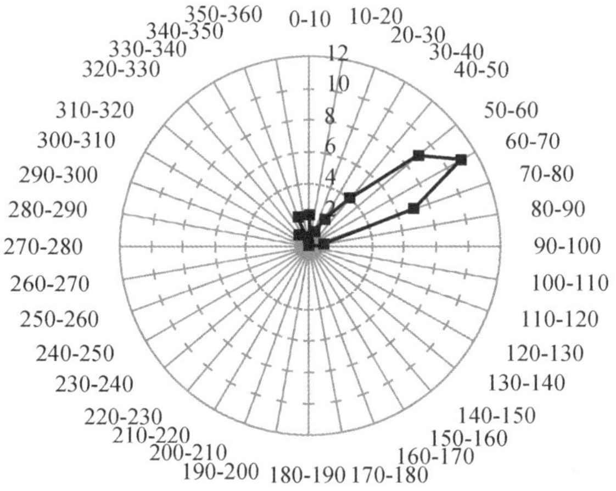


图141　墓葬方向统计示意图

另外，大部分墓葬有枕具（已确定为28/39，占71%）（表6）。葬式一般为仰身直肢，骨骼保存较好的墓葬中，墓主人手心朝下。这些现象表明，虽然随葬品组合代表墓主人的社会地位不高，而且健康状态符合比较贫穷的人群，但是葬礼时的准备比较细心，表示墓主人受到一定的关怀，而非灾难死者的墓葬。3座二次葬墓葬中，1座（M024）为迁葬，墓主人原来在其他地点埋葬，后来骨骼被收集在一个盒子里，埋于偏脸城墓地。其余2座二次葬（M021和M025）为原位二次葬，两位墓主人先被埋在这里，过了一段时间（无法判断时长）后，另两

① 王巍：《中国考古学大辞典》，上海辞书出版社，2014年，第24页。

位（M020和M015）需要埋在各自合葬对象的旁边的时候，M021和M025墓主人的遗骸被细心地收集起来，整理到一个长方形的空间内，而其合葬对象被埋在旁边。这种现象也暗示墓主人受到一定的关注和关怀。破坏最严重的墓葬是最浅的，盗墓贼和挖洞动物最容易将其破坏。

在法国，从加洛林时期（8～10世纪）开始，枕具的应用开始发展，根据基督教和天主教的信仰，需要让死者的眼睛看向耶路撒冷的方向，这是为了等到"最后的审判"时做好准备①。偏脸城晚期墓地的葬式可能与类似的信仰有关。

**表6　有无枕具墓葬表**

| 有土制枕具 | 有有机质枕具 | 无枕具 | 不明 |
|---|---|---|---|
| M002 | M012 | M021二次葬 | M001破坏严重 |
| M003 | M023 | M024二次葬 | M011破坏严重 |
| M004 | M027 | M025二次葬 | M026未发掘 |
| M005 | M032 | M031 | M028破坏严重 |
| M006 | M037 | M029 | M034破坏严重 |
| M007 | | | M035未发掘 |
| M008 | | | |
| M009 | | | |
| M010 | | | |
| M013 | | | |
| M014 | | | |
| M015 | | | |
| M016 | | | |
| M017 | | | |
| M018 | | | |
| M019 | | | |
| M020 | | | |
| M022 | | | |
| M030 | | | |
| M033 | | | |
| M036 | | | |
| M038 | | | |
| SM003 | | | |
| 23座墓 | 5座墓 | 5座墓 | 6座墓 |

① "La mort vivante" n°1, *La série documentaire*, Perrine Kervan, *France Culture* [法国文化广播], 2019年10月28日播放，https://www.franceculture.fr/emissions/lsd-la-serie-documentaire/la-mort-vivante-14-jirai-fouiller-dans-vos-tombes?utm_medium=Social&utm_source=Facebook&fbclid=IwAR27yk6qznEkIW7tGl4ZC8uINm8EyDnDskmOi3DbND22DrwcBwOkW7on30Q#Echobox=1572283392, 2019年11月17日访问。

葬具都是长方形的很薄（几厘米厚）的木板所制。3座二次葬的葬具长0.9～1米、宽22～25厘米，另外未发掘的M028葬具长1米、宽45厘米，宽度接近大部分棺材的宽度，所以可能是特殊的未成年人（儿童）棺材。其余“正常”的葬具中，有一半为井字形（棺材窄边至墓坑边留有空间，有头龛或头龛和脚龛）（表7）。头龛或头龛和脚龛的组合在19座浅墓葬中出现7次（3座只有头龛，4座有头龛和脚龛），在18座深墓葬中出现12次（5座只有头龛，7座有头龛和脚龛），井字形的棺材在早期墓葬中很常见（表7）。

**表7　墓葬带头龛与脚龛情况**

| 有头龛和脚龛 | 只有头龛 | 无头龛、无脚龛 |
|---|---|---|
| M011 | M004 | M001 |
| M012 | M005 | M002 |
| M015 | M006 | M003 |
| M020 | M013 | M007 |
| M022 | M014 | M008 |
| M023 | M016 | M009 |
| M030 | M025二次葬 | M010 |
| M031 | M027 | M017 |
| M033 | SM003 | M018 |
| M038 | | M019 |
| | | M021二次葬 |
| | | M024二次葬 |
| | | M026 未发掘 |
| | | M028 未发掘 |
| | | M029 |
| | | M032 |
| | | M034 |
| | | M035不明 未发掘 |
| | | M036 |
| | | M037 |
| 10座墓 | 9座墓 | 20座墓 |

在19座浅墓葬中有4座的棺材是出现约束效应（骨骼姿势受到棺壁的影响，往中部压缩或限制腐烂过程中骨骼移动的范围）的窄棺材（45厘米以下），而在深墓葬中有8座，所以深墓葬的棺材相对偏窄。深墓葬棺材板比浅墓葬棺材板厚一些，而且深墓葬保存得比浅墓葬好。浅墓葬棺材长1.56～2.02米，深墓葬棺材长1.52～2.04米。二次葬的盒子长1米左右，其他一般情况下棺材长1.5～1.7米，个别长1.8～2米。未发现明显的规律。

另外，埋葬学观察表明大部分墓主人被有意地、讲究地摆放——两臂直伸、手心向下。M004和M005合葬墓是一个例外，墓主人两臂不对称的姿势暗示着特殊的意图——两个个体的摆放用上了整个棺材的宽度，这种特殊姿势强调了这两个墓主人之间的特殊关系。

偏脸城墓地的棺材形状为两个长边略往内斜，经常被墓坑填土的重量压扁。棺材两个长边的木板比棺材内部空间长，并在窄边的两侧突出，形成类似于把手的形状。埋葬学观察表明腐烂过程中大部分墓主人的骶骨往下滑动了，因此可以推测木棺底板有一定的厚度，原来的厚度可能比发掘过程中能观察的厚度略厚一点。我们可以用老照片观察到这种棺材的运输方式（图142）——握住把手直接抬着或可以把棺材上两个突出的部分挂在绳子上用扁担运输。

现代中国葬俗普遍为火葬[①]。在东北地区能观察到的现代棺材的两个长边的木板还保持着往内斜的角度，但棺材板很厚，棺材外侧用以红色为主的图案装饰，该图案包括儒教、道教和佛教的象征性内容（图143）。

偏脸城晚期墓地的墓葬保存状态比较好，不过有不同的情况对墓葬制造了不同程度的破坏。首先有几座被盗的墓葬，头部的部分往往破坏严重，如M003。M011被大部分掏空之后人

LA PESTE EN CHINE. — TRANSPORT DES CERCUEILS ;
reproduction d'une photographie envoyée par le R. P. VIELLE.
↑ Document n°193

图142　棺材的运输方式（20世纪初照片）

［Garan, Frédéric, *Itinéraires photographiques de la Chine aux* “*Missions Catholiques*” (*1880-1940*)-*Perception de la Chine à travers les archives photographiques des O.P.M. et la revue des Missions Catholiques*，博士论文，Université Lumière-Lyon II, 1999, p. 193］

① 中国国务院颁布的法规《殡葬管理条例》里说：“人口稠密、耕地较少、交通方便的地区，应当实行火葬；暂不具备条件实行火葬的地区，允许土葬。”“在允许土葬的地区，禁止在公墓和农村的公益性墓地以外的其他任何地方埋葬遗体、建造坟墓。”请看这个网站：http://www.mca.gov.cn/article/gk/fg/shsw/201507/20150715849122.shtml 2020年4月14日访问。

从这部法规上看，中国是可以合法土葬的，尤其是人口少、耕地多、交通不很方便的农村，一般会在这些地区设置公共墓地或公益性墓地，在专门设置的这种墓地里可以土葬。目前看来，在中国，这种地区确实还很多，土葬是合法的，只要在规定的地方埋葬就可以。

各省、各市还有自己的管理法规，比如吉林省的：http://mzt.jl.gov.cn/bsfw_74187/grbs/bzgl/bsyj/201608/t20160804_2596588.html 2020年4月14日访问。

图143　东北地区现代棺材

骨被扔作一堆，而膝盖以下的腿部骨骼还在原位。另外个别比较浅的墓葬被动物扰乱严重，如M002、M032中可以观察到动物钻的穿过整个棺材的洞。

## 二、墓地人口学

根据北发掘区分布状态和调查发现整个田地全部分布有墓葬的情况，如果墓葬分布均匀的话，从南区到北区可能还有180～200座未发掘的墓葬（图144）。将已发掘的39座墓葬列为一个样本，人骨考古学的观察对该样本提供了非常多的信息。

（1）年龄

死亡年龄和性别的鉴定结果见表8、图145、图146。

**表8　性别与死亡年龄表**

| | 0～5岁 | 6～12岁 | 13～18岁 | 19～35岁 | 36～50岁 | 50岁以上 | 无法判断年龄 | 总数 |
|---|---|---|---|---|---|---|---|---|
| 男性 | 0 | 0 | 0 | 2 | 5 | 3 | 1 | 11 |
| 女性 | 0 | 0 | 3 | 13 | 3 | 1 | 0 | 20 |
| 无法判断性别 | 0 | 0 | 3 | 2 | 0 | 0 | 0 | 5 |
| 总计 | 0 | 0 | 6 | 16 | 8 | 4 | 1 | 36 |

具体的死亡年龄结构如下：

20岁以下（12个个体）：

12～15岁：M027、M037

13～15岁：M010

15岁左右：M001

15～17岁：M007

15～18岁：M011

18～20岁：M009

20岁左右：M002、M016、M017、M031、SM003、M023

20～40岁（18个个体）：

20～25岁：M019、M032

25岁左右：M033

20～30岁：M003、M017

25～30岁：M029、M038

25～36岁：M025

30岁左右：M008

30～35岁：M004

35岁左右：M021

35～40岁：M012、M034、M020、M030

40岁左右：M005、M006、M013

40～60多岁（5个个体）：

40～45岁：M018

＞50岁：M014、M015、M024

＞60岁：M022

老年（具体年龄不明）：M036

破坏严重未见人骨：M028

因被天然气管道打破而未发掘：M026、M035

（2）性别

根据性别鉴定（图147），发掘中一共发现11个男性个体、22个女性个体、4个性别不明的个体，还有2座未发掘的墓葬。

结合年龄和性别鉴定结果展示的该人群的人口结构来看，女性数量多于男性，而女性的死亡年龄结构相对较年轻，这种人口结构在墓地的古人口学研究中是比较少见的。

可以发现传统被默认为夫妻合葬墓的墓葬，不一定是一男一女，如相连的M002和M003均为女性个体，而同墓圹合葬的M025（原位二次葬）和M015（一次葬）均为男性个体。这种现象再次凸显了人骨考古学分析的重要性。

39座墓葬中2/3的墓主人为女性，除了一位之外都在40岁之前死亡，大部分20岁至30岁期间死亡。这跟传统家族墓地的情况（大部分为合葬，大部分单人葬为男性）很不一样。民族学研究论文集*Death Ritual in Late Imperial and Modern China*（《清末和现代中国葬俗》）中称，“对于那些并非成年人、未婚、无父母或无任何亲属的中国人来说，其采用的埋葬方式是完整

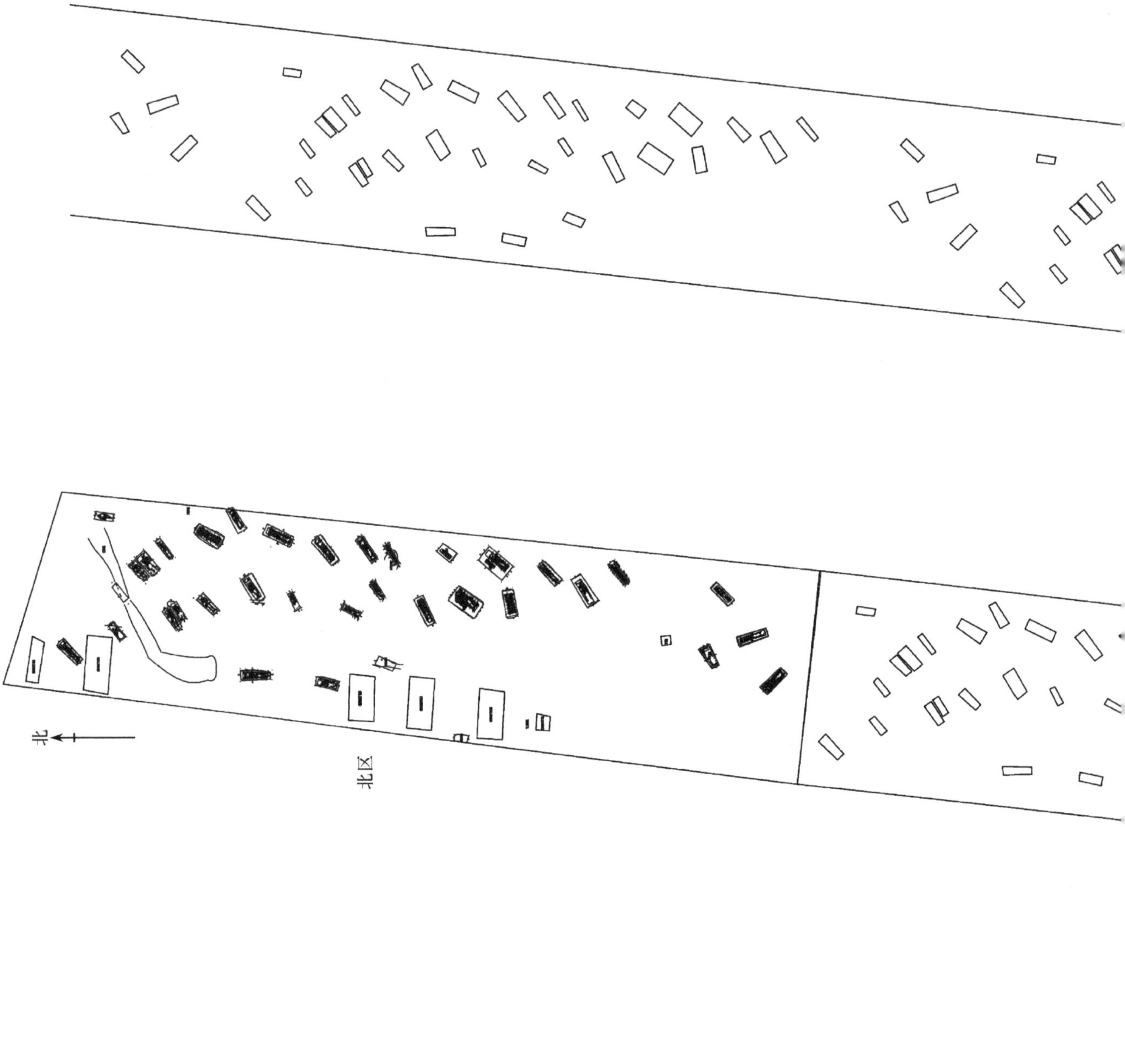
北
北区

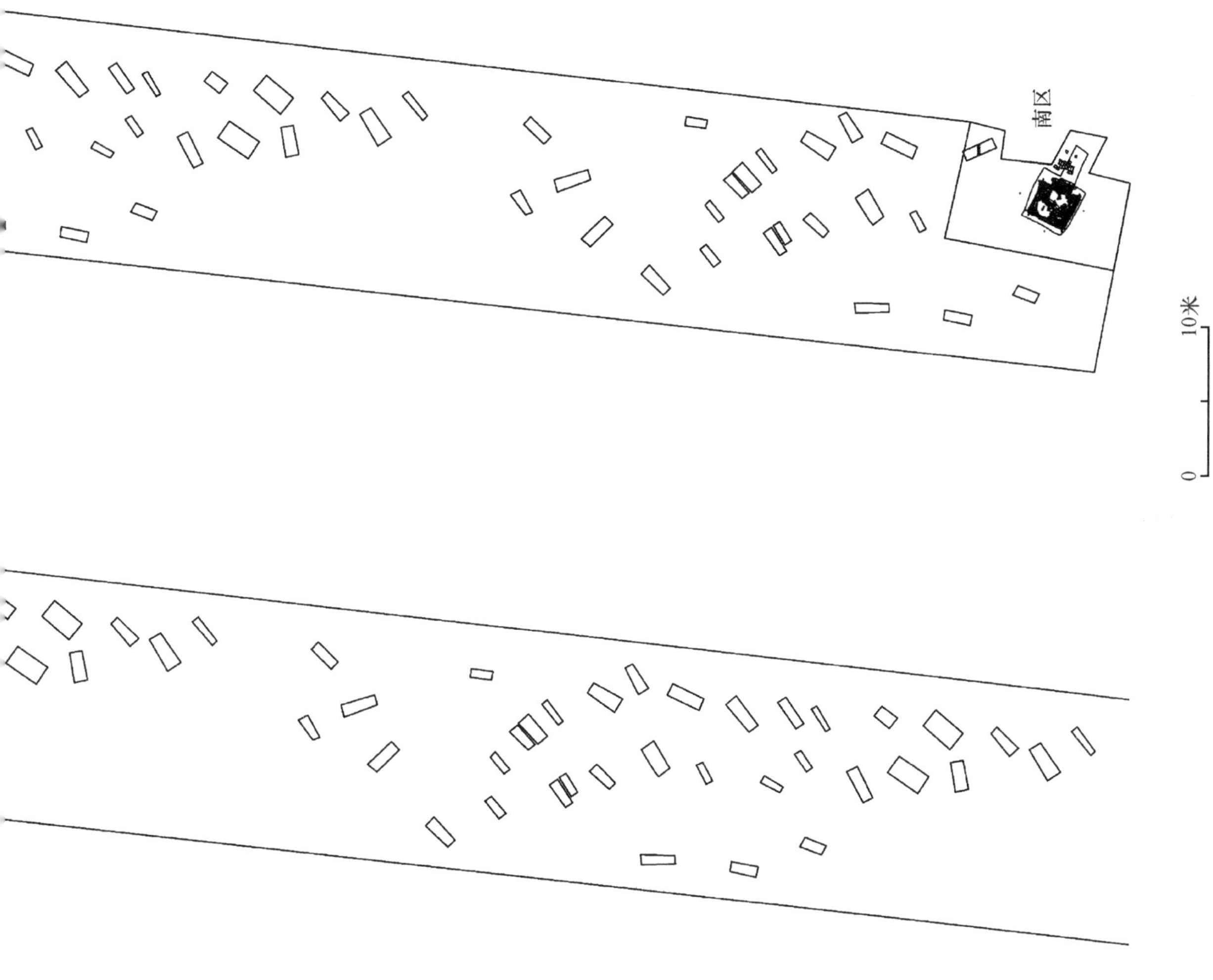


图144　北区至南区墓葬分布推测示意图

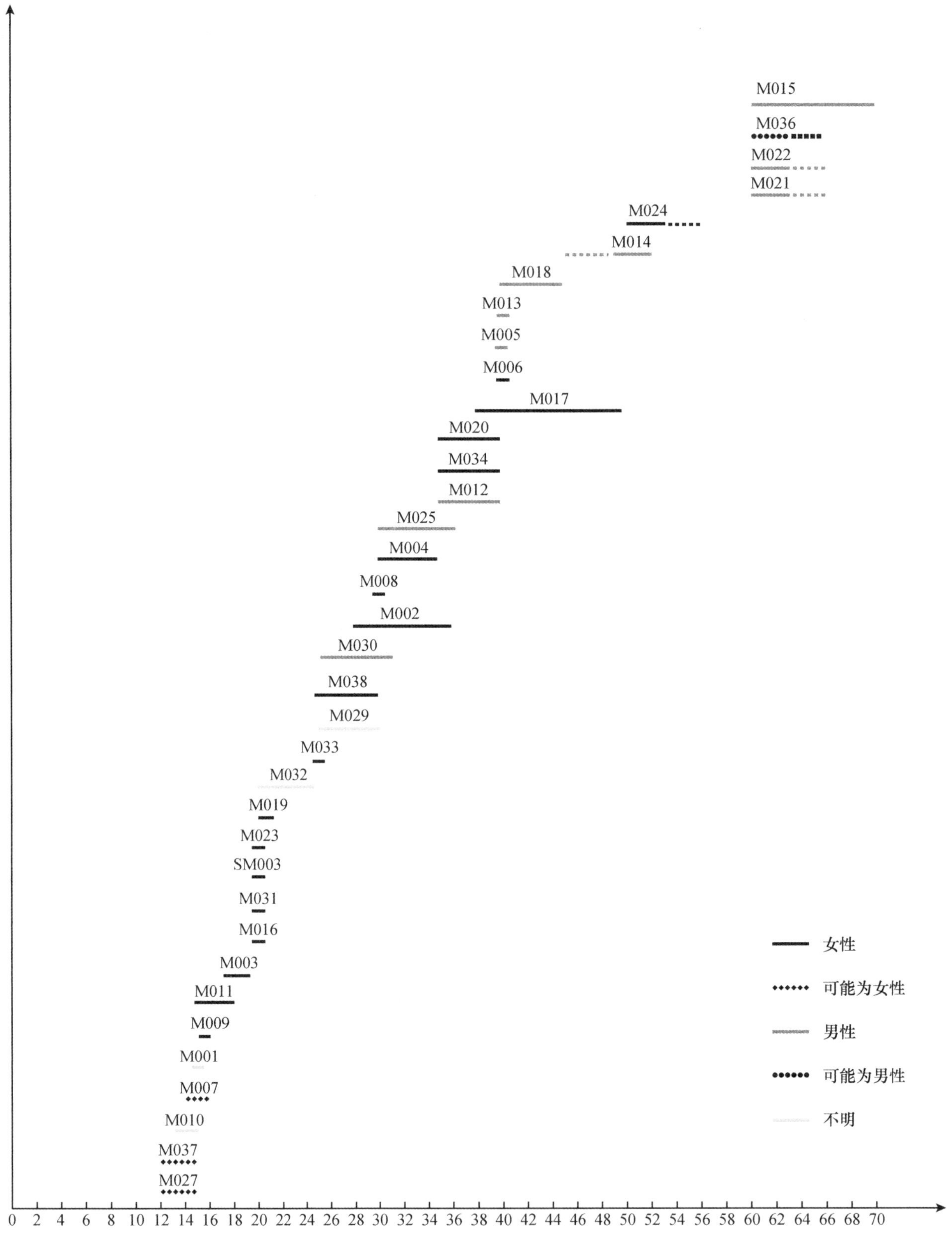


图145　墓地性别与死亡年龄分布示意图

的埋葬习俗中省略了一些关键环节的‘简缩版’，这种相对简单的埋葬方式是为这些从某种意义上讲’不完整’的个体而设计的”[①]。当时女性很少能完全具备“祖先”的身份，因此不能成为传统家族墓地的重要组成部分，父系为主导的葬俗和社会文化生活的各个方面。

此外，民族学研究表明在完整的葬俗中，妇女不能得到完整的祖先地位，在传统家族墓地中也不是主体，家系中的男方在葬俗以及其他社会、文化方面占主导地位，因此“墓葬对于每个个体来说是不平等的”。例如，在中国封建时代晚期，家谱上的女性是被列在其丈夫之下的。由于女性和她的丈夫作为一个单元存在，因此女性在家族单位中的地位是相对较低的，在她死后可能也不会被视为先祖。女性的尸骨如果没和她丈夫的尸骨在一起，即使被安葬在了风水好的地方，可能也不能为她的后代带来福运。与小孩、单身男性、单身女性、没有子嗣的夫妇类似，已婚妇女将来也不具有祖先地位[②③]。

## 三、缠足与其他身体改造

### 1. 缠足

该墓地的特殊人口为研究女性的身体状况和最后阶段的缠足风俗提供了很少见的资料。在偏脸城发现有不同程度的缠足：有的女性足部骨骼为“正常”，有的女性的足骨表明足被缠过一段时间，有的女性足骨完全变形（M002、M023、M031）。只有11个女性个体的足骨能够用于获取完整的测量数据，其中发现有6个缠足的案例（5个完整个体和1个不完整的个体），缠足比例占27%。缠足影响她们的健康状态、行为和步态[④]，但是多数女性还能进行基本活动和工作。在骨骸上，缠足主要影响足部的骨骼，特别是跖骨、趾骨，可以发现尺寸异常（变短）和形状变形（变得很细）的现象。这种汉族女性永久性身体改造是其母亲或其他女性长辈对4岁至8岁左右的女孩所造成的，而缠足被长期认为是婚姻的先决条件[⑤]。缠足现象在年代和地

① Watson, James L., Evelyn S. Rawski (ed.). *Death Ritual in Late Imperial and Modern China*. Berkeley, University of California, 1988, p.48.

② Kraus-Friedberg, Chana. “Transnational Identity and Mortuary Material Culture: The Chinese Plantation Cemetery in Pāhala, Hawai’I”. *Historical Archaeology*, 42, 3, 2008, p.123-135, p.129; *Règlement*, 1882, p.31-32.

③ “Also, the remains of immigrant Chinese women were often excluded from the practice of exhumation, since their familial obligations lay with their husbands in America rather than with their parents in China”. Smits, Nicholas J., “Roots Entwined: Archaeology of an Urban Chinese American Cemetery”. *Historical Archaeology*, 42, 3, 2008, p.111-122.

④ Gu, Yaodong, Qichang Mei, Justin Fernandez, Jianshe Li, Xuejun Ren, and Neng Feng. “Foot Loading Characteristics of Chinese Bound Feet Women: A Comparative Analysis”. *PLoS ONE* 10, 4, 2015. https://doi.org/10.1371/journal. pone.0121695.

⑤ Lau, Bryony. “The Limits of the Civilizing Mission: A Comparative Analysis of British Protestant Missionary Campaigns to End Footbinding and Female Circumcision”. *Social Sciences and Missions*, 21, 2008, p.193227.

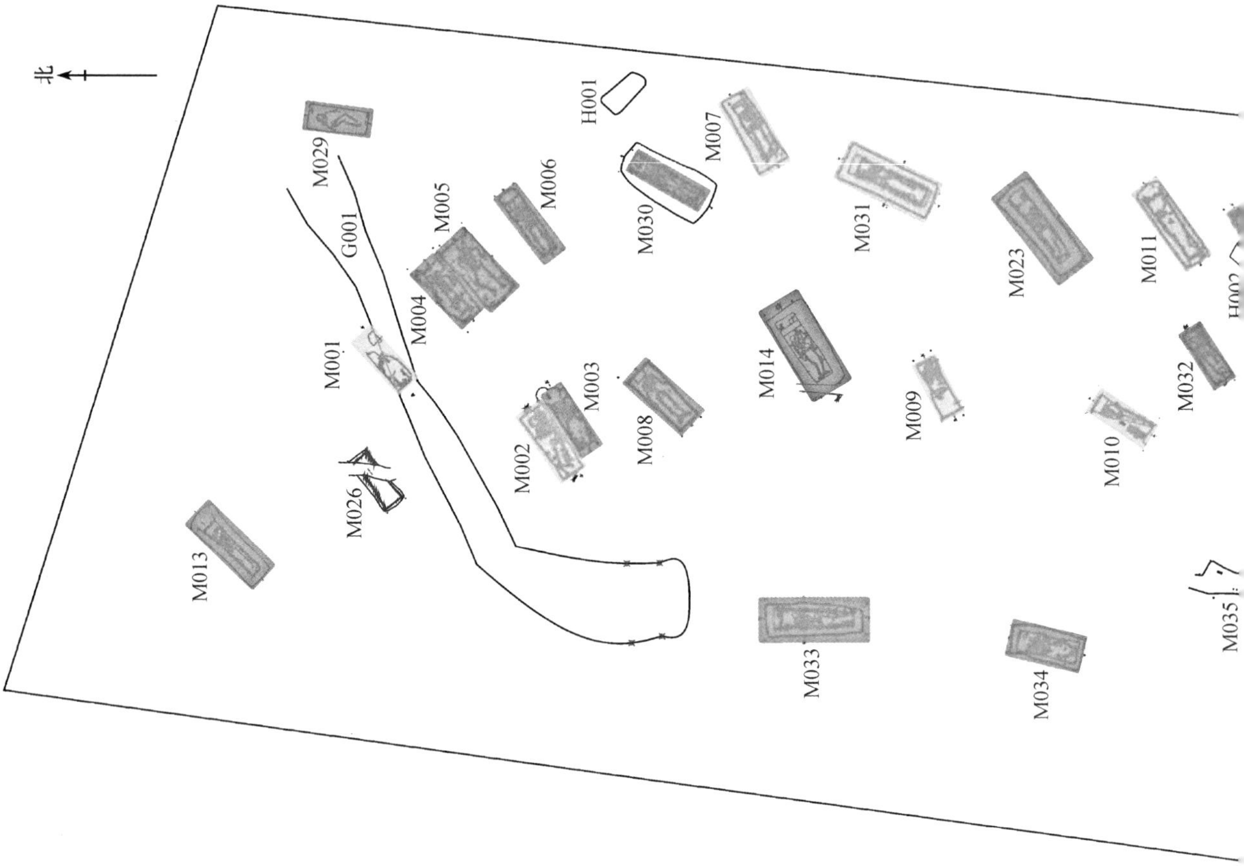
北
H001
M029
G001
M005
M006
M007
M030
M031
M023
M011
M001
M004
M003
M014
M009
M032
M010
M002
M008
M026
M013
M033
M034
M035

图146　墓地墓主人年龄分布图

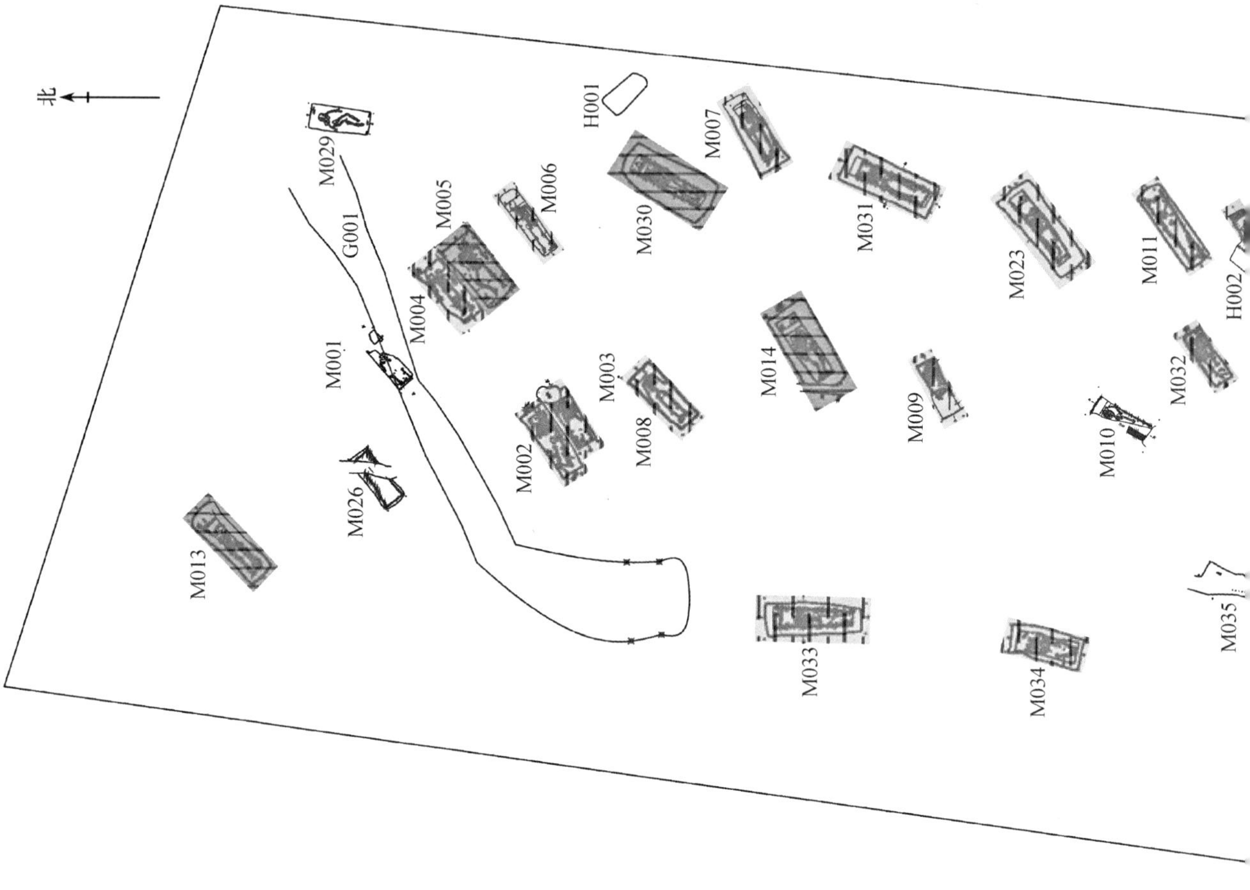
北
M029
H001
M007
M005
M006
M030
M031
M023
M011
H002
G001
M004
M001
M003
M014
M009
M032
M002
M008
M010
M026
M013
M033
M034
M035

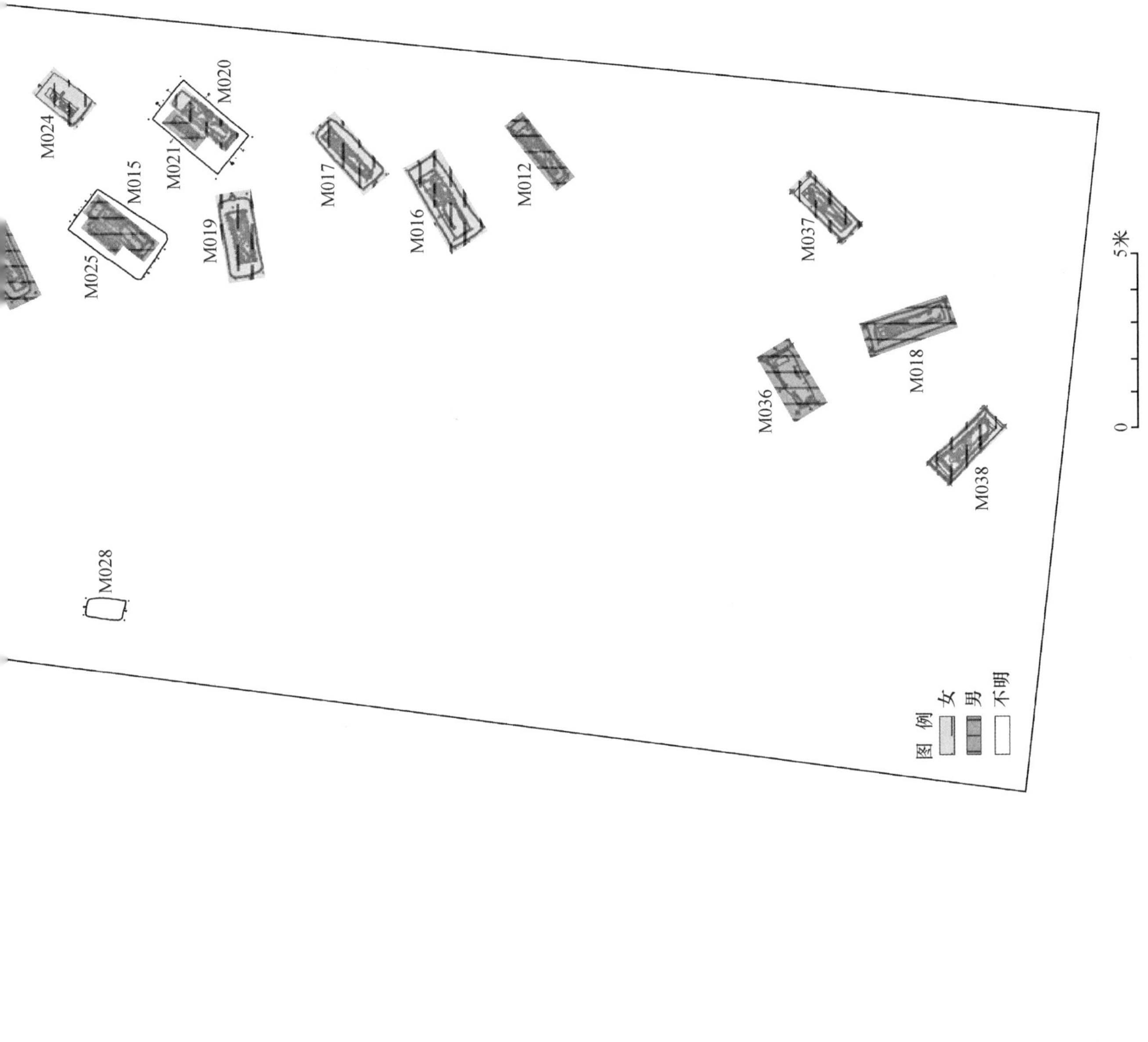


图147　男女墓葬分布图

区上有所不同，该现象被历史学家研究较多，而人骨考古学研究则刚刚开始[①]。虽然1902年缠足在法律上被禁止，但是民族学材料表明该风俗持续了更长时间，“开明改革派家庭的女孩”才是例外[②]。该现象的持续应有很多原因，如对抗文化身份、维持审美标准等。但是最近的研究提出该风俗也有一定的经济上的原因，即要求少女纺纱和编织的需求。Laurel Bossen 和Hill Gates的著作*Bound Feet, Young Hands: Tracking the Demise of Footbinding in Village China*利用20多年民族学调查过程中收集的对1700名女性的采访材料表明，清末至民国时期，中国的不同地区工业化制衣和纤维、丝线及布料运输的发展与缠足的逐渐消失有直接关系[③]。偏脸城晚期墓地27%的缠足率恰好符合工业制衣发展时期的情况。

### 2. 颅骨枕部变形

偏脸城墓地墓主人中有几个颅骨后部变平，如M025颅骨，并非颅缝早闭所致，而是与儿童期头部枕在硬面或睡觉时头部被裹上并平放有关，M016、M023、M019、M030和SM003颅骨都有这个趋势。这应该是婴儿期长时间保持这种姿势睡觉而形成的，不过人的大脑发育过程中会随着颅骨的外形而形成自身的形状，因此大脑不会受到任何压迫。现在的很多中国人还有这种特征。

## 四、身体状况和古代疾病

### 1. 健康状态

人骨考古学分析发现大量非特异的与生理压力有关的特征，该人群样本中这种特征的比率较高，因此当时有很多人患有感染性和代谢性疾病。

牙釉质线性发育不全（LEH）比例较高，占可观察个体的48%（10/21）。LEH是普遍用

---

① Lau, Bryony. “The Limits of the Civilizing Mission: A Comparative Analysis of British Protestant Missionary Campaigns to End Footbinding and Female Circumcision”, *Social Sciences and Missions*, vol. 21, 2008, p.193-227, p.206; Blake, C. Fred. “Foot-Binding in Neo-Confucian China and the Appropriation of Female Labor”. *Signs*, 19, 3, 1994, p.676-712; Turner, Christena L. “Locating Footbinding: Variations across Class and Space in Nineteenth and Early Twentieth Century China”. *Journal of Historical Sociology* 10, 1997, p.444-479; Berger, Elizabeth, Liping Yang, and Wa Ye. “Foot binding in a Ming dynasty cemetery near Xi’an, China”. *International Journal of Paleopathology*, 24, 2019, p.79-88. https://doi.org/10.1016/j.ijpp.2018.09.005.

② Elisseeff, Danielle. *XXe siècle*, *La grande mutation des femmes chinoises*. Bleu de Chine. Paris, 2006, p.16.

③ Bossen, Laurel, and Hill Gates. *Bound Feet*, *Young Hands*: *Tracking the Demise of Footbinding in Village China*. Stanford, California: Stanford University Press, 2017; Brown, Melissa J., and Damian Satterthwaite-Phillips. “Economic Correlates of Footbinding: Implications for the Importance of Chinese Daughters’ Labor”. *PLOS ONE* 13, 9, 2018. e0201337. https://doi.org/10.1371/journal.pone.0201337.

来评估一个人口样本健康状态的非特异性压力指征，有时与幼年期营养不良的事件或幼年期严重感染有关。单独通过LEH的观察无法准确地判断其属于哪一种疾病，但可以确定的是该个体曾承受生物学上的压力或有过不良的卫生状态。LEH所占比例很高（48%），表明当时的人口有营养不良的基本情况，可以叫作“传染性疾病的易感人群”①。在偏脸城墓地中，LEH是最常见的病症，大部分的女性都有LEH（M002、M016、M017、M019、M023、M027、M031、M038），个别男性也有（M030）。

眶顶板筛孔样变可能跟贫血现象、铁缺乏有关，女性案例较多（如M003、M019、M027和已经良好愈合的M038），男性中有几个例子（M025和良好愈合的M030）。这种现象也是整体的健康状态较差和饮食结构营养不良的标志。

牙齿有牙结石和龋齿的现象（如M005、M009、M014、M031）。

**2. 疾病**

条纹状骨膜新骨的出现率很高，占81%（21个可观察的案例中有16个在愈合过程中、1个正在活跃期），表明他们患过感染性疾病，期间免疫系统为了生成白细胞而刺激新骨生成，该病症已经愈合好的话，表明感染现象已结束而患者从疾病中幸存。患病率为81%，这是一个很高的比例，17世纪50年代在法国北部瘟疫传染开始之前该数据仅为20%左右②。

颅骨上的多孔性骨肥厚现象（porotic hyperostosis，PH）比例也比较高（9/21=43%）。

另外在M002右腓骨上可能有非特异性感染，M014可能有上颌窦炎。

年龄较大的个体（大部分为男性）有不少退行性疾病现象，如骨关节炎、软组织骨化等，也有已经愈合好的骨膜新骨，即死亡前已结束的感染性疾病。例如M012下段胸椎的前侧有韧带骨化（可能为DISH，即diffuse idiopathic skeletal hyperostosis，弥漫性特发性骨质增生症），右腿也有病理现象，可能右腿软组织有轻微发炎或感染。

个别个体骨关节炎和关节伤痕相对较少，表明该个体生活中扛重物之类的工作相对较少，此类病理现象仅见于30岁之后死亡的男性（M014、M022、M030）。但是椎体压缩性骨折和楔形椎体现象在男性中整体上比女性中多，所以他们在扛重物或进行承受较大冲击力的活动方面可能要比女性做得更多。

基本上来说，这些常见的非特异性病理现象从整体上表明，女性的健康状况比男性较差，其接受的医疗水平可能也比男性差。

---

① Signoli, Michel. “Archéo-anthropologie funéraire et épidémiologie. Réflexions autour des sépultures de crise liées aux épidémies de peste du passé”. *Socio-anthropologie*, 22, 2008, p.107-122. https://doi.org/10.4000/socio-anthropologie.1155.

② Kachi, Sasha. “Influence de l’état sanitaire des populations anciennes sur la mortalité en temps de peste : contribution à la paléoépidémiologie”. Thèse de doctorat, Université de Bordeaux, 2016.

（1）结核病

能在骨骼上留下痕迹的传染病当中，在偏脸城晚期墓地样本中最常见的是结核病。患结核病可能性较高的病例有M015，这是一个男性个体，其髋骨、脊椎、手腕骨、上臂骨骼、胫骨和足骨上都有侵蚀性损伤。还有M016，这是一个女性个体，其脊椎和髋骨上都有破坏性损伤与多孔性状，肋骨胸膜表面还有骨膜新骨，结核病很可能为该个体的死亡原因。M019这一女性个体有最多的跟结核病有关的痕迹，其第10胸椎（T10）被采样进行病原体DNA分析，已确定为结核病，该个体脊椎、手骨、肋骨胸膜表面和肋骨远端关节面都有破坏性损伤，右髋骨上和骶骨右侧都产生了骨膜新骨，胸骨柄背侧面有花边状外表。M015为M015-M025合葬墓的其中一个，M016和M019方向一致而且在墓地分布状态空间上离得很近，这3座墓葬可能时代很接近或者可能有亲属关系。另外，M002和M006墓主人的死亡原因也很可能与传染病有关。

有一些骨骼上感染性疾病的痕迹也可能与结核病或其他传染病有关，只不过这些案例上的能观察到的病理现象不足以被诊断为结核病。例如SM003椎体、骶骨和胸骨柄背侧面的花边状外表；M021跗骨和胫骨上有很多新骨或韧带的骨化；M031髋臼窝发现有大量小孔。

清末至民国时期时东北地区传染病很常见，根据文献记载，霍乱、伤寒症、天花和结核病最为常见。1910年在黑龙江北部发端的肺炎性鼠疫随着铁路线在1911年传到中国东北和北部的许多大城市[①]。这些疾病大部分情况下进展快速，患病者很快就会死亡，来不及在骨骼上留下痕迹，所以人骨上观察不到相关迹象。结核病为最常见的疾病，有时为慢性，可以发展到累及骨骼的阶段，所以有的个体上可以观察到相关性状。

（2）中轴骨发育异常

有一些中轴骨发育异常（midline abnormalities）的现象，属于遗传现象，但是除了M038之外可能对本人没有什么不良影响。发育异常的例子有M015明显存在的额中缝，且其骶骨上的S1轻微腰椎化；M023第5腰椎骶椎化。中轴骨发育异常现象容易出现在一个遗传结构比较封闭的人群，该人群中可能有很多互相之间存在亲属关系的个体。

M038有“颅骨闭合不全（或称颅裂）”，很可能为前囟附近（near bregma）的脑脊膜膨出。这个案例是国际上考古发现的同类古病理案例中的第7个案例[②]，而且它的病发位置（额骨上）极少见。作为一种可以致命的疾病，该女性能存活到20多岁也是比较特别的。从幼年到成年，这个女性的颅骨上一直有一块突出的软组织（很可能呈球形），在体表应该也能见到，之所以能持续存活那么多年，她可能受到了很特殊的保护和照顾。

另外M009下肢姿势不典型，其右腿向内曲折可能与生前患病或残疾有关。考古研究中以往发现过类似的案例，如在法国塞纳-马恩省Pontault-Combault市发现的一例墨洛温王朝的个

① DuBois, Thomas David. “Public Health and Private Charity in Northeast China, 1905-1945”. *Frontiers of History in China*, 9, 4, 2014, p.506-533. https://doi.org/10.3868/s020-003-014-0036-5.

② Halling, C. L., and R. M. Seidemann. “A Probable Example of Cranial Dysraphism from New Orleans, Louisiana”. *International Journal of Osteoarchaeology*, 28, 4, 2018, p.470-474. https://doi.org/10.1002/oa.2672.

体，虽然棺材形状与同一墓地的其他棺材同样为长方形，但是该个体的腿是曲折的，因为他有关节强直性的疾病。这种发现表明当时的人对病人和残疾人进行了照顾[①]。

### 3. 创伤

偏脸城晚期墓地中发现有一些创伤的案例。例如M015颅骨上有一个带线状裂痕的穿孔性伤口，可能跟死亡前后遭受的创伤有关。M021第5掌骨有愈合良好的骨折。M030颅骨上有创伤痕迹，T12和T11有椎板骨折，都已经愈合。

有的个体上的病理现象与扛重物有关（表9），如椎间盘退行性疾病（M018，男）。有的个体椎体疾病比较多，都为男性，如M005、M015、M021。M021的病症多样，为椎间盘退行性疾病、骨赘等的联合发生。岁数比较大的男性个体上可以观察到与年龄有关的退行性疾病的痕迹，如骨关节炎、软组织骨化、较多的愈合良好的骨膜新骨，表明他们患上过感染性疾病。

**表9　椎体压缩性骨折和楔形椎体现象表**

| 年龄<br>性别 | 13～18 | 19～35 | 36～50 | 50+ |
|---|---|---|---|---|
| 男（个） | | 2 | 2 | 3 |
| 女（个） | | 3 | | |

## 五、结　　语

在这个墓地未发现明显的线索来确定墓主人是满族还是汉族。巴黎外方传教会的文献中写道："满族人逐渐减少，归化到汉族当中。尽管在历史上满族人因其尚武善战的能力而取得了战争的胜利，得以统治中国，但在文化、风俗习惯和语言方面汉族占了上风。"[②]可能偏脸城晚期墓地是该现象的一个例子。

整体上，可以将该墓地与其他19世纪平民墓地的人口健康状态进行对比。例如美国费城的19世纪美国黑人的第一非裔浸礼会教堂（First African Baptist Church，FABC）的144个墓葬，其中发现有75个成年个体和60个未成年个体，这种情况比较自然，却与偏脸城晚期墓地的情况有些不同：未成年与育龄女性死亡率很高；牙釉质线性发育不全（LEH）比例很高，这个现象与偏脸城晚期墓地情况相似；感染性疾病患病率很高，但是未发现与大面积流行病直接相关的墓葬，这与偏脸城晚期墓地情况相似；与暴力行为或扛重物有关的创伤率特别高，此现象与偏

① Delattre, Valérie. *Handicap : quand l'archéologie nous éclaire*. Le Pommier. Paris, 2018, p.49.

② "Le peuple mandchou disparaît de jour en jour et se fond dans l'élément chinois; vainqueur par l'audace de ses chefs et la valeur de ses armes, il s'est laissé vaincre dans ses moeurs, ses coutumes, ses usages et son langage, par les vaincus". Launay, P. Adrien, *La Mission de Manchourie*, Tours, Maison Alfred Mame et fils, 1905, p.20.

脸城不一样，反映出了美国黑人当时的社会地位处于奴隶阶层[①]。

当时在东北地区的农村，医疗条件很差，基本上只有一些传教会和私人医生能够提供一些医疗服务，国家还没有公共医疗系统。唯一的医院在通往俄罗斯（长春以北）和日本（长春以南）的铁路沿线的大城市里，而且费用非常高[②]。所以住在偏脸城附近的平民享受不到这种医疗服务。

总的来说，该墓地代表的人口的健康状态符合当时的有关文献记载，感染性疾病和食物不足的情况很常见。不过，这些现象并不能解释年轻女性个体在人口中所占比例非正常的原因。

## 第三节　M014的案例与清末至民国时期墓地的性质

### 一、M014的案例

M014出土的圣母显灵圣牌（17LPM014①：2）促使我们整理当时的档案。M014为深墓葬，尺寸、结构和随葬品大体上跟其他墓葬一致。但是，除了圣母显灵圣牌之外，放在瓷碗旁边的白色方形琉璃瓶（17LPM014④：2）也是一个例外（只有M022瓷碗旁边有琉璃瓶，其余墓葬头部随葬品均为瓷碗）。该琉璃瓶器形接近当时的药瓶，但最出乎意外的发现还是圣母显灵圣牌。

圣母显灵圣牌是法国制造的特殊器物。从1832年在法国开始制造一直到现在，已制造了几十万件。圣母显灵圣牌属于天主教的奉献物（祭祀用品）。1830年，加大利纳·拉蒲莱（Catherine Labouré）在法国巴黎巴克街（Rue du Bac）140号的仁爱贞女会修院当修女时见到图案上的圣母显灵[③]，在她进行了为期两年的调查后，该修道院的院长申请制造这种圣牌。1832年巴黎出现霍乱，圣母显灵圣牌遂成热门，传说佩戴此牌的人遇到得霍乱的患者时能避免自己患病，甚至可以让患病者康复。1834年，人们已经把该圣牌形容成“奇迹般的存在”。后来的文献记载了一系列的“特效”，如1842年的文献中传说犹太人Alphonse Ratisbonne带着圣母显灵圣牌见到了圣母玛利亚，并打算改变信仰为天主教等。

19世纪时基督教已经分成很多派，即天主教、东正教、新教（包括信义宗或路德宗、福音主义等）。圣母显灵圣牌为天主教信仰所独有，因为上面写的法文铭文“Ô MARIE CONCUE

① Rankin-Hill, Lesley M. *A biohistory of 19th-century African Americans*: *The burial remains of a Philadelphia cemetery*. Bergin and Garvey. Westport, 1997; Grauer, Anne L. “A Biohistory of 19th-Century African Americans: The Burial Remains of a Philadelphia Cemetery”. *American Journal of Physical Anthropology*, 105, 4, 1998, p.553-554. https://doi.org/10.1002/(SICI)1096-8644(199804)105:4<553::AID-AJPA12>3.0.CO;2-#.

② DuBois, Thomas David. “Public Health and Private Charity in Northeast China, 1905-1945”. *Frontiers of History in China*, 9, 4, 2014, p.506-533. https://doi.org/10.3868/s020-003-014-0036-5.

③ https://fr.wikipedia.org/wiki/M%C3%A9daille_miraculeuse 2019年3月11日查。

SANS PECHE PRIEZ POUR NOUS”及“QUI AVONS RECOURS A VOUS”意为“吁，玛利亚无原罪之始胎，我等奔尔台前望尔为我等祈”，其中提到“玛利亚无原罪之始胎”，即圣母无染原罪的概念，而无染原罪概念是天主教信仰中所特有的，东正教与新教都不承认圣母玛利亚是无原罪的。天主教中的圣母无染原罪的概念是1854年才正式确立的，且为19世纪天主教文化（主要在意大利、法国与西班牙）中讨论的一个很重要的问题。因此带圣母显灵圣牌的人的信仰为天主教，而不可能是东正教或新教。

从庇护九世（Pie Ⅸ）教皇（任期为1846—1878年）开始，圣母显灵圣牌有时为圆形，有时为近圆形。到19世纪末，继续生产圆形的圣母显灵圣牌，20世纪的圣母显灵圣牌为椭圆形。据此推断，M014出土的圣母显灵圣牌应属于19世纪末的产物。

这个器物促使我们考察当地的档案，而“考古学者开始研究文献资料时，他们的分析就不同于历史学者的分析，因为考古学者的方法和课题属于考古学研究”①。

## 二、与文献记载结合

### 1. 中国文献

有关欧洲传教士在中国东北地区的文献种类比较多。属于地方志类型的梨树县志有1934年和1992年两本。有关梨树县文献中欧洲人的信息都是关于天主教的。

民国时期白永贞撰写的《梨树县志》（1934年）记载如下：

“1929年秋，由县长包文俊倡修。为修此志，专设梨树县志馆，任王清海为馆长，岳维川、赵芳亭为副馆长。时逢‘九·一八’事变，包文俊卸职，修志中辍。东北沦陷后，1932年3月曲廉本任伪梨树县县长，继续编修《梨树县志》，任邓炳武为督修，孟庆璋任志馆馆长，王孟超为副馆长，先后参加编修人员共计91人。其中督修、监修、编辑、调查、校阅、绘图47人，名誉调查44人，终于1934年修成出版。《梨树县志》共8册，7编，31卷，约35万字。序文4篇，景物照片10帧，人物照片8帧，见下图。《梨树县志》门类齐全，体例完备，史料较翔实，文字简洁，其宗旨与《奉化县志》相同。”②

光绪二十年（1894年）四月“法人德神父初来县城建筑天主教堂”③。

光绪二十六年（1900年）“逃军毁害天主教神父李学林于偏脸城”④。

---

① “Quand les archéologues se livrent à une étude des sources écrites pour les besoins de leur recherche, leurs analyses ne sont pas celles des historiens, puisque leur démarche et leurs questionnements sont propres à leur discours”, Hurard, Séverine, Yves Roumegoux, et Dorothée Chaoui-Derieux. “L’archéologie à l’épreuve de la modernité - De l’opportunisme à la maturité”. *Les Nouvelles de l’Archéologie*, 137, 2014, p.39.

② 魏晓光，新浪博客：http://blog.sina.com.cn/s/blog_6b2a1a1f0102vahf.html

③ 白永贞：《梨树县志》，1934年，第315页。

④ 白永贞：《梨树县志》，1934年，第316页。

有关天主教："光绪甲午年天主教始来斯土，在县城西南街路北购买地建筑教堂，规模极整饬，首倡传教者为法人德神父，来几病死，任内继之者为国人李学林氏，庚子年间死于夺匪之乱，厥后而龚、而葛、而谭，均为法人，先后来司教铎，迨宣统末年始调国人王诺瑟、夏成已、庞斐理、张采白等更为助教，最后加拿大人容济舟继任斯邑教务。迄今三十余年间历职教士凡十人，统计所辖教徒已达二百余人，此天主教在县城之概况也。"①

在1992年的《梨树县志》中有关天主教的记载如下：

"天主教亦称罗马公教。光绪二十年（1894年）法国神甫来梨树在县城奉化大街西段路北（今三小学址）购地建堂发展教徒"，"次年，成立梨树天主教会，隶属沈阳教区，归法国巴黎外放出教会控制"，"梨树县城教堂，先后由加拿大、中国、法国神甫主持教务。司教神甫更替10余人，有教徒200余人。1928年县城天主教会归四平教区隶东北教区（今沈阳）"，"1935年县城天主教会，举行成立40周年金庆日，四平助教加拿大人石俊声，带主教府全体神职人员及修道生来梨树参加纪念会。县城、榆树台、喇嘛甸、石岭共800余教徒参加纪念活动。当年为争取民众信奉，始办'慈善'事业，开设小学、育婴班，进行宗教启蒙教育。有学童46人，至1938年停办。冬季设粥锅，借贫民喝粥时，宣经布教，劝人奉信天主。曾开设学生宿舍和临时医院。县城天主教对教徒管束甚严，逢礼拜日到教堂进行宗教生活。神甫常去分所走动。1947年解放战争时，神职人员逃匿，教会关门"②。

1986年李欣在《梨树县的天主教》③一文中补充了一些信息："一八四零年鸦片战争后，帝国主义通过一系列不平等条约在中国获得了自由传教、设立教堂的特权"。"一八九四年（光绪甲午年）有法国神父始来梨树传教，在西南街路北（今梨树三小学）购地建房设堂"。"一八九五年梨树正式成立了天主教会，归属于沈阳教区"。"梨树天主教会于一九二八年归于受加拿大奎伯克省方济格外方传教会控制的四平教区"。"开始时由法国神甫德某主持，不久他病死故去。接替他的中国神甫李学林（圣名茂林）于庚子年间听到义和团要杀他，他与其他四人乘车逃到崔料辅屯，欲通过杨大城子逃跑，在他歇宿时被群众告发，仁字军首领于发海将其杀于招苏太河岸。之后，法国人龚、葛、谭等神甫主持教务。一九一一年前后由中国神甫王若瑟、夏成已、庞斐理、张采石等先后在梨树教会主持教务。一九二八年梨树教会归属于四平教区时，本堂神甫是张采石。张是沈阳教区法籍传教士调派给加拿大传教的两名中国神甫之一"。"有的人为了打官司，奉教后拿着外国神甫的名片到衙门上打官司不赢也不吃亏。因为当时的地方官长不敢得罪'洋人'"。

另外，传教士建的教堂是被研究得相对较少的文化遗产。德约瑟主持建造的梨树县的教堂在文献记载中有所描述④：

"梨树天主教堂是在十九世纪末叶帝国主义侵华狂潮中，法国人德约瑟来梨树建造的，

① 白永贞：《梨树县志》，1934年，第463页。

② 梨树县志编委会：《梨树县志》，辽宁教育出版社，1992年，第1056页。

③ 李欣：《梨树县的天主教》，《梨树史志资料汇编》第一册，1986年，第36～38页。

④ 吉林省文物志编委会：《梨树县文物志》，1984，内部资料，第158页。

落成于光绪二十四年（1898年），先后由德约瑟、李学林、王若干、夏减修（加拿大）、容济舟、张来伯、明若琴（加拿大）、罗诚信等为教父，发展教徒近九千人。1947年冬，随着我军节节胜利，神父们仓皇逃走，解放年过后，天主堂做了三小学校舍。

现在，天主堂原有房舍大部分已拆除，唯主室仍存，为高大的西式建筑，以砖石、水泥、钢梁构成，长30米，宽9米，前墙高8.5米，后墙高6米，房顶一面坡，薄铁屋面，南向启圆拱窗8扇，分列正门左右。正门突出，上部原有10米高的塔尖，内有铁钟一口，‘文革’时以300元的代价雇人拆除塔尖，钟被砸为废铁。梨树天主堂是帝国主义对华文化侵略的实物见证。”

时至今日，只剩几张老照片中可以看到院子与附属建筑（图148、图149），而教堂本身于1947年被拆除了。巴黎外方传教士的文献中提到很多这种传教士建立的教堂，还存在的这些天主教堂看起来是按照同样的模板制造的，跟1898年巴黎外方传教会修建的长春圣德勒撒主教堂有同样的布局（图150）：以砖石、水泥和钢梁构成，中部为一个主要的中殿，两侧各有一个偏殿，正门突出，上面有塔尖，为钟楼。可能巴黎外方传教会在巴黎培养传教士时提供了建筑课程与教堂布局的模板。

图148　梨树县天主教教堂老照片（南门）

**2. 法国文献**

（1）关于巴黎外方传教会

1658年建立，教宗亚历山大七世任命François Pallu（1626～1684年）和Pierre Lanbert de la Motte（1624～1679年）当宗座代牧区（vicariat apostolique）的负责人。19世纪巴黎外方传教会在四川、西藏、云南、贵州、广西、广东和东北地区有传教士。当时巴黎外方传教会是亚洲最大的传教机构之一。主教的年汇报、传教士的传记、讣告等被法国国立图书馆通过数字化图书

图149　梨树县天主教教堂老照片（从西南往西北排的院子围墙）

图150　长春圣德勒撒主教堂

馆（Gallica[①]）在网上公布[②]。

（2）关于东北地区天主教的文献收集

有关东北地区的巴黎外方传教士的文献提供了一些历史背景与代表当时的传教士对中国的

① http://gallica.bnf.fr.

② Tiedemann, R. G., ed. *Handbook of Christianity in China Volume Two*: *1800-present*. Leiden, Brill, 2010, p.58. http://archives.mepasie.org/fr/actualites/revues-mep-accessibles-en-ligne.

态度，包括一些不平等条约的内容，在当时的情况对传教士在中国传教很重要。如：

"1696年，中国东北地区属于Innocent XII（英诺森十二世）教皇和划分的北京教区，并归葡萄牙国的传教士管。

当时直隶与山东地区的教民向东北地区移民。三十多年之后，北京的葡萄牙国传教士把一位未知姓名的中国神父派到辽东地区，在这之后文献不再提及新的传教征程。

不过，东北地区没被忘记，因为1778年北京的最后几位耶稣会的传教士请罗马在沈阳（Moukden）建立一个主教座，在1787年Givea主教参观了辽东地区的有教名的地点，但因为1796年、1805年和1815年的宗教迫害，逃走的教民增加了这些地点的教民人口。"①

"1830年，葡萄牙国的遣使会神父Castro被派到巴黎，并跟一个或两个中国神父一起管理辽东地区的教区，但没顾及吉林或者齐齐哈尔地区。[…]

在这个情况下，Grégoire XVI（格列高利十六世）教皇建立了中国东北地区的宗座代牧区，而1839年把东北宗座代牧区交给法国巴黎外方传教会管。为了管理该宗座代牧区，选择了1805年4月12日在Caen（卡昂）出生、从1830年开始在四川传教的巴黎外方传教士Emmanuel Verrolles管理。"②

"[…]在北京以北的范围内，以经过北京的经线为界，该县以西到俄罗斯的区域归遣使会传教会管理，该线以东归Verrolles主教负责。"③

"罗马教皇交给Verrolles主教的东北地区宗座代牧区属于世界上最大的宗座代牧区之一，它从北纬36°延伸到北纬55°、从东经114°延伸到东经138°，即北边从以前的俄罗斯帝国的边疆到南边朝鲜帝国与直隶的边界，东部从黄海到属于热河的蒙古部分。该地区包括现代的辽东省、吉林省、齐齐哈尔省、阿穆尔河与海滨地区，总面积476600平方千米。[…]

从1840年开始，蒙古归一个单独的宗座代牧区，北部与东部的两个地区，即阿穆尔河与海滨地区被俄罗斯人占领，巴黎外方传教会的传教士一直没到这两个地区。"④

"1844年10月24日签订了一个贸易条约，即《黄埔条约》。第23款写道：'如时当登岸，须遵约束规条；所有应行规条，领事官议定照会地方官查照，以防该水手与内地民人滋事争端。佛兰西无论何人，如有犯此例禁，或越界，或远入内地，听凭中国官查拿，但应解送近口佛兰西领事官收管；中国官民均不得殴打、伤害、虐待所获佛兰西人，以伤两国和好'。

法国的神父受国际条约的保护。"⑤

1858年，"6月19日开始，Gros男爵写的信中说：'按照法国强求的条件，中国大帝国给基督教开放，我们的传教士允许哪里都去'。[…]

该条件确实被写清楚，而在第13款写道：'天主教原以劝人行善为本，凡奉教之人，皆全

---

① Launay, P. Adrien. *La Mission de Manchourie*. Tours, Maison Alfred Mame et fils, 1905, p.38.

② Launay, P. Adrien. *La Mission de Manchourie*. Tours, Maison Alfred Mame et fils, 1905, p.39-40.

③ Launay, P. Adrien. *La Mission de Manchourie*. Tours, Maison Alfred Mame et fils, 1905, p.41-42.

④ Launay, P. Adrien. *La Mission de Manchourie*. Tours, Maison Alfred Mame et fils, 1905, p.43-44.

⑤ Launay, P. Adrien. *La Mission de Manchourie*. Tours, Maison Alfred Mame et fils, 1905, p.54.

获保佑身家，其会同礼拜诵经等事概听其便，凡按第八款备有盖印执照安然入内传教之人，地方官务必厚待保护。凡中国人愿信崇天主教而循规蹈矩者，毫无查禁，皆免惩治。向来所有或写、或刻奉禁天主教各明文，无论何处，概行宽免’。

第14款也对在东北地区的传教士与在中国的所有的法国人很重要，写道：‘凡大法国人在通商各口地方，所有各家产财货，中国人民均不得欺凌侵犯。至中国官员，无论遇有何事，均不得威压取大法国之船只，以为公用、私用等项’。”[①]

“1898年教皇将中国东北地区分成两个教区，即南区，将主教位于沈阳，北区，将主教（Lalouyer）位于吉林市。”[②]

19世纪在中国的大部分天主教外国传教士为法国人[③]。信天主教的人在中国人口中一直只占很少的一部分，19世纪50年代估计为330000人，1901年为720540人，主要在农村，大部分位于河北、江苏、山东、四川和广东[④]。

1911年巴黎外方传教会统计东北三省信天主教的在南部（盛京或奉天，即沈阳）有26734人，在北部，吉林有14821人，黑龙江有4307人[⑤]。

19世纪末20世纪初在中国农村通过传教士改变信仰的经常以家庭为基础[⑥]。

（3）巴黎外方传教会在中国东北的规定

巴黎外方传教会1882年发布了法国传教士在中国东北地区活动的各个方面的规定，每位传教士根据这一套很具体的规定进行传教工作。所有的传教士需按照一本书的规定进行工作，该书被翻译成了拉丁文，便于中国神甫阅读[⑦]。从考古学与偏脸城晚期墓地的角度来看，这本篇幅不大的书描述了很多具体的情况和当时的传教士以及教民的行为。

天主教传教士不允许使用鸦片，但是对教民贷款借钱的规定比较松（利息只要在30%以下即可，但贷款活动在欧洲的天主教中是不允许的）。

对于病人傅油圣事来说，遇到“残疾女性”（即裹脚女子）的情况下，传教士不应该让她的脚露出来，而是把油滴在脚踝即可[⑧]。这种规定的存在反映当时传教士还可以遇到缠足的女性，而且跟英美新教传教士相反，法国天主教传教士并不会对该习俗有任何意见，而是尊敬当地的文化，并回避敏感的身体部位。

---

① Launay, P. Adrien. *La Mission de Manchourie*. Tours, Maison Alfred Mame et fils, 1905, p.94-95.

② Launay, P. Adrien. *La Mission de Manchourie*. Tours, Maison Alfred Mame et fils, 1905, p.120-121.

③ Tiedemann, R. G., ed. *Handbook of Christianity in China Volume Two: 1800-present*. Leiden, Brill, 2010, p.58.

④ Tiedemann, R. G., ed. *Handbook of Christianity in China Volume Two: 1800-present*. Leiden, Brill, 2010, p.397.

⑤ Tiedemann, R. G., ed. *Handbook of Christianity in China Volume Two: 1800-present*. Leiden, Brill, 2010, p.962.

⑥ Tiedemann, R. G., ed. *Handbook of Christianity in China Volume Two: 1800-present*. Leiden, Brill, 2010, p.398-400.

⑦ Société des Missions étrangères de Paris. *Règlement de la mission de Mandchourie adopté à la réunion générale des missionnaires. Année 1881*. Paris, imp. de l'Oeuvre de Saint-Paul, 1882, p.23.

⑧ Société des Missions étrangères de Paris. *Règlement de la mission de Mandchourie adopté à la réunion générale des missionnaires. Année 1881*. Paris, imp. de l'Oeuvre de Saint-Paul, 1882, p.14. http://gallica.bnf.fr/ark:/12148/bpt6k3753912.

对病人的照顾方面，规定严格禁止病人周围聚集很多人，不能有吸烟和热闹的活动等，而应该保持安静[①]。

另外，传教士虽然没必要走两天以上的路程来对病人执行傅油圣事，但是规定中鼓励他们不受限地进行这种服务[②]。这种规定暗示传教士经常会为了去看生病的教民在路上走几天时间。

有关传教士和当地女性的关系规定得很清楚：需要见面的时候，只能在教堂见面，谈话保持简洁、短暂。不要忘记，当地的人也看不惯关系过于亲密，这对传教士和传福音工作来说是危险的。传教士在用餐时不能有女性作为仆侍提供服务，也不可以待在传教士住地[③]。

关于服装：因为当地人对不符合中国习惯的事很敏感，传教士应该穿中式世俗服装，而且要避免奇装异服和过于鲜艳的颜色，如红色、黄色、紫色、绿色或浅蓝色。最好穿黑色的长袍大褂[④]。

关于婚姻：传教士不允许父母给小孩子订婚，教徒孩子必须至少是男孩达到12岁、女孩达到10岁，并且双方同意，才可以订婚。但"女孩沉默，在被问的时候感到不好意思时，应该理解为同意"。不过传教士不能在订婚的事情上插手[⑤]。

关于法律：传教士不可以参与任何有争议的情况，如果真的有需要的话，应该找传教士的同事和主教帮忙[⑥]。

关于葬俗：虽然当地习俗为死亡之后等待7天（或7的倍数天数）才进行埋葬，第7天请来吊唁的客人吃饭，但是传教士不遵循这种推迟葬礼的习惯。葬礼时不允许有音乐、火炮、戏剧等[⑦]。

（4）巴黎外方传教会的"神女"

根据巴黎外方传教会中国东北教区的规定，传教士到一个新地方传教的时候，要安排几名愿意献身于宗教的女性作为巴黎外方传教会的贞女，即不去修道院，而住在自己家并给传教士做志愿者工作（很多人兼任小学教师）。传教士不用给贞女钱。但是否能成为贞女则需要她的家长同意，并且保证家里能提供生活费，可以接受将来一直不结婚的要求，并且在家中有一个

---

① Société des Missions étrangères de Paris. *Règlement de la mission de Mandchourie adopté à la réunion générale des missionnaires. Année 1881*. Paris, imp. de l'Oeuvre de Saint-Paul, 1882, p.15.

② Société des Missions étrangères de Paris. *Règlement de la mission de Mandchourie adopté à la réunion générale des missionnaires. Année 1881*. Paris, imp. de l'Oeuvre de Saint-Paul, 1882, p.15.

③ Société des Missions étrangères de Paris. *Règlement de la mission de Mandchourie adopté à la réunion générale des missionnaires. Année 1881*. Paris, imp. de l'Oeuvre de Saint-Paul, 1882, p.20.

④ Société des Missions étrangères de Paris. *Règlement de la mission de Mandchourie adopté à la réunion générale des missionnaires. Année 1881*. Paris, imp. de l'Oeuvre de Saint-Paul, 1882, p.21.

⑤ Société des Missions étrangères de Paris. *Règlement de la mission de Mandchourie adopté à la réunion générale des missionnaires. Année 1881*. Paris, imp. de l'Oeuvre de Saint-Paul, 1882, p.31-32.

⑥ Société des Missions étrangères de Paris. *Règlement de la mission de Mandchourie adopté à la réunion générale des missionnaires. Année 1881*. Paris, imp. de l'Oeuvre de Saint-Paul, 1882, p.33.

⑦ Société des Missions étrangères de Paris. *Règlement de la mission de Mandchourie adopté à la réunion générale des missionnaires. Année 1881*. Paris, imp. de l'Oeuvre de Saint-Paul, 1882, p.34-35.

单独的房间可供居住[①]。因为贞女需要以身作则，因此她们应该在衣服、鞋和头发等方面保持整洁[②]。

李纪专门研究了这些女性与她们跟传教士的关系[③]，他发现，宣誓贞操并继续与家人在一起的中国基督教神女虽然在文献中叫作“贞女”，但她们经常称自己为“小神女”（即上帝的小女孩儿）[④]。“神女”“小神女”在其他任何正式的中国官方文件中都没有出现，似乎是中国东北地区特有的[⑤]。她们受到一定的教育。巴黎外方传教会在东北地区的教义问答教材包括三个级别（初级、基础、高级），而因为贞女是教师，所以需要掌握高级部分[⑥]。

随着教区和传教士成立的学校的数量的增加，贞女的数量也一直增加，特别是20世纪初。根据巴黎外方传教会的文献记载，东北地区1882年有49名贞女，1887年75名，1901年179名，1905年229名，1919年达到258名[⑦]。

通过李纪的研究，可以推测偏脸城晚期墓地中异常高的女性比例很可能跟梨树县的巴黎外方传教会的贞女或“神女”有关。单人女性墓葬的墓主人可能有一部分为神女。

（5）巴黎外方传教会的教民

巴黎外方传教会的教徒首先是从直隶移民到东北地区的19世纪之前被改教的家庭，例如李纪研究的杜神女的家庭来自山东[⑧]。根据巴黎外方传教会在东北地区的文献记载，东北地区1841年有2319名教徒，1898年有25000名教徒，1919年有50000名教徒[⑨]。

---

① Règlement, 1882, p.24-25 http://gallica.bnf.fr/ark:/12148/bpt6k3753912; Li Ji. *God's Little Daughters-Catholic Women in Nineteenth-Century Manchuria*. Washington, University of Washington Press, 2015.

② Société des Missions étrangères de Paris. *Règlement de la mission de Mandchourie adopté à la réunion générale des missionnaires. Année 1881*. Paris, imp. de l'Oeuvre de Saint-Paul, 1882, p.25.

③ Li Ji. "Becoming Faithful: Christianity, Literacy, and Female Consciousness in Northeast China, 1830-1930". Ph. D. dissertation, University of Michigan, 2009; Li, Ji. "Chinese Christian Virgins and Catholic Communities of Women in Northeast China". *The Chinese Historical Review*, 20, 1, 2013, p.16-32. https://doi.org/10.1179/1547402X13Z.00000000014; Li Ji. *God's Little Daughter-Catholic Women in Nineteenth-Century Manchuria*. Washington, University of Washington Press, 2015；李纪：《巴黎外方传教会所藏满洲教区档案的整理与分析》，*An International Conference on "M. E. P. and China since the Qing Dynasty"*，巴黎外方传教会与清代以来的中国国际学术研讨会，香港中文大学天主教研究中心，2017年，第2～26页。

④ Li, Ji. "Chinese Christian Virgins and Catholic Communities of Women in Northeast China". *The Chinese Historical Review*, 20, 1, 2013, p.16-32, p.16.

⑤ Li, Ji. "Chinese Christian Virgins and Catholic Communities of Women in Northeast China". *The Chinese Historical Review*, 20, 1, 2013, p.16-32, p.20-21.

⑥ Li, Ji. "Chinese Christian Virgins and Catholic Communities of Women in Northeast China". *The Chinese Historical Review*, 20, 1, 2013, p.16-32, p.23.

⑦ Li, Ji. "Chinese Christian Virgins and Catholic Communities of Women in Northeast China". *The Chinese Historical Review*, 20, 1, 2013, p.16-32, p.25.

⑧ Li, Ji. "Chinese Christian Virgins and Catholic Communities of Women in Northeast China". *The Chinese Historical Review*, 20, 1, 2013, p.16-32, p.20.

⑨ Li Ji. "Becoming Faithful: Christianity, Literacy, and Female Consciousness in Northeast China, 1830-1930". Ph. D. dissertation, University of Michigan, 2009, p.145.

根据巴黎外方传教会中国东北教区的规定，在每个教区传教士应该安排两个学校，给当地的男孩和女孩提供教育，首先需要教他们认字，然后才可以开始教义问答和祈祷。父母为教徒的话，他们的孩子要尽量去上学。担任教学任务的贞女必须在25岁以上、有足够的受教育水平[①]。1870年至1920年巴黎外方传教会在东北地区建立了将近300所学校。例如在东北地区1873年存在17所男孩学校，到1919年有131所[②]。

偏脸城墓地的布局、葬具、随葬品都不符合典型家族墓地的情况。另外，在偏脸城的晚期墓地中除三分之二的女性之外，男性岁数普遍较大，仅有几例未成年的个体，但都在12岁以上。但是在巴黎外方传教会在东北的“规程”中，有如下的建议：“我们不应该允许父母给岁数小的孩子安排婚礼。信教的孩子中男孩需达到12岁、女孩需达到10岁，他们的父母或养父母才能给安排婚礼。”[③]12岁左右也是天主教的入教民举行重要仪式的岁数。在欧洲未满12岁的孩子在传统上不埋在墓地，而埋在教堂外墙基旁边之类的特殊位置。带有圣母玛利亚显灵神牌的新教人士不会被埋在传统的家族墓地。偏脸城晚期墓地是当地天主教教徒墓地这一属性符合所有我们观察到的考古证据。

### 3. 有关梨树县的传教士

因为偏脸城晚期墓地很可能为教民墓地，所以需要专门寻找有关巴黎外方传教会在梨树地区的活动信息。在法国巴黎外方教会档案中的“年鉴”（年度汇报）中有关梨树和去过梨树的神甫的记载如下：

1892年：“Litou神甫和他的同伴Déan神甫在*Nan-pien-li*[④]一直与当地官员的误判做斗争。尽管我们经历了很多程序，而且有住在北京的我们的部长和总理衙门的善意，我们在磨盘山也购买了地，但有人要把我们驱逐，吉林的总督未给我们主持正义。然而在这些几乎荒蛮的地区，我们的两位同事还能够给21个成人和205个异教徒孩子进行洗礼。”[⑤]

1893年：“已经七年没离开这些寒冷地区的Souvignet神甫陪我回到南方。土匪很怕他，所以他跟我在一起的事实使我们的同事得到了安慰，他们祝福我还得进行的长途旅程顺利。实

---

① *Règlement*, 1882, p.30.

② Li, Ji. “Chinese Christian Virgins and Catholic Communities of Women in Northeast China”. *The Chinese Historical Review*, 20, 1, 2013, p.16-32, p.25.

③ *Règlement*, 1882, p.31-32.

④ 因为清末至民国时期的地名到现代变化很大，加上欧洲用的拼音没进行统一，所以下述翻译过程中有一些地名无法找到对应的现代地名或准确的中文翻译和位置，因此对个别地名只能直接用法文，并用斜写字体标记这种地名。

⑤ 1892 : “Le P. Litou et son compagon, le P. Déan, ont toujours à lutter, dans le Nan-pien-li, contre les dénis de justice des mandarins locaux. Malgré toutes nos démarches, malgré le bon vouloir de notre ministre à Péking et même du Tsong-li-yamen, justice ne nous a pas encore été rendue par le gouverneur de Ghirin pour le terrain que nous avions acheté et dont on veut nous évincer, à Mouo-pan-chan. Nos deux confrères ont pu néanmoins, dans ces contrées quasi-sauvages, baptiser 21 adultes et 205 enfants de païens”. Société des Missions étrangères, *Compte rendu des travaux de 1892*, Paris, Séminaire des Missions étrangères, 1893, p.14.

际上，在我们到了江西的时候他很高兴，我们也很高兴地找到了为了这次机会而集合的这个地区的所有的传教士——Aulagne、Litou、Maviel、Samoy和Déan先生，他们刚参加完由担任主席的尊敬的Aulagne先生所举办的年度务虚会。跟他们一起，我第二次参观了江西的各个县。所有的事已经准备好了，举行了很多场坚振礼。由于距离很远，只有Litou神甫所在的县没去参观。作为对我们的补偿，同事很高兴地发现当地官员对他的案子进行的长期审判终于宣告结束，而他赢了官司。在我的一再请求下，法国驻北京大使从总理衙门那里得到了我们一度被剥夺的土地。而且，我们在磨盘山所在的城市里又购买了挨着民事法院的另一片地，传教士未来会在这儿居住。”①

1894年：“我曾经给你们讲过吉林省的三处教会经历的具有很大危险的农民革命。政府为了增加税收，土地要再次被测量，这就是这次革命的唯一原因。我们的教徒情况很艰难，如果参与反抗活动，他们自身不认可并且传教士也不赞成；如果想要保持中立，异教徒②不同意并且要威胁杀死他们。感谢上帝，他们做了最好的选择，借助农民和军队发生冲突的时机，他们大多数人带着女眷逃到了沈阳地界。在这种情况下，我们的同事Aulagne、Samoy和Déan表示佩服他的忠诚并对他表示关心。刚在莲花山县接替Maviel先生的Déan先生正被这些事情纠缠着，无法跟他的同事交流。决战发生在距他的住所有一两千米的地方，一千个农民和三百个士兵在此战亡。这位传教士成为保护教堂和村子的唯一人士，完全可以战胜一切恐惧。通过他的勇气，他保护了整个村落，不让士兵盗窃和放火，但他们还是在周围地区盗窃、放火了。对于被强迫与反叛者联合的八位教民的死亡，他感到非常悲痛。农民革命被镇压后，当地的生活逐渐恢复了平静，之前外逃的教民平安地返回了家中，并没有受到他们担心的伤害。异教徒自己

---

① 1893: “Le P. Souvignet qui, depuis sept ans, n’avait jamais quitté les froides régions, m’accompagna à mon retour au Sud. Il est la terreur des brigands; aussi sa présence auprès de moi rassurait-elle les confrères sur l’heureuse issue du long voyage qui me restait à faire. Il fut très heureux, en effet, et à notre arrivée au Kiang-si, nous eûmes le plaisir d’y retrouver réunis, pour la circonstance, tous les missionnaires de cette région, MM. Aulagne, Litou, Maviel, Samoy et Déan, qui venaient de terminer la retraite annuelle, sous la présidence du vénéré P. Aulagne. Avec eux, je visitai, pour la seconde fois depuis mon sacre, les districts du Kiang-si. Tout avait été préparé d’avance, et les confirmations furent nombreuses. Le district du P. Litou fut seul privé de ma visite à cause de son éloignement. Notre confrère a eu en compensation la joie de voir finir à son avantage le long procès que lui avaient suscité les mandarins locaux. Le ministre de France à Pékin, sur mes instances réitérées, a obtenu du Tsong-li-ia-men que le terrain dont nous avions été évincés nous fût rendu. De plus, nous avons acheté un autre emplacement dans la ville même de Mouo-pan-chan, à côté du tribunal civil: c’est là que résidera le missionnaire”. Société des Missions étrangères, *Compte rendu des travaux de 1893*, Paris, Séminaire des Missions étrangères, 1894, p.11-12.

② 19世纪末的传教士管当地的不信教的人叫“异教徒”。

认为此事全靠一位神的保佑。”①

1897年：“沈阳政府虽未明确拒绝我居住于此，但依然抵触。除乐于不公正地对待教民之外，若恰逢时机，众官皆竭尽全力以停止改宗运动。我曾目睹一事，一次民众起义时，新建教会的买卖街上两个小礼拜堂被盗抢，众多教民被捕。约300雇工集会抗议此事，此事为官员、初级军官所鼓励。将破坏活动扩展至全县及周边地区是众官员的目的。感谢上帝，阴谋失败。Déan先生到任，Maurice Li协助，第一年洗礼了180成人；教民达6786人。”②

1897年：“吉林省其他四县值得一提——小八家子、*Ouang-hou-tze*、四家子和莲花山，因其有教民3500余。四县曾被Samoy先生负责。唉！Bongard先生去世了。故最近的Déan先生应协助Samoy先生以负责众多教民。”③

---

① 1894: “Je vous ai raconté naguère la révolte des paysans, qui fit courir à trois chrétientés de la province de Ghirin les plus grands dangers. Les terres devaient subir un nouveau mesurage en vue de l’augmentation des impôts : telle fut l’unique cause de la rébellion. La situation de nos chrétiens était difficile ; faire cause commune avec les rebelles, leur conscience s’y opposait, et la défense des missionaires était formelle ; rester neutres, les païens ne le permettaient pas et menaçaient de les mettre à la mort. Ils prirent, grâces à Dieu, le meilleur parti, car, profitant du moment où paysans et soldats en venaient aux mains, ils s’enfuirent pour la plupart, emmenant femmes et enfants, sur le territoire de la province de Moukden. Nos confrères, MM. Aulagne, Samoy et Déan se montrèrent, en ces circonstances, admirables de dévouement et de prudence. M. Déan qui venait de succéder à M. Maviel dans le district de Nénuphar, se trouvant au centre des opérations, ne pouvait plus communiquer avec ses confrères. La bataille décisive se livra à un kilomètre ou deux de sa résidence ; 1.000 paysans et 300 soldats restèrent sur le terrain. Le missionnaire, seul gardien du temple et du village désert, avait tout à redouter de la rage des vainqueurs. Par son courage, il préserva le village entier du pillage et de l’incendie que les soldats promenèrent sur toute la région ; mais son coeur fut grandement attristé de la mort de huit chrétiens que la crainte avait forcés de se mêler aux rebelles. Les paysans écrasés, le calme revient peu à peu, et nos chrétiens purent rentrer dans leurs foyers sans avoir subi tous les dommages qu’ils redoutaient. Les païens eux-mêmes y virent une protection de la divine Providence”. Société des Missions étrangères, *Compte rendu des travaux de 1894*, Paris, Séminaire des Missions étrangères, 1895, p.15-16.

② 1897: “Dans la province de Moukden, la haine des autorités chinoises contre le nom chrétien ne s’est point affichée ouvertement; ma résidence dans cette ville ne le permet pas ; cependant elle est tout aussi réelle. En dehors des dénis de justice qu’ils sont toujours heureux de commettre contre un chrétien, quand l’occasion s’en présente, la plupart des mandarins font l’impossible sous main pour arrêter le mouvement des conversions. Une fois entre autres, je fus à même de les prendre sur le fait, lors d’un soulèvement populaire, où deux oratoires furent pillés et dévastés, et plusieurs néophytes battus et enchaînés dans le district de Mai-mai-kai, nouvellement fondé. Environ 300 ouvriers, tous gens à vendre, s’étaient réunis pour cette besogne qu’ils ont accomplie au su du mandarin, y étant excités du reste par ses officiers subalternes. Leur but était de promener la dévastation dans le district et les régions environnantes. Grâce à Dieu, le complot n’a pas abouti. Ce nouveau poste, dirigé par M. Déan, aidé du P. Maurice Li, a donné cette première année, 180 baptêmes d’adultes ; les catéchumènes y sont au nombre de 6.786”. Société des Missions étrangères, *Compte rendu des travaux de 1897*, Paris, Séminaire des Missions étrangères, 1898, p.8-9.

③ 1897: “Quatre autres districts de la même province de Ghirin, Siao-pa-kia-tze, Ouang-hou-tze, Se-kia-ze et Leen-houa-chan, méritent encore une mention spéciale, puisqu’ils renferment plus de 3.500 fidèles. Ils étaient confiés à MM. Bongard et Samoy. Le premier de ces missionnaires, hélas ! a succombé à la peine, et il a fallu envoyer le confère le plus voisin, M. Déan, aider M. Samoy à pourvoir aux besoins de tant de chrétiens”. Société des Missions étrangères, *Compte rendu des travaux de 1897*, Paris, Séminaire des Missions étrangères, 1898, p.22.

1898年：“Déan先生和Maurice Li神甫在买卖街的新教会迈出一大步。他洗礼了113名成人，不多，但对了解此县的人来说已经很多。毕竟，教会刚落成18个月，且教民良莠不齐。其以几不可抗之势，去芜存菁，且教授坦率的基督教思想，此则一年之事。恩典非无所用，精神愈发安静：众人始知我们所讲、所求之事，而诸村级教会亦愈像早期教会。”①

1899年：“我有责任于今日之议中向英勇以身殉职的Déan、Paul Perreau和Lucas先生致以敬意。1898年11月17日我批准亲爱的Déan到北方的新教会任职；同时已决定明年春季执行该计划，继任者到任后离开。但上帝的旨意让尊敬的同事留在东北南部。1月初，我在朝鲜边疆的长途旅程中，勇敢的Déan先生在自己创建于1896年的买卖街传教会中去世了。他希望把尸体留在自己改宗的亲爱教民之间。我怀着后悔的心情，在他的墓前汇报他的最后一次战斗：268桩年度和好圣事、180位成年人的洗礼和3910位教民。”②

1899年Déan先生讣告：“中国东北地区使徒传教士Déan先生，1866年12月14日出生。1890年12月10日出发前往中国。1899年1月14日去世。

中国东北地区被分成两个使徒牧区之后，Guillon大主教把北区交给原在南区工作的两位传教士。其中一位已到任，并等待他的邻居。在Déan先生准备出发时，上帝命令他准备另一个旅程，即永恒的旅程。

Armand-Joseph Déan先生于1866年12月14日出生于雷恩教区的Saint-Germain-en-Coglès村。他以优异的成绩进入教区的优秀神学院，然后作为神职人员去往巴黎外方传教会神学院。

他于1888年9月到达巴黎，1890年6月24日被任命为神父，目的地为中国东北。首先，Guillon大主教派他去吉林省*Chou-kai-touo*学习中文。第二年他去了新教民很多的磨盘山。在此

---

① 1898: “M. Déan, avec son vicaire, le P. Maurice Li, a fait faire un grand pas à son vaste et tout nouveau district de Mai-mai-kai. Centre treize baptêmes d’adultes, écrit-il, ce n’est certes pas énorme, mais pour qui connait ce district, c’est beaucoup. Etablies depuis 18 mois à peine, ces nouvelles chrétientés contenaient bons et mauvais catéchumènes, tous mêlés ensemble. Modérer cet élan presque irrésistible, laisser les mauvais se retirer, s’emparer des bons, leur inculquer des idées franchement chrétiennes : tel a été le travail de toute une année. Mais la grâce n’a pas été vaine ici, les esprits sont plus rassis : on commence à comprendre ce que nous voulons ce que nous prêchons, et nos divers postes prennent déjà l’apparence d’anciennes chrétientés”. Société des Missions étrangères, *Compte rendu des travaux de 1898*, Paris, Séminaire des Missions étrangères, 1899, p.19-20.

② 1899: “J’ai le devoir d’inscrire à l’ordre du jour, et de saluer ici les trois vaillants qui ont succombé, cette année-ci, sur la brèche et à leur poste d’honneur, MM. Déan, Paul Perreau et Lucas. Le 17 novembre 1898, j’avais consenti à céder le cher M. Déan à la nouvelle mission du Nord ; toutefois, il avait été en même temps expressément convenu que ce projet ne serait mis à exécution qu’au printemps suivant, et que le missionnaire ne quitterait son poste qu’à l’arrivée de son successeur. Mais les desseins de Dieu étaient que ce cher confrère restât à la Mandchourie méridionale. Au commencement de janvier, pendant un long voyage que je fis sur les frontières de la Corée, le brave missionnaire mourait à Mai-mai-kai, district tout récent que, le premier, il avait fécondé de ses sueurs et de ses peines, depuis l’automne 1896. Il était heureux de confier sa dépouille mortelle à la garde des chers néophytes qu’il avait engendrés à la Foi. Je me plais à déposer sur sa tombe, avec mes regrets, le bulletin de son dernier combat: 268 confessions annuelles, 180 baptêmes d’adultes et 3910 catéchumènes”. Société des Missions étrangères, *Compte rendu des travaux de 1899*, Paris, Séminaire des Missions étrangères, 1900, p.69-70.

地教民中，他学习的知识有了用武之地，并继续学习传教所急需的中文。

1892年，他被分配到莲花山，当他抵达时，该岗位特别辛苦。因官员无故加税，而农民公然拒绝增税，官府派出数千士兵以镇压反抗。农民武力反抗军队，但误入陷阱，数百人牺牲。谣言四起，说士兵会继续杀害教民，但Déan先生仍坚守岗位。其实无事发生，教民和异教徒一起交税。

个别地区多有土匪，Déan传教士与其遭遇数次。可怕的强盗常路过先生的住地，虽然令人不愉，但终究无事。在莲花山，Déan先生竭尽所能以鼓励教民，提高他们面对所有状况的勇气。

中日战争之后，该教区南部出现了一项比较大的改宗运动，莲花山区和四家子区被合并，而Déan先生被派到沈阳新近允许传教的奉化县。

三年间，Déan先生将全部身心与灵魂献于此地。他每月均访问十余处新教民的小教会。他努力防止异教徒和官员的恶意破坏，从而保护教民，其中艰辛难以描述。在其中一个小教会，异教徒曾经誓言击退天主教的入侵。命令已下达，日期已确定，这块方圆数里地区里的小礼拜堂将被摧毁，教民将被驱赶或抓捕。Guillon大主教得知此事后，急忙从沈阳长途跋涉赶至奉化县。大主教说服官员尊重条约。在其他地区基督徒的遭遇，虽然没有那么严重，但却是持续不断的，而传教士没有休战或休息的时间。

他爱护他的基督徒，并向他们表示特别喜欢孩子。他到达一个教会时，是孩子们首先迎接他，当他准备离开时，孩子都来最后向他道别。他的努力并非徒劳无功。每年均有数百成人接受洗礼，奉化县成为一个有活力和希望的教区，这得益于Déan 先生和他的合作人员——中国神甫Maurice Li。

我们将他的热情用于新地域的时刻到了。

东北北区已从他的经验获益良多，并且以为可以继续受益多年。上帝做了另一个决定。

1899年1月7日晚，我收到了Déan先生的一封信，他让我过去，他以为自己得了伤寒。我9日晚抵达，心痛地发现他得了天花病，而不是伤寒。他的病情非常严重，因此晚上他做了和好圣事；翌日周二，他受到了圣临终礼和病人傅油圣事。他头脑依然清醒，并且自己能准确回答礼仪的祈祷。虽然他完全顺从上帝的旨意，但他说他还想多活几年以便多做几百次洗礼。

那天，他吃了一点药。晚上，他的嗓子稍好。他沉沉睡去，一夜安静。但是，周三上午，我看到所有的希望已破灭，并将此事告诉他。他感谢我，稍后，他说想向圣母、约瑟和里斯本的圣安多尼祈祷，从而痊愈。我很高兴地和他一起祈祷，但是亲爱的神父情况越来越糟。在他的谵妄中，他说他想出发去布列塔尼半岛。我问他天堂有没有布列塔尼半岛漂亮时，他回答：‘我不确定！’

十一点左右，我不在时，他躺在了躺椅上，这耗费了他很大的气力。我回到他身边时，我以为他到了他最后的时刻，不过没有陷入危机。他头脑清楚，并衷心祈祷。从这时开始，他每时每刻询问时间。时钟敲了三下，他进入痛苦之中，但是一种很温柔的痛苦。他反复地重复我给他推荐的所有的话：*Monstra te esse matrem*请尔示为我母，*Iter para tutum*稳行天堂道路，

*Solve vincla reis*为我罪人降世，*Profer lumen coecis*开启瞽者复明，*Ut videntes Jesum è Semper colloetemur*得见吾主耶稣，享受永远真福。我能听见的他最后一个祈愿为：‘耶稣、玛丽亚、约瑟，我把我的心、灵魂和生命给你们。耶稣、玛丽亚、约瑟，请在我最后的痛苦中协助我。’然后，他继续吻着他的十字架并动着嘴唇。他双臂交叉在胸前，叹息了三四次，他的灵魂离开了他的身体，从而在圣母的帮助下出现在主权法官面前。

然后，我们给亲爱的死者尸体穿上祭司饰品，并在他的房间展示。整个奉化县和附近教会的基督徒都来看望他。他爱护过的孩子和年轻人舍不得离开他。

1月13日我和Maurice Li神父带他去最后安息的地方。他在这里，在奉化县，等待复活。

——使徒传教士J. Crubizolles”①

---

① 1899, notice nécrologique de M. Déan : « M. Déan, missionnaire apostolique de la Mandchourie. Né le 14 décembre 1866. Parti le 10 décembre 1890. Mort le 14 janvier 1899.

A la suite de la division de la Mandchourie en deux Vicariats apostoliques, Mgr Guillon avait cédé à la mission du Nord deux des missionnaires qui travaillaient dans la partie méridionale. L'un d'eux était déjà parvenu au poste qui lui avait été assigné, et attendait l'autre qui devait être son voisin de district. Celui-ci, M. Déan, devait faire sous peu ses préparatifs de départ, et se rendre dans sa nouvelle Mission, lorsque le bon Dieu lui donna l'odre de se préparer à un autre voyage, celui de l'éternité.

M. Armand-Joseph Déan, naquit à Saint-Germain-en-Coglès, au diocèse de Rennes, le 14 décembre 1866. Après d'excellentes études, il entra au grand séminaire de son diocèse, d'où il partit pour celui des Missions-Etrangères. Il était alors clerc-minoré.

Arrivé à Paris, au mois de septembre 1888, il fut ordonné prêtre le 24 juin 1890, et destiné à la Mandchourie. Mgr Guillon l'envoya d'abord à Chou-kai-touo, dans la province du Ghirin, pour s'initier à l'étude de la langue chinoise. L'année suivante il s'établit à Mouo-pan-chan, ville nouvellement bâtie et où les conversions étaient nombreuses. Là, au milieu des catéchumènes, il put déjà mettre à profit ce qu'il avait appris, et continuer en même temps cette étude du chinois qui est si nécessaire au missionnaire.

En 1892, il fut chargé du district de Leen-houa-chan, poste particulièrement difficile au moment où il y arriva. En effet, les mandarins ayant augmenté les impôts sans raison, rencontrèrent une grande opposition de la part des paysans qui refusèrent de payer. Des milliers de soldats furent envoyés pour les forcer à se soumettre. Les paysans prirent les armes pour résister aux troupes, mais, attirés dans un guet-apens, ils périrent au nombre de plusieurs centraines. M. Déan resta à son poste, quoique le bruit se fût répandu qu'après avoir exterminé les paysans, les soldats devaient venir s'emparer des chrétiens. Il n'en fut rien d'ailleurs, et nos néophytes se résignèrent à payer les impôts avec leurs voisins païens.

Dans ces quartiers, les brigands son nombreux, et le missionnaire les rencontre plus d'une fois en voyage : souvent ces terribles bandits passèrent devant la résidence de M. Déan, mais ils lui épargnèrent toujours le désagrément de leur visite. A Leen-houa-chan, M. Déan ne négligea rien pour exciter à la ferveur ses nombreux chrétiens, et pour relever leur courage en toute occasion.

Après la guerre sino-japonaise, un grand mouvement de conversions s'étant dessiné dans le sud de la Mission, le district de Leen-houa-chan fut réuni à celui de Se-kia-tze, et M. Déan reçut sa destination pour Feung-houa-sien, ville de la province de Moukden, nouvellement ouverte au catholicisme.

Pendant trois ans, M. Déan s'y est dépensé corps et âme. Presque toujours sur les chemins, il visitait, chaque mois, plus de dix chrétientés composées uniquement de néophytes. Il serait difficile de dire toute la peine qu'il s'est donnée pour les protéger contre la malveillance des païens et l'hostilité des mandarins. Dans une de ces chrétientés, les païens avaient juré

1900年："Maurice Li（李学林）神父在小城被抓。一个虚伪的朋友将他出卖给了义和

---

de repousser l'invasion du catholicisme. Le mot d'ordre était donné, et, au jour fixé, les oratoires devaient être démolis à plusieurs lieues à la ronde, les chrétiens chassés ou mis en prison. Mgr Guillon ayant su la chose, partit de Moukden et se rendit sur les lieux à marches forcées, par des chemins impraticables. Sa Grandeur força les mandarins à respecter les traités. Les vexations subies par les chrétiens dans les autres endroits, quoique moins graves en elles-mêmes, étaient continuelles, et le missionnaire n'avait ni trève ni repos.

Il aimait ses chrétiens et le leur prouvait, mais il avait une effection particulière pour les enfants. Quand il arrivait dans un poste, c'étaient eux qui accourraient les premiers à sa rencontre, et quand il devait partir, ils étaient les derniers à le quitter. Son zèle n'a pas été stérile. Chaque année, il a eu la consolation d'enregistrer plusieurs centaines de baptêmes d'adultes, et, si le district de Feung-houa-sien est un beau district, s'il donne de grandes espérances pour l'avenir, l'honneur en revient à M. Déan et à son collaborateur, le prêtre indigène Maurice Li.

Le moment était arrivé pour notre confrère d'exercer son zèle dans un nouveau champ.

La Mandchourie septentrionale comptait déjà sur son expérience et pensait en recueillir les fruits pendant de longues années. Dieu en disposa autrement.

Le soir du 7 janvier 1899, je recevais un billet de M. Déan qui m'appelait auprès de lui : il se croyait atteint de la fièvre typhoïde. J'arrivai le 9 au soir et j'eus la douleur de constater qu'il était malade, non pas de la fièvre typhoïde, mais de la petite vérole. Son état était très grave, aussi dans la soirée voulut-il se confesser ; le lendemain mardi, il reçut le saint viatique et l'extrême-onction. Il avait toute sa connaissance et répondait lui-même très exactement aux prières du rituel. Quoiqu'il fût pleinement résigné à la volonté de Dieu, il désirait vivre quelques années pour administer, disait-il, quelques centaines de baptêmes de plus, avant de mourir.

Ce jour-là, il prit plusieurs médecines et mangea même un peu ; le soir, sa gorge était plus libre ; il s'assoupit et la nuit fut assez calme. Pourtant, le mercredi matin, je vis que tout espoir était perdu ; je le lui dis. Il me remercia, et un peu après, il parla de faire un voeu à la sainte Vierge, à saint Joseph et à saint Antoine de Padoue pour obtenir sa guérison. Je le fis volontiers avec lui, mais le cher Père allait de plus en plus mal. Dans son délire il voulais partir pour la Bretagne. Comme je lui demandais si le paradis n'était pas plus beau que la Bretagne: « Je ne sais pas trop ! » me répondit-il.

Vers onze heures, ayant voulu, en mon absence, changer de place et se mettre sur une chaise longue, cet effort l'épuisa. Revenu près de lui, je crus qu'il était arrivé à sa dernière heure ; cette crise passa néanmoins. Il avait sa pleine connaissance et priait de tout son coeur. A partir de ce moment, il me demandait l'heure à chaque instant. Trois heures venaient de sonner ; il entra alors en agonie, mais en une agonie très douce ; il répétait après moi tout ce que mon coeur pouvait lui suggérer: *Monstra te esse matrem-Iter para tutum-Solve vincla reis-Profer lumen coecis-Ut videntes Jesum è Semper colloetemur*. Sa dernière invocation, celle que je pus encore entendre, fut celle-ci : "Jésus, Maris, Joseph, je vous donne mon coeur, mon esprit et ma vie. - Jésus, Maris, Joseph, assistez-moi dans ma dernière agonie". Il continua ensuite à remuer les lèvres en baisant son crucifix. Puis il croisa les bras sur sa poitrine, et, après trois ou quatre soupirs, son âme quitta son corps pour paraître devant le Souverain Juge, sous les auspices de la bonne Mère qu'il avait tant invoquée.

Le corps du cher défunt fut revêtu ensuite des ornements sacerdotaux et exposé dans sa chambre. Les néophytes de Feung-houa-sien et des chrétientés voisines passèrent toute la journée auprès de lui. Les enfants et les jeunes gens qu'il avait tant aimés, ne pouvaient se résoudre à le quitter.

Le 13 janvier, accopagné du P. Maurice Li, je le conduisis à sa dernière demeure. C'est là, au milieu de la ville de Feung-houa-sien, qu'il attend la résurrection.

J. Crubizolles, "missionnaire apostolique". Société des Missions étrangères, *Compte rendu des travaux de 1899*, Paris, Séminaire des Missions étrangères, 1900, p.327-329.

团，为了得到神父的遗产。他被带回买卖街，并在他的住地附近被杀害。”[①]“8月3日的信中提到Maurice Li（李学林）神父被杀。”[②]

1902年：“Conraux先生负责买卖街教会。该地区有很多tsai-li-ti。虽然他们威胁Conraux先生，但我们的同事依然坚守岗位。重修买卖街的教堂，需要时间和耐心。Maurice Li神父被杀之后，士兵占用了我们的房子，在异教徒节日时，他们纵火烧毁了几乎所有的建筑。Conraux先生迎接Carrère先生做他的牧师。希望上帝保佑保护坚守在危险岗位上的他们！”[③]

1903年：“经过数年的学习，2月21日Vincent Ouang、Dominique Tai 和 Martin Pai陆续被任命为神父，用他们代替三位殉教者，即：1900年7月2日跟Guillon大主教一起在沈阳主教座堂祭坛台阶上一起被杀害的Jean Li神父，几天之后在买卖街被义和团枪杀的Maurice Li神父和最后因为拒绝否认信仰在首都被杀害的Alexandre Xia神父。”[④]

1904年：“Conraux先生已经患瘫痪和腹泻有三个月了。”[⑤]

1905年：“今年，我们痛苦地失去了一个同事——Conraux先生。死者供职于传教会已三十载，他的记忆长留我们心中。因瘫痪和腹泻，他请我允许他去香港的传教士医院，希望在那儿能痊愈，但他刚到香港，上帝就将他留在了身边。”[⑥]

1907年：“Choulet大主教管理的买卖街教会虽为新建教会，但依然繁荣，也受到了严重的

① Société des Missions étrangères, *Compte rendu des travaux de 1900*, Paris, Séminaire des Missions étrangères, 1901, p.65.

② “Une lettre du 3 août nous a annoncé la mort du P. Maurice Li, qui a été décapité. C’est le troisième prêtre chinois de la Mandchourie méridionale qui donne sa vie pour Notre-Seigneur Jésus-Christ”. Launay, P. Adrien, *La Mission de Manchourie*, Tours, Maison Alfred Mame et fils, 1905, p.127.

③ 1902: “M. Conraux est chargé du district de Mai-mai-kai. Le pays est peuplé de tsai-li-ti. Malgré les menaces de ces sectaires, notre confrère tient ferme à son poste. Il nous faudra du temps et de la patience pour relever les ruines de Mai-mai-kai. Après le massacre du P. Maurice Li, les soldats s’étaient emparé de nos établissements, mais à l’occasion d’une fête païenne, ils y mirent le feu et presque toutes les constructions devinrent la proie des flammes. M. Conraux a reçu dernièrement M. Carrère pour vicaire. Que Dieu les protège l’un et l’autre dans le poste périlleux qu’ils occupent !”. Société des Missions étrangères, *Compte rendu des travaux de 1902*, Paris, Séminaire des Missions étrangères, 1903, p.80.

④ 1903: “Trois minorés, Vincent Ouang, Dominique Tai et Martin Pai, après une épreuve de plusieurs années, ont été ordonnés sous-diacres le 21 février ; diacres, le lendemain, dimanche de la Quinquagésime, et prêtres, le samedi saint. Ils sont appelés à remplacer trois martyrs : le P. Jean Li, tombé à côté de Mgr Guillon, sur les degrés de l’autel, dans la cathédrale de Moukden, le 2 juillet 1900 ; le P. Maurice Li, fusillé quelques jours plus tard par les boxeurs, à Mai-mai-kai ; enfin, le P. Alexandre Xia, mis à mort à la capitale de la province par ordre du mandarin, pour n’avoir pas voulu renier la foi”. Société des Missions étrangères, *Compte rendu des travaux de 1903*, Paris, Séminaire des Missions étrangères, 1904, p.59.

⑤ 1904: “Depuis trois mois, M. Conraux est atteint de paralysie et de diarrhée”. Société des Missions étrangères, *Compte rendu des travaux de 1904*, Paris, Séminaire des Missions étrangères, 1905, p.61.

⑥ 1905: “Nous avons eu, cette année encore, la douleur de perdre un confrère, M. Conraux. Le cher défunt a passé trente ans dans notre mission, où le souvenir de son bon coeur restera toujours vivace. Atteint de paralysie et de diarrhée, il me demanda la permission de se rendre au sanatorium de Béthanie, où il espérait guérir ; mais il était à peine arrivé à Hong-kong que le bon Dieu le rappelait à Lui”. Société des Missions étrangères, *Compte rendu des travaux de 1905*, Paris, Séminaire des Missions étrangères, 1906, p.47.

破坏。到今年为止，它应该无法重现繁荣景象，所以无法给予该县传教士更多的安慰。但跟其他地区一样最近运气比较好，洗礼人数达到了180个，当我6月份参观时，我感到基督徒对他们的任务有了更深入的了解。

该教会的管理者Carrère先生刚失去了他最好的小教会。义和团革命之前，Maurice Li神父在程家屯及其周围改宗了很多新教徒。按照规划教会界线的地图，该区域位于辽河北岸，即归属东北教区牧师教廷管理。但该地图不符合现在的实际情况。我们认为的辽河支流，其实是辽河本身，因此程家屯位于它的右岸而不是左岸。根据批准了蒙古和东北地区的牧师提出的教会区边缘的宣传部法令，该河流为两个教会区的分界线。我认为有必要尊重该法令而把该小教会转交给我们的邻居比利时传教士。基于同样的原因，位于康平县，原属法库门的教会现在也归这些传教士管理。”①

1908年：“在买卖街教会区，Carrère先生记录了104个成人的洗礼，该同事说：‘该数据没有去年那么高，但这并不是改宗运动减速的反映，反而这种趋势正在加强。感谢上帝安慰，天主教入门者比去年稍多。’”②

1909年：“最后，Letort、Conraux（*Carrère？）、Flandin、Beaulieu和Etellin在欧洲人众多且义和团不易占领的营口市找到了避难所。这最后的避难所也很快陷入危险，传教士均离开并前往上海。”③

---

① 1907: “Le district de Mai-mai-kai, que reprend Mgr Choulet, très prospère, mais tout nouveau au moment de la tourmente, avait été rudement secoué. Jusqu’à cette année, il ne semblait pas vouloir revenir à la vie, et avait donné fort peu de consolation au missionnaire, qui en fut chargé. Enfin, là aussi, le bon vent a soufflé ces derniers temps. Le chiffre de baptêmes s’est élevé à 180, et, lors de la tournée que j’y ai faite au mois de juin, les chrétiens que j’ai vus m’ont paru mieux comprendre leurs devoirs.

M. Carrère, à qui il est confié, vient de perdre sa meilleure chrétienté. Avant l’époque des Boxeurs, le P. Maurice Li avait fait beaucoup d’adeptes à Tcheng-kia-toùn et aux environs. Suivant la carte qui avait servi à établir les limites de la mission, cette région se trouvait au nord du Leaô et relevait de la juridiction du vicaire apostolique de Mandchourie. Mais la carte de répond plus maintenant à ce qui existe. La rivière que nous avions prise pour un affluent du Leaô est le Leaô lui-même, en sorte que Tcheng-kia-toùn se trouve sur sa rive droite, au lieu d’être sur la rive gauche. Or, d’après le décret de la Propagande, approuvant les limites proposées par les deux vicaires apostoliques de la Mongolie et de la Mandchourie, c’est cette rivière qui sépare les deux missions. J’ai cru devoir me conformer à la teneur de ce décret, et j’ai passé ce poste aux missionnaires belges, nos voisins. Pour la même raison, les chrétientés qui se trouvent dans la sous-préfecture de Kang-ping, et qui dépendaient du district de Pa-koù-men, sont maintenant aussi sous la direction de ces missionnaires”. Société des Missions étrangères, *Compte rendu des travaux de 1907*, Paris, Séminaire des Missions étrangères, 1908, p.79-80.

② 1908: “Dans le district de Mai-mai-kai, M. Carrère enregistre 104 baptêmes d’adultes: “Si le chiffre est moins élevé que l’an dernier, dit ce confère, cette diminution n’accuse point un ralentissement dans le mouvement des conversions. Ce mouvement s’accentue, au contraire, grâce à Dieu, d’une façon bien consolante et le chiffre des catéchumènes est en augmentation sensible sur l’exercice précédent”. Société des Missions étrangères, *Compte rendu des travaux de 1908*, Paris, Séminaire des Missions étrangères, 1909, p.56.

③ 1909: “Enfin, MM. Letort, Conraux (*Carrère?), Flandin, Beaulieu et Etellin trouvèrent un abri dans notre procure du port d’Ingste, ville occupée par de nombreux Européens et moins exposée par conséquent à tomber entre les mains des Boxeurs. Ce dernier asile ne tarda pas, d’ailleurs, à devenir lui-même assez précaire et les missionnaires le quittèrent pour Changhai”. Société des Missions étrangères, *Compte rendu des travaux de 1909*, Paris, Séminaire des Missions étrangères, 1910, p.58.

“俄日战争之后，神学院院长Beaulieu先生带领他的学生到达沈阳，恢复教学任务，并很快得到Maillard和Carrère先生的帮助，现在神学院包括54个学生，其中8个已获得神职。”①

“战争之后到达的传教士分配如下：Guillon-Goytino先生在*Iang-koan*、Darles先生在*Eul-pa-tan*、Blois先生在大连、Chabanel先生在*Koang-ning*、Roger先生在辽阳、Marcadé先生在*Niou-tchouang*、Lacroix和Toudie先生正在学习中文，一位在*Koang-jing*、一位在高山屯。”②

1910年：“我们的大、小两所神学院依然能让两位院长Beaulieu和Carrère先生满意。”③

按照外国人名字的中文翻译习惯，“约瑟”为Joseph的最常见翻译。中法文献的年代（19世纪90年代末）和地点（梨树县曾经被叫作奉化县和买卖街）对应。“德约瑟”（图151），即Armand Joseph Déan（1866—1899年），是梨树县的第一位传教士，他建立了教会、教堂与墓地。根据文献记载，他在梨树去世，自己决定把他的尸体留在梨树县的教民中。其他法籍传教士都在其他地方去世。Armand Joseph Déan在巴黎外方传教会（128 rue du Bac）学习了两年，这所传教会就在能拿到“圣母显灵圣牌”的圣文森特德保罗慈善的女儿修道院（140 rue du Bac）斜对面。

根据这些文献记载，可以复原在梨树县首倡传教的神父的身份（表10）。

**表10　通过中文和法文文献结合的梨树早期天主教主要人物总表④**

| 中文姓名 | 法文姓名 | 在梨树的年代 | 生卒年及亡故地 |
|---|---|---|---|
| 德约瑟 | Armand Joseph Déan | 1895—1899 | 1866—1899（梨树） |
| 李学林 | Maurice Li | 1896—1900 | ？—1900（梨树） |
| 龚 | Louis Conraux | 1900—1905 | 1852—1905（香港） |
| 葛 | Jean-Baptiste Carrère | 1902—1909 | 1876—1916（Anglet 法国） |
| 谭 | Henri François Darles | 1906—1908 | 1881—1960（Montbeton 法国） |

① 1909: “Au lendemain de la guerre russo-japonaise, M. Beaulieu, supérieur du séminaire, se transporta avec ses élèves à Moukden, et reprit ses cours, aidé bientôt par M. Maillard, puis par M. Carrère, à l’heure actuelle le séminaire compte 54 élèves dont 8 sont dans les saints ordres”. Société des Missions étrangères, *Compte rendu des travaux de 1909*, Paris, Séminaire des Missions étrangères, 1910, p.67.

② “Quant aux missionnaires arrivés apèrs la guerre, ils sont ainsi répartis : M. Guillon-Goytino à Iang-koan, M. Darles à Eul-pa-tan, M. Blois à Siao-hei-chan, M. Chabanel à Koang-ning, M. Roger à Leao-yang, M. Marcadé à Niou-tchouang, MM. Lacroix et Toudie achèvent d’apprendre la langue, l’un à Koang-jing, l’autre à Kao-chan-touen”. Société des Missions étrangères, *Compte rendu des travaux de 1909*, Paris, Séminaire des Missions étrangères, 1910, p.70.

③ 1910: “Nos deux Séminaires, grand et petit, continuent à faire la consolation de leurs directeurs, MM. Beaulieu et Carrère”. Société des Missions étrangères, *Compte rendu des travaux de 1910*, Paris, Séminaire des Missions étrangères, 1911, p.66.

④ 李欣：《梨树县的天主教》，《梨树史志资料汇编》第一册，1986年，第36～38页；巴黎外方传教会档案https://archives.mepasie.org/fr/rechercher（2017年11月10日）。

图151　Armand Joseph Déan（1890年往中国东北地区出发之前的德约瑟）©Archives des Missions étrangères de Paris

我们可以用这些文献在巴黎外方传教会地图上复原德约瑟经历的路径（图152）[1]：他1891年到营口之后去了沈阳，然后在吉林省*Chou-kai-touo*巴黎外方传教会学校学了一年中文，之后去吉林市附近的磨盘山当磨盘山神父的副本堂神父。1892年他正式成为吉林省西部长岭县莲花山教区的神父。1894—1895年的甲午战争之后，他被安排到奉化县（现为梨树县）发展新的教区，他的中国副本堂神父李学林跟着他去。后来，德约瑟得了天花，于1899年1月11日去世，1月13日埋葬在“他的新信徒中”[2]。李学林代替德约瑟当奉化县的神父，直到他1900年7月份被土匪杀害。

德约瑟个人经历的微观历史可以使我们研究他的个人历史与19世纪末的布列塔尼地区的发展。首先，通过对雷恩市（Rennes）教区档案部部长François-Xavier Lemercier在19世纪的雷恩教区档案的考察，可发现德约瑟的洗礼记录，包括他的出生地点（La Heussey）与父母的姓名（图153）。

然后通过互联网上的伊勒-维莱讷省（Ille-et-Vilaine）的电子化国家档案（包括出生记录、婚礼记录与死亡记录）[3]，可以对德约瑟的家谱进行复原（图154、图155）。

---

① Gibert, Lucien. *Dictionnaire historique et géographique de la Mandchourie*. Hong Kong, Imprimerie de la Société des Missions-Etrangères, 1934.

② *Compte-rendu des travaux / Société des missions étrangères*, 1899, p.327-329.

③ http://archives-en-ligne.ille-et-vilaine.fr/thot_internet/FrmSommaireFrame.asp 2018年12月。

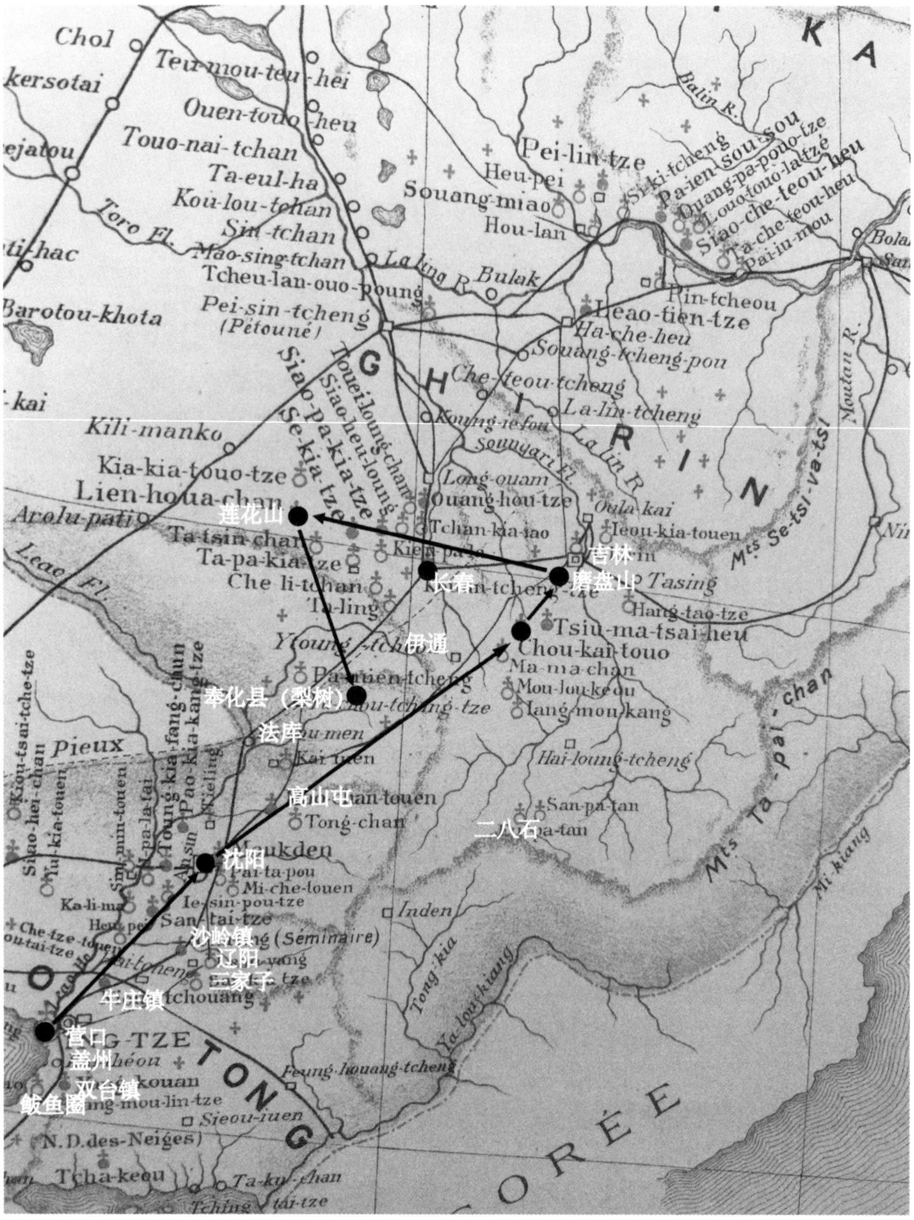


图152　德约瑟在中国东北的路程复原图

（Gibert, Lucien. *Dictionnaire historique et géographique de la Mandchourie*. Hong Kong: Imprimerie de la Société des Missions-Etrangères, 1934）

通过对德约瑟家谱的复原和布列塔尼地区的考察，在Saint-Germain-en-Coglès笔者找到了德约瑟哥哥（Joseph François Mari Déan）的孙子和孙女（1941年出生的Marcel François Armand Déan 和1938年出生的Maria Anna Jeannine Thérèse Déan）。

Déan亲属保存下来德约瑟的一张照片以及他在中国的时候给他父母和姐姐Thérèse写的信。

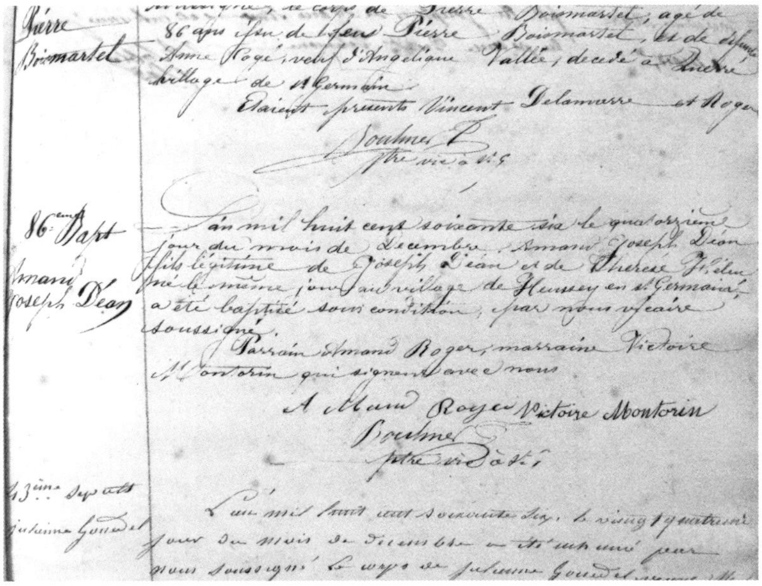

Pierre Boismartel … 86 ans fils de feu Pierre Boismartel et de défunte Anne Rogé veuf d'Angélique Vallée, décédé à … village de St Germain
Etaient présents Vincent Delamarre et Roger
…
86e Bapt
Amand Joseph Déan
L'an mil huit cent soixante six le quatorzième jour du mois de décembre Amand Joseph Déan fils légitime de Joseph Déan et de Thérèse Hellen né le même jour au village de Hussey en St Germain a été baptisé sous condition par nous vicaire soussigné.
Parrain Amand Roger, marraine Victoire Montorin qui signent avec nous
A Mand Roger Victoire Montorin
…

图153　德约瑟的洗礼记录

（Archives de la Maison diocésaine de Rennes雷恩市教区档案部）

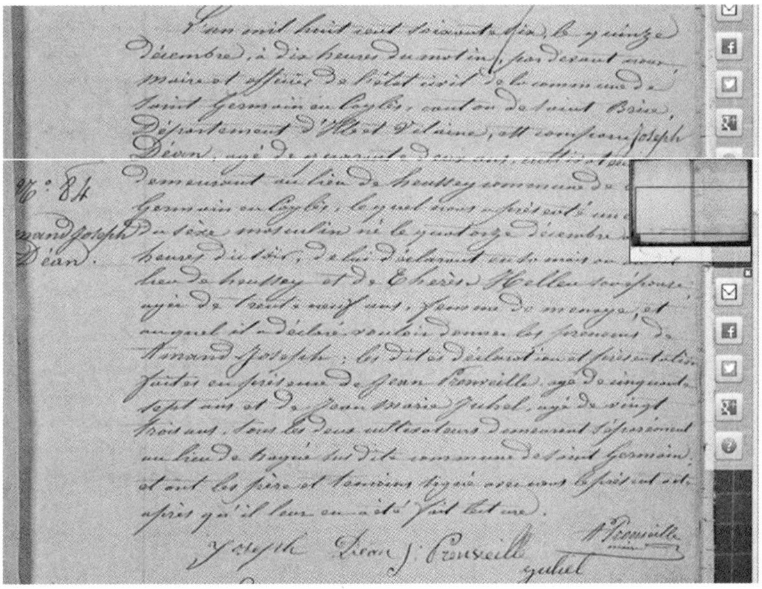

N° 84
Amand Joseph Déan.
L'an mil huit cent soixante six, le quinze décembre, à dix heures du matin, par devant nous maire et officier de l'état civil de la commune de Saint Germain en Coglès, canton de Saint Brice, Département d'Ille et Vilaine, est comparu Joseph Déan, âgé de … demeurant au lieu de Hussey commune de St Germain en Coglès, lequel nous a présenté un enfant du sexe masculin né le quatorze décembre … heures du soir, de lui déclarant … et de Thérèse Hellen son épouse, âgée de trente neuf ans, femme de ménage, et auquel il a déclaré vouloir donner les prénoms de Amand Joseph; les dites déclaration et présentation faites en présence de Jean Penveille, âgé de cinquante sept ans et de Jean Marie Guibel, âgé de vingt trois ans, tous les deux cultivateurs demeurant séparément au lieu de … dite commune de Saint Germain, et ont les père et témoins signé avec nous le présent acte après qu'il leur en a été fait lecture.
Joseph Déan J. Penveille Guibel

图154　德约瑟的出生记录

（伊勒-维莱纳省的档案 http://archives-en-ligne.ille-et-vilaine.fr/thot_internet/FrmSommaireFrame.asp）

# 三、德约瑟的信

德约瑟寄给他家人的信保存情况比较好，最早的信被当地的（Saint-Germain-en-Coglès）一位女士誊写了一份清晰的手稿（图156），但包括一些谬误与错别字，德约瑟本人手写的信为原本，最早的信写在法国外方传教会教区的信纸，后来写在不同的纸上（他有时候自己很难找到可以写字的纸）（图157），纸张尺寸都接近现在的B5规格。1890年至1897年德约瑟一共

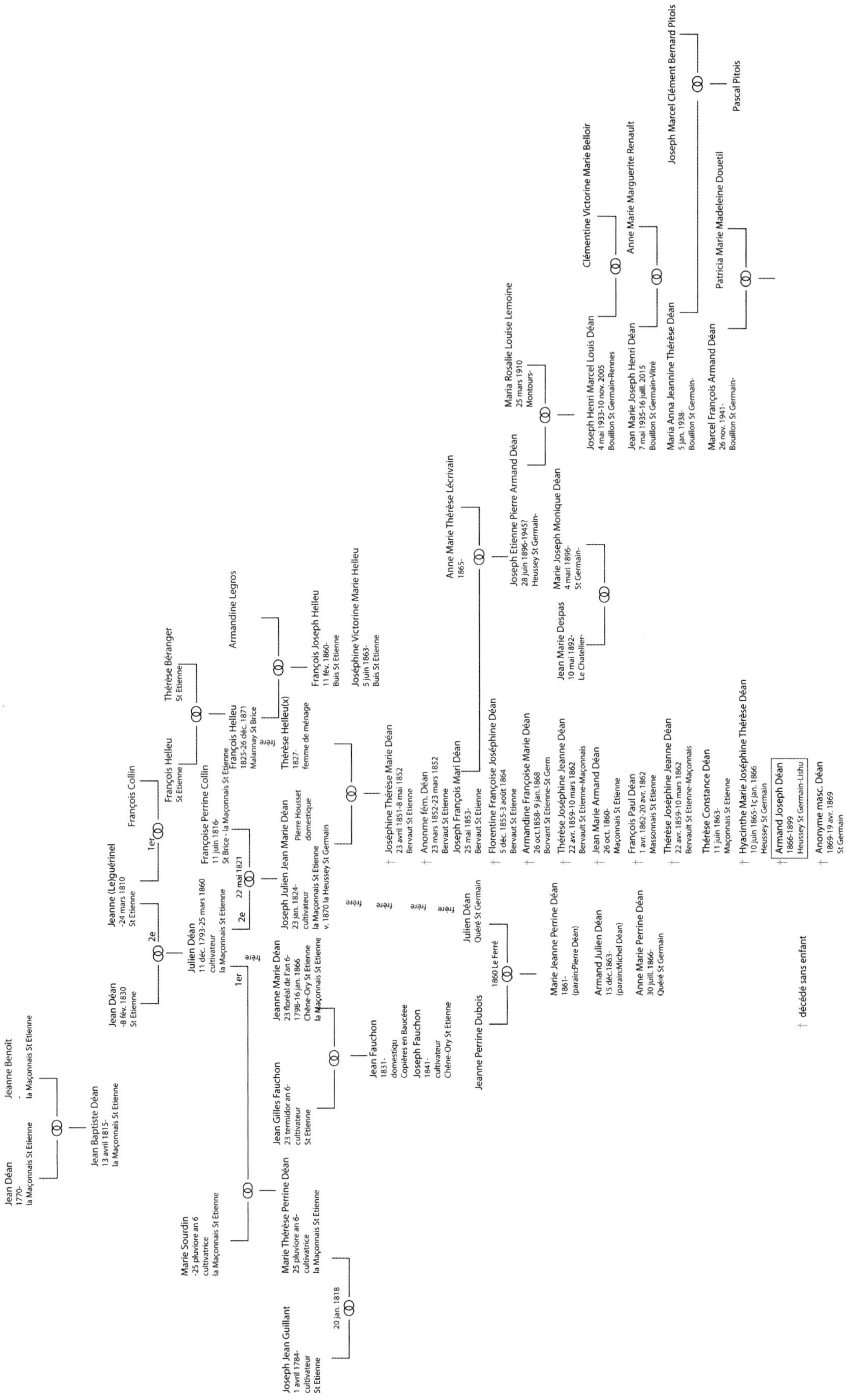


图155　德约瑟家谱复原图

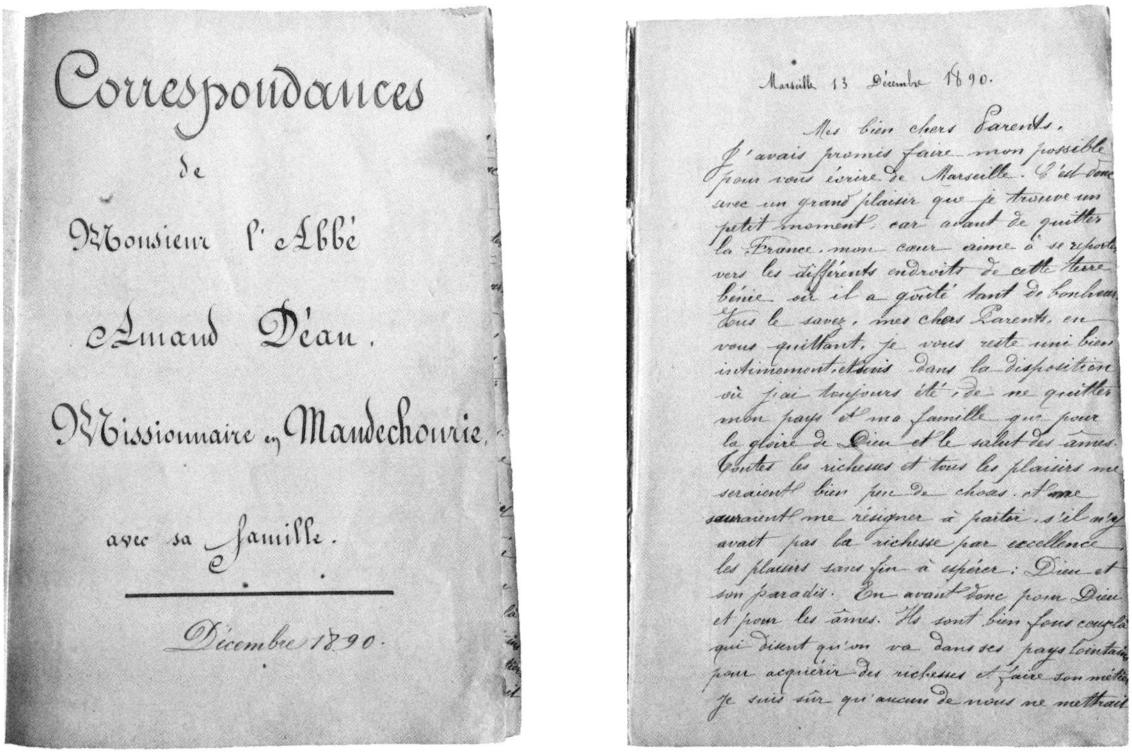
Correspondances
de
Monsieur l'Abbé
Amand Déan.
Missionnaire en Mandechourie.
avec sa famille.
Décembre 1890.

Marseille 13 Décembre 1890.
Mes bien chers Parents.

图156　由在Saint-Germain-en-Coglès的女士誊写的德约瑟的信

（Déan家庭的档案©Famille Déan）

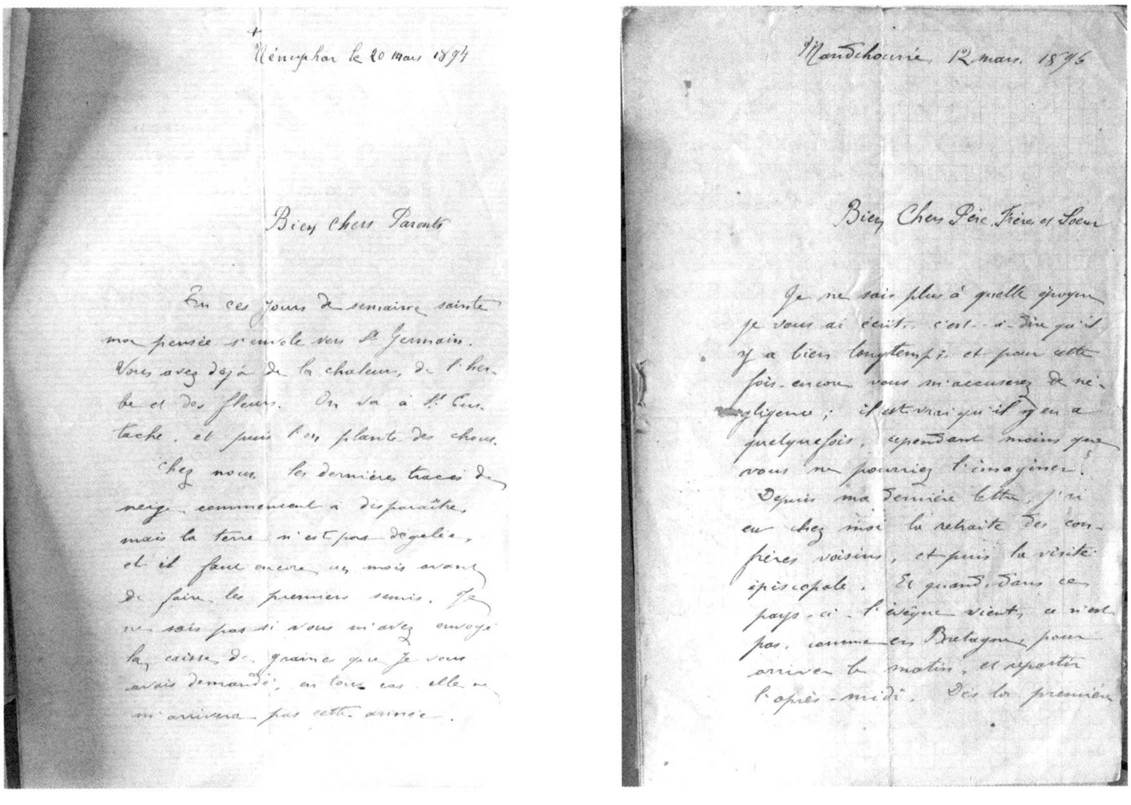
Ménéphar le 20 mars 1894
Bien chers Parents

Mandchourie, 12 mars. 1895
Bien Chers Père Frère et Soeur

图157　德约瑟亲笔书写的两封信

（Déan家庭的档案©Famille Déan）

写了54封信，此外还有Hinard神父写的3封信及Letort神父写的1封信，这4封信的内容是德约瑟去世之后给他姐姐（Thérèse）说明德约瑟去世情况。用电脑在Word软件中录入之后，编辑成小四字体的法文，共112页，约4.6万多个词。

从考古研究者的角度来说，这些信包含很多方面的信息。

地理与空间：信中的信息让我们能更详细地复原德约瑟走过的路径，但因为19世纪末汉语拼音系统还未建立，出现一些地名与译音问题，不过由于有时候他用译音，有时候用法文翻译来写地名，因此可以进行核对与推测。例如他在磨盘山的时候，经常写他在“吉林”（Jilin译音成Ghirin）大城市的“la Meule”（磨盘），他经常提到宽城子“Grand’ville”，即长春市在当时的地名。后来，他到了莲花山，莲花山直接翻译自“la montagne aux Lotus”或“nénuphar”，该地名很常见，根据法国外方传教会位于吉林省西部的双辽或长岭地带这一事实，他所说的“莲花山”应为长岭县巨宝镇东北的莲花山村。德约瑟信中还提到为了盖教堂（包括学校、宿舍、办公楼等）以及为了他和李学林的住所而征地的事实，而法国外方传教会的文献记录的德约瑟和李学林的住地位于偏脸城旁边。

交通方面他还提到他跟其他传教士去很远的地方开会（走路或乘坐马车、驴车或牛车）、经常去沈阳主教会、去长春购物（采购炭、咖啡）和去周围的农村跟信教的家庭见面，他负责的教会面积越来越大。他说，他尽量冬天出差，因为其他季节经常有洪水，但桥却很少，而夏天因为泥太多路不好走，下雪之后他把车轮换成爬犁，将冻冰的河流作为道路，在被雪覆盖的路上行进更容易。根据古代环境与文献记载的分析，19世纪中国北方干旱与洪水等严重的自然灾害有36次，即平均2.8年一次①。

社会：在路上的旅店中，当地人称呼德约瑟为“大人”，而在给姐姐的书信中，德约瑟称李学林为“Maurice”（他的法文名）或“我的仆人”。他遇到实在解决不了的困难的时候就上衙门，但是他觉得吸鸦片的官僚很脆弱、没有能力。根据法国外方传教会的其他文献，传教士对吸鸦片的人都很有成见。他极少提到女性，这点也跟其他传教士相仿，只在一封信他提到“［他］的贞女在学校教学生、做很好的工作”。他不用专门提及他的贞女，因为这种情况很正常。

经济：德约瑟经常抱怨巴黎外方传教会发的钱到不了传教士手里，其他传教士的汇报中也经常描述同样的困难。另外德约瑟称，各种日常生活用品都很贵，而且很难找，例如有时候很难买到砖、钉子等，因为有时俄罗斯的军队会封堵铁路，另外还有河流涨水以及路上有土匪等因素。

另外，日常生活中经常有饥荒、战争、暴力等现象。信中德约瑟提到了很多偷东西的案例、无处不在的土匪、中国或俄罗斯军队的械斗等。

技术：德约瑟描述了有关中国风格和西方风格的家具的制造方法和建筑技术等。

① Xiao, L. B., X. Q. Fang, and Y. Ye. “Reclamation and Revolt: Social Responses in Eastern Inner Mongolia to Flood/Drought-Induced Refugees from the North China Plain 1644-1911”. *Journal of Arid Environments* 88 (1 January 2013): 9-16. https://doi.org/10.1016/j.jaridenv.2012.07.022.

动物：德约瑟讲述了购买驴、骡子和马的经历，当时这些牲畜有许多都是失明了的，据说可能是因为冬天时候放在户外把眼睛冻坏了。双目或单目失明的牲畜价钱较低，但是冬天时候用起来更方便些，因为河流会冻住，一般不至于掉进河沟里，而夏天时候这些失明的牲畜就很容易掉进河沟里。

植物：德约瑟在信中写道，他找不到多少蔬菜和需要在教堂摆设的花卉，于是请他姐姐寄给他蔬菜和花的种子。

德约瑟还提到几次他家人想要他的照片，但是他很难找到拍照的地方，不过他有一次去沈阳的时候说他成功拍到了照片，并寄给家人。而德约瑟的家中现在还保存一张他的照片（图158），从相貌上看，他看起来比他从巴黎出发时略微老一点。而且照片上德约瑟按照巴黎外方传教会东北地区的规定①穿的是中国传统的黑色服装，衣服上有中国式圆形铜扣，类似于M014出土的铜扣。因此该照片可能是他在沈阳拍摄的。

德约瑟还把几个纪念品（旱烟烟斗等）和一个1899年天主教节日与中国农历对照的日历（图159）寄给他家人，这些东西可能是他的最后的信件的一部分。

图158 德约瑟的照片

（Déan家庭的档案©Famille Déan）

① “Le costume laïque conforme à celui des Chinois de condition honnête. [...] la toge longue de couleur noire remplacera avantageusement l’habit ecclésiastique qu’on porte en France”, Société des Missions étrangères de Paris. *Règlement de la mission de Mandchourie adopté à la réunion générale des missionnaires. Année 1881.* Paris, imp. de l’Oeuvre de Saint-Paul, 1882, p.21.

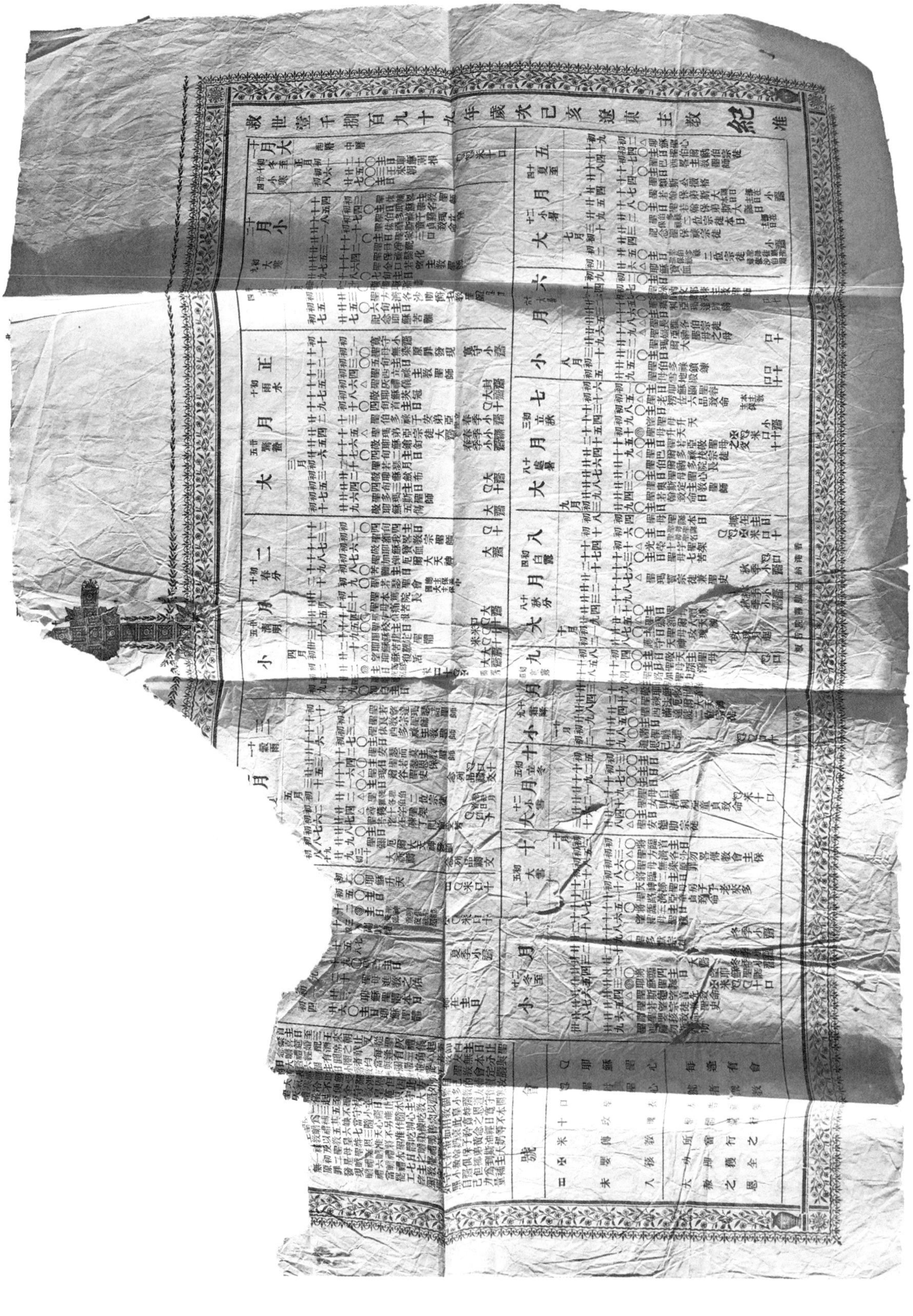

图159　1899年天主教节日与中国农历对照的日历
（Déan家庭的档案©Famille Déan）

## 四、古DNA报告

根据上述材料，有关M014墓主人的身份，可以做如下假设：墓主人可能为德约瑟，为李学林的可能性不大，因为李学林的死亡原因很可能为斩杀（即砍头），而发现的尸骨颈椎上未见与砍头有关的痕迹，因此M014墓主人的身份也可能是被德约瑟赠送了圣母显灵圣牌的他的一位教徒。

吉林大学生命科学学院教授崔银秋与王抚州进行的古DNA分析表明M014墓主人为东亚人。因此，圣牌应该是从法国来的外方传教士送给一位中国人的，因为该圣牌年代属于19世纪末，可能是德约瑟送给教徒的，那么M014的墓主人可能是教徒或神父的助手。

# 第四章　结　　语

## 第一节　墓地的性质

关于偏脸城晚期墓地，可作如下总结：

该墓地的布局、葬具、随葬品、墓主人性别和年龄结构等各个方面与东北地区典型家族墓地有很多差异。M014出土的圣灵牌促使我们从19世纪末的国内外文献记载中寻找该墓地的存在原因。巴黎外方传教会神父德约瑟（Armand-Joseph Déan）建立了梨树县的教会、教堂和墓地，并葬于该墓地。因此，偏脸城晚期墓地应为该传教士建立的教徒墓地。

根据此次抢救性发掘的材料与研究，该墓地自19世纪90年代开始使用，直到20世纪30或40年代废弃。可以把墓葬分成两期，分期标志是20世纪10—20年代部分工业生产的西式衣服进入梨树县地区前后。

墓葬分布、棺材与随葬品的等级表明该墓地应为公共墓地，而健康状况表明应为平民墓地。

综上所述，通过档案与梨树县相关材料的研究可知偏脸城晚期墓地为巴黎外方传教士德约瑟建立的天主教教民墓地。

## 第二节　民国时期考古

本考古项目提醒我们思考考古学与中国考古学的年代限制问题。关于这方面的整体情况，赵宾福教授介绍得很清楚："由于清朝距离现在太近，文化遗存不受重视，考古工作很少。目前主要对一些墓葬进行了正式的考古发掘。"①

国家文物局发布的《中华人民共和国文物保护法》中规定："在中华人民共和国境内，下列文物受国家保护：（一）具有历史、艺术、科学价值的古文化遗址、古墓葬、古建筑、石窟寺和石刻、壁画；（二）与重大历史事件、革命运动或者著名人物有关的以及具有重要纪念意

① 赵宾福、杜战伟、郝军军、张博：《吉林省地下文化遗产的考古发现与研究（下）》，科学出版社，2017年，第537页。

义、教育意义或者史料价值的近代现代重要史迹、实物、代表性建筑①。”但是目前民国时期或20世纪考古学研究发展相对来说比较慢，而为了保护“与重大历史事件、革命运动或者著名人物有关的以及具有重要纪念意义、教育意义或者史料价值的近代现代重要史迹、实物、代表性建筑”需要提前对各种遗址、遗迹和器物进行研究。

民国时期考古材料在各省的《文物地图集》和各县第二次文物普查时编辑的《文物志》中列入了很多。不过涉及20世纪的正式考古工作目前还很少，所以考古报告中的民国时期材料相对比较少。

Laurent Olivier表示：“考古学家把已丢失的过去带回我们社会里、带回现代里，并使用过去的存在来改变历史。”②无论多远的过去，考古学作为一门科学，考古工作为了发现、记录和研究古代的遗存，其发掘、记录和分析的方法不变。

在欧洲，近代与现代考古研究近期取得了发展，而且法国的情况表明在最近10～15年内就发展到了能受到重视的程度。这种变化可以很快地出现。在法国，预防性考古学（类似于所谓的“配合基建的考古”）从20世纪80年代起步并于2001年随着INRAP（法国预防性考古研究所）的成立，成为考古学创新的动力，而通过“诊断性试掘”（即通过发掘破坏面积只占10%的探沟——这是为了确定发掘的必要性）的应用，无论在现代城市内或农村地区，都让越来越多的考古工作者开始处理近现代遗迹③。中国的情况目前还与之不同，但是在不远的将来，出现类似变化的可能性很高。在法国近现代考古的发展中，首先是几次很重要的发掘，最有名的是对卢浮宫的两个院子的发掘。通过这种数量迅猛增长的城市内的发掘可以研究某个城市长期的历代演变，但是这种研究的发展有两个基本条件：需要系统地进行配合基建的发掘，领队需要用详细的记录方法来记录所有时代的遗迹。对第一次世界大战中阿兰·傅尼埃（Alain Fournier）和他的战友的墓葬的发掘也有很重要的公众影响④。在法国现代城市以外的地区，通过大面积的预防性考古的诊断性发掘发现了大量且面积巨大的属于两次世界大战时期的遗存⑤。在欧洲20世纪历史中有关犹太人大屠杀的遗址中也有主动性发掘与研究⑥。另

① 国家文物局：《中华人民共和国文物保护法》，文物出版社，2005年，第4页。

② 原文：“Les archéologues sont ceux qui ramènent parmi nous le passé disparu, qui le font resurgir dans le présent et qui, ce faisant, changent l’histoire en faisant advenir le passé”, Olivier, Laurent. *Le sombre abîme du temps-Mémoire et archéologie*. Seuil. Paris, 2008, p.97.

③ Hurard Séverine, Roumegoux Yves et Chaoui-Derieux Dorothée. “L’archéologie à l’épreuve de la modernité - De l’opportunisme à la maturité”, *Les Nouvelles de l’Archéologie*, 137, 2014, p.39.

④ Adam, Frédéric. *Alain-Fournier et ses compagnons d’arme : Une archéologie de la Grande-Guerre, la dernière journée*. Metz, Editions Serpenoise, 2006.

⑤ Desfosses, Yves, Alain Jacques, et Gilles Prilaux. *Archéologie de la Grande Guerre*. Ouest-France. Rennes, 2016.

⑥ 例如乌克兰的犹太人大屠杀，France culture *le Salon noir* intitulé “archéologie de la Shoah par balles”，https://www.franceculture.fr/emissions/le-salon-noir/archeologie-de-la-shoah-par-balles，或奥斯威辛集中营出土的文献，Olivier，2008.

外，对西班牙内战[①]、阿根廷独裁[②]、波斯尼亚和黑塞哥维那的斯雷布雷尼察[③]、卢旺达大屠杀万人坑[④]的考古发掘为国际法庭提供了很重要的证据，也为集体心理记忆提供了很重要的材料[⑤]。

与这种“创伤考古学”不同，欧洲也逐渐发展了跟战争无关的20世纪考古研究，例如2009年François Gentili在Baillet-en-France城堡院子里的冰窖坑（18世纪主要功能为保护冰块的地窖）里发现了巴黎1937世博会苏联楼的雕塑，1941年被拆并扔到地窖里[⑥]，这项发现后来推动了很多纪念活动的启动，一直到俄罗斯都有影响力。另外，属于“新现实主义”的现代艺术家Daniel Spoerri 1983年安排了“草地下的午饭”happening（现代艺术活动）：拍摄了很多人一起吃饭的场景并把整个桌子包括桌子上所有的遗物埋到一个探沟里，计划未来发掘。2010年Jean-Paul Demoule清理了一部分，研究了对证词和考古出土材料进行的对比、判断文献档案和物质材料的差异以及遗物的保存状态等方面[⑦]。此外，在研究欧洲童话史与电影考古学的课题中，Olivier Weller（伟井仁）发掘了1970年Jacques Demy导演的《驴皮公主》的电影现场，揭示了很多20世纪70年代电影工作条件的迹象。

在中国，虽然近现代的遗存尚未引起学术界的关注，但是近代和现代考古学资料越来越多。货币考古学方面，有山东省发现包含15000枚铜钱的窖藏，铜钱年代从西汉到光绪[⑧]，陕西也发现过包含1335枚铜钱、年代从唐代到光绪年间的窖藏，还包含越南和日本铜钱[⑨]，这类发现为研究清末经济与货币流动的历史提供了有意义的资料。另外，香港地区的考古发掘也发现过清末的遗存，而且发表在比较传统的刊物《考古与文物》上[⑩]，这算得上是一个中国的近现代考古学正在发生变化的迹象。

中国的近现代考古学的发展可能得通过跟欧洲一样的一个“创伤考古学”或“战争考古学”的阶段。最近，最明确的朝向近代考古学方向发展的线索是2018年底出版的《侵华日军第

---

① https://memoriahistorica.org.es/.

② http://www.irinnews.org/fr/report/99627/en-argentine-l%E2%80%99anthropologie-m%C3%A9dico-l%C3%A9gale-permet-de-retrouver-des-personnes-disparues.

③ https://journals.openedition.org/conflits/2198?lang=en.

④ https://genodynamics.weebly.com/uploads/1/8/3/5/18359923/use_of_forensic_archaeology_to_investigate_genocide.pdf.

⑤ Anstett, Elisabeth, and Jean-Marc Dreyfus. *Human Remains and Identification: Mass Violence, Genocide, and the 'Forensic Turn'*. Manchester University Press, Manchester, 2015.

⑥ Gentili, François. “Les sculptures du pavillon de l'URSS à l'expostion de 1937”. *Les Nouvelles de l'Archéologie*, 134, 2013, p.1219.

⑦ Demoule, Jean-Paul. “Nouveaux réalistes, nouveaux archéologues ?” *Les Nouvelles de l'Archéologie*, 134, 2013, p.2529.

⑧ 王雪农：《中国钱币大辞典——考古资料编》，中华书局，2006年，第842页。

⑨ 王雪农：《中国钱币大辞典——考古资料编》，中华书局，2006年，第844页。

⑩ 吴震霖、金志伟、刘文锁：《香港九龙圣山遗址考古发掘简报》，《考古与文物》2016年第6期，第3～25页。

七三一部队旧址——细菌实验室及特设监狱考古发掘报告》[①]，这是我们所知的第一部关于20世纪遗存的正式考古发掘报告。此外，国家文物局水下文化遗产保护中心和辽宁省文物考古研究院对“丹东一号”沉船进行过调查、测绘和三维记录，并采了一些遗物[②]。“丹东一号”是1894年9月17日清政府北洋水师与日本海军在黄海北部爆发大规模海战时沉没的中方战船，这项考古工作提供了文献记载中所缺少的近代史、甲午海战和清朝海军的材料。

本报告作为一份新的文献，通过偏脸城外清代至民国时期墓地的发掘，让三十多个个体——三十多个曾经生存于此的人——摆脱被遗忘的状态，虽然除了崔喜之外我们不知道他们的姓名或具体的出生和死亡的日期，但是我们把这群人的健康状态、疾病和活着的人对他们进行埋葬的葬俗尽可能地做了研究和发表。只有通过田野考古发掘与研究才可以提供这些新的历史资料。希望本报告能对梨树县，乃至对吉林省的人民提供以往历史记载中缺乏的一些资料。

---

① 黑龙江省文物考古研究所、侵华日军第七三一部队罪证陈列馆、哈尔滨工业大学土木建筑工程学院、东北师范大学历史文化学院：《侵华日军第七三一部队旧址——细菌实验室及特设监狱考古发掘报告》，科学出版社，2018年。

② 周春水、冯雷：《辽宁“丹东一号”沉船水下考古调查》，《2015中国重要考古发现》，文物出版社，2016年，第176～180页。

# 附录　2017年偏脸城城内抢救性发掘简报

2017年城内北门附近发现了被盗的墓葬，布了1个5米×5米的探方，对该墓葬进行了清理、记录、绘图、全站仪测绘，并航拍三维建模。

城内的石室墓（城内M001）位于北门内侧偏西约200米，曾被盗，东南部被破坏。未发现随葬品。开口于第2层下，距地表深20～30厘米。近长方形，由14个近长方形的大石块（长26～92厘米）构成。

城内M001的方向为北偏西334°。总长2.38米，墓口长1.93米，墓口宽56～62厘米，墓坑深36～38厘米。墓坑为直壁平底（附图一）。

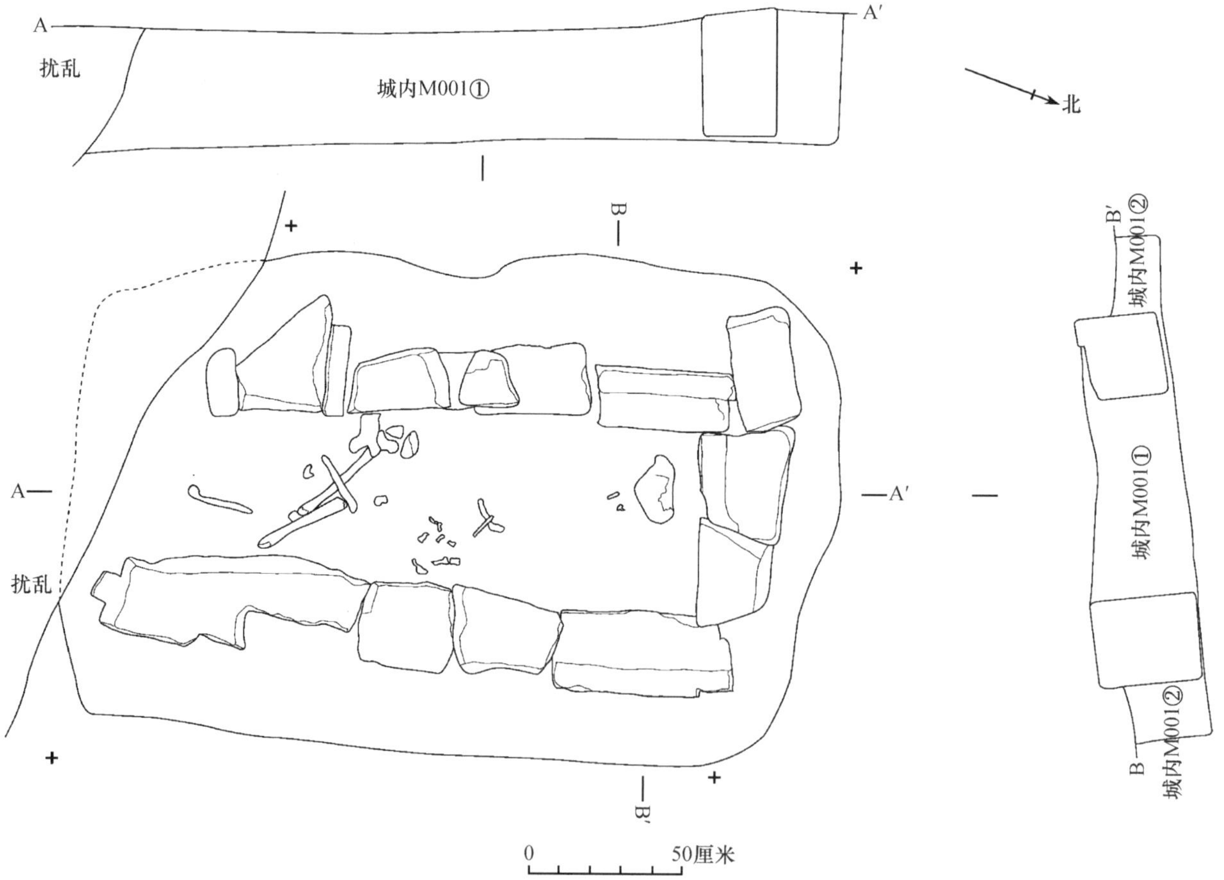


附图一　城内M001平、剖面图

采集瓷器器底1件。17LP城内①：1，残，胎呈黄褐色，较粗糙，釉色黄白，圈足，外部无釉，内底有支钉的痕迹。残高2.25厘米，底径7厘米，壁厚0.8～1.2厘米，底厚0.8厘米，圈足厚0.6～0.8厘米（附图二）。

墓内发现保存状况很差的人骨个体1具，因被盗过，故骨骼留存少、破碎严重，只剩颅骨碎片、两段股骨残片、右侧髋骨碎片和左侧胫骨碎片，性别鉴定为男性，初步鉴定年龄为25～35岁。

根据该墓葬的性质与位置，判断其时代应为辽金时期。

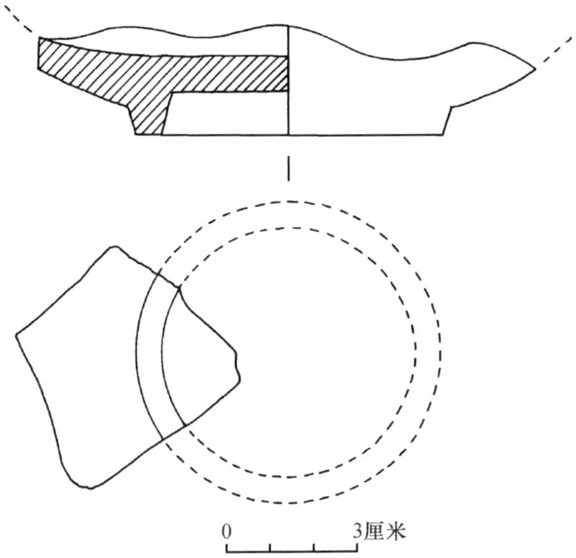


附图二　瓷器器底（17LP城内①：1）

# 附表1　偏脸城西侧外墓葬登记表

| 墓号 | 规格（厘米） | 开口层位 | 墓向 | 葬式 | 葬俗 | 性别 | 随葬器类 |
|---|---|---|---|---|---|---|---|
| M001 | 156×51—5 | 第1层下 | 47° | 仰身直肢 | 一次葬 | 不明 | 瓷器 |
| M002 | 186×66—19 | 第1层下 | 76° | 仰身直肢，被扰乱 | 一次葬 | 女 | 瓷器、铜器 |
| M003 | 155×53—8 | 第1层下 | 76° | 仰身直肢 | 一次葬 | 女 | 无 |
| M004 | 162×73—6 | 第1层下 | 70° | 仰身直肢 | 一次葬 | 女 | 瓷器、银器、蚌器、塑料器、铁器 |
| M005 | 183×93—6 | 第1层下 | 62° | 仰身屈肢 | 一次葬 | 男 | 塑料器 |
| M006 | 191×50—12 | 第1层下 | 66° | 仰身屈肢 | 一次葬 | 女 | 铜器、琉璃器、铁器 |
| M007 | 204×80—20 | 第1层下 | 67° | 仰身直肢 | 一次葬 | 女? | 瓷器 |
| M008 | 180×71—8 | 第1层下 | 58° | 仰身直肢 | 一次葬被盗 | 女 | 铜器、琉璃器、鞋垫 |
| M009 | 153×53—16 | 第1层下 | 62° | 仰身屈肢 | 一次葬 | 女 | 蚌器、铁器 |
| M010 | 156×53—10 | 第1层下 | 60° | 仰身直肢 | 一次葬 | 不明 | 铜器 |
| M011 | 232×69—19 | 第1层下 | 60° | 被扰乱<br>原为仰身直肢 | 原位二次葬<br>被盗 | 女 | 银器 |
| M012 | 206×51—21 | 第1层下 | 62° | 仰身直肢 | 一次葬 | 男 | 铜器 |
| M013 | 231×83—18 | 第1层下 | 62° | 仰身直肢 | 一次葬 | 男 | 瓷器、铜器、琉璃器、布料 |
| M014 | 230×109—36 | 第1层下 | 72° | 仰身直肢 | 一次葬 | 男 | 瓷器、铜器、琉璃器、铝器、鸡蛋壳 |
| M015 | 250×148—70 | 第1层下 | 44° | 仰身直肢 | 一次葬 | 男 | 铜器 |
| M016 | 255×108—51 | 第1层下 | 71° | 仰身直肢 | 一次葬 | 女 | 铜器、铁器、布料、鸡蛋壳 |
| M017 | 216×84—30 | 第1层下 | 54° | 仰身直肢 | 一次葬 | 女 | 铜器、未鉴定材质的黄色半球 |
| M018 | 235×84—27 | 第1层下 | 347° | 仰身直肢 | 一次葬 | 男 | 无 |
| M019 | 235×93—36 | 第1层下 | 88° | 仰身屈肢 | 一次葬 | 女 | 瓷器、玻璃器 |
| M020 | 170×54—50 | 第1层下 | 56° | 仰身直肢 | 一次葬被盗 | 女 | 银器、铜器 |
| M021 | 88×30—51 | 第1层下 | 56° | 缩小摆放 | 原位二次葬 | 男 | 无 |
| M022 | 242×81—21 | 第1层下 | 65° | 仰身直肢 | 一次葬 | 男 | 瓷器、玻璃器、皮革 |
| M023 | 257×112—44 | 第1层下 | 61° | 仰身直肢 | 一次葬 | 女 | 瓷器、铜器、铁器 |
| M024 | 141×93—32 | 第1层下 | 53° | 缩小摆放 | 移位二次葬 | 女 | 铜器、陶器 |
| M025 | 100×20—60 | 第1层下 | 44° | 缩小摆放整齐 | 原位二次葬 | 男 | 铜器、铁器 |

续表

| 墓号 | 规格（厘米） | 开口层位 | 墓向 | 葬式 | 葬俗 | 性别 | 随葬器类 |
|---|---|---|---|---|---|---|---|
| M026 | 161×65—不明 | 第1层下 | 51° | 未发掘 | 未发掘 | 未发掘 | 未发掘 |
| M027 | 182×42—30 | 第1层下 | 72° | 仰身直肢 | 一次葬 | 女? | 铜器 |
| M028 | 108×60—3 | 第1层下 | 7° | 不明 | 没保存 | 不明 | 无 |
| M029 | 148×62—7 | 第1层下 | 20° | 侧身屈肢 | 一次葬 | 不明 | 铜器、铁器、塑料器 |
| M030 | 241×119—35 | 第1层下 | 40° | 仰身直肢 | 一次葬 | 男 | 瓷器、铜器、铁器、绳子 |
| M031 | 245×87—47 | 第1层下 | 39° | 仰身直肢 | 一次葬 | 女 | 铜器、铁器、木器、塑料器 |
| M032 | 148×51—6 | 第1层下 | 58° | 仰身直肢 | 一次葬被扰乱 | 不明 | 瓷器、铜器、塑料器 |
| M033 | 241×82—26 | 第1层下 | 3° | 仰身直肢 | 一次葬 | 女 | 瓷器、金器、铜器、布 |
| M034 | 188×80—6 | 第1层下 | 30° | 仰身直肢 | 一次葬被盗 | 女 | 玻璃器、塑料器 |
| M035 | 73×41—不明 | 第1层下 | 52° | 未发掘 | 未发掘 | 未发掘 | 未发掘 |
| M036 | 170×75—25 | 第1层下 | 78° | 仰身直肢被扰乱 | 一次葬被盗 | 男? | 无 |
| M037 | 198×71—22 | 第1层下 | 60° | 仰身直肢 | 一次葬 | 女? | 铜器 |
| M038 | 223×86—24 | 第1层下 | 328° | 仰身直肢 | 一次葬 | 女 | 瓷器、银器、铜器 |
| SM003 | 215×76—40 | 第1层下 | 348° | 仰身直肢 | 一次葬 | 女 | 瓷器、铜器 |

# 附表2　偏脸城西侧外墓葬出土遗物统计表

| 器类<br>单位 | 陶器 | 瓷器 | 铜器 | | | 银器 | 金器 | 铁器 | 蚌器 | 玻璃器 | | 琉璃器 | | 塑料器 | | 铝器 | 皮革和布料 | | 鸡蛋壳 | 总计 |
|---|---|---|---|---|---|---|---|---|---|---|---|---|---|---|---|---|---|---|---|---|
| | 其他 | 容器 | 钱 | 扣 | 装饰品 | 装饰品 | 装饰品 | 其他 | 扣 | 容器 | 其他 | 容器 | 扣 | 扣 | 装饰品 | 装饰品 | 衣服 | 鞋 | | |
| M001 | | 器底1 | | | | | | | | | | | | | | | | | | 1 |
| M002 | | 碗1 | | | | | | | | | | | | | 耳坠2 | | | | | 3 |
| M003 | | | | | | | | | | | | | | | | | | | | 0 |
| M004 | | 碗1 | | | | 簪1 | | 穿钉2 | 扣2 | | | | | | 珠子1 | | | | | 7 |
| M005 | | | | | | | | | | | | | | 3 | | | | | | 3 |
| M006 | | | 114 | 8 | | | | 盘1 | | | | 瓶1 | | | | | | | | 124 |
| M007 | | 口沿1 | | | | | | | | | | | | | | | | | | 1 |
| M008 | | | 4 | | | | | | | | | | 1 | | | | | 鞋垫2 | | 7 |
| M009 | | | | | | | | 棺钉2 | 扣1 | | | | | | | | | | | 1 |
| M010 | | | 3 | | | | | | | | | | | | | | | | | 3 |
| M011 | | | | | | 戒指1 | | | | | | | | | | | | | | 1 |
| M012 | | | | 6 | | | | | | | | | | | | | | | | 6 |
| M013 | | 口沿1 | 94 | | | | | | | | | | 4 | | | | 布料1 | | | 99 |
| M014 | | 碗1 | 4 | 7 | | | | | | | | 瓶1 | | | | 圣牌1 | | | 1 | 15 |
| M015 | | | 6 | 6 | | | | | | | | | | | | | | | | 12 |
| M016 | | | 9 | | | | | 粘布料<br>铁片2 | | | | | | | | | | | 1 | 12 |

续表

| 器类<br>单位 | 陶器 | 瓷器 | 铜器 | | | 银器 | 金器 | 铁器 | 蚌器 | 玻璃器 | | 琉璃器 | | 塑料器 | | 铝器 | 皮革和布料 | | 鸡蛋壳 | 总计 |
|---|---|---|---|---|---|---|---|---|---|---|---|---|---|---|---|---|---|---|---|---|
| | 其他 | 容器 | 钱 | 扣 | 装饰品 | 装饰品 | 装饰品 | 其他 | 扣 | 容器 | 其他 | 容器 | 扣 | 扣 | 装饰品 | 装饰品 | 衣服 | 鞋 | | |
| M017 | | | 7 | 7 | 簪1，头饰1 | | | | | | | | | | | | | | 未鉴定材质的黄色半球 | 17 |
| M018 | | | | | | | | | | | | | | | | | | | | 0 |
| M019 | | 碗1 | | | | | | | | 瓶口沿1 | | | | | | | | | | 2 |
| M020 | | | 10 | 5 | 铜饰1 | 环1 | | | | | | | | | | | | | | 17 |
| M021 | | | | | | | | | | | | | | | | | | | | 0 |
| M022 | | 碗1 | | | | | | | | 瓶1 | | | | | | | | 皮革条1 | | 3 |
| M023 | | 碗2 | | 2 | | | | 环1 | | | | | | | | | | | | 5 |
| M024 | 砖1 | | | 1 | | | | | | | | | | | | | | | | 2 |
| M025 | | | 1 | 7 | | | | 棺钉1 | | | | | | | | | | | | 9 |
| M026 | | | | | | | | | | | | | | | | | | | | 0 |
| M027 | | | | 6 | | | | | | | | | | | | | | | | 6 |
| M028 | | | | | | | | | | | | | | | | | | | | 0 |
| M029 | | | 1 | | | | | 铁器1 | | | | | | 2 | | | | | | 4 |
| M030 | | 碗1 | 11 | 3 | 铜饰2 | | | 铁器1、棺钉3 | | | | | | | | | 绳子1 | | | 22 |
| M031 | | | 1 | | 耳环1，环1，铜装饰品3 | | | | | | | | | | 装饰品5 | | | | | 11 |

续表

| 器类 | 陶器 | 瓷器 | 铜器 | | | 银器 | 金器 | 铁器 | 蚌器 | 玻璃器 | | 琉璃器 | | 塑料器 | | 铝器 | 皮革和布料 | | 鸡蛋壳 | 总计 |
|---|---|---|---|---|---|---|---|---|---|---|---|---|---|---|---|---|---|---|---|---|
| 单位 | 其他 | 容器 | 钱 | 扣 | 装饰品 | 装饰品 | 装饰品 | 其他 | 扣 | 容器 | 其他 | 容器 | 扣 | 扣 | 装饰品 | 装饰品 | 衣服 | 鞋 | | |
| M032 | | 碗1，碟1 | 1 | | | | | | | | | | | 4 | | | | | | 7 |
| M033 | | 罐1 | 3 | | 簪1 | | 环1 | | | | | | | | | | 布料4，扣1 | | | 11 |
| M034 | | | | | | | | | | | 镜子1 | | | 4 | | | | | | 5 |
| M035 | | | | | | | | | | | | | | | | | | | | 0 |
| M036 | | | | | | | | | | | | | | | | | | | | 0 |
| M037 | | | | 2 | | | | | | | | | | | | | | | | 2 |
| M038 | | 碗1 | 14 | 2 | 耳环1 | 簪1 | | | | | | | | | | | | | | 19 |
| 总计 | 1 | 15 | 284 | 68 | 12 | 4 | 1 | 15 | 3 | 3 | 1 | 1 | 5 | 13 | 8 | 1 | 7 | 3 | 2 | 447 |

# 附表3　偏脸城西侧外墓葬人骨性别、年龄和疾病鉴定表

| 墓号 | 性别 | 年龄 | 病理学观察 | 釉质发育不全 | 骨膜炎新骨 | 缠足 | 钉齿 | 结核病 | 棺材窄 | 棺材长 | 深/浅 | 头龛/头龛和脚龛 | 棺材内部尺寸 | 棺材长度 |
|---|---|---|---|---|---|---|---|---|---|---|---|---|---|---|
| M001 | 不明 | 15± | | | | | | | | | 浅 | | 长1.56米、宽0.51米、深5厘米 | 1.56 |
| M002 | 女 | 28～36 | √ | √ | √ | √ | | | | √ | 浅 | | 长1.86米、宽0.56～0.66米、深19厘米 | 1.86 |
| M003 | 女 | 17～19 | | | | | | | | 太短 | 浅 | | 长1.55米、宽0.53米、深5～8厘米 | 1.55 |
| M004 | 女 | 30～35 | | | | | | | | | 浅 | | 长1.62米、宽0.58～0.73米、深3～6厘米 | 1.62 |
| M005 | 男 | 40± | √ | | √ | | | | | | 浅 | √ | 长1.83米、宽0.93米、深5～6厘米 | 1.83 |
| M006 | 女 | 40± | √ | | √ | | | | | | 浅 | √ | 长1.91米、宽0.42～0.5米、深8～12厘米 | 1.91 |
| M007 | 女? | 15～17 | | | | | | | | | 浅 | | 长1.6米、上部宽0.4～0.52米，底部宽0.4～0.45米、深12～20厘米 | 1.6 |
| M008 | 女 | 30± | | | | | | | | √ | 浅 | | 长1.8米、宽0.6～0.71米、深4～8厘米 | 1.8 |
| M009 | 女 | 15～16 | √ | √ | √ | | | | | | 浅 | | 长1.53米、宽0.42～0.53米、深8～16厘米 | 1.53 |
| M010 | 不明 | 13～15 | | | | | | | | | 浅 | | 长1.56米、宽0.45～0.53米、深6～10厘米 | 1.56 |
| M011 | 女 | 15～18 | | | | | | | √ | √ | 浅 | /√ | 长1.76米、宽30～44厘米、深16～19厘米 | 1.76 |
| M012 | 男 | 35～40 | √ | | √ | | | | √ | √ | 浅 | /√ | 长1.96米、宽39～51厘米、深13～21厘米 | 1.96 |
| M013 | 男 | 40± | | | | | | | √ | √ | 浅 | √ | 长1.87米、宽32厘米、深8～18厘米 | 1.87 |
| M014 | 男 | 50岁以上 | √ | | √ | | | | | 太短 | 深 | √ | 长1.8米、宽50厘米、深32～36厘米 | 1.8 |
| M015 | 男 | 50～70 | √ | | √ | | | √ | | | 深 | /√ | 长1.52米、宽46厘米、深55～57厘米 | 1.52 |

续表

| 墓号 | 性别 | 年龄 | 病理学观察 | 釉质发育不全 | 骨膜炎新骨 | 缠足 | 钉齿 | 结核病 | 棺材窄 | 棺材长 | 深/浅 | 头龛/头龛和脚龛 | 棺材内部尺寸 | 棺材长度 |
|---|---|---|---|---|---|---|---|---|---|---|---|---|---|---|
| M016 | 女 | 20± | √ | √ | √ | √晚或不紧 |  | √ |  | √ | 深 | √ | 长2米、宽49～54厘米、深43～56厘米 | 2 |
| M017 | 女 | 37～49 | √ | √ |  |  |  |  | √ |  | 深 |  | 长1.77米、宽24～32厘米、深16～23厘米 | 1.77 |
| M018 | 男 | 40～45 | √ |  | √ |  |  |  | √ | √ | 深 |  | 长2.04米、宽39～43厘米、深18～25厘米，底部长1.96米、宽39～43厘米 | 2.04 |
| M019 | 女 | 20～21 | √ | √ | √ |  |  | √ |  | 太短 | 深 |  | 长1.52米、宽41～49厘米、深27～34厘米 | 1.52 |
| M020 | 女 | 35～40 |  |  |  |  |  |  |  |  | 深 | /√ | 长1.7米、宽48～54厘米、深44～46厘米 | 1.7 |
| M021 | 男 | 35±60+ | √ |  |  |  |  |  |  | 缩小 | 深 |  | 长0.88米、宽24～30厘米、深45～50厘米 | 0.88 |
| M022 | 男 | 60岁以上 |  |  |  |  |  |  |  | √ | 浅 | /√ | 长2.02～2.04米、宽32～54厘米、深10～20厘米 | 2.02 |
| M023 | 女 | 20± | √ | √ | √ | √典型 | √ |  | √ | √ | 深 | /√ | 长2.1米、宽39～47厘米、深39～43 | 2.1 |
| M024 | 女 | 50岁以上 | √ |  | √ |  |  |  |  | 盒子 | 深 |  | 长0.89米、宽25～31厘米、深22～24厘米 | 0.89 |
| M025 | 男 | 25～36 | √ |  | √ |  |  |  |  | 缩小 | 深 | √ | 长0.98米、宽22厘米、深45～60厘米 | 0.98 |
| M026 | 未发掘 | 无 | 无 | 无 | 无 | 无 | 无 | 无 | 无 | 无 | 无 |  | 长1.45米、宽40～53厘米，棺板厚1.5～2厘米 | 1.45 |
| M027 | 女? | 12～15 | √ | √ | √ |  |  |  | √ | √ | 深 | √ | 长1.82米、宽0.33～0.42米、深24～30厘米 | 1.82 |
| M028 | 不明 | 无 | 无 | 无 | 无 | 无 | 无 | 无 | 无 | 无 | 浅 |  | 长1.08米、宽45～60米、厚1～3厘米 | 1.08 |
| M029 | 不明 | 25～30? |  |  |  |  |  |  |  |  | 浅 |  | 长1.48米、宽0.58～0.62米、深3～7厘米 | 1.48 |
| M030 | 男 | 35～40 | √ | √ | √ |  |  |  | √ |  | 深 | /√ | 长1.95米、宽41～48厘米、深23～35厘米 | 1.95 |
| M031 | 女 | 20± | √ | √ | √ | √ |  |  | √ | √ | 深 | /√ | 长1.83米、宽43厘米、深26～28厘米 | 1.83 |
| M032 | 不明 | 20～25 |  |  |  |  |  |  |  |  | 浅 |  | 长1.48米、宽0.51米、深6厘米 | 1.48 |
| M033 | 女 | 25± |  |  |  |  |  |  | √ | √ | 深 | /√ | 长2米、宽32～52厘米、深18～26厘米 | 2 |
| M034 | 女 | 35～40 |  |  |  |  |  |  |  |  | 浅 |  | 长1.67米、宽43厘米、深3～6厘米 | 1.67 |

续表

| 墓号 | 性别 | 年龄 | 病理学观察 | 釉质发育不全 | 骨膜炎新骨 | 缠足 | 钉齿 | 结核病 | 棺材窄 | 棺材长 | 深/浅 | 头龛/头龛和脚龛 | 棺材内部尺寸 | 棺材长度 |
|---|---|---|---|---|---|---|---|---|---|---|---|---|---|---|
| M035 | 未发掘 | 无 | 无 | 无 | 无 | 无 | 无 | 无 | 无 | 无 | 无 | | 无 | |
| M036 | 男? | 老年 | | | | | | | | | 深 | | 长1.7米、宽0.51～0.75米、深16～25厘米 | 1.7 |
| M037 | 不明 | 12～15 | √ | | | | √ | | √ | | 浅 | | 长1.59米、宽0.4米、深15～18厘米 | 1.59 |
| M038 | 女 | 25～30 | √ | √ | √ | | | | | √ | 深 | /√ | 长1.99米、宽49～66厘米，棺板2～4厘米厚 | 1.99 |
| SM003 | 女 | 20± | √ | √ | √ | √ | | | √ | √ | 深 | √ | 长1.86米、宽37厘米，深30～40厘米 | 1.86 |

# Abstract

The Pianliancheng site, located in Lishu District in Siping Municipality, in the Southwest of Jilin Province, is a city site from the Liao-Jin period (916-1234). The 12-meter-high wall enclosure, with a perimeter of 4 km and surrounded by a 20-meter-wide moat, is one of the best-preserved medieval city sites in Manchuria. In summer 2017, outside the west gate, in a field running along the enclosure moat, graves were exposed and threatened by heavy rain. A team composed of researchers from the Jilin Province Archaeological Research Institute, the Research Centre on Chinese Frontier Archaeology of the Archaeology School at Jilin University, the Center for Cultural Heritage Protection of Siping City and the Cultural Institute of Lishu District jointly carried out a salvage excavation over 20 days on a 1000 $m^2$ portion of this cemetery. A total of thirty-nine burials were excavated in 2017.

In the field, each tomb was excavated and the soil sifted; each burial was drawn and photographed for a plan view, and photographed in detail to create a 3D model by photogrammetry. Control points measured with a total station were used to complete 3D models at a 1 ∶ 1 scale. All information was gathered into a database. Coins unearthed from the burials were later examined by a numismatist. Each skeleton was recorded *in situ* by a bioarchaeologist and properly bagged, and then underwent a systematic paleopathological analysis. The 3D models of the burials were used to carry out a thanatoarchaeological study of the specific position of each skeletal element. By placing the focus on the buried individuals, this method made it possible to recover a large quantity of information about the population of this cemetery, the health status of the deceased, the burial processes, the funerary customs, and the nature of post-interment disturbances.

The first chapter of this book introduces the geographical and historical context of the Pianliancheng site and the formation of the cemetery. It also sums up the previous archaeological research carried out on this medieval city site.

The second chapter consists in the description of each archaeological feature and the unearthed artifacts. For each burial, a description of the structure of the tomb and the placement of the objects is followed by the osteoarchaeological analysis, including description of the preserved bones, an analysis of their placement and a paleopathological analysis, as well as a description of each artifact discovered in the tomb.

The third chapter presents an analysis of all the data collected. First, the date and sequencing of the cemetery is discussed through a typological analysis of the burials and of the objects, establishing that this cemetery was in use from the 1890s to the 1930s. Second, an overall analysis of the osteoarchaeological data sheds light on the burial practices, the population of the cemetery and the health characteristics of the deceased. Finally, the Chinese and French historical records regarding the Lishu region and the Pianliancheng cemetery are presented, giving a vivid context to this archaeological discovery.

Using a comparison of these data with previously published archaeological materials and historical texts, this book shows that Christian missionaries were active among rural populations in northeast China around the turn of the 20th century, and that their presence influenced the role of women in religious and family life as well as the local burial customs.

# 后　记

本次发掘经国家文物局、吉林省文物局批准实施，发掘过程得到了吉林省文物局、吉林省文物考古研究所、四平市文化遗产保护中心和梨树县文物管理所的大力支持与协助。本报告系吉林大学边疆考古研究中心承担的教育部人文社会科学重点研究基地重大项目“东辽河流域汉以前考古学文化的综合研究”（批准号16JJD780007）阶段性研究成果。

在研究过程中，法国罗浮宫学院Danielle Elisseeff（叶理绥）教授为我们提供了外方传教士的档案资料，并首次确认了德约瑟神父的身份，即Armand Joseph Déan。巴黎外方传教会档案部门负责人Brigitte Appavou女士提供了大量照片。雷恩市（Rennes）教区档案局局长François-Xavier Lemercier先生也在寻找有关Armand Joseph Déan的资料时提供了很多帮助。Déan的家庭成员很热情地提供了他当年的信件和照片。法国高等实践学院的Olivier Venture（风仪诚）先生在研究中提供了很多鼓励和建议。吉林大学考古学院朱泓教授在人骨鉴定过程中提供了许多帮助和指导。在此对所有为本报告提供帮助的诸位表示衷心的感谢！

彩图1　发掘结束后北区航拍照片叠加墓葬三维建模的正投影照片

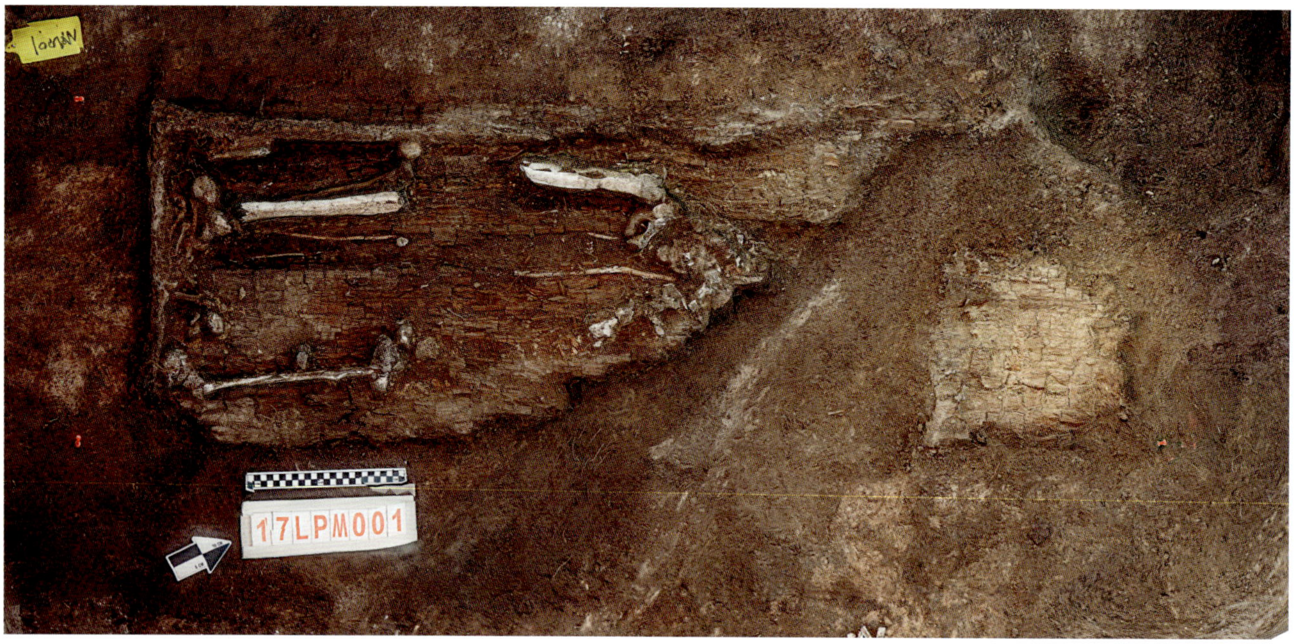


彩图2　M001 三维建模正俯视图

彩图3　M002 三维建模正俯视图

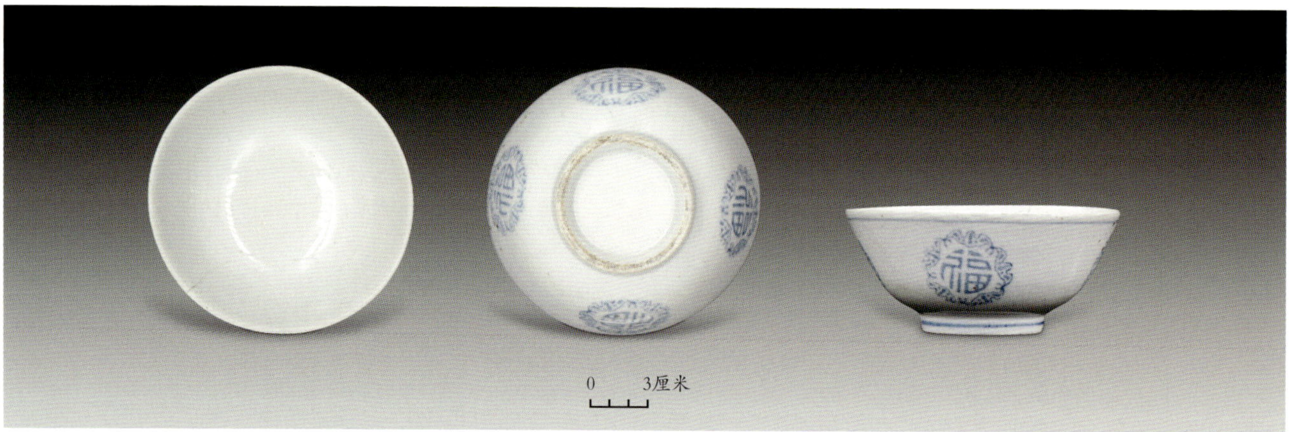


彩图4　瓷碗（M002①：1）

彩图5　M003 三维建模正俯视图

彩图6　M004-M005 三维建模正俯视图

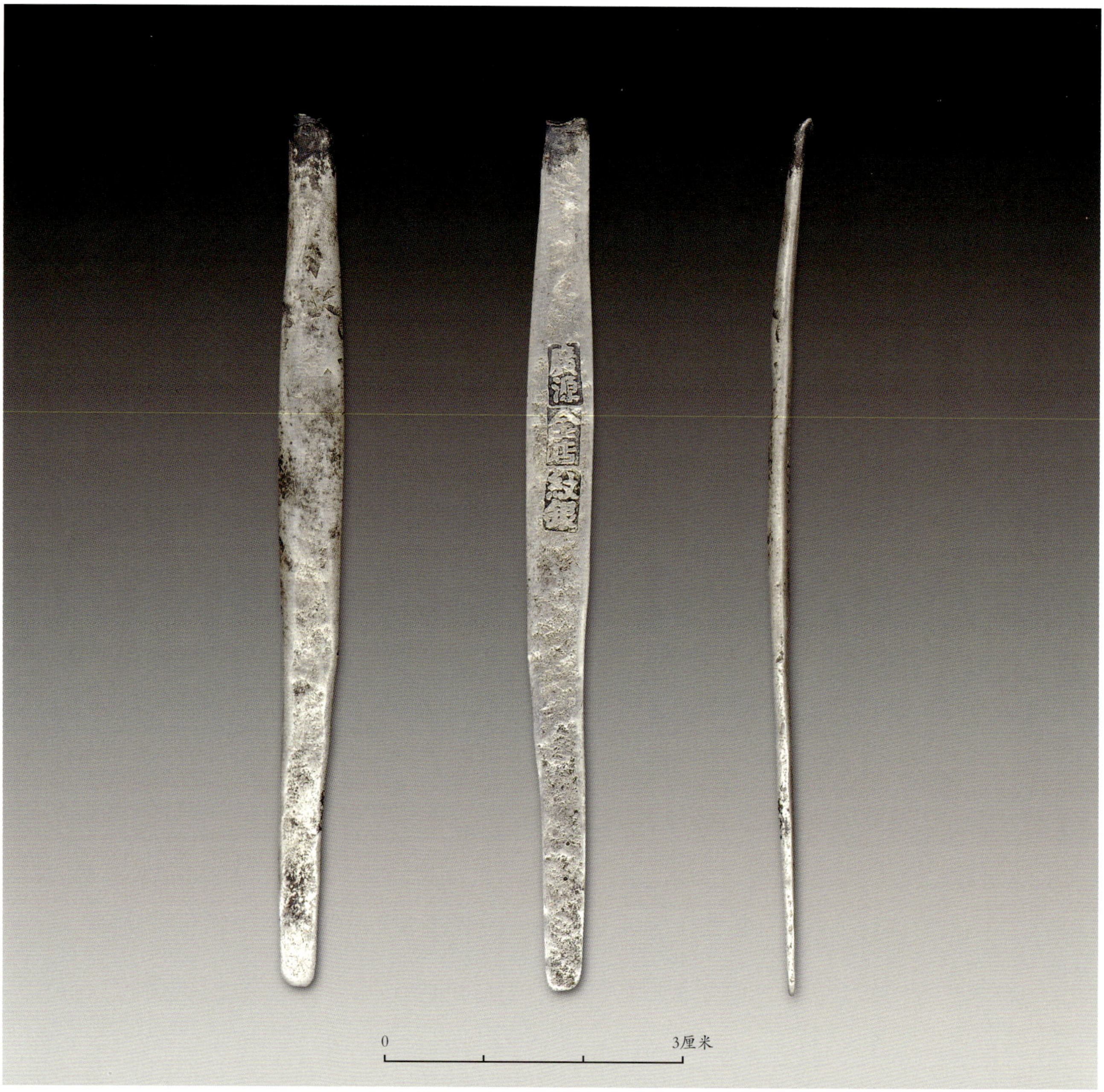


彩图7　银簪（M004①：2）

彩图8　瓷碗（M004①：6）

彩图9　M006 三维建模正俯视图

彩图10　琉璃瓶（M006①：9）

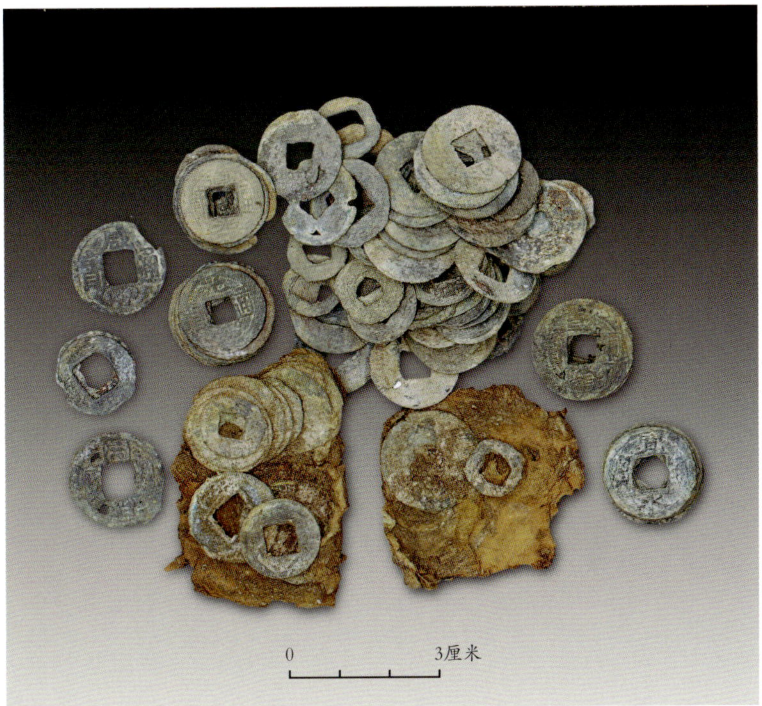


彩图11　铜钱（M006①：11）

彩图12　M007 三维建模正俯视图

彩图13　M008 三维建模正俯视图

彩图14　鞋垫（M008①：5）

彩图15　M009 三维建模正俯视图

彩图16　M010 三维建模正俯视图

彩图17　M011 三维建模正俯视图

彩图18　银戒指（M011①：1）

彩图19　M012 三维建模正俯视图

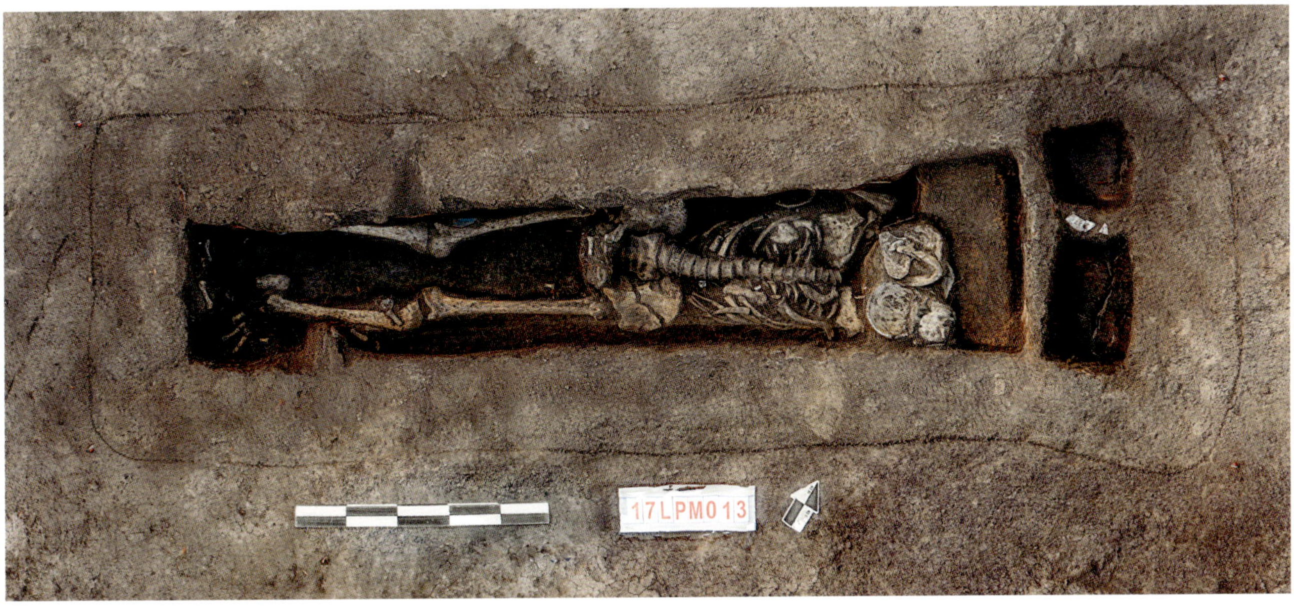


彩图20　M013 三维建模正俯视图

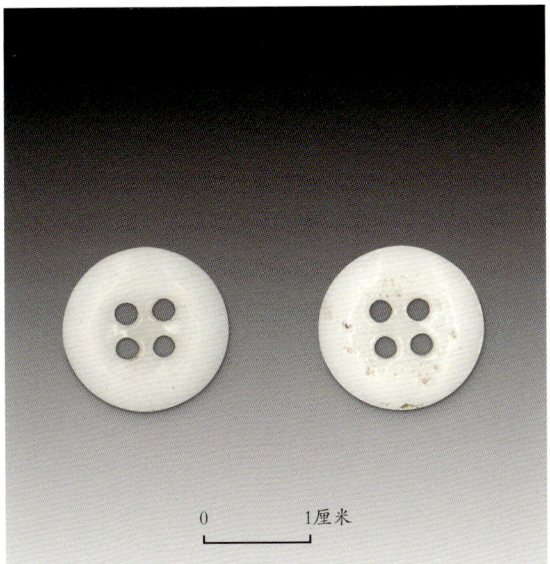


彩图21　琉璃扣（M013①：4）

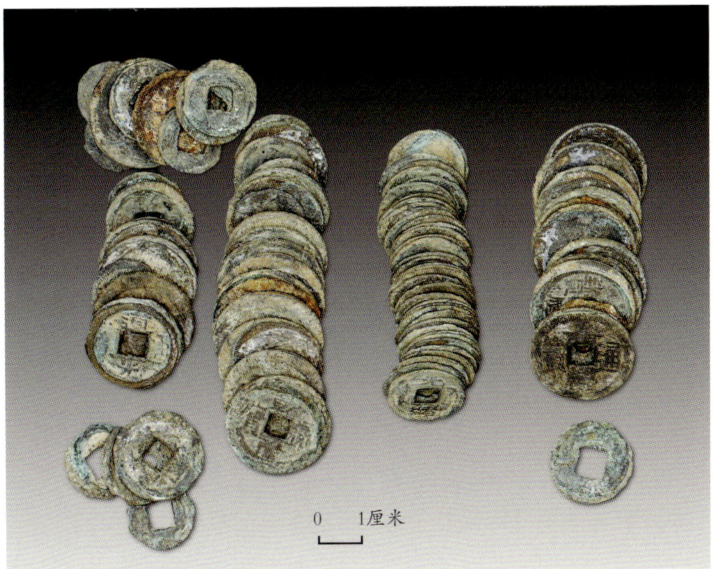


彩图22　铜钱（M013①：6）

彩图23　M014 三维建模正俯视图

彩图24　圣母显灵圣牌（M014①：2）

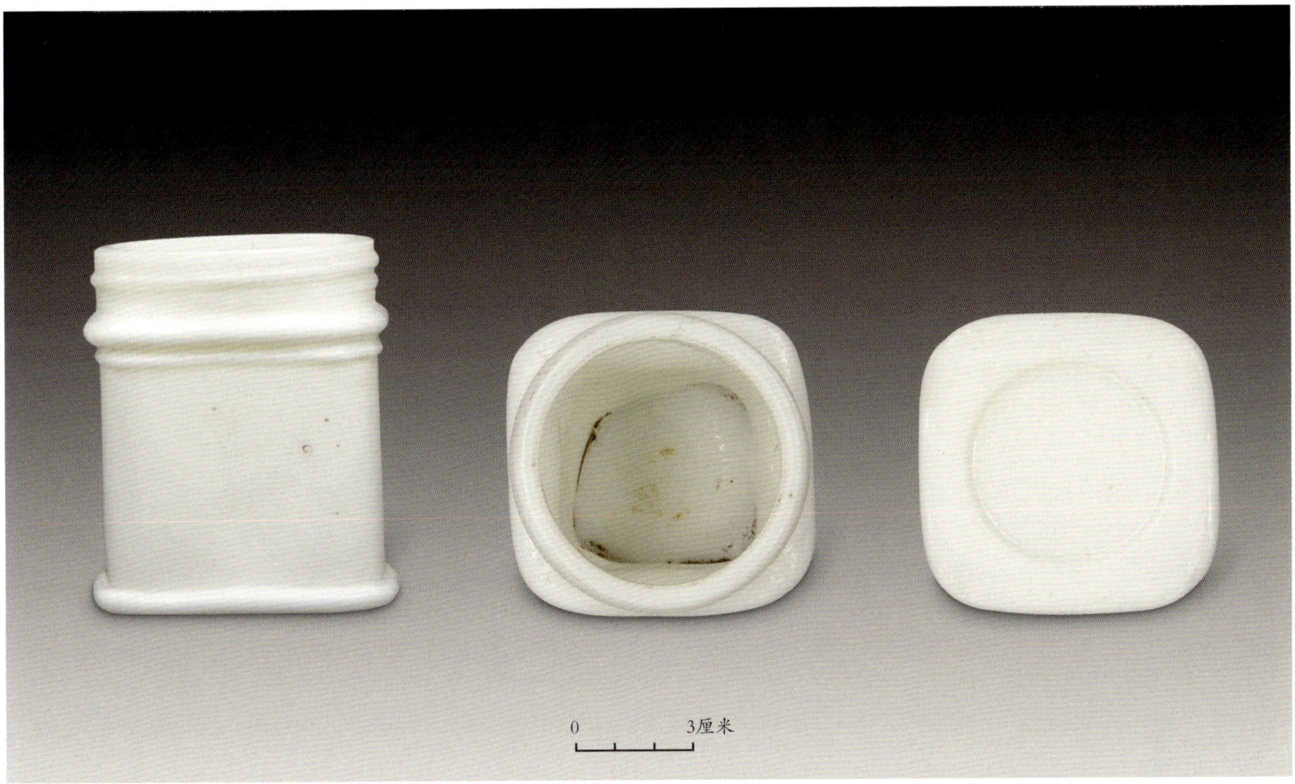


彩图25　琉璃瓶（M014④：2）

彩图26　瓷碗（M014④：1）

彩图27　M015 三维建模正俯视图

彩图28　M016 三维建模正俯视图

彩图29　带布料鸡蛋壳（M016②：7）

彩图30　M017 三维建模正俯视图

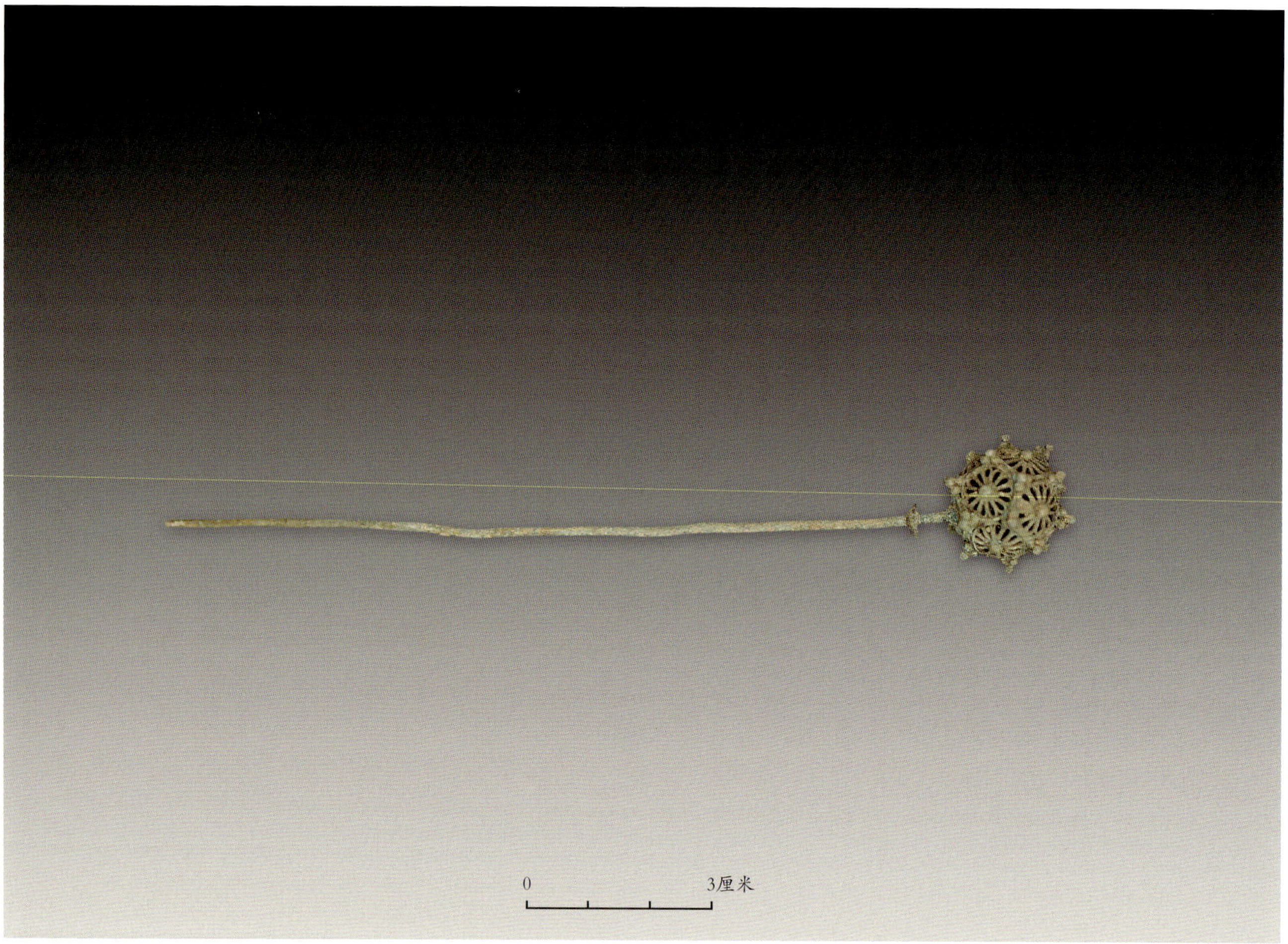


彩图31　铜簪（M017②：2）

彩图32　铜头饰（M017②：15）

彩图33　M018 三维建模正俯视图

彩图34　M019 三维建模正俯视图

彩图35　琉璃瓶口沿（M019①：1）

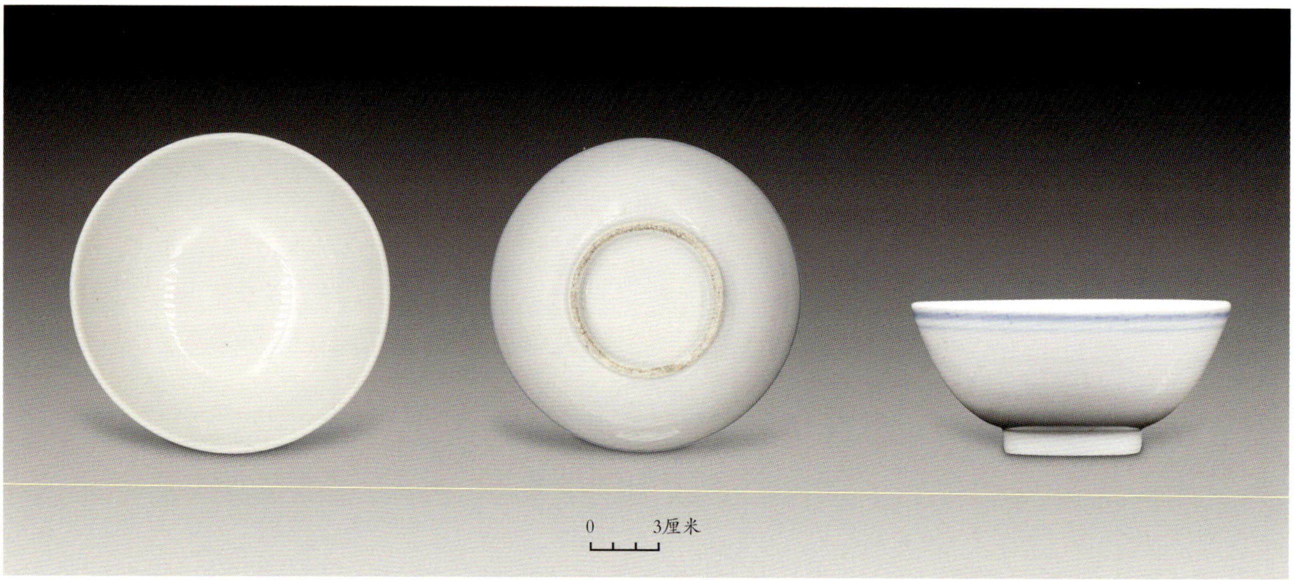


彩图36　瓷碗（M019③：1）

彩图37　M020 三维建模正俯视图

彩图38　M021 三维建模正俯视图

彩图39　M022 三维建模正俯视图

彩图40　玻璃瓶（M022①：2）

彩图41　瓷碗（M022①：3）

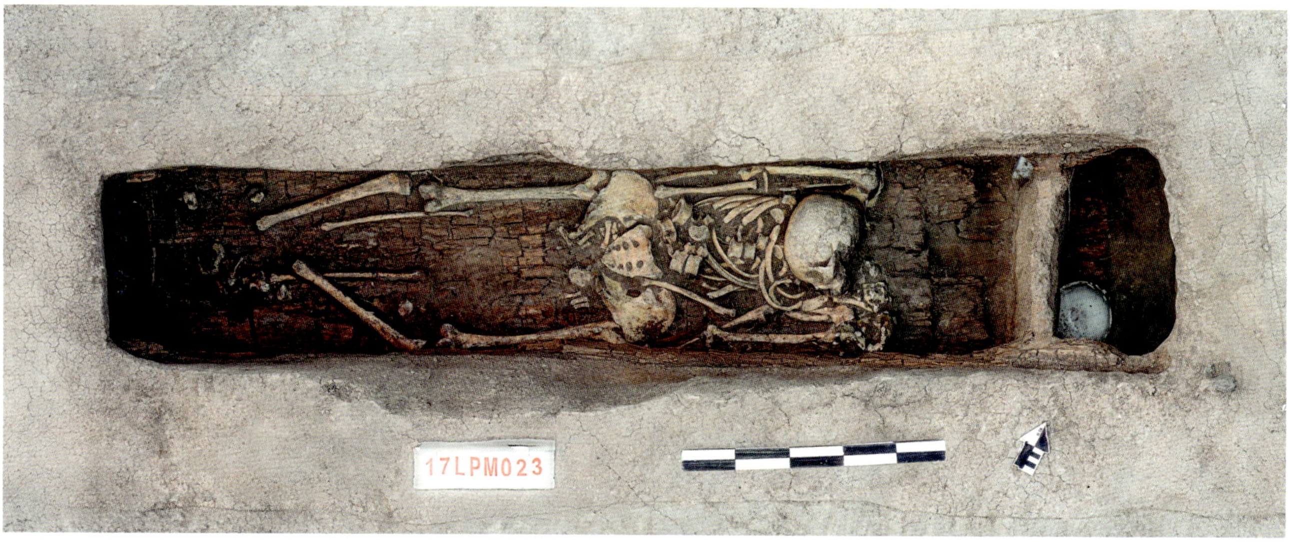


彩图42　M023三维建模正俯视图

彩图43　瓷碗（M023②：4）

彩图44　M024三维建模正俯视图

彩图45　陶青砖（M024①：1）

彩图46　M025三维建模正俯视图

彩图47　M026 正俯视照片

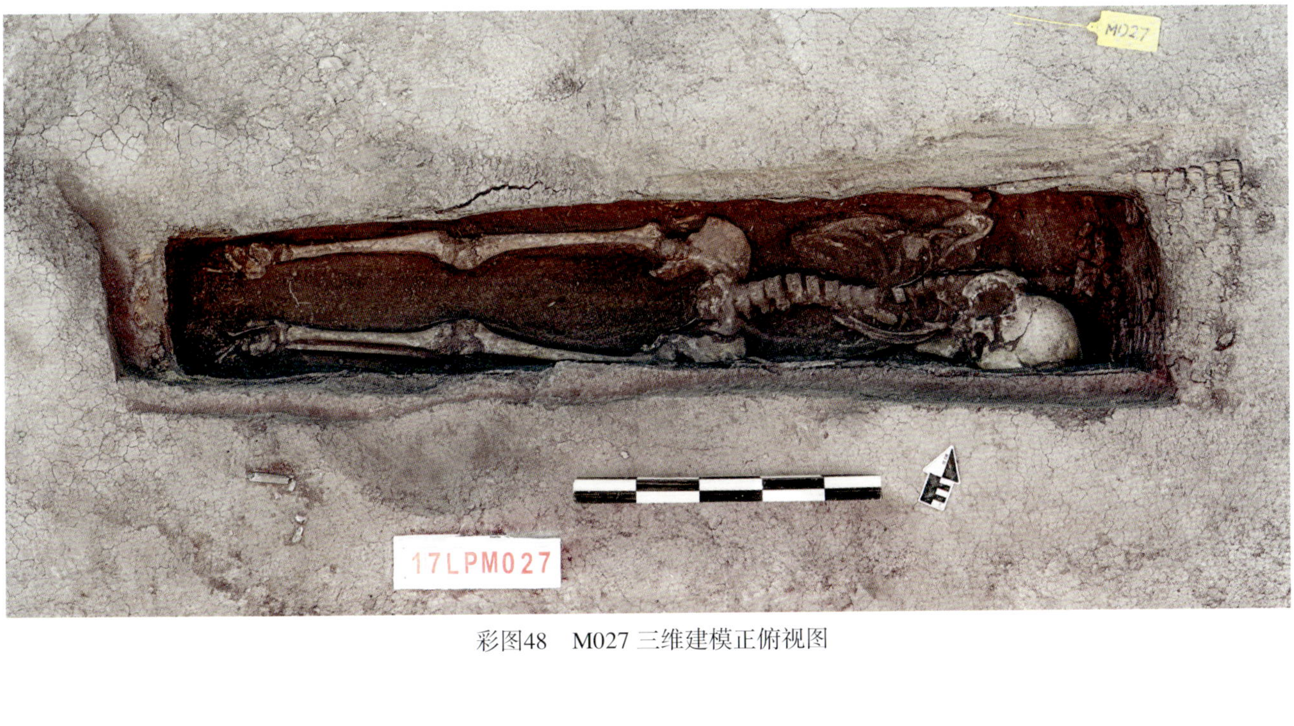


彩图48　M027 三维建模正俯视图

彩图49　M028 正俯视照片

彩图50　M029 正俯视照片

彩图51　M030 三维建模正俯视图

彩图52　瓷碗（M030④：1）

彩图53　M031 三维建模正俯视图

彩图54　塑料装饰品（M031③：1）

彩图55　铜耳环（M031③：3）

彩图56　M032 三维建模正俯视图

彩图57　塑料扣（M032①：5）

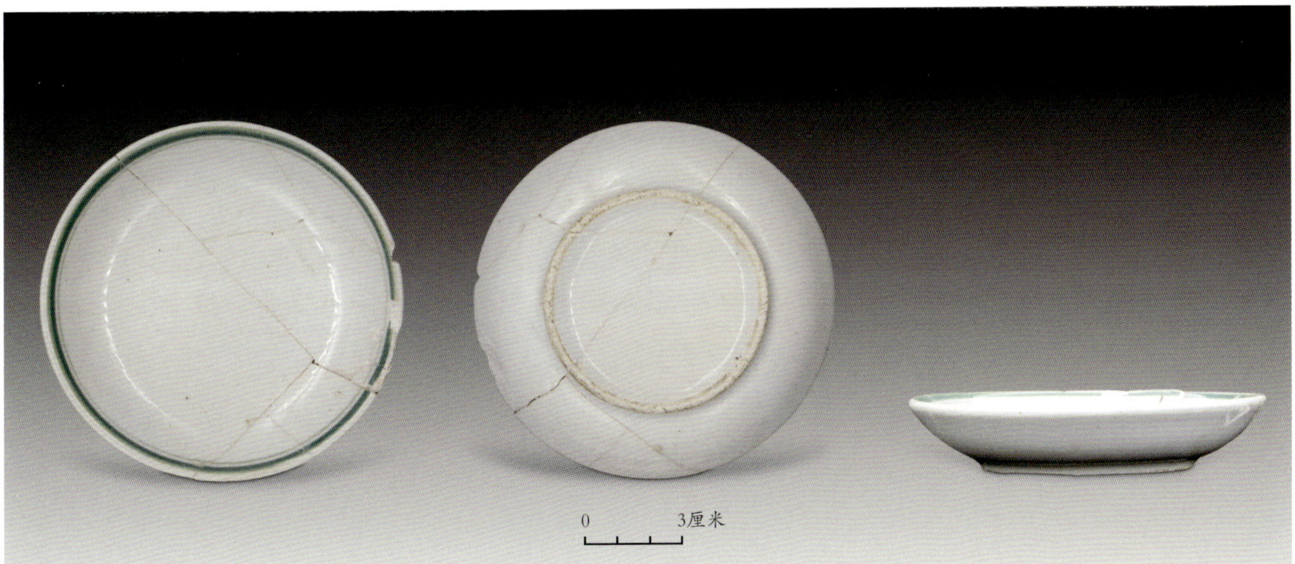


彩图58　瓷碟（M032①：6）

彩图59　M033 三维建模正俯视图

彩图60　金环（M033②：2）

彩图61　铜簪（M033②：3）

彩图62　瓷罐（M033②：5）

彩图63　布扣（M033②：6）

彩图64　M034 三维建模正俯视图

彩图65　玻璃镜子（M034①：2）

彩图66　M035 正俯视照片

彩图67　M036 三维建模正俯视图

彩图68　M037 三维建模正俯视图

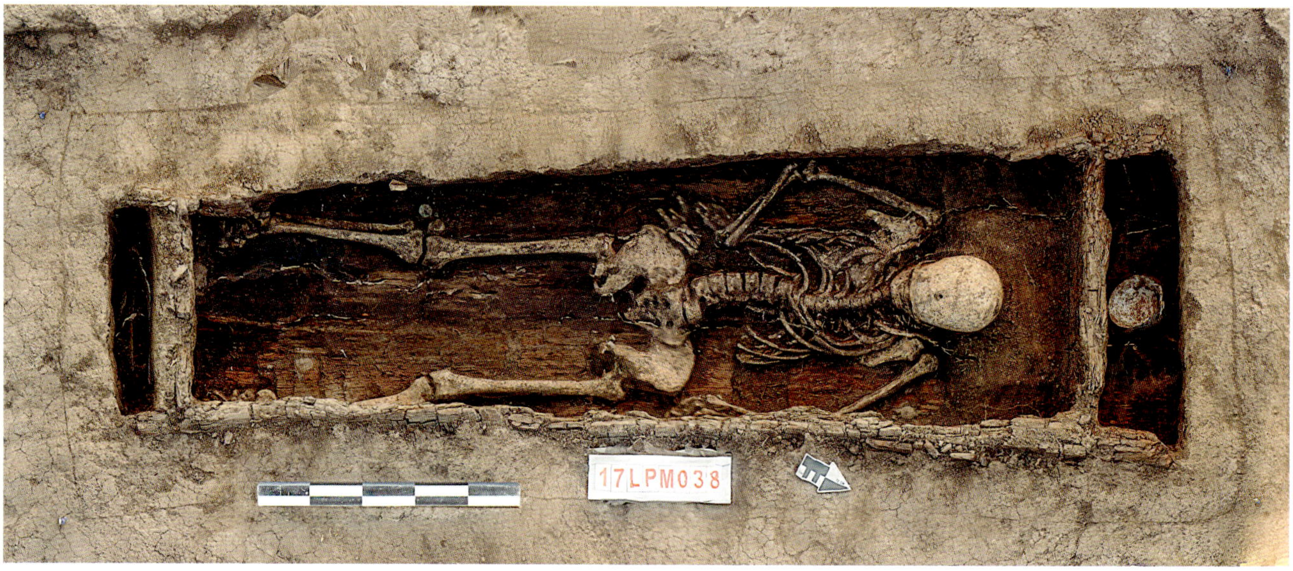


彩图69　M038 三维建模正俯视图

彩图70　银簪（M038②：1）

彩图71　瓷碗（M038②：15）

彩图72　铜耳环（M038②：19）

彩图73　SM003 三维建模正俯视图

彩图74　瓷碗（SM003②：9）

彩图75　铜耳环（SM003②：6）